21世纪高等院校国际经济与贸易系列规划教材

U0783642

国 际 商 法

INTERNATIONAL BUSINESS LAW

主　编：郑洁熹
副主编：焦雨生
参编人员：周　颉　　李　凡　　余　铮

华中科技大学出版社
http://www.hustp.com
中国·武汉

内 容 简 介

《国际商法》一书全面、系统、科学地阐述了国际商法的基本理论和基本制度,将外国民商法基本理论、判例法司法实践与国际商法相关国际公约、惯例相结合,反映了国际商法理论与实践的最新发展动向。本书采用10个章节的设置模式,主要内容为:概括阐述国际商法的概念、特征、渊源、产生及历史发展等;从法律角度阐述两大法系的合同法律制度;从国际贸易的角度阐述国际货物买卖法律制度;阐述国际商事主体及商事行为的基本原则和制度;介绍产品责任法、代理法、货物运输法、票据法、国际知识产权贸易法和国际商事仲裁的基本理论与制度。

本书立足于国内外及国际公约中关于国际商事活动重要的法律法规的修改与制定情况,并结合案例分析,对相关内容及背景进行介绍,大大增强了教材的实用性。本书主要面向普通高等院校国际经济与贸易专业和法学类专业的学生,也可供贸易和法律实务类的专业人士参阅。

图书在版编目(CIP)数据

国际商法/郑洁熹主编.—武汉:华中科技大学出版社,2017.7(2024.7重印)

ISBN 978-7-5680-3126-4

Ⅰ.①国… Ⅱ.①郑… Ⅲ.①国际商法 Ⅳ.①D996.1

中国版本图书馆 CIP 数据核字(2017)第 172256 号

国际商法

Guoji Shangfa   郑洁熹 主编

策划编辑:牧 心

责任编辑:张汇娟

装帧设计:孙雅丽

责任校对:祝 菲

责任监印:周治超

出版发行:华中科技大学出版社(中国·武汉)   电话:(027)81321913

    武汉市东湖新技术开发区华工科技园   邮编:430223

录 排:华中科技大学惠友文印中心

印 刷:广东虎彩云印刷有限公司

开 本:787mm×108mm 1/16

印 张:19 插页:1

字 数:438 千字

版 次:2024 年 7 月第 1 版第 4 次印刷

定 价:88.00 元

前　言

传统的社会体制向近代文明过渡,建立健全的、符合现代理性精神的法律文明体系已成为现代社会的共识。从历史上看,法律的文明、进步,取决于诸多的社会因素。东西方法律发展的历史均充分证明,法律是一门实践的科学。推动法律文明进步的动力,是现实的社会生活,是政治、经济和社会文化的变迁。同时,法律文明的发展进步,对建设和谐社会具有至关重要的作用。正因为如此,法学教育和法学知识的普及在现代国家的国民教育体系中,占有越来越重要的位置。

国际商法是国际法学科中的一个重要分支,具有很强的实用性。国际商法缘起于各国国内商法,并因协调国内商法差异而发起的国际商事统一法运动而形成,因此除国内商法基础理论外并无自己独立的理论体系。另外,由商人习惯法发展而来的国际商法,本就更加注重商人在国际性商事行为中应遵循的各种行为准则,该门课程更适合于指导国际经济贸易实践,而非理论研究。由于国际商法学科兼具国际性、技术性、商事性,国际商法融合了调整国际商事活动的国际条约、国际商事惯例和各国国内法中规制涉外商事活动的各种行为规范,使国际商法呈现出繁芜复杂的特征,也为研究国际商法的学子们增加了不少学习障碍。

为了引导学生全面、系统地掌握国际商法的基本理论和知识,及时消化、吸纳所学的知识,提高学习效率,强化学习效果,本书在每章的结尾,适当加入了复习思考题和案例分析等内容。本书写作上注重了知识性、趣味性、可读性和逻辑性的统一,在侧重揭示国际商法的基本原理和知识的基础上,立足现实。本书共 10 章,内容包括国际商法导论、合同法、国际货物买卖合同法、国际货物运输法、产品责任法、国际商事组织法律制度、国际商事代理法、国际票据法律制度、国际知识产权贸易法律制度、国际商事仲裁。本教材在应用上具有针对性,在内容上反映了国际商法的最新发展成果,具有鲜明的时代性。

本书可供国际经济与贸易、法学(国际经济法方向)、涉外文秘、国际商务管理、电子商务、国际物流等专业学生作为专业课的教材,也可以供从事国际商事活动的工作者研读学习国际商法知识之用。

本书由郑洁熹担任主编,负责总体策划、提出大纲、组织编写、统稿定稿,焦雨生、周颉、李凡、余铮参加了编写。各位作者及撰稿分工如下:郑洁熹(第一、二、五、六章,第三章 3~6节);焦雨生(第七、九章);周颉(第八、十章);李凡(第四章);余铮(第三章 1~2 节)。

本教材在编写过程中,参考了法学界老前辈和同仁的著作和研究成果,主要参考文献附书后,在此对这些作者深表敬意。由于水平所限,书中可能存在疏漏之处,敬请读者批评指正。

华中科技大学出版社对本书的出版给予了大力的支持,在此致谢。

编　者
2017 年 3 月

目　　录

第一章　国际商法导论

本章内容提示

　　国际商法作为一门独立的法律学科,以国际商事组织和国际商事活动的各种关系为调整对象,具有鲜明的学科特点。本章重点介绍国际商法的基本法律问题和相关的法律制度,通过本章的学习,学生可以对本课程形成基本的认识。本章主要介绍了国际商法的概念和特征、历史沿革和法律渊源。国际商法在发展过程中受到大陆法系和英美法系的巨大影响,我们必须了解两大法系的形成和发展,并对两大法系的特点进行比较,分析两大法系在当代的发展趋势。最后,本章对我国法律制度的渊源,以及我国民商法律制度、经济法律制度和司法制度进行了概括性的介绍。

第一节　国际商法概述

一、国际商法的概念和特征

　　国际商法(international commercial law)是指调整国际商事交易和国际商事组织的各种关系的法律规范的总称。这一概念包含3层意思:①国际商事交易,是指国际货物的买卖或交易活动。②国际商事组织,是指个人、合伙和公司这三种企业的组织形式。在国际商法中,从事国际交易的主体——商事组织,主要是指跨国经营的涉外企业,特别是作为当代货物贸易、国际投资、技术转让与服务贸易的主要载体的跨国企业。③法律规范,是指法律明文规定的标准或范围。

　　为了进一步理解国际商法的含义,我们必须把握以下几个特征:

　　1.国际商法源于传统商法,但其调整对象和范围比后者更广泛

　　传统的商法以货物买卖为中心,主要包括公司法、票据法、代理法、海商法、保险法和破产法等内容。随着科学技术的空前发展和国际经济贸易交流规模的扩大,商事交易不断增多,交易形式也日益翻新,特别是第二次世界大战以后,国际技术转让、国际许可贸易、国际合作生产、国际工程承包、国际融资租赁、国际直接投资等新型交易涌现出来。关贸总协定乌拉圭回合谈判让我们认识到,要顺应潮流将国际贸易的内涵从国际货物贸易扩展为国际货物贸易、国际技术贸易和国际服务贸易三大贸易领域。

　　2.国际商法中的"国际"不是指"国家与国家之间",而是指"跨越国界"

　　因为从事国际商事交易的主要是私法主体,如公司、企业或个人,而不是公法主体。国

际商法涉及的是私法主体跨越国界进行的商事行为。

3.国际商法的性质属于跨国私法

与国际经济法不同,国际商法不是国家干预经济的产物,它的调整对象只是商人们的跨国商事交易和商事组织,调整对象决定了其法律性质必然是私法性的。

4.国际商法主要是实体法

与国际私法不同,国际商法直接规范国际商事交易和商事组织;而国际私法属于冲突规范,它只为具有涉外因素的私法案件确定准据法。

二、国际商法与相似法律的关系

国际商法与不少法律既有联系,又有区别。了解这些法律之间的关系,有助于进一步了解国际商法的含义。

(一)商法与民法

商法与民法均是规范社会经济生活的法律。商法是对商事关系的特别规定;民法则是对平等主体之间的财产关系与人身等非财产关系的规定。两者的关系是:民商分立,互相独立;或者民商合一,民法为基本法,商法则被纳入民法典,作为民法的特别法。

商法与民法的区别是:①从法律关系看,商事关系完全是财产关系,均属于有偿关系;而民事法律关系既有财产关系,也有人身关系,在财产关系中既有有偿的,也有无偿的。②从法律制约程度看,商法对商事行为的要求具有相当的灵活性,形式也比较多样化,这完全取决于市场运行的客观要求。而民法对民事法律行为的要求则比较严格,方式也比较单一,特别是在物权法(财产权)领域,这一点更明确。③从归责原则看,商法的归责原则在很多情况下均承认无过错也应承担责任,从发展趋势看,无过错原则将不断增加。在民事责任中,民法则以过错责任原则为主,对无过错责任与过错推定等均有许多限制。④从规范形式看,商事习惯规范在商法的形成与发展中具有重要的作用;而民法虽然也有习惯法与成文法的区别,在历史上习惯法也曾起过相当大的作用,但是从现实情况看,成文法的地位已远远超过习惯法。⑤从国际性看,商法的国别差异越来越小。相比之下,民法则具有比较强的传统性、民族性与区域性。

(二)商法与经济法

经济法是国家在协调管理经济运行过程中所发生的经济关系的法律规范的总称。

商法与经济法的主要区别是:①从法律关系看,商法调整商事主体的关系。而经济法则着眼于国民经济的全局,调整国家经济管理机关与各种经济组织之间以及它们内部之间在经济活动中产生的关系。②从法律主体看,商法的主体主要是商事领域的法人与自然人。而经济法的主体范围则十分广泛。③从法律规范形式看,商法的渊源有一定的灵活性。而经济法基本上属于权力机关制定的成文法,并且有比较严格的形式与程序要求。④从规范选择看,商法在很大程度上表现为商行为法,多表现为任意性规范。而经济法则多表现为国家的组织与管理规范,国家干预的成分较多。⑤从法律后果看,商法对商事违法行为予以追究,主要责令违法者承担相应的财产责任,而经济法既表现为对经济合法行为的确认与保护,对守法行为人的奖励,也表现为对经济违法行为的否定,对违法行为人的制裁。

（三）国际商法与国际私法

国际商法主要属于私法,但也不同于传统的国际私法。此外,两者都有涉外因素:两者都冠以"国际"一词,"国际"一词的含义都不是指"国家与国家之间"的关系,而是指"跨越国界"。

国际商法与国际私法的主要区别在于:①渊源同中有异。国际商法的渊源主要有国际条约与国际贸易惯例。而国际私法的渊源除了国际渊源,即国际条约与国际贸易惯例外,还有国内渊源,即国内立法。②调整的法律关系(对象)不同。国际商法是调整商事交易与商事组织的各种关系的法律规范(范围)的总和。现代国际商法的调整对象与范围比传统的国际商法更加广泛。国际私法则是调整含有涉外因素的民事法律关系的规则的总称。③法律体系的分类不同。国际商法主要属于实体法。国际私法则属于冲突法,即主要为具有涉外因素的私法案件确定准据法——指出应当用哪一国的实体法来明确当事人的权利义务,而本身并不直接明确当事人的权利义务。

（四）国际商法与国际经济法

国际商法与国际经济法均为调整国际商事或经济关系的法律规范的总称。两者既有联系,也有各自的特点。

国际商法与国际经济法的区别主要在于:①调整范围不同。国际商法调整范围比国际经济法狭窄,国际经济法调整不同国家的自然人、法人,以及其他经济实体之间、国家与国际组织之间,和它们相互之间的经济关系,包括不同国家的平等当事人的经济交往关系,主权国家对这种交往进行管理与管制的关系,以及国家或国际经济组织之间就它们之间的经济关系进行相互协调的关系。②渊源不同。国际商法的渊源主要包括国际条约与国际贸易惯例;而国际经济法的渊源,广义上除包括国际条约与国际贸易惯例外,还包括重要国际组织的决议。③基本原则不同。国际商法的基本原则是诚实信用原则以及公平与公正原则;国际经济法的基本原则则是尊重国家主权原则、平等互利原则与全球合作与发展原则。④内容不同。国际经济法包括更加广泛的内容,有国际贸易法(几乎包括了国际商法的大部分内容)、国际投资法、国际货币金融法、国际税法与国际经济贸易争议解决法等。

（五）国际商法与国际贸易法

国际贸易法是调整各国之间的贸易关系以及与贸易有关的其他各种关系的法律规范的总和。贸易在汉语中可以解释为商业活动,从上述定义来看,它的定义与前面国际商法的定义基本是一致的。国际商法与国际贸易法的渊源相同,都源于国际条约与国际贸易惯例、各国的国内法。两者你中有我,我中有你,具有互补性。

国际商法与国际贸易法的区别主要在于:①所属范畴不同;②包含内容不同。国际商法基本属于私法的范畴,而国际贸易法既包含私法的内容,也包含公法的内容。尽管两者在不少内容上大同小异,均包含国际货物买卖合同法、国际货物运输法、保险法及国际仲裁法等,但是也有不同之处,国际贸易法中的"对外贸易管制措施",包括对外贸易管制、贸易条约与协定,以及关税与贸易总协定等,这些都属于公法的内容,是国际商法所没有的。

三、国际商法的起源和发展

国际商法的发展轨迹为"国际法—国内法—国际法"。国际商法与商法虽然存在着区别,但两者在历史上有着紧密的联系。商法是随着商品经济的产生和发展而产生和发展的。从历史上看,早在公元 10 世纪以前,在人类历史上存在的商业惯例和商业习惯法中就包含着商法的内容。古代的商法主要围绕集市的需要形成了一些集市交易惯例和集市管理法律制度。如古巴比伦的《汉谟拉比法典》就有许多关于控制商业运输的规定,如商队需承担 5 倍于承运货损价值的责任。公元前 15 世纪左右出现的《赫梯法典》有关于商品价格管理的规定。公元前 3 世纪的《摩奴法典》有关于对不正当竞争限制的规定。古希腊时期的《罗马法》,被人们认为是古代商法的最初形式。国际商法是在古罗马私法的基础上建立起来的。古罗马法中就出现了调整商品经济关系的法律,这些法律构成了古罗马私法的主要组成部分,成为后来整个西方世界私法制度的基石。

国际商法的起源与发展大致可分为如下阶段:

第一阶段:中世纪的商人习惯法时期。欧洲进入中世纪以后,支配商事活动的并不是各国的成文立法,而主要是商人习惯法。11 世纪,东西方的贸易发展促进了地中海沿岸一些新兴城市的商业繁荣,随即扩大到大西洋沿岸等地,而中世纪的欧洲大陆处于封建法和寺院法的支配之下,这与繁荣的商业发展形成了鲜明的对比:一些正常的商业行为被认为是违法的,许多商业活动得不到法律保护,缺少必要的法律规则。商人团体迫切需要新的规范来保护他们的利益。在这种情况下,意大利的佛罗伦萨等地首先出现了保护商人自己利益的商人行会组织——商人基尔特。商人自治组织制定和编撰习惯规则,组织商事法庭,这些习惯规则被因袭沿用,形成了系统的商人习惯法。它鲜明地体现出了商事活动的营利性、迅捷性的特点,强调按公平、合理的原则来处理案件,且只适用于商人团体内部。因此,这一时期的商人习惯法具有国际性的特征,商事团体的内部规则普遍适用于来自各国从事商事活动的商人。

这种商人习惯法与当时封建王朝的地方性法律有很大不同,具有以下几个特点:①具有跨国性和统一性,普遍适用于各国从事商业交易的商人;②其解释和运用不是由一般法院的专职法官来掌握和执行,而是由商人自己组织的"法院"来掌握和执行,其性质类似于现代的国际仲裁或调解;③其程序较简易、迅速,不拘泥于形式;④强调按公平合理的原则来处理案件。

第二阶段:国内法时期。16 世纪后,欧洲一些国家封建割据势力日益衰弱,逐渐形成统一的民族国家,与此相适应,一些封建法和寺院法被废除,同时,随着资本主义生产关系的产生和商人地位的上升,国家统治阶级开始注重对商事的立法,行使立法权,反映商品经济关系的"商人习惯法"逐渐得到确认,欧洲各国纷纷采用各种方式将"商人习惯法"纳入本国的国内法,使之成为国内法的一部分,从而使商法失去了它原有的国际性或跨国性。例如,法国在路易十四时期颁布了《商事条例》(1673年)和《海商条例》(1681年),为大陆法系国家的商法典颁布奠定了基础。

资本主义制度建立以后,拿破仑于1807年颁布了《法国商法典》,这是近代资本主义国家的第一部商法典,德国也在1897年颁布了《德国商法典》,这两部法典成为近现代资本主义国家商法的典范。大陆法系国家在商法体例上采取两种模式:法国、德国、日本等国家采取民商分立模式,把商法和民法分开,独立编制法典;另外一些国家如瑞士、荷兰、意大利等则采取民商合一模式,把商法的内容包含在民法典中,使之成为民法的一部分,如1881年瑞士债务法典、1934年荷兰民法典、1942年意大利民法典等。英美法系的创始国——英国,历史上没有民法与商法之分,只有普通法与衡平法之分。

18世纪中叶,大法官曼斯菲尔德着手进行吸纳商人习惯法为普通法的改造工作。英美法系国家不存在独立的商法,主要通过曼斯菲尔德等法官的审判实践将商人习惯法融入普通法中。随着法、德等欧洲中央集权国家的逐步强大,各国为了保护本国的经济、政治利益,纷纷制定成文法,将中世纪的商人习惯法内容纳入本国的国内法,由此,中世纪商法的国际性或跨国性便消失了,代之以各国的国内商法。

第三阶段:现代国际商法时期。第二次世界大战之后,特别是20世纪60年代以后,国际商法进入了迅速发展阶段。随着各国之间经贸关系日益密切,经济全球化的趋势日益明显,各国之间的相互依赖程度大大增强。国际经济贸易的发展趋势,在客观上要求建立一套调整国际经济贸易关系的统一商法,为各国的经贸交往提供良好的法律环境。同时,各国在经贸往来中也逐渐形成了一些普遍遵循的贸易惯例和习惯做法,为国际商法的统一创造了有利条件。许多政府间国际组织或者国际民间组织致力于研究和制定统一的国际商事法律规则,产生了许多成果。新型的独立的国际商法得以重新出现。

事实上,早期的商人习惯法与现代的国际商法都具有国际性的特征,但这两种国际性是有明显区别的:

(1)两者产生的社会背景不同。

早期的商人习惯法产生于欧洲的封建割据时期,与当时的封建政治相脱离,是顺应商业自身发展的,属于行业自治法;而现代国际商法是在各国商法较为完善的基础上产生的,它涉及各独立国家的商事法律规范。

(2)国家对待两种国际性的态度不同。

虽然早期的商人习惯法具有国际性,但由于它游离于国家之外,国家对这种商人习惯法持限制的态度,且倾向于将其限制为国内法;而现代商法产生于独立国家内部,是国家对外发展所必需的,国家对国际商法的制定持肯定的态度,这就要求国家之间加强合作。

四、国际商法的主要渊源

"法的渊源"一词源自拉丁文。古代罗马把法比作水,从而出现"法的渊源"概念。现代国际商法有两个方面的渊源:一是国际法方面的渊源;二是国内法方面的渊源。

(一)国际法方面的渊源

国际法方面渊源包括国际条约和国际贸易惯例。为了使各国关于国际商事活动的做法尽量协调一致,减少分歧,统一调整国际商事活动的法律规范一直是世界各国、组织、团体追求的目标。各国缔结的有关国际经济贸易的国际条约或者公约是国际商法的重要渊源。这些国际条约或公约又分为实体法规范和冲突法规范。前者如 1967 年《建立世界知识产权组织公约》、1978 年《联合国海上货物运输公约》、1980 年《联合国国际货物买卖合同公约》、1988 年《联合国国际汇票和国际本票公约》等,后者如 1985 年《国际货物销售合同法律适用公约》、1980 年《(欧共体)关于合同债务的适用法律公约》等,它们通过确定冲突规则,间接规范国际商事行为。这些国际立法一旦被缔约国接受或批准,就被纳入该国国内法。如果与国内相关法律发生冲突,除声明保留的条款外,国际立法将优先适用。

国际贸易惯例是国际商法的另一个重要渊源。国际贸易惯例是指在国际贸易的长期实践中形成的约定俗成的行为准则。在国际交往中,在某一地区或某一行业逐渐形成的,为该地区或行业所普遍认知适用的商业做法或贸易习惯。最初,国际商事惯例以不成文的形式出现。现在,许多重要的国际商事惯例已经由一些国际组织编纂成文,为人们提供了极大的便利。如在 2007 年国际商会修订的《跟单信用证统一惯例》,被人们广泛采用,在国际贸易往来中发挥着巨大的作用。国际商事惯例不同于国际条约或公约,它们本身不是法律,不具有法律的普遍约束力。但是,当国际商事交易的当事人约定采用某种惯例调整和规范他们之间的权利和义务时,该惯例对当事人就具有法律约束力。

(二) 国内法方面的渊源

虽然各国大都规定国际法优于国内法,但它毕竟不能凌驾于国内法之上,所以,在某些情况下,国际商事纠纷还必须借助有关国家的国内法来处理。因此各国有关商事交易的国内法是国际商法的国际法方面渊源的重要补充。

例如,美国有关产品责任法方面的理论与规定,两大法系在代理法方面的有关理论与规定,英国和德国在票据法方面的有关法律规定等,均对其他国家颇具影响,起着示范和引领作用。此外,有关国家以及国际商事仲裁机构所作出的一些重要国际商事判例,对国际商事仲裁法的重要贡献也是显而易见的。

第二节　大陆法系和英美法系概述

国际商法发端于欧洲,其内容深受两大法系的影响。研究国际商法,有必要先了解两大法系。法系这一术语是西方法学较早使用的一个概念,英文有两种表达方法:genealogy of law 和 family of law。它是在对各国法律制度的现状和历史渊源进行比较研究的过程中形成的概念,是指以具有一定特点的某一国家的法律制度为核心,并与受其深刻影响的其他国家法律制度共同构成的法律系统。法系是比较法学的核心概念,是根据法的历史传统和外部特征的不同对法所做的分类。目前,在世界范围内对各国法律影响最大的法系是大陆法系和英美法系。

一、大 陆 法 系

（一）大陆法系的概念及地区构成

大陆法系（continental law system）又称为罗马法系、民法法系、成文法系、罗马-德意志法系，是指以罗马法为基础，以法国民法典和德国民法典为典型代表，包括许多模仿它们而制定的其他国家的法律的总称。大陆法系形成于 13 世纪，是欧洲国家中历史悠久、分布广泛、影响深远的法系，欧洲大陆许多国家的法律属于该法系，如瑞士、意大利、比利时、卢森堡、西班牙等。此外，随着殖民主义的扩张，西欧宗主国把自己的法律体系带到了各自的殖民地，在那里建立了相应的法律秩序，大陆法系也随之向世界各地扩展。整个拉丁美洲、非洲的一部分、近东的某些国家的法律都属于大陆法系，如非洲的埃塞俄比亚、南非、津巴布韦等，亚洲的日本、泰国、土耳其等。此外，在法律属于普通法系的国家中，某些国家的个别地区，例如，美国的路易斯安那州与加拿大的魁北克省，曾经是法国的殖民地，因此它们的法律也属于大陆法系，英国苏格兰的法律也属于大陆法系。

（二）大陆法系的形成与发展

大陆法系直接源于罗马法。罗马法是指罗马奴隶制国家的全部法律，即从公元前 6 世纪罗马国家形成时期至东罗马帝国灭亡的整个历史时期的法律。在罗马的全盛时期，罗马统治者以武力扩大其版图，强行推广罗马法，被征服地区的居民也因罗马法的发达和完备而自愿采用罗马法，罗马法成为"商品生产者社会的第一个世界性法律"。今天人们考察的罗马法主要是公元前 5 世纪罗马最早的成文法——《十二铜表法》和公元 6 世纪东罗马帝国皇帝查士丁尼编纂的《国法大全》。

东罗马帝国皇帝查士丁尼（527—565 年）在即位的第二年下令进行法典的编纂工作，旨在以法律的形式把各种法律制度固定化与系统化，维护罗马帝国晚期摇摇欲坠的统治。他先后颁布了三部法律汇编：第一部是《学说汇编》（Digest），收集了 40 名罗马历史上著名法学家的著作片段，汇编为 50 卷，是这部法律大全最重要的组成部分；第二部是《法学阶梯》（Institute），主要根据著名法学家盖优斯的著作编成法学教本，共 4 卷；第三部是《查士丁尼法典》（Code），是罗马历代皇帝敕令的汇编，内容繁多，因此，只收集与编写那些在当时仍然具有现实意义的敕令，并且加以审订与删改，总共 12 卷。在他死后，后人又编写了一部新法令汇编——《新律》（Novels），将他及其后继者的若干敕令汇编成册。以上四部著作被称为《查士丁尼国法大全》，或《罗马法大全》，该书集罗马法之大成，既包括公法也包括私法，但主要内容是私法，对欧洲乃至整个西方世界法律产生了无与伦比的影响。

罗马法基本上是完整的私法体系。罗马法学家一般把私法分为三类：自然法、市民法与万民法。自然法被罗马法学家称为自然与上帝的理性，普遍适用于永恒不变的正义，是各国成文法的准则和依据；市民法是国家颁布的有关公民个人权利的法令或习惯法；万民法是调整帝国范围内自由人的财产关系，特别是有关所有制与契约的各种规范。

大陆法系的形成经历了漫长的发展历史。西欧社会进入中世纪后重新回到农耕状态，自给自足的自然经济占据统治地位，商品经济遭到压制。罗马法失去了存在的社会基础。

公元 10 世纪以后,随着地中海沿岸商业和贸易的迅速发展,意大利的威尼斯等港口城市逐渐形成。公元 1096 年第一次十字军东征标志着重新开放地中海作为西欧贸易的重要航线,这一事件促成了地中海和西欧北部沿海地区商业和贸易的发展。11、12 世纪西欧经济的发展变迁迫切需要有统一的法律取代占据统治地位的日耳曼人的分散的法律,由此可见,此时的经济发展为罗马法的复兴提供了客观条件。在客观环境下产生的罗马法复兴的需求又使此时的欧洲大学兴起了研究罗马法的热潮,为罗马法复兴提供理论基础。

11 世纪末,伊利修斯在意大利波仑亚大学讲授罗马法大全,推动了罗马法在西欧的广泛传播。意大利和法国等国有不少大学先后开设罗马法课程,学者们在查士丁尼皇帝的编纂工作的基础上,开展了适合当时社会条件的法学研究。罗马法由于其原有的优势和与社会实际需要相结合,逐渐成为西欧国家具有权威的法律规范。经过改造和发展的罗马法逐渐为欧洲大陆各国所采纳、吸收,从而具有了共同的特征和法律传统,奠定了大陆法系的基础。

随着资产阶级革命的胜利,资本主义生产方式确立后,西欧许多国家的资本主义制度得以全面确立和巩固,它们迫切需要有适应其经济发展要求的法律制度,适合商品经济需要的罗马法可以满足这一要求。在古典自然法学和理性主义思潮的指导下,以及在罗马法的直接影响下,法国开创了具有完整法律体系的成文法模式。1804 年,拿破仑按照资产阶级的"自由、平等、博爱"精神以及私有财产不可侵犯和自由竞争的原则,亲自主持制定并颁布《法国民法典》。拿破仑曾得意地说:"我的光荣不在于我打了 40 个胜仗,不能被遗忘的,将万古长存的是我的《民法典》。"这部法典以《法学阶梯》为依据,除序言外,采用罗马法的结构形式,分为"人、物、取得财产的各种方法"三编。法典的内容也大量吸收罗马法成分,尤其是物权和债权部分。欧洲大陆各国以此法典作为建立自己法律制度的楷模,这标志着近代意义上大陆法系模式的全面确立。

将近一百年后,即 1896 年,德国又以罗马法为蓝本编纂了民法典。这部 1900 年施行的民法典借鉴《学说汇编》的内容,也有较好的示范作用。法国民法典和德国民法典的颁布实施,为其他一些欧洲国家树立了榜样。其他国家相继以这两部民法典为范本进行本国的立法体系确立工作。在欧洲以外,一些与欧洲大陆国家有千丝万缕联系的国家也建立了类似的法律体系。

综上所述,大陆法系是在罗马法的直接影响下形成的一个法系。以法国法和德国法为代表的大陆法系适应了整个资本主义社会的发展需要,并且其严格的成文法形式使其易于传播,所以在 20 世纪以后,大陆法系逐步走向世界。

(三) 大陆法系的结构

大陆法系的一个突出特点是强调成文法的作用。它在结构上强调成文化、法典化与逻辑性。成文化是指大陆法系的立法的大部分领域都是以成文的形式出现的,并注重法律系统化、条理化且高度概括、抽象的三段论式的模式。法典化是指大陆法系的各国都主张编纂法典,编纂法典是指国家立法机关将各个相关的法律部门的法律规则,经过整理、归纳并按照一定的逻辑关系和模式使之条理化并形成文字再编纂成典,它属于一种创制法律的活动。

重视法律的逻辑性是指大陆法系在立法和法律的实施活动中,都注重采用逻辑演绎的方法来进行。大陆法系运用几个大的法律范畴把各种法律规则分门别类地归纳、总结在一起。这种结构分类的特点在法学与立法中均有不同程度的反映。

1. 大陆法系各国都把全部法律分为公法与私法两个部分

这种分类法最早是由罗马法学家乌尔比安提出来的,按照他的说法,"公法是与罗马国家状况有关的法律,私法是与个人利益有关的法律"。查士丁尼在《国法大全》中也指出:"法律学习分为两部分,即公法与私法,公法涉及罗马帝国的政体,私法涉及个人利益。"当时,公法包括调整宗教祭司活动与国家机关活动的法规,私法则包括调整所有权、债权、家庭与继承等方面的法规。

大陆法系继承了罗马法的这种结构分类方法,并且根据现代法律发展状况,进一步细分,将公法细分为宪法、行政法、教会法、军事法、社会保障法、刑法等,将私法分为民法、商法等。正因为大陆法系各国在这些法律领域中都使用相同的法律制度与法律概念,所以,在大陆法系国家之间,虽然语言有所不同,但是它们之间的法律词汇可以准确地互相翻译,只要掌握了一个大陆法系国家的法律,就很容易了解其他大陆法系国家的法律。

2. 大陆法系各国都主张编纂法典

法国在资产阶级革命胜利后,曾先后颁布了五部法典:民法典、民事诉讼法典、商法典、刑法典和刑事诉讼法典。其他大陆法系国家也制定了类似的法典,但是各国在法典的编制体例上不完全相同。有些大陆法系国家把民法与商法分别编成两部独立的法典。早期公布的大陆法典,例如,法国与德国的法典,都采取了民商分立的编制方法,即在民法典之外,还订立了商法典。但是有些大陆法系国家的法典则采取民商合一的编制方法,即把商法并入民法典中,使之成为民法典的一个组成部分。但是,这只是形式上与法律结构上的区别,实际上,民法与商法还是属于两种不同的法律,即使在民商合一的国家,例如,瑞士、意大利与荷兰等国家,它们在大学法学院的教学中,还是把民法和商法列为不同的学科课程进行教学。

（四）大陆法系的渊源

大陆法系国家是成文法(written law)国家,都强调成文法的作用,但是这并不是说,在大陆法系国家法律就是法的唯一渊源。

从总体上看,罗马法对大陆法系的影响是直接而深远的。有的国家的法典就直接继承了罗马法的精神与传统。罗马法源于罗马城邦,最后形成具有世界性质的法律。欧洲资产阶级革命后建立起来的新政权,从罗马法中汲取营养,制定了一系列民法典。例如,著名的《法国民法典》就是以《法学阶梯》为依据的,而《德国民法典》则更多地受到了《学说汇编》的影响。英美普通法系也有罗马法的影子,例如,英国的教会法、商法与衡平法均受到了罗马法的影响。除了罗马法之外,大陆法系的渊源主要有如下 4 个。

1. 法律

法律是大陆法系的主要渊源。这种观点在 19 世纪占有绝对优势,因为当时几乎所有大陆法系国家都编纂了各种法典,并公布了成文宪法,成文法已经相当完备。这里的法律或成文法是指制定法,包括宪法、法典与条例等。

(1) 宪法(constitution)。

一般来说,在一国的法律体系中,宪法具有最高的权威性,但是,在大陆法系国家中,各国宪法的效力与地位也有差异。在有些大陆法系国家,宪法可以根据一般立法程序制定与修改,宪法的效力与普通法律没有差别。另一些国家则认为,宪法是根本法,宪法不同于普通法律,宪法的效力优于普通法律,因此,宪法必须经过特殊程序才能制定或修改,并且建立了一套监督违宪的制度,对其他法律是否符合宪法进行监督。但是,各国负责监督的机构以及监督的方式也有所不同。在日本和某些拉丁美洲国家,像美国一样,任何法官都有权宣布某项法律违宪,从而拒绝予以执行。而欧洲的一些国家,例如,意大利与奥地利等国家,则设有专门的宪法法院,其他法律是否违宪必须经由宪法法院审查宣布。一般法院如果对某项法律是否违宪有所怀疑,只能中止诉讼程序,申请宪法法院予以裁决,无权自行宣布某项法律违宪。

(2) 法典(code)。

法典在大陆法系国家具有非常重要的作用,是主要的渊源。大陆法系国家都制定了一系列法典。法典把有关同一类内容的各种法规与原则加以收集,使之系统化,汇编为一个单一的文件。

(3) 条例(regulation)。

除了由立法机关制定的法律之外,大陆法系国家还有许多由行政机关制定的成文法,这种成文法被称为条例。这些条例有两种情况:一种情况是在某项法律的既定范围内为实现该项法律而制定的,立法机关只确定原则与一般规则,而把细则留待行政机关作出具体决定;另一种情况是由宪法授予行政机关以制定条例的权力,例如,法国宪法承认行政机关有制定条例的权力,而德国只承认行政机关可以在法律的既定范围内制定有关的条例。

2. 习惯(custom)

习惯是指在社会共同生活中长期形成的各种惯例,是对法律的重要补充。当然,不是所有的习惯均可以成为法律渊源。

一般而言,大陆法系国家都承认习惯是法律的渊源之一,但是,法国法学界与德国法学界对习惯则持不同的态度。法国学者认为,自从制定法典之后,法律就是法的主要渊源,习惯的作用甚微。法国、意大利与奥地利等国家都认为,习惯只有在法律明文规定法官必须援用习惯的情况下才能使用。与此相反,德国与瑞士则把法律与习惯相提并论。但是,这只是理论上的分歧,实际上差别是不大的。在大陆法系国家,习惯仍然具有一定的作用。某些法律必须借助于习惯才能被人们理解,立法者在其制定的法律中所使用的某些概念有时也必须参照习惯才能被理解。

3. 判例(case)

大陆法系国家强调成文法的作用,原则上不承认判例具有与法律同等的效力。一项判决只对被判处的案件有效,对日后法院判决同类案件并无约束力。这是大陆法系与英美法系的主要区别。大陆法系国家法律都明文规定禁止法官发布一般性解释,法官不能越过成文法框架创立新的法律规则。

但也有例外,有的国家规定法官应受某种判例的约束。例如,德国规定联邦宪法法院的判决在《联邦法律公报》上发表后即具有约束力,并且承认由"经常的判例"所形成的规则即属于习惯法规则,法院应予以实施。又如,阿根廷与哥伦比亚最高法院关于宪法的判决,以及瑞士联邦法院关于宣布某一州的法律违宪的判决都具有约束力。西班牙把最高法院多次判决形成的判例称为"法理",日后如果遇到违反该项"法理"的判决,则可以向最高法院提起上诉。一位法国行政法学家用生动的语言说:"如果我们设想立法者大笔一挥,取消全部民法条文,法国将无民法存在;如果他们取消全部刑法条文,法国将无刑法存在;但如果他们取消全部行政法条文,法国的行政法仍然存在,因为行政法的重要原则不在成文法中,而存在于判例之中。"这说明进入 20 世纪后,判例在大陆法系中具有较强的说服力,其作用日益增强。

4. 学理

一般而言,学理不是法的渊源,但是,在大陆法系发展的过程中,学理起着重要的作用。这主要表现为对立法与司法具有较大的影响:①学理为立法者提供法学理论、法律词汇与法律概念,通过立法者的活动,被制定为法律;②对法律进行解释,并对判例进行分析与评论;③通过法学家的著作,培训法律人员,影响法律实施的过程。

(五)大陆法系各国的法院组织

大陆法系各国的法院组织各有特点,但是也有一些共同之处。主要表现在:法院的层次基本相同;各国除普通法院以外,还有一些专门法院。

各国法院分为三级,即第一审法院、上诉法院与最高法院。有的国家根据诉讼的性质与金额的大小设立各种不同的第一审法院。有的国家,除普通法院外,还设有商事法院、亲属法院与劳动法院,专门受理有关商务关系、家庭关系与劳资关系的案件。商事法院限于第一审法院,所以,并不成为与普通法院并行的体系。有些国家,例如,意大利、荷兰、葡萄牙与巴西等,已取消了商事法院,把这类案件移交普通法院受理。上诉法院主要受理对第一审法院判决不服的上诉案件,但是对可以提出上诉的条件,各国有不同的规定。最高法院在有的国家是上诉审法院或再上诉审法院;而有的国家则规定,最高法院只能维持或撤销原判决,不能进行实体审理。

此外,有些国家,例如,德国、法国、奥地利、比利时、意大利、芬兰、卢森堡与瑞典等,还设有行政法院并构成独立的审级层次;有些国家,例如,西班牙、瑞士以及大多数非洲国家设有行政法院,但是其隶属于最高法院行政诉讼庭,没有形成独立的审级层次;另外一些国家,例如,日本、丹麦、挪威、阿根廷、巴西、智利与秘鲁等,则不设行政法院。有些国家除设有行政法院系统外,还有其他一些独立的司法机关,例如,德国设有劳动法、税法的最高联邦法院,瑞士设有关于海关法、军事法、社会保险法等的联邦法院。有些大陆法系国家实行联邦制,其法院组织体系更复杂,往往在州法院之上还设有联邦法院。

二、英美法系

(一)英美法系的概念与地区构成

英美法系又称为普通法系(common law system)、判例法系(case law system),是以英国中世纪的法律,特别是以普通法为基础和传统产生和发展起来的,包括英、美以及模仿它们的其他国家的法律的总称。

普通法形成于英国,以后扩展到美国及曾受英国殖民统治的国家与地区,主要包括加拿大、澳大利亚、新西兰、爱尔兰、印度、巴基斯坦、马来西亚和新加坡。而南非、斯里兰卡、菲律宾则是大陆法系与普通法的混合体。

普通法国家以英国与美国为代表。英国和美国虽然有许多共同之处,例如,两国都以判例作为法的主要渊源,都有普通法与衡平法之分,但是两国的法律在自身的发展过程中也各自形成了一些不同的特点,因此,有必要了解两国的法律与法院。

(二)英国法

1.英国法的历史沿革

普通法制度在英国历史上的发展,主要起因于诺曼人在征服英国后设立国王法院,展开一连串司法集权。英国早期的法律主体,是英国在盎格鲁-撒克逊时期由各部落之习惯发展而来的盎格鲁-撒克逊习惯法,但英国各地的习惯法不同,标准也不一,随着诺曼人征服英国,结束这一时期的部落统治,并且在英国确立了封建制度,渐渐地,英王为了巩固王权,借助国王法院所分出之皇室法院的制度化和管辖范围的扩张,便发展出一个以盎格鲁-撒克逊习惯法为基础,而通用于全国的"普通法"制度。所以想要了解英国为何以"普通法"作为其法律制度的名称,就必须回顾英国法制之历史,尤其是亨利二世从国王法院逐渐发展出皇家中央法院系统的统一司法体制,其为英国"普通法"的发展带来重要且深远的影响。

诺曼人征服英格兰之前,英格兰被盎格鲁-撒克逊人所占领。在盎格鲁-撒克逊时期,领主与封臣间之附庸关系已经成形。当时国王的权力不大,由智者组成的"贤人会议"协助掌管国政。盎格鲁-撒克逊时期的社会没有中央集权之司法制度,也没有律师、法官等专业法律人,亦没有通用于全英国的统一法律。所有的法律诉讼皆由分散于各地之自治体法院根据当地之习惯作成判决,所以判决会因各地习惯不同而相异。

1066 年,诺曼底的威廉公爵征服英格兰,为了安抚民心,威廉公爵选择采用"保留现有制度"的方式统治英国人民,维持当时的盎格鲁-撒克逊法。然而,各自为政的地方自治体法院和杂乱无章的盎格鲁-撒克逊习惯法,无疑是威廉公爵统治英国的障碍,因此,诺曼人在施行中央集权统治,建立国王法院以进行司法集权的过程中,逐步改造了当时各地的习惯法,使之成为共同适用于全国的法律,英国遂形成了最早形态的"普通法"。威廉公爵为了巩固王权,杜绝封建割据,对英国采取了集权化的管理方式,包括加强中央集权统治、设立国王法院,以及设立巡回法院制度,这些做法树立了国王的最高权威,并建立了一个高效运作的中央集权政府,这为后来亨利二世以司法集权之皇家中央法院系统,发展通用于全英的普通法,奠定了稳固的基础。英王威廉一世为避免封建贵族割据地方,采取了以国王为中心的中央集权统治,并对原本在盎格鲁-撒克逊时期统辖各郡之郡长、司法行政军事长官和主教进行了权力调整。英王威廉一世以大咨议会或御前会议取代盎格鲁-撒克逊的"贤人会议"。英国国王的"大咨议会"是英国所有法院中地位最崇高的"国王法院",由英王主持,英王的直属封臣、贵族、主教及其他重要官员为议会成员,国王的亲信也参与议会。这个大咨议会执行司法、行政和立法等多重职能,包括就国家事务向英王提供咨询和建言、解决英王直属封臣间之法律纠纷、协调教会与英王间之关系,以及制定法律。

英王亨利二世统治期间,是皇家中央法院系统和普通法得以形成并获得重大发展的时期。亨利二世持续进行司法改革,确立巡回法院制度和陪审制度,将御前会议的司法职能分出,设立以一群专业法官行使国王司法权的皇家中央法院系统,以令状制度控制司法管辖权,限制自治体法院和领主法院之管辖权,逐步发展出统一的司法体制和形成通用于全英国的普通法。具体贡献如下:

(1)确立巡回法院制度和陪审制度。

为了伸张王权,英王威廉一世设立了巡回法院制度,将英格兰划分成几个巡回区,国王会带着"国王法院"的法官到各地巡视,了解民间疾苦,解决民众间之纠纷,或是处理民众对当地官员和政府的申诉。英王亨利二世确立了巡回法院制度,将巡回审判变成一种定期的制度。

此外巡回法官创制了一种由当地民众提供地方习惯法,以供国王或巡回法官了解当地法律规则的机制,这些人就是陪审团的起源。1166 年,亨利二世颁布《克拉伦登诏令》(the Assize of Clarendon),规定王座法院的巡回法官在各地审理土地纠纷时,从当地居民中挑选出 12 名与当事人无关联的知情者作为证人,经宣誓后向法院提供证言,以确定哪一方当事人的理由充分,这 12 人就是陪审员。从此这种被应用于巡回审判中的陪审团被制度化。陪审制度的建立,对普通法的形成和发展相当重要,通过由熟悉当地习惯法之居民担任陪审员的陪审制度,巡回法官得以将各地的习惯法结合在一起,构成通行全国的普通法。

(2)令状制度化。

早期民众要在皇家法院提出诉讼,就必须先向拥有全国司法权的英王申请,取得国王核发的"令状",皇家法院才有审理民众诉讼的权力。"令状"是大法官以国王名义签发的书面命令,是责令被告到王室法院出庭的正式文件,每种诉讼理由都有相应的诉讼形式,同时发给相应的令状。亨利二世为了达到司法集权,以"令状"争夺自治体法院和领主法院的司法管辖权,将原本例外核发的"令状"制度化,自此民众要在皇家法院提出诉讼,只要符合一定规定或程序,就可以向掌管国玺的文秘署购买一张以国王名义签发下令皇家法院审理案件的令状。文秘署必须根据案情事实以决定核发之令状类型。

(3)设立皇家中央法院系统。

鉴于司法事务日益繁忙,亨利二世从御前会议分出民诉法院、王座法院和财政法院等三个普通法法院,由一群专业法官分别负责审理涉及财产权(特别是地产权)、王室财政、重大刑事案件等三类案件。

（4）限制自治体法院和领主法院之管辖权。

英王除了以皇家法院判决强化王权之外,也逐步限制自治体法院和领主法院之管辖权,弱化自治体法院和领主法院的功能。诺曼人征服英国后,百户法院原有之审理土地纠纷的管辖权被移交给郡法院,其也失去了审理任何刑事案件的管辖权,而仅剩下审理民众间之一般纠纷的管辖权。之后,英王以《克拉伦登诏令》,将被称为"国王之诉"之最重要刑事案件的管辖权,从郡法院移交给新设立的皇家法院。之后,亨利二世为了司法集权,又将郡法院之前自百户法院取得的审理土地纠纷的管辖权,与原属于郡法院的刑事管辖权,移交给位于西敏寺的皇家法院。

（5）衡平法法院的崛起。

普通法法院与令状制度过度拘泥于"诉讼形式",而不重视实体权利,造成诉讼程序与救济方式的僵化,无法提供贸易和商业发展所需要的法律救济。无法从普通法法院获得救济的人民,于是便向国王请求特殊救济,国王和御前会议便委任御前大臣审理这些案件。被国王赋予司法审判权之御前大臣,基于公平、正义的衡平原则来判决这些案件,所以这些案件被称为"衡平法案件",而御前大臣所管辖之法院被称为"衡平法法院"。这些案件逐渐发展出有别于普通法的原则,被称为"衡平原则"。

1873 年至 1875 年的《司法组织法》(Judicature Acts)大大改变了英国法院组织,在形式上撤销了普通法法院和衡平法法院的区别,但是未让普通法与衡平法融为一体,只是让同一法院可以同时执行普通法和衡平法的权利、义务和救济方式。依据《司法组织法》,所有英国法院皆有权适用普通法和衡平法的原则,但实际上,如果同一案件同时适用普通法和衡平法之原则而得出相互矛盾的判决结果,在此情形下,则应优先适用衡平法原则。衡平法与普通法各有不同的实体内容、程序规则、管辖范围和执行机构,但衡平法与普通法两者相辅相成,互为补充,均为英国法的重要基石。

2. 英国法的结构及其特点

英国法一个主要特点是二元性的法律结构,与大陆法系不同,它不是将法律明确地分为公法与私法,而是分为普通法与衡平法。英美法系没有严格的部门法的概念,即没有系统性、逻辑性很强的法律分类,它们的法律分类比较偏重实用。

普通法是英国在中世纪时期形成的一种法律制度,来源于习惯法,实际上表现在法官的判决中,以司法判例的形式出现,所以,又称为"判例法"。其特点是立法由法官根据判决形成,遵循先例约束力原则,凡是作为法律规范的判例,均具有普遍约束力。衡平法出现于 14 世纪,它是为了补充与匡正普通法的不足而产生的,由国王指定的枢密大臣根据"公平与正义"的原则审理这类案件。枢密大臣审理这类案件时有自由裁量权,可以不受普通法的约束。因此,这些判决就逐渐形成了"衡平法"。

普通法与衡平法有相同之处,即都是判例法,但是二者也有较大的区别,主要表现在以下 5 个方面:

（1）救济方法不同。

普通法只有两种救济方法，一是金钱赔偿，二是返还财产。以金钱损害赔偿为主的救济方法，在大多数情况下可以满足债权人的要求，但是，如果在某些情况下当事人依据普通法得不到适当的救济，可向衡平法法院要求给予特别的救济方法。衡平法法院为了弥补普通法的不足，发展了一些新的救济方法，主要是：①实际履行，也称依约履行或具体履行。即衡平法法院可以判令负有义务的一方当事人根据合同的规定履行其应尽的义务。但是，以违约所遭受的损害不能以金钱赔偿得到满足，或损害的金额无法确定者为限。②发出禁令。衡平法法院可以发出禁令，命令当事人为某种行为或不为某种行为，以事先防止不法行为与违约行为的发生。

（2）诉讼程序不同。

衡平法法院有自己的诉讼程序与证据规则。它与普通法法院的不同之处主要在于：①普通法法院有陪审团制度，衡平法法院则不设陪审团；②普通法法院听取口头答辩，采取口头询问方式审理案件，而衡平法法院则采取书面诉讼程序。比较而言，衡平法法院的诉讼程序比较灵活。

（3）法院的组织系统不同。

1875 年，英国建立了单一的法院体系，统一适用普通法与衡平法，而且把衡平法优先于普通法的原则在法律上确定下来。现在，在确定某种案件是属于高等法院内的王座法庭还是枢密大臣法庭管辖时，不是根据该案件适用的法律是属于普通法还是衡平法，而是根据哪一种诉讼程序对该案件的审理最合适。原则上，凡是适宜于用书面诉讼程序审理的案件均由枢密大臣法庭管辖，凡是适宜于用口头诉讼程序审理的案件则由王座法庭管辖。

（4）法律术语不同。

为了避免与普通法法院发生冲突，衡平法法院在司法活动中使用其所特有的一套法律术语。例如，起诉称为 suit 而不称为 action；权利称为 interests 而不称为 rights；判决称为 decree 而不称为 judgement；判令支付金钱损害赔偿称为 compensation 而不称为 damages 等。

此外，为了适应英国法律，英国的律师与法官也分为两类，一种是普通法律师与法官，另一种是衡平法律师与法官。他们受过不同的训练，运用不同的方法，分别处理不同的案件。这些情况都是大陆法系国家所没有的。

（5）管辖权不同。

衡平法法院管辖的案件是，普通法法院不予管辖的案件；普通法法院虽然予以管辖，但是不能提供公正适当救济的案件；普通法法院虽然予以管辖，而且准备提供适当的补救，但是因为诉讼程序的缺陷而不能执行的案件。普通法法院主张对所有案件行使管辖权，试图调整全部法律来源，而衡平法法院调整的主要是民商方面的私法关系。对于普通法法院处理的案件，衡平法法院如果认为不公正或不适当，则可以进行进一步的补救；而对于衡平法法院处理的案件，普通法法院则不能进一步处理。

此外，衡平法是针对人的，普通法是针对物的。普通法法院颁发的禁止令状，只能通过郡长等行政官员执行,而衡平法法院则可以对被告直接发出禁令。普通法注重形式,而衡平法更注重意图。

综上所述,普通法与衡平法相辅相成,互为补充,均为英国法的重要基石。两者的关系,正如18世纪一位英国著名法学家所指出的那样:"衡平法既不创造普通法,也不毁坏普通法,而是'辅助它'。"衡平法是对普通法的修补、拾遗与改进。另一位英国著名法律史学家指出,普通法与衡平法之间的关系是"法典主体与辅助内容、法律条文与条文注释的关系",将普通法去掉,衡平法不复存在;将衡平法去掉,普通法却仍然存在。

英国法的另一个特点是重视程序法(adjective law)。与此相反,大陆法系国家对实体法的重视多于程序法。英国法有一句格言"救济先于权利"(Remedies precede rights.)。这里的救济,是指通过一定的诉讼程序给予当事人以法律上的保护,属于程序法的范畴,而权利则属于实体法的范畴。这表明程序诉讼在英国法中占有十分重要的地位。究其历史原因,英国的普通法是由当事人根据一定的令状向法院起诉,由法院以判决的形式逐步发展起来的。而由每一令状开始的诉讼均有其固定的程序,每一种诉讼程序都有一套专门的术语,不得在另一种诉讼程序中使用。衡平法也有类似的情况,它也有自己特有的诉讼程序,也是由法院以判例的形式形成与发展起来的。在某种意义上我们可以说,英国的实体法是通过各种诉讼程序形成的。在英国,如果某种权利缺乏适当的救济方法,这种权利就不能存在,就不能得到法律上的保障。

3. 英国法的渊源

从历史上看,英国是判例法国家,因此,判例法无疑是英国法的主要渊源,成文法即制定法则处于次要地位。

(1) 判例法。

判例法是英国法的主要渊源。它是由英国高等法院的法官以案例判决的形式确立和发展起来的重要法律规则。英国法院的判决包括两个部分:一是判决的理由,二是法院对判决理由的解释。只有判决的理由才构成判例。在19世纪上半期确立的"先例约束力原则"(rule of precedent)表明,法院在判决中所包含的判决理由必须得到遵循,即对作出判例的法院本身和对下级法院日后处理同类案件均具有约束力。这项原则包括以下3个方面的内容:①上议院的判决中具有先例约束力的先例,对全国各级审判机关均有约束力,一切审判机关均必须遵循。过去,上议院本身也必须受其所作出的先例的约束,但是1966年英国枢密大臣宣布,以后上议院可以不受其先例的约束,上议院可以根据形势的发展变化改变它以前所作出的先例。②上诉法院的判决可以构成对下级法院具有约束力的先例,对上诉法院本身也有约束力。③高等法院每个庭的判决对所有低级法院均具有约束力,对高等法院的其他各庭以及王座法院也有很强的说服力。

(2) 成文法。

成文法也称为制定法(statute law),是英国法的重要渊源。成文法主要指立法机关或行政机关制定的法律或条例,它们是判例法的补充或修正。当成文法被法官在判决中加以解释和重新肯定后,就被吸收到法律体系中。

（3）习惯。

盎格鲁-撒克逊时代通行习惯法，习惯是当时法的主要渊源。但是，在英国普通法形成的过程中，法的渊源是判例法而不是习惯法。因此，现在习惯在英国法律中所起的作用极小。

4.英国的法院组织

英国的法院组织错综复杂，几经调整，1972年，英国根据审判工作的需要，对法院的体制又进行了一次调整，形成了现在的法院系统。

（1）低级法院。

低级法院也叫地方法院或基层法院，按照受理案件的性质设立为郡法院和治安法院。郡法院是根据1846年《郡法院法》设立的，它专门受理轻微的民事案件。郡法院审理民事案件，主要由巡回法官开庭，一般不召集陪审团。治安法院是基层刑事管辖法院，负责审理绝大部分的刑事案件，同时还具有一些管理地方行政的权力，是英国法院组织体系中的重要组成部分。治安法院审理案件由至少3名非专业法官组成合议庭开庭审判，专业法官可独任审判。治安法院适用简易程序审理法律规定的案件，无须陪审团参加。此外，英国的家庭法庭附设于治安法院之内，主要处理收养、婚姻、扶养和抚养等民事纠纷。

（2）最高法院。

最高法院是刑事法院、高等法院和上诉法院的合称，并非独立的法院，也不是最高审级，上议院才是最高审级。涉及人权问题的案件，还可上诉到欧洲人权法院，其判决结果对英国各级法院具有约束力。

①刑事法院于1972年设立，其前身为巡回法院和季度法庭。刑事法院受理不服治安法院判决的上诉案件，也是可诉罪的初审法院。它是全国性法院，可管辖国境内任何犯罪案件。全国分为6个巡回区，根据设有刑事法院审判中心的城镇划分为一、二、三级三个层次。第一级审理民事和刑事案件，第二级审理严重和一般的刑事案件，第三级只审理一般刑事案件。

②高等法院于1873年建立，是由衡平法法院等多种法院合并而成。下设3个庭：a.王座庭，主要任务为初审重大的民事案件，组织海事合议庭和商事合议庭等专门法庭审理各类案件，以及受理以报核方式上诉到法院的刑事案件；此外，王座庭还负责核发人身保护状和各种特权令，进行审判监督。b.大法官庭，负责审理有关房地产、委托、遗嘱、合伙和破产等民事纠纷。c.家事庭，主要审理有关家庭、监护、婚姻等的重大纠纷及其上诉案件。以上3个法庭又分别设行政庭和上诉庭。高等法院各庭由高等法院法官和记录法官开庭审判，一般实行独任制，不召集陪审团。若对高等法院的判决不服，可以上诉至上议院。

③上诉法院于1966年建立，由原来的刑事上诉法院和专理民事上诉的上诉法院合并而成。分两个上诉庭，即民事上诉庭和刑事上诉庭。民事上诉庭受理不服郡法院判决的上诉案件，刑事上诉庭审理不服刑事法院判决的上诉案件。上诉法院由上诉法官、高等法院法官以及4名全国最高级的司法官员开庭审理。若对上诉法院的判决不服，还可再上诉至上议院。

上议院是英国国内的最高审级,它不仅行使立法权,而且受理来自上诉法院、高等法院、军事上诉法院的民事、刑事和军职诉讼案件。上议院受理的上诉案件限于涉及重大法律问题的案件。英国的法院按照审理案件的性质可分为民事和刑事两大系统,如图 1-1 所示。

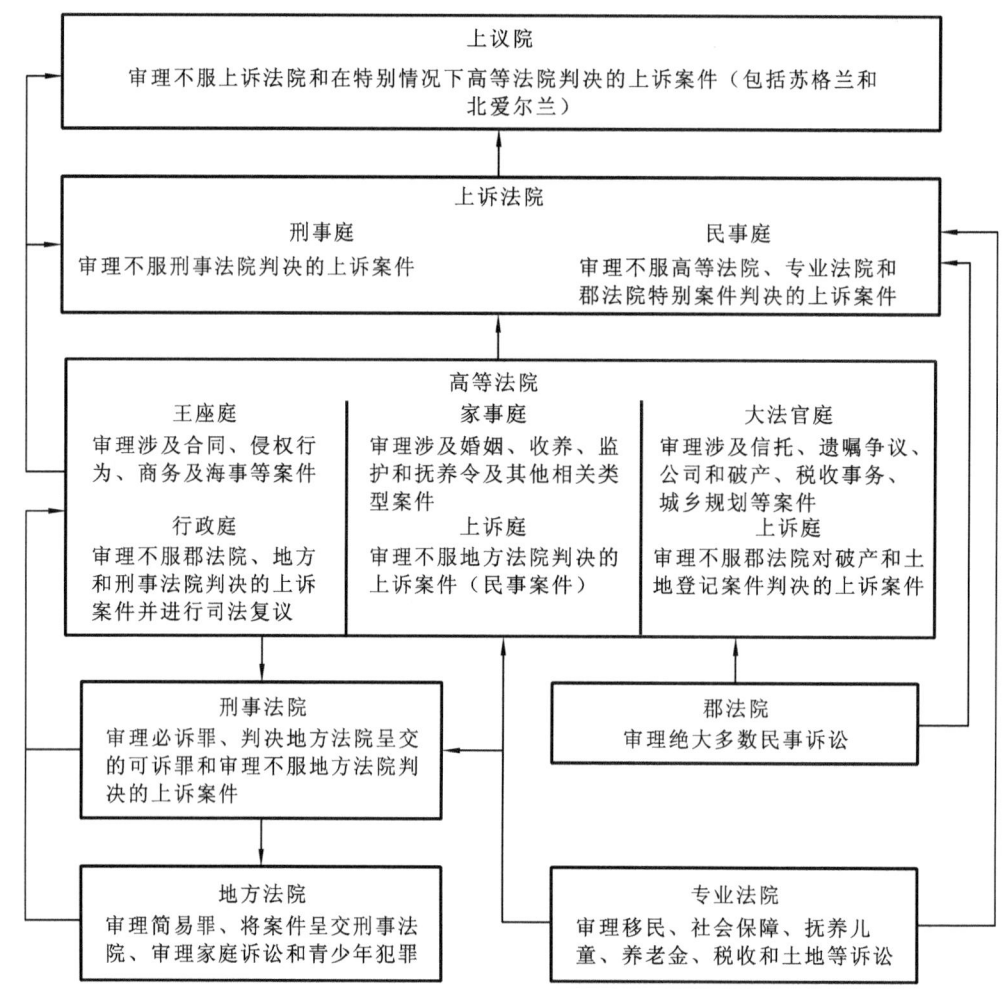

图 1-1 英国法院组织体系结构图

除上述法院外,英国还有一些特别设立的专门法院,独立于民事和刑事法院系统之外,主要有枢密院、反垄断法院、验尸官法院、专业法庭、军事法庭、行政法院、少年法院和劳资上诉法院等。

(三)美国法

英国移民带着英国法来到新大陆,但在美国独立初期,由于人们普遍对英国存在敌意,英国的普通法遭到了反对。不过由于美国同英国有较深的渊源,英国的普通法在殖民统治时期已经有相当大的影响,独立后的美国联邦中的各州,才正式将英国法当作自己的法律,这使英美法系之共同传统的"普通法"得以延续。

1. 美国法的结构

美国法属于普通法系,采用英国法的范畴、概念与分类方法,也存在普通法与衡平法的区别,这是美国法与英国法的相同之处。但由于美国是联邦制国家,美国法律既包括联邦法,也包括州法,这是美国法律结构的一个主要特点。因此,美国法律的结构与英国法律的结构又有很大的差异。

美国联邦宪法对联邦与各州的立法权都作了明确的规定。1791 年美国《宪法修正案》第 11 条规定,凡是宪法未授予联邦或未禁止各州行使的权力,均属于各州。可见,各州保留了相当大一部分立法权,但是联邦的法律高于各州的法律,如果州法与联邦法相抵触,则应适用联邦法。在民商立法方面,联邦的立法权范围主要包括银行、工业、国际贸易、州际贸易、专利权和税收等事宜,但是即使在上述范围内也不排除各州的立法权。各州不得在联邦立法权范围内制定与联邦法律相抵触的法律,但是可以制定补充内容或附加性的法律。例如,联邦有联邦的税法,各州也有各州的税法。

2. 美国法的渊源

美国与英国一样,以判例作为法的主要渊源。但是 19 世纪末以来,成文法的数量大大增加,成文法在社会生活中的作用越来越重要。因此,有些美国法学家认为,现在的美国法律既不是纯粹的判例法,也不是完全的成文法,而是一种混合的法律。虽然如此,美国至今仍然强调判例法,即使是成文法,也要通过法院判决的解释才能发挥作用。

(1)判例法。

美国法主要来源于判例法,尤其是私法,它主要是由判例法组成的。19 世纪以来在英国形成的“先例约束力”原则,在美国也同样适用,但是由于美国是联邦制国家,联邦法与州法存在区别,因此,在适用先例约束力的原则时,美国有其自身的特点。

美国先例约束力的内容包括:第一,在州法方面,州的下级法院必须受其上级法院判例的约束,尤其受州最高法院判例的约束;第二,在联邦法方面,必须受联邦法院判例的约束,尤其受美国最高法院判例的约束;第三,联邦法院在审理涉及州法院办理的案件时,必须受相应的州法院的判例的约束,但是以该判例不违反联邦法为原则;第四,联邦与州的最高法院不受其以前确立的先例的约束,可以推翻过去的先例,并确立新的法律原则。

(2)成文法。

美国有两种成文法,即联邦的成文法与各州的成文法。在联邦法律中,美国宪法占有十分重要的地位。如上所述,美国联邦最高法院对宪法有解释权。美国联邦最高法院认为,宪法不同于一般的法律,而是一切法律之源,美国的一切法律,包括判例法,其理论都来源于宪法。因此,凡是违反宪法的法律或判例,美国各法院都有权不予执行。

自 19 世纪末以来,美国联邦与各州的立法活动都大大增多,在社会立法与经济立法方面,出现了成文法取代普通法的趋势。最典型的是反托拉斯法(antitrust law),从 1890 年颁布《谢尔曼法》(Sherman Act)开始,它都是以联邦制定的有关成文法为准绳的。值得注意的是,英美国家的成文法不像欧洲大陆那样以法典化为特征,而是表现为大量的单行立法和判例法。

3. 美国的法院组织

美国的法院组织也反映了联邦制的特点,设有联邦法院与州法院两套系统。

(1) 联邦法院系统。

1787年,宪法规定,联邦政府司法权属于联邦最高法院与根据国会立法建立的联邦下级法院。1789年,国会制定的《司法法》对联邦系统的法院组织做了规定。根据这部法律,联邦法院分为三级。

第一级为联邦地区法院。联邦地区法院管辖的案件包括刑事与民事两个方面,但是必须符合下列条件之一:合众国为当事人一方;涉及对联邦宪法、法律或条例的解释;属于州际公民之间的诉讼。

第二级为联邦巡回法院。联邦巡回法院,也称为上诉法院,联邦上诉法院除了受理对联邦地区法院判决不服的上诉案件外,还受理对后来出现的联邦系统专门法院或具有司法权的行政机构(如联邦贸易委员会)判决不服的上诉。联邦上诉法院判决的案件极少能上诉到联邦最高法院。

第三级为联邦最高法院。联邦最高法院亦称美国最高法院,是美国政府三权分立的机构之一,是美国最高司法机关。1787年《宪法》第3条第2款的规定,联邦最高法院的管辖权分为两种。①对关于大使、公使与领事的案件以及以州为当事人的案件具有初审权。②对下列案件行使上诉裁判权:关于普通法与衡平法的案件;基于联邦宪法与合众国法律以及根据合众国权力所缔结与将缔结的条约所产生的案件;关于海商法律与海事管辖权的案件;以合众国为当事人的诉讼,州与州之间、一州与他州公民或者州际公民之间的诉讼;一州或者其公民与外国或者外国公民之间的诉讼;同州公民的争执;不同州让与土地的诉讼。对于具备上述性质的案件,若当事人对联邦上诉法院或州终审法院的判决不服,可以向联邦最高法院提出上诉。同时,当事人还可以申请联邦最高法院颁发调卷令,对联邦上诉法院或州终审法院判决的案件进行重新审查。

联邦最高法院还有一项重要的权力,即"司法审查权"(judicial review)。这项权力并非来自联邦宪法,而是联邦最高法院通过司法判例确立的,即由著名的联邦大法官马歇尔在"马布利诉麦迪逊案"(Marbury v. Madison,1803)中提出的,由此确立了最高法院对违宪行为的司法监督与审查权。司法审查权的确立与发展,不仅对美国法律与社会经济的发展具有重要的意义,而且对世界各国宪政的发展也具有深远的影响。

(2) 州法院系统。

根据联邦宪法规定,各州有权设立自己的法院,结果造成各州的法院体系与名称多种多样。在19世纪中期以前,各州法院的审级管辖界限并不严格,例如,多数州的高级法院同时受理初审案件。后来各州法院仿照联邦法院的体系采取三级审判制,并明确了各自的权限。

州基层法院又称"区法院"、"巡回法院"或"普通诉讼法院",对属于州法院管辖的刑事与民事案件进行初审。此外,县法院与警察法院等小型法院,负责处理一些轻微的案件。州中级法院的名称也很不一致,其受理对基层法院判决不服的上诉案件。但是有的州规定中级法院对某类案件具有初审管辖权。州最高法院是州法院系统的最高审级,在各州被称为最高审判法院、最高上诉法院或上诉法院,受理对州中级法院判决不服的上诉案件。有的州还规定,若对基层法院判决不服,当事人可以直接向州最高法院提出上诉。在联邦法院与州法院管辖权的关系上,自美国内战结束以来,联邦法院系统管辖的范围不断扩大,州法院管辖权受到限制,但是绝大多数案件仍由州法院受理。

三、两大法系的比较

(一) 两大法系的主要区别

大陆法系国家和英美法系国家都属于西方国家,受其影响的国家也主要是资本主义国家,它们在经济基础、对法治的立场等方面存在许多共同之处。但因各自的传统不同,两大法系又有一定的区别。这些区别从宏观角度看,主要表现为以下几个方面:

第一,法律的分类方法不同。大陆法系国家一般都将公法和私法的划分作为法律分类的基础,在此基础上进一步划分法律部门。大陆法系的法律分类能够体现基本法律原则和概念的一致性和严谨性。英美法系则是以普通法和衡平法为法律的基本分类。这一分类方式是英美国家历史发展的结果,与英美国家崇尚实用主义也有一定联系。

第二,法律的表现形式不同。在大陆法系中,法律的主要渊源是成文法或制定法。大陆法系国家在私法方面倾向于编纂法典,近代以来各国纷纷进行大规模的法典编纂。而把判例法奉为法律的主要渊源,是英美法系区别于大陆法系最突出的特征。英美法系从总体上看不倾向于进行系统的法典编纂。

第三,在法律思维方式方面,大陆法系的法官审理案件以成文的法律条文为依据,运用演绎思维分析案件;而英美法系的法官引证判例审理案件,运用归纳思维,注重类比推理。

第四,在诉讼程序方面,大陆法系与教会法程序接近,属于纠问制诉讼;而英美法系则采用对抗制诉讼程序,当事人举证居于主宰地位。

此外,两大法系在法院体系、法律概念、法律程序、变革速度、法官的作用以及判决技术风格等方面存在许多差别。

(二) 两大法系的相互融合

尽管两大法系有很大的区别,但两大法系正日益融合。主要表现为以下几个特点:

第一,大陆法系中判例的作用日益增强。

大陆法系国家都强调成文法的作用,因此成文法是其主要的法律渊源。这些国家原则上是不承认判例与成文法具有同等效力的。19世纪末到20世纪初,随着社会政治、经济的发展,大陆法系国家出现了许多法典和法规所不可能预见的情况,社会生活的变化对法典和法规提出了新的要求。法国最高法院首席法官巴罗波培在庆祝民法典颁布一百周年的仪式上说,当法典条文含糊不清、意思可疑时,当规定的内容相互矛盾时,那么,法官有广泛的解释权,不必固执地追求法典起草人一百年以前的原意,而应根据法国在思想、社会方式、体制、经济和社会条件已发生的变化来确定这些条文在今天的含义,正义和理性要求我们把这些条文自由、合理地运用到现实生活中。此后,法国的法官才有了对法律的扩展解释权。但是,他们又从理论上论证,法官的这种"扩展解释"并不是真正的立法。在这种情况下,法院根据法律基本原则作出的判决,对日后处理类似案件具有参考价值。同类判决多次出现,就会形成某种具有指导意义的原则。

《德国民法典》面对不断变化的形势,也在法典中界定了许多伸缩性很强的一般性条款,如"善良风俗""诚实信用"等,为法官自由解释和适用法律提供了更大的空间。法官利用富有弹性的一般性条款处理案件,为德国应付各种政治、经济危机,维护资产阶级统治秩序发挥了重要的作用。

进入 20 世纪以后,大陆法系各国无视判例作用的态度已有所改变。例如,法国下级法院的法官在新的形势下,不愿冒自己作出的判决被上级法院否定的风险,就本能地效仿上级法院对同类案件的判决。同时,由于中央集权的日益加强,最高法院的地位也在不断地加强,最高法院对法律未作出规定的问题所作出的判决,对下级法院具有更重要的意义。联邦德国明确地宣布:联邦宪法法院的判决对下级法院有强制性约束力。

综上所述,大陆法系的"判例法"的形成有两种方式:一种是通过最高法院的判决确立新的法律原则;另一种是通过法官在判案中对法典的某些条款所作的扩展解释而创造法律原则。所以,这种"判例法"与英美法系的判例法是不同的。

第二,英美法系成文法的数量迅速增加。

19 世纪末到 20 世纪初,英美法系国家法律结构发生了深刻的变化,成文法的比重不断上升,成文法也成了英美法系的重要渊源。

在英国,据统计,从 19 世纪初到 20 世纪中期的 150 年间所颁布的法律,至今仍然有效的共 4187 件,其中有 3386 件是从 19 世纪中期到 20 世纪中期这一百年间所颁布的。但是,到目前为止,英国仍然拒绝像大陆法系国家那样编纂统一的刑法典、民法典和商法典。

由于历史原因,美国早期受法国的影响,成文法的地位和作用比英国突出。美国是联邦制国家,除联邦有立法权外,根据联邦宪法的授权,各州的州议会也享有一定的立法权。因此,美国有两种成文法,即联邦成文法和州成文法。

联邦成文法主要是联邦宪法;除州宪法和刑法典外,大多数州已有刑事诉讼法典,半数的州也有了民事诉讼法典,个别州还有民法典。由于成文法的数量越来越多,法律的混乱状况日益严重,查找法律也十分困难。因此,从 19 世纪下半期起,美国开始进行联邦立法的整理编纂工作。1926 年,美国颁布了美国法律汇编,亦称为《美国法典》(*United States Code*),这是美国联邦法律的系统汇编。

近几十年来,美国成立了各种各样的委员会,如州际贸易委员会、联邦贸易委员会、证券交易委员会、国家劳动关系委员会等。这些联邦的行政机构都有权制定规章、条例,并有权处理有关的争端。它们受法院的监督,但它们在处理案件时可以不受先例的约束,并可以摆脱一般法院所采用的解释法律的方法。这些行政机构可以依据社会经济、政治发展的需要,及时制定各种条例,用以调整瞬息万变的社会关系,因此,这些行政机构所制定的规章、条例在当代美国社会生活中,尤其是在社会经济领域内起着十分重要的作用。但是,美国法律以判例法为主要渊源的特点,目前没有根本改变。

第三,两大法系取长补短,逐渐融合。

目前两大法系法律渊源发展的情况是:在英美法系国家中成文法日益增多,判例法有所减少,有些判例所反映的法律原则,通过立法变成成文法;大陆法系没有"遵守先例"的原则,但是在旧法条文已经不适用的情况下,特别是在法典没有明文规定的情况下,判例往往也成为法官判案的参考和依据。例如,欧共体法制定后,欧共体法成为英国法的一部分,并享有优先权,这就意味着英国法开始在某些方面与大陆法系相融合,也标志着英国法接受了大陆法系的某些法律原则。

那么,这种情况的出现,是否像法学界的某些人士所说的,两大法系已走向统一,并将逐步融合成单一的西方法系呢?事实并非如此简单,两大法系法律渊源的形成是由于历史传统、社会政治、经济状况、思想、文化发展的不同,它们的发展也必将受这些客观条件的制约。因此,两大法系的差别还将长期存在,不会很快消失。上述事实只能说明两大法系的法律渊源正在逐步靠近,但并未统一,我们不能认为它们已融合为单一的西方法系。

第三节　中国法律制度概述

一、中国法律的渊源

中国现行法律受到大陆法系的一定影响,以成文法为主要形式,主要有制定法与法律解释等。

(一) 制定法

由各级立法机关制定的各种成文法是中国法律的最重要的渊源。中国实行中央与地方相结合的立法体制。作为法律渊源的制定法主要有以下几种形式。

1. 宪法

宪法是我国的根本大法,它规定了我国根本的社会经济和政治制度,各种基本原则、方针、政策,公民的基本权利和义务,各主要国家机关的组成和职权、职责等,涉及社会生活各个领域的最根本、最重要的方面。一切法律、行政法规、地方性法规都不得同宪法相抵触。现行《宪法》颁布于 1982 年,经历过四次修改。宪法由最高权力机关——全国人民代表大会(简称"全国人大")制定和修改,全国人大有权监督宪法的实施,全国人大常委会解释并监督宪法的实施,对违反宪法的行为予以追究。

2. 法律

法律有广义和狭义之分,这里仅指狭义的法律,即全国人民代表大会及其常务委员会制定的规范性文件,是规定与调整国家和社会生活某一方面问题的法律文件。在当代中国法的渊源中,法律的地位和效力仅次于宪法。

法律由于制定机关的不同分为基本法律和基本法律以外的其他法律两类。基本法律由全国人大制定和修改,它是针对刑事、民事、国家机构和其他方面的规范性文件。基本法律以外的其他法律由全国人大常委会制定和修改。在全国人大闭会期间,全国人民代表大会常务委员会对全国人民代表大会制定的法律进行部分补充和修改,但是不得同该法律的基本原则相抵触。

我国《立法法》规定,下列事项只能由全国人民代表大会及其常务委员会制定法律:国家主权事项;各级人民代表大会、人民政府、人民法院、人民检察院的产生、组织和职权;民族区域自治制度、特别行政区制度、基层群众自治制度;犯罪和刑罚;对公民政治权利的剥夺、限制人身自由的强制措施和处罚;对非国有财产的征收;民事基本制度;基本经济制度以及财政、税收、海关、金融和外贸的基本制度;诉讼和仲裁制度;必须由全国人民代表大会及其常务委员会制定法律的其他事项。

此外,全国人大及其常委会作出的具有规范性的决议、决定、规定和办法等,也属于"法律"类的法的渊源。

3. 行政法规

行政法规是指最高国家行政机关即国务院所制定的规范性文件,其法律地位及效力仅次于宪法和法律。国务院所发布的决定和命令,凡属于规范性的,也属于法律渊源。行政法规调整的范围包括为执行法律而进行的国家行政管理活动中所涉及的各种事项和《宪法》第89条规定的国务院行政管理职权的事项,内容较为广泛。国务院制定的行政法规,不得与宪法、法律相抵触。如果发生抵触,全国人大常委会有权将行政法规予以撤销。

4. 地方性法规、民族自治法规、经济特区的规范性文件

这三类都是由地方国家机关制定的规范性文件。地方性法规是一定的地方国家权力机关根据本行政区域的具体情况和实际需要,依法制定的在本行政区域内具有法的效力的规范性文件。根据《宪法》、1986年修改的《地方各级人民代表大会各地方各级人民政府组织法》、《立法法》,省、自治区、直辖市以及省级人民政府所在地的市和经国务院批准的较大的市的人大及其常委会有权制定地方性法规。地方性法规在不与宪法、法律和行政法规相抵触的前提下才有效。地方性法规可以就下列事项作出规定:①为执行法律、行政法规的规定而需要根据本行政区域的实际情况作具体规定的事项;②属于地方性事务需要制定地方性法规的事项。

民族区域自治是我国的一项基本政治制度。民族自治地方的人大有权依照本地的政治、经济和文化的特点,制定自治条例和单行条例,须报上一级人大常委会批准后生效。自治条例是一种综合性法规,内容比较广泛。单行条例是有关某一方面事务的规范性文件。这两种自治法规只在本自治区域有效。

经济特区是指改革开放中为发展对外经贸,特别是为利用外资、引进先进技术而实行某些特殊政策的地区。1981年以后,我国先后授权广东省(1981年)、福建省(1981年)、海南省(1988年)、深圳市(1992年)人大及其常委会制定所属经济特区的经济法规。

5. 规章

规章是行政性法律规范文件,根据其制定机关可以分为两种:一种是部门规章,由国务院组成部门及直属机构在其权限范围内制定,它所规定的事项应属于执行法律或国务院的

行政法规、决定、命令的事项;另一种是地方政府规章,由省、自治区、直辖市人民政府,以及省、自治区人民政府所在地的市和经国务院批准的较大的市的人民政府依照法定程序制定,其立法范围包括:为执行法律、行政法规、地方性法规,需要制定的事项;属于本行政区域的具体行政管理事项。规章在各自的权限内施行。

6.特别行政区法

我国宪法规定,国家在必要时得设立特别行政区,在特别行政区内实行的制度按照具体情况由全国人大法律规定。这是"一国两制"的构想在宪法上的体现,特别行政区实行不同于全国其他地区的经济、政治、法律制度。全国人大已于1990年4月和1993年3月先后通过了《中华人民共和国香港特别行政区基本法》和《中华人民共和国澳门特别行政区基本法》。在这两个特别行政区内实行的法律制度保持原有特色50年不变,它们也是当代中国法的渊源之一。

(二) 法律解释

法律解释指由一定的国家机关、组织或个人,为适用和遵守法律,根据有关法律规定、政策、公平正义观念、法学理论和惯例对现行的法律规范、法律条文的含义、内容、概念、术语以及适用的条件等所做的说明。我国的正式法律解释包括立法解释、行政解释和司法解释。其中,司法解释是由最高人民法院和最高人民检察院分别对法院审判工作和检察院检察工作中具体应用法律的问题进行的解释。这些解释对其下级法院和检察院的审判、检察工作均具有约束力,但它们不属于立法范畴。

(三) 判例

我国不采用判例法制度,判例不具有约束力,不是法的正式的渊源。但最高人民法院对地方各级人民法院关于疑难案件请示的批复,对同类案件具有法律约束力。《中华人民共和国最高人民法院公报》上公布的典型案件,对各级法院也有借鉴意义。

(四) 国际条约、国际惯例

国际条约是指我国与外国缔结的双边、多边协议和其他具有条约、协定性质的文件。条约生效后,根据"条约必须遵守"的国际惯例,国际条约对缔约国具有法律约束力,也是缔约国的法律渊源之一。

国际惯例是国际条约的补充。我国《民法通则》第142条规定:"中华人民共和国缔结或者参加的国际条约同中华人民共和国的民事法律有不同规定的,适用国际条约的规定,但中华人民共和国声明保留的条款除外。中华人民共和国法律和中华人民共和国缔结或者参加的国际条约没有规定的,可以适用国际惯例。"

国家政策是当代中国法的非正式渊源之一。根据《民法通则》第6条的规定:"民事活动必须遵守法律,法律没有规定的,应当遵守国家政策。"因此,国家政策就成为我国法的渊源。

此外,由于我国幅员辽阔、历史悠久,各地的风俗习惯和传统差异较大。各民族特别是少数民族的习惯与现行法律、法规和社会公共利益不相抵触的,经国家认可的部分是正式法的渊源,其他部分习惯应视为我国法的非正式渊源。

二、中国的司法制度

(一)人民法院的组织

中国的法院分为最高人民法院、地方各级人民法院和专门人民法院。

1. 最高人民法院

最高人民法院是国家的最高审判机关,其主要职权包括监督地方各级人民法院与专门人民法院的审判工作,审判全国重大刑事案件与在全国有重大影响的民事案件和经济纠纷案件,以及在审判过程中对具体应用法律的问题进行司法解释。

最高人民法院由院长一人,副院长、庭长、副庭长与审判员若干人组成,下设刑事审判第一庭、刑事审判第二庭、民事审判庭、经济审判庭、交通运输审判庭与行政审判庭等。

2. 地方各级人民法院

地方各级人民法院分为基层人民法院、中级人民法院与高级人民法院。

(1)基层人民法院

基层人民法院按行政区划设在县级,主要负责审判刑事与民事的第一审案件,处理不需要开庭审判的民事纠纷与轻微的刑事案件,指导人民调解委员会的工作。

(2)中级人民法院

中级人民法院按行政区划设在地区级。根据《民事诉讼法》的规定,中级人民法院主要审理如下类型的案件:重大涉外案件以及在本辖区有重大影响的第一审案件;基层人民法院移送审判的第一审案件;对基层人民法院判决与裁定的上诉案件和抗诉案件。

(3)高级人民法院

省、自治区、直辖市设高级人民法院。高级人民法院设刑事审判庭、民事审判庭、经济审判庭和其他审判庭,高级人民法院由院长一人,副院长、庭长、副庭长与审判员若干人组成。院长由省、自治区、直辖市人民代表大会选举产生,其他组成人员由本级人民代表大会常务委员会决定任免。高级人民法院审判如下案件:按法律规定由它管辖的第一审案件;下级人民法院移送审判的第一审案件;对下级人民法院判决和裁定的上诉案件和抗诉案件;人民检察院按照审判监督程序提出的抗诉案件。

3. 专门人民法院

中国还设有军事法院、海事法院、森林法院、铁路运输法院、农垦法院与石油法院等专门人民法院。

(二)民事经济案件的审判制度

根据《民事诉讼法》的规定,人民法院审理民事案件时实行合议制,由审判员或陪审员共同组成合议庭。合议庭评议民事案件时实行少数服从多数的原则。人民法院还设立审判委员会,对重大与疑难民事案件的处理,由法院院长提交审判委员会讨论决定。简单的民事案件可以由审判员一人独任审理。

　　人民法院审理民事案件,着重进行调解。人民法院的调解是在查明事实与分清是非的基础上进行的。经调解,双方当事人达成协议后,由法院制作调解书。调解书在送达双方当事人后立即具有法律效力。着重进行调解是中国民事审判制度的一个显著特点。

　　人民法院审判案件,实行两审终审制。对地方各级人民法院的判决或裁决,当事人如果不服,则可以向上一级人民法院上诉。上一级人民法院对上诉的案件所作的第二审进行判决或裁定,在终审判决或裁定后,当事人不得再进行上诉。

复习思考题

一、名词解释

1.国际商法

2.法系

3.普通法

4.衡平法

二、简答题

1.国际商法与国际经济法、国际私法有哪些联系和区别?

2.大陆法系和英美法系有哪些区别?

3.中国当代法的渊源包括哪些形式?

第二章 合　同　法

本章内容提示

　　合同法是国际商事活动的基本法律,具有较高的国际统一性。一般而言,合同是两个或两个以上的当事人,以发生、变更或消灭民事法律关系为目的而达成的某项协议。从法律角度而言,合同是通过一方发出的要约和另一方对此的承诺达成一致而成立的。各国法律都规定,合同的订立必须合法,必须真实。依法成立的合同对当事人具有约束力。诚实信用是履行合同的一项基本原则。违约是指合同当事人没有履行或没有完全履行合同义务,各国法律均对于违约的补救方法有相应规定。本章采用比较研究的方法,对大陆法系与英美法系国家的合同法律制度进行比较,系统阐述合同的成立、合同的履行、违约及补救方式和合同的终止等法律问题,以及与我国的《合同法》规定进行横向比较,深入分析不同法系观点的冲突和融合,揭示统一性规则的产生依据和国际商事合同立法的发展趋势。

第一节　合同法概述

一、合同的概念与特征

　　合同是当代社会进行各种经济活动和交易活动的基本形式,是最常见、最必要的确定当事人之间民商事权利与义务的根据。在国际经济交往中,买卖交易、货物运输与保险、企业的设立、产品的销售、代理人的委托,都通过订立合同来实现。因此,各国都非常重视对合同关系进行法律调整,从而确保社会经济秩序的稳定,确保交易行为的公平、安全与有效。

　　(一) 合同的概念

　　由于社会条件、法律渊源、背景等不同,世界各国法律对合同的认识存在一定的差异,这种差异首先表现在对合同所下定义有所不同。

　　1. 大陆法系的合同概念

　　《德国民法典》运用法律行为这个抽象的概念,把合同纳入法律行为的范畴。如《德国民法典》第 305 条规定:根据法律行为成立债的关系以及变更债的内容的,需有双方当事人之间的合同,但法律另有规定的除外。按照大陆法系学者的解释,法律行为是指当事人之间为了发生私法上的效果而进行的一种合法行为。法律行为包括意思表示和其他合法行为。意思表示包括意思和表示两个方面。意思主要是指当事人欲使其内心意思产生法律效力的效果意思。表示指行为人将其内在的效果意思以一定方式表现于外部,为行为相对人所了解。其他行为是指意思表示行为之外的一种行为。例如,依照德国法,动产转让中除了双方的意思表示行为之外,还要有一方把动产交付给对方的行为。

《法国民法典》没有法律行为这种抽象概念,强调合同为一种较为具体的"合意"。如《法国民法典》第 1101 条规定:"契约为一种合意,依此合意,一人或数人对于其他一人或数人负担给付、作为或不作为的债务。""合意"即指当事人之间意思表示达成一致。

大陆法系学者把合同作为民法的一个组成部分加以研究,他们认为,合同与侵权行为、不当得利、无因管理一样,都是债的发生根据。对于合同的界定,应当立足于民法典的整体性,从法律理论的抽象意义上加以认识。

2.英美法系的合同概念

英美法系强调合同不仅表示达成协议的事实,实质在于当事人所作的,可依法执行的一个或一系列允诺。如美国《第二次合同法重述》对合同所作的定义为:"合同是一个或者一组允诺,违反该允诺,法律将给予救济,或者,在一定意义上法律对于该允诺的履行视为一种义务。"按照这一定义,合同的基本要素是当事人所做的允诺,而允诺的关键是其法律上的可强制执行性。可见,并非所有的允诺都能成为合同,只有具有法律约束力,可以强制执行的允诺,才能成为合同。如弗雷德里克·波洛克爵士指出:"合同是由法律强制履行的一个或一系列允诺。"把合同界定为法律为之提供救济的允诺,突出了合同受到法院司法保护的效果,但允诺本身仅仅强调单方的义务,忽略了合同对各方当事人具有对等的约束力这一性质。从一定意义上说,允诺仅是合同订立的开始,合同是结果。

3.中国法律中的合同概念

《中华人民共和国合同法》(以下简称《合同法》)第 2 条规定:"本法所称合同是平等主体的自然人、法人、其他组织之间设立、变更、终止民事权利义务关系的协议。"但劳动合同、行政合同和有关身份关系的合同,不适用《合同法》的调整,因此,合同就被界定为双方或者多方为了设立、变更、终止民事(包括商事)财产关系,经意思表示一致而达成的协议。

从以上对各国的法律介绍来看,尽管各国法对合同的概念在理论上存在不少分歧,但实际上无论是英美法系国家还是大陆法系国家,都将当事人双方的意思表示一致作为合同成立的要素。定义虽有所不同,但其实并无本质差别。

(二) 合同的特征

从法律意义上讲,合同有以下四个特征:

(1) 合同是双方或多方当事人的法律行为,即合同作为一种民事法律关系,其行为主体当事人必须是两个或两个以上,单方当事人的民事法律行为不能构成合同关系。

(2) 合同是双方当事人意思表示一致的协议。在合同关系中,各方当事人的法律地位是平等的。所以,订立合同,必须平等协商,达成一致同意。

(3) 合同是明确当事人之间特定权利与义务关系的协议。合同法律关系的核心内容即为各方当事人的权利与义务关系。

(4) 合同是具有法律约束力的协议。合同作为明确当事人之间相互的权利与义务关系的协议,是具有法律约束力的协议。

二、合同的分类

各国法律既没有明确的分类标准,也没有统一的类别划分。从理论上,按照不同的标准,可将合同做不同的分类,合同的主要分类如下。

1. 单务合同和双务合同

这是依照合同当事人双方是否负担义务来划分的。单务合同是指合同当事人一方只承担义务而不享有权利,另一方则只享有权利而不承担义务的合同,如借用合同。双务合同是指合同当事人双方相互享有权利,相互承担义务的合同,如买卖合同。

2. 诺成性合同和实践性合同

这是依照除意思表示一致外是否须交付标的物为标准来划分的。诺成性合同是指当事人意思表示一致即可成立的合同。实践性合同又称为要物性合同,是指除当事人意思表示一致外,还须实际交付标的物才能成立的合同。

3. 要式合同与不要式合同

这是根据合同是否以特定的形式为要件进行的划分。要式合同是指必须采用特殊法定形式才能成立的合同,不要式合同是指法律没有特别规定,当事人也没有特别约定需采用特殊形式的合同。

4. 主合同与从合同

这是根据合同相互间的主从关系进行的划分。主合同是指不依赖他合同而独立存在的合同,从合同是指以他合同的存在为存在前提的合同。主合同的成立与效力直接影响从合同的成立与效力。

5. 有偿合同与无偿合同

这是依照当事人间有无对价的给付为标准进行的划分。有偿合同是当事人为得到合同利益给付相应代价的合同;无偿合同是当事人不必为得到合同利益而给付相应代价的合同。

三、合同法的体系及其编制体例

合同法是指调整当事人之间订立和履行合同及其权利和义务的有关法律规范的总称。两大法律体系在合同法的形式、编制体例以及一些具体的法律原则方面也各不相同。

(一) 大陆法系的合同法体例

在大陆法系国家,合同法是以成文法的形式出现的,一般包含在民法典或者债务法典中。大陆法系国家的民法理论把合同看作产生"债"的原因之一,把有关合同的法律规范与产生债的关系的其他根据,例如,侵权行为、不当得利与无因管理等法律规范并列在一起,作为民法的一编,其被称为债务关系法或债编。例如《法国民法典》把有关合同事项集中在第三卷中加以规定。该卷第三编的标题就是"契约或合意之债的一般规定",其内容包括合同有效成立的条件、债的效果、债的种类与债的消灭等,这些都属于合同法的一般原则。除此以外,该卷在其后各编中再进一步对各种具体合同作出规定,其中包括买卖、互易、合伙、借贷、委任、保证与和解等合同。与《法国民法典》相比,《德国民法典》有一个明显的特点,《德国民法典》设有"总则"一编,它使用"法律行为"这一概念,把有关合同成立的共同性问题,在"总则"中加以规定。《德国民法典》第二编就是"债的关系法",对因合同而产生的债的关系、债的消灭、债权让与、债务承担、多数债务人与多数债权人以及各种债务关系等作出了规定。其中"各种债务关系"一章,实际上是对合同法的分别论述。总体而言,《德国民法典》对合同的规定比较系统,逻辑性比较强,结构也比较严谨。

(二) 英美法系的合同法体例

在英美法系国家,关于合同的法律原则主要包含在普通法中,这是几个世纪以来由法院以判例形式发展而成的判例法。在英美法系国家,除了印度外,一般都没有一套系统、成文的合同法。英美法系的合同法主要是判例法或不成文法,而不是成文法。虽然英国、美国等国家也制定了一些具体的成文合同法,例如,英国 1893 年《货物买卖法》、美国 1906 年《统一货物买卖法》与 20 世纪 50 年代制定的美国《统一商法典》等,但是,它们只是对货物买卖合同及其他一些有关的商事交易合同作出了具体的规定,至于合同法的许多基本原则,例如,合同成立的各项规定,仍然必须根据判例法所确定的规则处理。

(三) 中国的合同法体例

中国现行合同法是 1999 年 3 月 15 日由第九届全国人民代表大会第二次会议通过,并于同年 10 月 1 日起实施的《中华人民共和国合同法》,我国的合同法主要体现其中,另外,《民法通则》以及最高人民法院对上述法律所做的司法解释在审判实践中也起到一定的指导作用。

第二节　合同的成立

一、合同订立的过程——要约与承诺

世界各国都认为当事人意思一致是合同成立的要素。订立合同就是双方当事人意思表示一致,达成协议。因此,合同订立的一般程序包括要约、承诺两个阶段。

(一) 要约(Offer)

1. 要约的概念

要约是指当事人一方向另一方提出愿意根据一定的条件与对方订立合同的意思表示。英美法系中,要约被视为一种允诺。P.S·阿狄亚对要约作出如下的定义:"要约实际上是指允诺者作出的,假定被要约人接受要约并支付或允诺支付要约的'价款',其将去做或放弃做某事的允诺。"美国《第二次合同法重述》的第 24 条规定:"要约是同意进行交易的意思表示,以便使相对人理解其被邀请同意并订立该交易合同。"《国际商事合同通则》第 2.1 条规定:"订立合同的建议如果十分确定并且表明要约人在得到承诺时承受约束的意旨,即构成要约。"提出要约的一方称为要约人,其相对方称为受要约人,要约可以口头提出,也可以以书

面或其他形式提出。一项有效的要约,应当符合下列条件:

(1) 要约的内容必须明确、肯定。

要约的基本内容必须确定。各国法律均规定,要约一般应包括拟订立合同的主要条件,如商品的名称、数量、价款、品质或规格、交货的时间和地点以及付款的方式等。英美法系认为要约的确定性要件是保护承诺人的期待利益原则所要求的。确定性是重要的,因为缺少确定性可能暗示了协商尚处于初期或还没有最终完成;缺少确定性会给法院判断是否违约造成困难;缺少确定性还会给法院判断什么样的救济是重要的造成困难。美国《第二次合同法重述》第 33 条第 2 款规定,合同的条款合理确定,若其为确定违约的存在并给予适当的救济提供基础。一旦受要约人表示承诺,就足以成立一项对双方当事人均有约束力的合同。在这一点上,大陆法系和英美普通法的要求基本上是一致的。要约须具有确定性的原则也被中国《合同法》采纳。

但是,在这个问题上,有一些国家采取了更开放的态度。根据《法国民法典》第 1583 条规定:"当事人一经对标的物与价金协议一致,即使标的物尚未交付,价金尚未支付,买卖即告完全成立,且买受人对出卖人依法取得标的物的所有权。"其中的标的物,应理解为包括了标的物的数量。因此,如果要约中包含了标的物的数量和价格,要约即已具有足够的确定性。英美法系的一些国家也对此采取了更灵活的措施。根据美国的《统一商法典》第 2-204 条的规定,即使买卖合同对某一项或某几项条款没有作出规定,但是,只要当事人之间确有订立合同的意图,并有合理与确定的依据给予相应的补救,则合同仍然可以成立。根据美国法,在买卖合同中,要约的内容最重要的是确定货物的数量或提出确定数量的方法,至于其他空缺条款可以等待日后按照合理的标准加以确定。至于何谓合理,则属于事实问题,必须由法院根据案情与周围的情况作出解释。

(2) 要约必须表明要约人愿意根据要约中提出的条件与对方订立合同的意思。

要约必须明确表示有创设一个受法律约束的义务的意图。要约不是"开始与对方协商"的建议,而是提出初步的协商条件,一旦这一初步条件被对方接受,合同即告成立。

一项真正的要约,一旦被承诺,要约人就必须受其约束。在 Fairmount Glass Works v. crunden-Martin Woodenware Co. 一案中,出卖人在回答买受人的询价时称"我们就水果罐头向你开出的报价是 1000 元,请立即承诺"。法院认为这不仅是一个报价,而且是一个要约。因为它表示的意思,尤其是"请立即承诺"所表示的意思是,如果买方立即承诺,那么卖方就以该价格出售货物,即受该建议的约束。然而,一项缺乏订约意旨的建议本身并不是要约,它只是为了邀请对方向自己发出要约。这在法律上叫作要约邀请或者要约引诱。法律有必要把要约与要约邀请加以区别。例如,在商业活动中,有些公司经常向交易对方寄送报价单、价目表与商品目录等,其内容可能包括价格、品质、规格与数量等,但是这些都不是要约,而属于要约邀请。我国《合同法》第 15 条第 1 款规定:"寄送的价目表、拍卖公告、招标公告、招股说明书、商业广告等为要约邀请。"可见,要约邀请与要约的区别在于:后者一经对方承诺,要约人就应当受其约束,因为合同已告成立;而前者仅仅是作出让对方向自己发出要约的邀请,因此,即使对方予以回应,只要自己没有承诺,合同仍未成立。

　　另外,关于要约是否必须向特定人发出的问题,各国的法律规定存在差异。所谓特定人,是指要约中明确指出受要约人的姓名或公司名称,例如某某先生或某某公司。这往往与广告有关。广告的对象是社会公众而不是某个或某些特定的人。广告是否能构成要约,要根据不同的情况确定。广告可以分为普通商业广告与悬赏广告。对于普通商业广告,各国法律原则上不认为是一项要约,而仅视为要约邀请。但只要广告的文字明确、肯定,足以构成一项许诺,我们亦可视为要约。对于悬赏广告,各国法律一般都认为是一项要约。

典型案例 2-1

吉布逊诉曼彻斯特议会案

　　1970 年,保守党占多数议席的英国曼彻斯特议会决定出让议会的房子,就写信给原告吉布逊:"市议会有可能出让房子,价格约 2725 英镑,如你想买的话,请正式写份申请。"原告写好了申请并回了信,但这时市议会重新选举,工党占了上风,决定不出让该房子了。原告遂要求法院强制执行。法院认为信中"如你想买的话,请正式写份申请"属于要约邀请,即请原告向议会提出要约,市议会后来未接受要约,所以合同没有成立,原告败诉。

　　(3) 要约必须送达受要约人。

　　要约是一种意思表示,大多数国家的法律都规定,要约必须在送达受要约人时才能产生效力,从而使受要约人取得对该要约作出承诺的权利。《联合国国际货物买卖合同公约》(本章简称《公约》)和我国的《合同法》均采用到达主义的标准,即规定要约必须在送达受要约人时才能生效。但美国《统一商法典》对此已有变通规定。依据该法典,在货物买卖合同中,商人已经签字发出的要约,要约人仍须受其要约的约束。这里要注意,"交错的要约"不是要约。交错要约,又称为交叉要约或者要约之吻合,通常指当事人采取非对话的方式,几乎同时相互向对方提出两个独立且内容相同的要约的现象。双方是不能因"交错的要约"而成立一项有约束力的合同的。

　　2. 要约的约束力

　　要约的约束力包含两个方面的含义:一方面是指对要约人的约束力;另一方面是指对受要约人的约束力。要约对两者的约束力是不同的。

　　一般而言,要约对受要约人是没有约束力的。受要约人接到要约,只是在法律上取得了承诺的权利,但不受要约的约束,并不因此而承担必须承诺的义务。不仅如此,一般而言,缄默不等于承诺。但是某些国家的法律规定,在商业交易中,在某些例外的情况下,受要约人无论承诺与否,均应通知要约人。例如《德国商法典》与《日本商法典》均规定,商人对于平日经常来往的客户,在其营业范围内,在接到要约时,应立即发出承诺与否的通知,如果怠于通知,则视为承诺。

　　要约对要约人是否有约束力的问题比较复杂。要约对要约人的约束力,是关于要约人发出要约之后在对方承诺之前是否能反悔,是否能把要约的内容予以变更,或把要约取消的问题。要约对要约人的约束力涉及要约的撤销和要约的撤回两个问题,这是两个不同的概念。当要约发出但尚未到达对方时,各国一般都认为要约没有什么约束力。根据要约在到达受要约人之前不生效的原则,要约可以在撤回的通知不迟于要约到达受要约人之前而撤回,这是毋庸置疑的。当要约已经到达对方之后,要约人是否受其要约的约束,对此问题,两大法系中的主要国家的法律规定有所不同。

(1) 英美法系普通法认为要约对要约人原则上无约束力。

要约人在受要约人对要约作出承诺之前,随时可以撤销要约或更改其内容。即使要约人在要约中规定了有效期限,他在法律上仍可以在期限届满以前随时将要约撤销。其理由是,英美普通法基于对价理论认为,一个人所作出的允诺在法律上有无约束力,取决于对方有无给付"对价",或者如果没有给付对价,但已采取了法律所要求的签字蜡封的特殊允诺的形式。如果允诺欠缺上述条件中的任何一项,则该允诺对允诺人就不具有约束力。英美法系把要约视为要约人所作的一项允诺,因此,除非要约人采用签字蜡封式的要约,或者该要约有对价的支持,否则要约人就不受要约的约束。

由于英美普通法的对价制度与现代高效快捷的经济生活不相适应,一些英美法系学者一直主张废除或修改对价制度。1937年,英国法律改革委员会经过两年的研究,发表了一份改革对价制度的建议报告,建议修改"对价"原则,对于规定了一定期限的要约,不能因其缺乏"对价"而认为它没有约束力。美国《统一商法典》明确地规定,在货物买卖中,在一定条件下可以承认无"对价"的"确定的要约",即要约人在要约确定的期限内不得撤销的要约。其条件是:①要约人必须是商人;"商人"是指从事此种货物交易的人,或者,虽然不是从事此种货物交易的人,但他因其职业而对与这种交易有关的做法或货物拥有专门的知识和技能,或者他雇用了一个代理人、经纪人或其他中间人,后者由于其职业而拥有此种知识或技能,因而可以认为他拥有此种知识或技能;②要约已经规定了期限,或者如果没有规定期限,则在合理的期限内撤销,但是无论如何不能超过3个月;③要约必须以书面形式作出,并由要约人签字。如果符合上述条件,即使该要约没有对价支持,要约人仍须受其要约的约束,在要约规定的期限内或在合理的时间内不得撤销要约。

典型案例 2-2

林肯被刺国防部悬赏缉凶纠纷案

林肯是美国第16任总统。林肯被暗杀,有三个犯罪嫌疑人,其中两人被逮捕后,剩下的一个就怎么都找不到了。为此,国防部悬赏25万美金查找这个嫌疑犯。原来,这个人跑到意大利当兵去了,隐姓埋名达数年之久。终于有一天,该人酒后吹牛,把当年暗杀林肯的事说了出来,听到该话的意大利人就把消息通过意大利官方告知了美国国防部。由于长期没有音讯,国防部已经把这个悬赏撤回了,但是意大利方面并不知道。后来,通风报信的人要求美国支付这25万美金的悬赏。在美国本土撤回的悬赏,被不知情的意大利人视为未撤回,后来报信人到法院起诉,双方达成了妥协,国防部给了报信人10万美金。

(2) 大陆法系的基本立场是要约对要约人有约束力。

《德国民法典》第145条规定:向另一方要约订立合同的人,因要约而受约束,但事先排除约束的除外。这表明,除非要约人在要约中注明有不受约束的词句,否则要约人必须受要约的约束。此外,如果要约规定了有效期,则在有效期内不得撤销或更改要约;如果要约未规定有效期,则按通常情况可望得到答复以前,不得撤销或者更改要约。奥地利、瑞士、巴西、希腊等国的民法也做了类似的规定,要约人可以采用"不受约束"等词句来表明要约对自己没有约束力。但是,如果出现了这种排除约束力的词句,在法律上一般就不认为是要约而是要约邀请,它必须经过对方据此做出的真正的要约以及发出要约邀请一方的承诺才能成立合同。

《法国民法典》对要约的约束力没有做出具体规定,但根据其法院判例,如果要约人在要约中指定了承诺期限,要约人可以在期限届满以前撤销要约,但须承担损害赔偿的责任。即使要约中未规定承诺的期限,但如果根据具体的情况或正常的交易习惯,要约被视为应在一定期限内等待承诺者,要约人如不适当地撤销要约,也须负损害赔偿的责任。比较法国法与德国法的规定,二者之间存在一定的差异,即德国法较为鲜明地表示出要约人应受要约约束的立场,而法国法则有限度地以承担损害赔偿的方式表示了这种约束力。

(3) 1980 年《联合国国际货物买卖合同公约》的规定。

从总体上来说,大陆法系与英美法系在此问题上的立场有重大分歧。1980 年通过的《联合国国际货物买卖合同公约》旨在消除两大法系在此问题上的重大分歧。公约规定,要约在被受要约人接受之前,原则上可以撤销,但有下列情况之一者不能撤销:①要约写明承诺的期限,或以其他方式表明要约是不可撤销的;②受要约人有理由信赖该项要约是不可撤销的,并已本着对该项要约的信赖行事。

显然,上述规定对两大法系的分歧进行了调和。这一成果现已被《国际商事合同通则》以及我国的《合同法》接受。

3. 要约的失效

要约的失效是指要约失去法律约束力,无论是要约人还是受要约人都不再受要约的约束。导致要约失效主要有以下几种原因。

(1) 要约因要约人撤销要约而失效。

撤销要约是指要约已经送达受要约人之后即在要约业已生效之后消灭要约的效力的行为。要约一旦被撤销即告消灭。

(2) 要约因期限已过而失效。

如果要约规定了承诺期间,则有效期届满要约即终止。在此后受要约人作出承诺也不能成立合同,这被视为新要约。如果要约人在要约中没有规定承诺的期限,则有两种情况:①如果当事人之间以对话的方式进行交易磋商,对于此种对话要约必须立即予以承诺,如果不立即承诺,要约就失去约束力。②如果当事人之间分处异地,以函电等非对话的方式发出要约,则各国的法律有不同的规定。许多大陆法系国家,例如,德国、瑞士与日本等国家的民法典都规定,如果不在相当期限内或不在"依通常情形可期待承诺达到的期间内"作出承诺,要约即告失效,要约人不再受要约的约束。根据大陆法系学者的解释,此期间应包括要约到达受要约人的时间、受要约人考虑承诺的时间以及承诺到达要约人的时间。这段时间的长短,应由法院根据两地相隔的远近,以及要约与承诺所采取的传递方式酌情裁判。

（3）要约因拒绝要约或者反要约而失效。

拒绝要约是指受要约人将拒绝要约的意思表示通知要约人的行为。要约在拒绝通知送达要约人时即告失效。此后,受要约人就不能改变主意再对该项要约表示承诺。如果受要约人在承诺中对要约的条款作了扩充、限制或变更,其效果也视同对要约的拒绝,这在法律上相当于受要约人向要约人发出的一项反要约,它是一项新要约,须经原要约人承诺后,合同才能成立。

（二）承诺（Acceptance）

1. 承诺的概念

承诺是指受要约人在要约有效期内按照要约所规定的方式对要约内容表示接受的一种意思表示。对要约作出承诺的受要约人被称为承诺人。承诺可以是明示的,也可以用某种行为默示表达。承诺的实质是对要约表示同意。要约一经承诺,合同即告成立。

一项有效的承诺,需具备下列条件:

（1）承诺的主体必须是受要约人或者其授权的代理人。

除受要约人或者其授权的代理人之外任何第三者做出的表示不构成承诺,只能是另一项要约。受要约人是特定相对人时,承诺由该特定人做出;受要约人是不特定相对人时,承诺应由该不特定相对人中的任何人做出。

（2）承诺须在要约确定的有效期内作出。

如果要约规定了有效期,就必须在该期限内承诺;如果要约未规定有效期,则须在"依通常情况可期待承诺到达的期间内"（大陆法系）或在"合理的时间内"（英美法系）承诺。

如果承诺的时间迟于要约规定的有效期,则被称为"逾期承诺"。逾期承诺有两种情况:一种是因迟发而迟到的承诺,称为迟延承诺;另一种是非因迟发而迟到的承诺,称为迟到承诺。前种情况下的逾期承诺必须经过要约人的确认后才能生效,合同才能成立。如果要约人接受逾期承诺,合同的成立时间应是该项逾期承诺送达要约人时,而不是要约人通知受要约人确认时。如果要约人不接受,则迟延承诺为新要约。后种情况的逾期承诺,仍属有效的承诺,除非要约人立即表示异议。《公约》、《国际商事合同通则》以及我国的《合同法》对此都做了类似的规定。

（3）承诺的内容须与要约的内容一致。

从理论上说,承诺应当与要约完全一致,承诺内容中对要约的扩充、限制或变更不是承诺,而是反要约,不发生承诺的效力。英国法的镜像规则表明了这一观点。需要注意的是,美国法认为在承诺中改变、限制或者增减要约内容的反要约是具有确定特征的。这并不是说受要约人的任何与要约不一致的回答都构成反要约。一方当事人发出要约后,对方在作出承诺前详细询问情况,进一步了解有关信息,则不属于反要约。美国的法律对此采取了比较灵活的态度。根据美国《统一商法典》第 2-207 条的规定,在商人之间,如果受要约人在承诺中附加了某些条款,承诺仍然有效,这些附加条款必须视为合同的一个组成部分,如下情况则属例外:要约中已明确地规定承诺时不得附加任何条件;这些附加条款对要约作了重大的修改；要约人在接到承诺后已在合理的时限内作出拒绝这些附加条件的通知。

为了适应现代社会经济发展的需要，合理区分反要约和承诺，1980年的《联合国国际货物买卖合同公约》以及2004年的《国际商事合同通则》确立了"非实质性变更要约"理论。《国际商事合同通则》第2.1.11(2)条规定："对要约意在表示承诺但载有添加，或不同条件的答复，如果所载的添加或不同条件没有实质性地改变要约的条件，那么，除非要约人毫不迟延地表示拒绝这些不符，则此答复仍构成承诺。如果要约人不做出拒绝，则合同的条款应以该项要约的条款以及承诺通知中所载有的变更为准。"何为"实质性变更"，公约与通则的态度稍有不同：公约具体指出，凡承诺中载有关于价格、支付、货物的质量和数量、交货地点和时间、当事人一方对他方的责任范围或解决争端等方面的附加条件或不同条件，均视为在实质上变更了要约的条件。但是通则没有做详细列举，认为这一问题应当视具体交易的情形来定。一个重要的考虑因素是，变更条款和差异条款在有关的贸易领域中须是常用的，而不能出乎要约人的意料之外。

（4）承诺的传达方式需符合要约所提出的要求。

各国法普遍认为，如果要约人在要约中规定了承诺的方式，受要约人必须按照规定的方式作出承诺；擅自变更承诺方式的，承诺不成立。如果要约人在要约中对此未作具体规定，应按照以下规则办理：①承诺人一般应按要约所采用的传达方式办理。②承诺人可以采用比要约方式更为快捷的传达方式作出承诺。要约人不能予以拒绝。

2.承诺的生效时间

承诺从什么时候起生效，这是合同法中的一个十分重要的问题。根据西方各国的法律，承诺一旦生效，合同即告成立，双方当事人就承受了由合同所产生的权利与义务。在这个问题上各国有很大的分歧。

（1）英美法。

英美法主张采用"投邮主义"。在以书信或电报作出承诺时，承诺一经投邮，立即生效，合同即告成立。英美法对不同的意思采用了不同的原则，对要约与撤回要约的意思表示采取到达主义，即必须到达受要约人才能生效，而对承诺的意思表示则采取"投邮主义"，即一经投邮立即生效，这限制了要约在撤销问题上的随意性，可以调和要约人与受要约人之间的利益冲突。

（2）德国法。

在承诺生效的时间问题上，与英美法不同的是，德国法主张"到达主义"。《德国民法典》对承诺生效的时间没有作出具体的规定，但是根据德国法，无论是要约、承诺还是撤回要约或承诺的通知等都属于意思表示，适用有关意思表示的规定。根据《德国民法典》第130条的规定：对于相对人以非对话方式所做的意思表示，于意思表示到达相对人时发生效力。换言之，德国法对承诺生效的时间采取"到达主义"，即必须在承诺到达相对人时才开始发生效力，合同也在此时成立。

过去，大陆法系原则上采取"了解主义"，即不仅要求收到对方的意思表示，而且要求证明对方真正了解其内容，此时该意思表示才能生效。但是，从法律上说，是否了解某种意表示的内容是难以确定的。所以,《德国民法典》采取了"到达主义"原则,便于在发信人与收信人之间明确地划分彼此对于信件在传递的过程中可能产生的风险和责任。

（3）法国法。

《法国民法典》对于承诺何时生效没有作出具体的规定。但是,法国最高法院认为,承诺生效的时间完全取决于当事人的意思表示,因此,这是一个事实问题,应根据具体的情况,特别是根据当事人的意思表示而决定。但是法院往往推定为适用"投邮主义",即根据事实情况推定承诺于发出承诺通知时起生效,合同亦在此时成立。

（4）国际公约。

《联合国国际货物买卖合同公约》第18条第1、2、3款和《国际商事合同通则》主要采用到达主义原则。通则第2.1.6(2)条规定,"对一项要约的承诺于同意的表示送达要约人时生效"。第2.1.6(3)条规定,"但是,如果根据要约本身,或依照当事人之间建立的习惯做法或依照惯例,受要约人可以通过做出某行为来表示同意,而无须向要约人发出通知,则承诺于做出该行为时生效"。如果是口头要约,则须立即承诺。

3. 承诺的撤回

承诺的撤回是指承诺人在承诺尚未生效之前,阻止承诺发生法律效力的意思表示。各国的法律对承诺生效时间的规定不同,因此,对承诺的撤回的规定也相应不同。大陆法系国家由于大多采取"到达主义",所以,承诺可以撤回,但要求撤回承诺的通知要在承诺生效之前到达要约人,即承诺撤回的通知必须与承诺的通知同时到达要约人,或提前到达要约人才能把承诺撤回。在英美法系国家,承诺生效的时间采取的是"投邮主义",承诺一旦发出即生效,所以不存在承诺的撤回问题。承诺人如果对承诺的内容反悔,只能通过解除合同的途径。

二、有效合同的要件

（一）对价与约因

有些西方国家合同法要求,一项具有法律效力的合同,除了当事人之间意思表一致外,还必须具备另一项要件。对于这项要件,英美法称之为"对价",法国法称之为"约因",并以有无对价或约因作为区别有诉权的合同与无强制执行力的约定或社交性的协议的一个根本标志。两者虽然名称不同,但本质十分相似。同为大陆法系的德国法认为,合同的有效成立取决于当事人的合意,不以有无约因作为合同有效成立的要件,但在德国法中,约因这一概念在其他方面仍有一定的作用。

1. 英美法的对价制度

在英美合同法中,对价十分重要,它是英美法规定的合同要素之一,是使合同获得强制执行效力的要件之一,也是整个合同法的基石。英美合同法注重双方之间的权利义务平等关系,合同关系的有效成立,必须具有对价关系,允诺必须具有对价或签字蜡封的特殊形式。在英美法中,对价的定义晦涩难懂。1875年,英国高等法院在 Currie v. Misa 案的判决中这样规定,对价是指合同一方得到的某种权利、利益、利润或好处,或是他方当事人克制自己不行使某项权利或遭受某项损失或承担某项义务。

英美法在解释对价的含义时,主要强调在当事人之间必须存在"我给你是为了你给我"的关系,即彼此之间要提供"相互给付"。例如,在买卖合同中,卖方交货是为了取得买方支付货款,而买方付款是为了取得卖方的货物,这种卖方的交货与买方的付款就是买卖双方的"相互给付",也就是买卖合同的对价。

具体地说,对价包含 3 层意思:

①从对价与诺言的关系看,对价是受诺人为使诺言人的诺言产生法律的约束力,向诺言人提供的一种与诺言相对应的报偿;②从交易条件看,所谓对价,是指合同标的物是互为有偿的,既可以是金钱,也可以是其他有价值的东西;③从法律意义看,对价是指一种相互关系,即买卖双方在法定范围内互有权利与义务,都必须受法律规定的约束。

由此可见,对价,简单说来就是"一方为取得合同权利而向另一方支付的代价。对价可以是某种允诺,也可以是某种行为"。概括地说,对价就是清偿,相互给付。

现代英美法中的对价制度包括以下内容:

(1) 简式合同需要对价支持。

英美法把合同分为两种类型:一种类型是签字蜡封合同,这种合同是由当事人签字与加盖印鉴并把它交给对方而做成的,其有效性完全是由于它所采用的形式,不要求任何对价;另一种类型是简式合同,它包括口头合同与并非以签字蜡封做成的书面合同,这类合同必须有对价,否则就没有约束力。

(2) 对价必须是合法的。

凡是将被法律所禁止的东西作为对价的,都是无效的。所以,这种合同是无效的。

(3) 对价必须是待履行的对价和已履行的对价,而不能是过去的对价。

待履行的对价是指双方相互允诺在将来履行的对价。已履行的对价是指当事人中的一方以其作为要约或承诺的行为,已全部完成了他根据合同所承担的义务。包括两种情况:①当事人一方的行为是作为要约作出的;②当事人一方的行为是作为承诺作出的。

过去的对价是指一方在对方作出允诺之前已全部履行完毕的对价。它不能作为对方将来作出的允诺的对价。例如,甲在外出期间,暴风摧毁其部分屋舍,邻居乙花费 5000 元为其修好。甲回家之后感动之余,表示要偿还乙的花费。但后来甲又拒绝履行,乙向法院起诉甲并请求强制履行。在此案中,乙为甲修缮房屋是过去的对价,甲的允诺是诺言人出于道义上的考虑,在允诺相对人提供一定服务或者利益之后,为了某种补偿而作出。根据 16 世纪英国合同法判例确定的一项原则,过去的对价不能作为合同的有效对价。因此,甲的允诺不具有约束力,不能强制履行。所以,英美法有一项原则:"过去的对价不是对价。"但是,在英美法中,对于"过去的对价不是对价"这项一般原则也有例外的情况。如果一方因对方的请求为后者提供了某种服务,日后,对方允诺给予报酬,则这种过去已经提供的服务仍然可以作为日后的允诺而给予报酬的对价,这项允诺是有约束力的。美国许多州还把这种例外的原则推广到某些未经对方提出要求的行为,只要这种行为是在紧急情况下作出的,则在作出此种行为之后,如果对方允诺给予报酬,该项行为可以作为此项报酬的对价,此项允诺即具有约束力,承诺人不得反悔。

(4) 对价必须具有某种价值,要求法律上充足而不一定相称。

这里所说的价值指金钱或有财产价值的其他东西。对价必须是真实的,具有某种价值。但对价不是等价,不要求与对方的允诺相等。早期普通法中有一句很著名的格言:"一分钱或一颗胡椒籽可以构成一个有价值的对价",只要该胡椒籽经过当事人的交易磋商(交付胡椒籽是诺言人的要求),即使其价值微薄也不妨碍其作为良好对价而存在。这也被称为"胡椒籽规则",这种注重交易过程而不关注交换实质的规则是美国具有极端形式主义色彩的对价交易理论的体现。在 1842 年发生的 Thomas v. Thomas 一案中,原告之夫托马斯生前表示,如果原告活得比他长,便可以在他遗留的房屋中居住。他在遗嘱中指定他的两个弟弟为遗嘱执行人,但遗嘱并未提及要给予原告房屋的居住权。遗嘱执行人知道其兄托马斯生前的愿望,遂允诺原告每年只要支付 1 英镑就拥有居住权,但条件是原告不能再婚。原告就这样一直在该房屋中居住到其中一个遗嘱执行人死亡。后来,另一个遗嘱执行人不再允许原告继续居住,原告便向法院起诉。法院认为,原告每年支付 1 英镑的允诺即已构成对价,而这个对价无须相当,因此判决原告胜诉。可见,法院一般不探究当事人之间交易的价值是否适当,以保证最大程度的私法自治。如果对价极不相称,足以构成欺诈或错误,当事人可以请求给予衡平法上的救济,要求撤销合同。但这是另一个问题,不是由于对价不充足而导致合同不能执行。美国《统一商法典》对于这类极不公平的合同作了具体的规定。根据该商法典第 2-302 条的规定,如果法院认为某项合同或合同中的某项条款极不公平,法院就可以拒绝执行该项合同,或不执行极不公平的部分而只执行其余部分。

(5) 已经存在的义务、法律上的义务,以及爱、感情及道德义务不能成为对价。

典型案例 2-3

斯迪克诉马利克案(1809)

船方雇佣一批船员做一次往返于伦敦与波罗的海的航行,途中两名船员开了小差,船长答应其他船员,如果他们努力把船开回伦敦,他将把那两个人的工资分给他们。事后船长食言,船员到法院起诉。法院判决中认为,船长的允诺是无效的,因为缺乏对价。理由是,船员开船时已承担了义务,答应在航行中遇到例外情况应尽力而为。两名船员开小差就属于这类例外。其余的船员应依照原来的雇佣合同承担安全返航的义务。

英国法院的这一典型案例表明已经存在的义务不能作为一项新的允诺的对价。

又如一名警察与一名商人达成协议:该警察在巡逻时对商人的商店多加关照,该商人每月付给警察 50 美元作为报酬。此例中商人的允诺也无对价支持,因为警察同意履行的是法律上的义务。再如一位祖父允诺承担其爱孙的学费,其爱孙未付任何对价。祖父从中得到爱和感情上的满足,这不是对价。一旦祖父食言,其孙无权要求强制履行。

(6) 对价必须来自受允诺人。

对价必须来自受允诺人,是指只有对某项允诺付出了对价的人,才能要求强制执行此项允诺。假设甲向乙许诺,如果乙付 10 英镑,他就将台灯卖给乙。本例中甲卖台灯允诺的对价是付 10 英镑。但只有受允诺人乙付 10 英镑时,甲才受其允诺的约束。

对价制度的基本作用是通过对价的衡量使欺诈、恩惠等性质的合同归于无效。对价制度的实施必将增加当事人撤销合同的机会,这对现代商业活动来说并非有利。英美学者中一直存在改革对价制度的呼声,为了适应当代商业发展的需要,美国《统一商法典》第 2-209 条第 1 款明确规定,修改现存合同的协议,即使没有对价也具有约束力。此外,美国法为了防止在某些情况下由于缺乏对价而产生不公平的结果,还形成了一项"不得自食其言"(诺言禁止反悔)的原则。其是指当一个人以其言语或者行为使他人相信他会进行某种行为,从而使他人基于此种确信而进行了其他的行为,如果允许该诺言人就其言语或者行为反悔将是不公平或者不对等的,所以便禁止该诺言人的反悔行为。此外,美国《第二次合同法重述》第 90 条规定:允诺者应合理期待其允诺会引诱承诺者或第三人的行为或不行为,并且,其允诺确实引诱了这种行为或不行为;如只有强制执行该允诺,不公平才得以避免,该允诺具有约束力。因违反允诺而准许的救济可限制在维护正义的需要内。

上述定义规定了构成"自食其言"的各项要件,以及受诺人可以据此请求救济的范围:①诺言人向受诺人作出了某种许诺。②诺言人预见或理应预见该诺言会使受诺人实施某种行为或限制行为。③该诺言事实上导致受诺人的行为或限制行为,从而导致受诺人的损失,也就是说,在该诺言与受诺人蒙受的损失之间存在一定的因果关系。④只有强制执行该诺言,才能维护公正,这一要件强调,诺言人在主观上有错误,即他知道或理应知道,如果他自食其言,将会使受诺人蒙受损失,而受诺人在主观上没有过错,即他对该诺言给予信赖,并根据这种信赖在采取行为之前是具备应有的谨慎的。⑤受诺人获得救济的权利受到比通常的救济如合同的救济与侵权行为的救济更加严格的限制。

总之,"不得自食其言"的规定是对对价制度的限制与补充。"不得自食其言"的原则为法院在特定的情况下,使某个无对价的允诺对允诺人产生约束力,以防止造成不公平的后果而行使裁量权提供了法律依据。

2. 法国法中的约因

根据法国法的解释,债的约因是指订约当事人产生该项债务所追求的最接近与最直接的目的。法国法强调把约因与当事人的动机区别开来。以买卖合同为例,某甲向某乙购买一辆汽车,某甲购买汽车的动机可能是多样的,可能是自用,可能是出租,也可能是为了赠送给亲友。购买汽车的直接目的却只有一个,就是为了取得汽车这个标的物。根据《法国民法典》第 1131 条的规定:"凡属无约因的债,基于错误约因或不法约因的债,都不发生任何效力。"这里所谓的"债"(obligation),包括债权与债务,是指广义的债,不仅仅是指狭义的金钱债务。根据法国法的解释,任何债的产生都必须有约因,否则就不发生任何效力。如果约因为法律所禁止,或约因违反善良风俗或公共秩序,此种约因即属于不法的约因,也不发生任何效力。

3. 德国法中的规定

德国在合同成立的问题上,没有采用约因原则。所以,1900 年《德国民法典》及承袭它的某些大陆法系国家的法典,例如《瑞士债务法典》与《日本民法典》等,在有关合同成立的章节中都不再采用约因这个概念。

德国法有"不当得利"(unjust enrichment)的制度,这是指没有法律上的任何原因而取得他人财产或其他利益。在这种情况下,由于缺乏法律上的原因,取得他人财产或利益的一方无权保留这种财产或利益,必须将其归还给真正的所有人。该民法典第 812 条规定:"无合法原因而受领他人的给付,或者以其他方式由他人负担费用而受到利益的人,负有返还义务。虽有合法原因但后来消灭,或者根据法律行为的内容未发生给付的目的所预期的结果时,上述义务仍成立。"

由此可见,德国法虽然不把"原因"(约因)作为合同成立的要件,但是实际上,"原因"在德国民法的其他方面仍然起着很大的作用。德国法中的不当得利,在英美法系与法国法中被称为"准合同",美国法有时称其为"偿还法"。其名称虽然不同,但是法律效果是一样的,都是由于缺乏法律上的原因或对价,双方当事人不能成就合同关系,受益人必须归还从他人处取得的财产或利益。必须指出的是,准合同不是合同。准合同是衡平法中的概念,准合同与不当得利是同一法律原理的不同表达。

(二) 当事人的订约能力

当事人的订约能力是指订立合同的当事人应当具有相应的权利能力和行为能力。这是合同具有法律效力的一个前提条件。当事人是否具有订约能力是由法律确认的,不以当事人的意志为转移。无论是大陆法系还是英美法系,都对当事人的订约能力做了明确的规定。只有具备资格的人才能缔结有效的合同,才能相应地享有合同的权利,承担合同的义务。以下将从自然人、法人以及其他组织两大类别分别介绍当事人的订约能力。

1. 自然人的订约能力

自然人的订约能力是自然人的行为能力的一种,是自然人本人与他人缔结合同的资格。各国有关当事人订约能力的规定差别较大。

(1) 大陆法系。

德国法将订约能力区分为无行为能力与限制行为能力两种情况。依据《德国民法典》第 104 条的规定,凡有下列情况之一者,即属于无行为能力的人:①未满七周岁者;②因精神错乱不能自由决定其意志者,但按其性质此种状态仅为暂时性的除外。

在德国,因精神错乱不能自由决定其意志者被视为无行为能力人。《德国民法典》第 105 条规定:"①无行为能力人的意思表示无效;②在无意识或者暂时性精神错乱状态时作出的意思表示无效。"这里就包括了精神病、深度醉酒、强剂量吸毒等情况下作出的意思表示。1992 年德国《照管法》规定,如果成年人由于心理疾病或身体、精神上的残障而完全或部分不能处理其事务,则由监护法院经其申请或依职权为其任命一名照管人,对于被照管人的事务,照管人应当依符合被照管人的幸福的原则作出处理。

按照《德国民法典》的规定,年满 7 岁的未成年人属于限制行为能力人。他们在未征得其法定代理人同意的情况下订立的合同,必须经法定代理人追认后,才能生效。未成年人取得完全的行为能力后,对于先前未经法定代理人同意所签订的合同,能以其自己所做的追认替代法定代理人的追认。限制行为能力人在 3 种情况下无须其法定代理人的同意可自行订立合同:①为纯获利益而订立的合同;②利用自己的零用钱订立的金钱给付合同;③在被政府许可的情况下订立的劳务合同。

大陆法系有一个独特的概念——禁治产者。禁治产者是指因精神病或因有酒癖不能处理自己的事务,或因浪费成性有败家之虞者,经其亲属向法院申请,由法院宣告禁止其治理财产的人。一旦被法院宣告为禁治产者,其就成为无行为能力的人,其订立的合同一概无效。

法国法有一项特殊制度——解除亲权。它是针对未成年人设立的。法国的成年年龄为21 岁。未成年人解除亲权的情形有二:一是未成年人因结婚而依法当然解除亲权;二是虽未结婚,但年满 16 周岁以后,由其父母双方或其中一方向监护法官提出申请宣告解除亲权。无父母的,依亲属会议的要求,亦可以同样方法解除亲权。解除亲权的未成年人与成年人一样,有处理一切民事生活行为的能力,但不得经营商业活动。

法国法没有无行为能力与限制行为能力的区别,仅以订约当事人的行为能力作为合同有效成立的必要条件。根据《法国民法典》第 1124 条的规定,无订约能力的人包括:未成年人,禁治产人,在法律规定一定情形下的已婚妇女,以及法律一般地禁止其订立某些契约之人。未成年人和受法律保护的人订立合同必须取得其监护人或代理人的同意,否则无效。

(2)英美法系。

英美法系缺乏禁治产者这样的抽象概念,它用具体概念来衡量人们的订约能力。英美法为了保护那些易受欺骗或易受合同损害的人,往往规定未成年人、精神病人、智力不健全者或酗酒者属于缺乏订约能力的人,允许他们毁约,不履行所订的合同。

英国 1969 年《家庭法律改革法》规定,年龄不满 18 周岁的自然人称为未成年人。1987年《未成年人合同法》确立了未成年人订立合同的基本规则:未成年人没有订约能力,未成年人订立的合同对未成年人一般没有约束力,如果对方当事人是成年人,则对成年人有约束力。但也有未成年人订立的合同对未成年人有约束力的情况:一是对未成年人肯定有约束力的合同,如未成年人购买生活必需品的合同等;二是未成年人可以撤销的合同,即未成年人在达到成人年龄时或者在成年后一段合理的时间内可以撤销的合同,主要包括未成年人购买或租用土地的合同、未成年人的婚姻合同、未成年人购买股票的合同以及未成年人的合伙合同等,这些合同在撤销以前对未成年人是有约束力的。但英国法认为,如果合同的双方均在合同项下获得了利益,未成年人就不能再撤销合同。在 1923 年 Steinberg v. Scala(Leeds)Ltd 案中,原告(未成年人)认购了被告公司的股份。她在按股票的面值缴足股金之后决定撤销合同。英国法院判决,她拥有撤销权仅意味着她不再负有继续付款的义务,但她无权将已付的股金要回。因为该股金并不是完全没有对价的,她已经得到了该股票,因而已经获得了回报。

英国普通法规定,精神病人应当受他订立的合同的约束,但如果他能够表明由于他的精神状况,他不能理解自己在干什么,并且对方当事人意识到了他的这种无行为能力的状况,那么,他就可以不受合同的约束。对酗酒的人或吸毒者的订约能力,英国在判例中确认的检验标准是:醉酒的人或吸毒者证明自己醉到或者中毒到不知道自己在做什么,并且对方当事人也知道这一点,合同对醉酒的人或吸毒者没有约束力,否则就应受合同的约束。

美国绝大多数州都把成年人的标准定在年满 18 周岁。未成年人没有订立合同的能力,未成年人与他人订立的合同中,除未成年人购买生活必需品的合同等外,一般都属于可撤销合同。

典型案例 2-4

职业介绍所诉罗杰支付介绍费案

罗杰 19 岁那年,与妻子住在租来的公寓内,当时他还在上学。后来,由于妻子怀孕,他不得不找一份工作。他找到一家职业介绍所,签订了一份协议,如果该介绍所能为他找到一份年薪是 10000 美元以上的工作,他将支付给介绍所 500 美元。介绍所为他找到一份年薪是 15000 美元的工作,但罗杰一直未付介绍费。该介绍所起诉罗杰,罗杰以自己订立合同时尚未成年作为抗辩理由,当时该州成年年龄为 21 岁。初审判罗杰胜诉,该介绍所上诉,上诉法院认为该合同属于未成年人订立的生活必需品的合同,该合同可以强制履行,介绍所胜诉。

未成年人订立的合同是否成立、能否有效,决定权掌握在未成年人手中。未成年人对合同撤销权的行使,既可以在其成年之前,也可以在其成年之后。未成年人对合同的撤销权可由他本人行使,也可以由他的父母或其他监护人行使。未成年人撤销合同必须把整个合同都撤销,不能仅撤销使其承担义务的那一部分。未成年人对其撤销合同的权利的放弃被认为是对合同的确认。一个人在成年之前订立的合同,在成年之后可自己予以追认;如果成年后的合理时间内未表示撤销合同,则视为追认了合同。合理时间是一个事实问题,应依具体情形而定,一般在判例中被理解为两年。

在美国,精神病患者订立的合同在大多数州都被认为是可撤销合同,撤销权由无订约能力的精神病患者一方行使,其对合同撤销或确认的规则与关于未成年人的合同的相关规则基本一致。

(3)中国法。

我国有关自然人订约能力的规定见诸《民法通则》和《合同法》,其主要划分为三种类别。

第一种是完全民事行为能力人。年满 18 周岁的公民是成年人,具有完全民事行为能力,可以独立进行民事活动,独立取得民事权利和承担民事义务。16 周岁以上不满 18 周岁的公民,如果以自己的劳动收入为主要生活来源,可以视为完全民事行为能力人。第二种是限制民事行为能力人。他们包括 10 周岁以上的未成年人和不能完全辨认自己行为的精神病人。限制民事行为能力是指行为人除了可以独立进行与他们年龄、智力、精神健康状况相适应的民事活动外,其余的民事活动应当由其法定代理人代理,或者征得法定代理人同意才能自己进行。第三种是无民事行为能力人。他们包括不满 10 周岁的未成年人以及不能辨认自己行为的精神病人。无民事行为能力人须经法定代理人代理才能从事民事活动。

我国《合同法》坚持《民法通则》的原则性规定,将不具有完全民事行为能力人订立的合同区分为有效、无效以及效力待定三种情形。我国法律没有考虑到未成年人无权独立订立的合同能否待本人成年后由本人追认的问题。

2.法人以及其他组织的订约能力

法人是由法律所创造的拟制的主体,具有独立的财产,享有独立的法律人格。在经济活动中,最常见的法人是公司。

由于法人是由自然人组成的,它必须通过自然人才能进行活动。公司法人必须通过它授权的代理人才能订立合同,而且其活动范围不得超出公司章程的规定。与自然人不同的是,法人的行为能力与其权利能力完全一致,而权利能力源于法律规定,或由公司章程确定。公司法人的经营不得超出公司章程规定的经营范围,因此,订约能力也受限,不得越权。各国法律规定,法人超越特许经营范围订立的合同无效,但越权经营的法人仍应对相对人承担法律责任,除非相对人明知并具有同样的过错。

（三）合同的形式

依合同的形式要求,可将合同分为要式合同和不要式合同两种,要式合同是指必须按照法定形式或手续订立的合同;不要式合同是指法律上不要求根据特定的形式而订立的合同。合同法中合同形式经历了从要式合同到不要式合同的变迁。要式合同起源于罗马法。当时,由于商品交换不够发达,合同的种类少,订立合同的形式要求也比较严格,一项交易只有履行特定的语言表达和行为表示要求方可生效。如某些买卖合同要用"铜与天平"的方式订立。但是,随着商品经济的发展,交易种类和数量越来越多,订立合同的形式也越来越简化,到古罗马法后期,合意合同应运而生,即仅根据当事人意思表示一致即可发生法律效力的合同,这是不要式合同的发端。现在各国的合同法律制度中,多采用"不要式为原则,要式为例外"的体例。

1.英美法系

英美法系规定的合同有两种:签字蜡封合同(亦称盖印、契据合同)和简式合同。

（1）签字蜡封合同。

签字蜡封合同是要式合同,这种合同无须有对价,合同有效的唯一依据是,合同必须以书面形式订立,有当事人的签名,加盖印戳,再交给合同的对方当事人,对这种合同提出争议的理由只能是形式上的缺陷、伪造或暴力胁迫。现在,签字蜡封式合同的订立与一般的书面合同差不多,缔结的程序已经大大简化。一般只要在书面合同上加上一条标签,上面写上"seal"或"L.S.",然后由允诺人把合同交给对方即可。按照英国1925年《财产法》第73条的规定,只要允诺人有无条件地接受合同约束的意思,即使把这种签字蜡封式合同留在自己手里,不交给对方,合同仍可以有效成立。

根据英国的有关判例,下列三种合同必须采取签字蜡封形式订立:①无对价的合同;②转让地产或者土地权益的合同,包括租赁期在3年以上的合同;③转让船舶的合同。这些合同如果没有采取签字蜡封的形式订立,均属无效。

（2）简式合同。

简式合同一般是不要式合同,当事人可以自由选择合同订立所使用的形式。但简式合同不等于不要式合同,有些简式合同依法必须以书面形式订立,简式合同必须有对价。

根据英国法,下列简式合同必须以书面形式订立,否则合同无效或者不能强制执行:①要求以书面形式作为合同有效成立要件的合同。根据英国法,下列合同必须以书面形式订立,否则无效,如汇票与本票、海上保险合同、债务承认、卖方继续保持占有的动产权益转让合同。②要求以书面文件或备忘录作为证据的合同。缺少这种书面形式要求的合同不是无效的,只是必须以法律规定的形式作为合同存在及其内容的证据,因而不能依据口头证言强制执行。这也是它与前一种书面形式要求的不同之处。这种书面形式要求来自1677年英国的《防止欺诈与伪证法》。这部法律曾经过两次修改。《防止欺诈与伪证法》的大部分内容已经被废止,但以下三种合同仍然要求以书面形式作为证据:信贷买卖合同或价值不足2000英镑的分期付款买卖合同(1965年的《分期付款买卖法》);有关土地买卖或处置土地权益的合同(1925年的《财产法》);金钱借贷合同(1929年的《债权人法》)。除了《防止欺诈与伪证法》外,英国一些成文法也对某些合同的形式要求做了具体的规定。

美国几乎所有的州在立法时都沿用了英国的《防止欺诈与伪证法》。美国的反欺诈法要求下列合同必须以书面形式作为证据:不动产买卖合同;履行期超过1年的合同;为他人担保债务的合同和价金超过500美元的货物买卖合同。

2. 大陆法系

大陆法系国家对某些合同规定法定形式主要出于两种目的:一是以此作为合同生效的要件;二是作为证明合同存在的证据。一般来说,德国法侧重于前者,法国法侧重于后者。

按照《法国民法典》的规定,赠与合同、夫妻财产制合同、设立抵押权合同等必须以公证人的文书作为合同有效成立的形式要件,否则不能产生法律上的效力,法院有权不依当事人的申请,只依照其职权宣告缺少法定形式的合同无效。除此之外,其他要式合同的法定形式仅被作为证明合同存在及其内容的证据。缺乏此证据,合同并非无效,但法院将不予强制执行。《法国民法典》第1341条规定:"一切物件的金额或价额超过一百五十法郎者,即使为自愿的寄托,均须于公证人前作成证书,或双方签名作成私证书。证书作成后,当事人不得更行主张与证书内容不同或超出证书所载以外的事项而以证人证之……"上述规定主要适用于民事合同,商事合同例外。该条又规定:"前项规定不妨碍商法所定规则的适用。"而《法国商法典》第109条规定,对商人来说,商事法律行为得采用一切证据方式来证明。即使50法郎以上的交易,也可以用口头或其他非书面方式证明。显然,这主要是为了适应商事交易快捷、频繁的特点。

《德国民法典》在总则中规定,不依法律规定方式的法律行为无效。这里作为"法律规定方式"是指法定的书面形式、公证形式或者登记形式。除总则对法律行为的形式有所规定外,分则对不同类型合同的形式也作出具体规定,如规定赠与合同应有公证形式,转让土地所有权的合同除必须有书面形式外还须在土地登记部门登记。但总体说来,德国法在合同形式上也以不要式为原则,《德国民法典》规定必须以书面形式为有效要件的合同,仅仅是一种例外,仅限于赠与合同、保证合同、土地买卖合同和遗产买卖等少数几种。至于其他大多数合同,都可依照当事人的意见决定订约的形式。尤其是买卖合同,不论标的物价格如何,一律无形式要求。此外,《德国商法典》采用"商人本位原则",对商人的一些法律行为给予特别的形式方面的自由。例如,该法典第 350 条对"商事担保"的规定完全取代了《德国民法典》第 766 条的"形式自由原则"。

3.《联合国国际货物买卖合同公约》和《国际商事合同通则》关于合同形式的规定

《联合国国际货物买卖合同公约》对国际买卖合同的形式原则上不加以限制。公约第 11 条规定:"买卖合同无须以书面订立或书面证明,在形式方面不受任何其他条件限制。买卖合同可以用包括证言在内的任何方法证明。"这一规定旨在满足国际贸易的需要。同时,为了协调不同国家法律的差异,公约允许缔约国对该条款予以声明保留。我国在加入公约时对此条款就曾声明保留。

《国际商事合同通则》也采取了放任的态度。第 2.1.1 条规定:"合同可通过对要约的承诺或通过能充分表明当事人各方合意的行为而成立。"

4. 中国法

我国的合同法对合同的形式主要以不要式合同为原则,如《合同法》第 10 条第 1 款规定:"当事人订立合同,有书面形式、口头形式和其他形式。"第 2 款规定:"法律、行政法规规定采用书面形式的,应当采用书面形式。当事人约定采用书面形式的,应当采用书面形式。"这里所说的书面形式是指合同书、信件和数据电文(包括电报、电传、传真、电子数据交换和电子邮件)等可以有形地表现所载内容的形式。此外,合同法分则以及其他一些单行法中对某些种类的合同形式有特殊规定。中国的《民法通则》也有类似的规定,第 56 条规定,民事法律行为可以采用书面形式、口头形式或其他形式。法律规定用特定形式的,应当依照法律规定。

(四)合同必须合法

世界各国都强调订立合同的自由。无论是英美法系国家还是大陆法系国家都承认,"契约自由"与"意思自主"是合同法的基本原则。所谓契约自由,是指任何有订约能力的人,都可以根据他们的意愿自由地订立合同,即可以自由地决定是否订立合同,自由地选择订约对象,并可以自由地与订约对方商定合同的内容。当然,契约自由并非没有限制。为了维护社会经济秩序,西方各国对契约自由都加以一定的限制。几乎所有西方国家的法律都要求当事人所订立的合同合法,并规定凡是违反法律、善良风俗与公共秩序的合同一律无效。其目的在于维护正常的社会秩序和交易秩序,保有社会的基本道德。违法合同不能被强制执行,不产生法律上的权利与义务。

1. 英美法系

英美法系认为,一项有效的合同必须具有合法的目标或目的。凡是没有合法目标的合同都是非法的,因而是无效的。在英美法系中,根据某些单行法规的规定与判例法所确立的原则,对各种违法的事由作出列举。根据某些英美法系学者的分类,以下 3 种合同均是非法的。

(1) 违反公共政策的合同。

公共政策是英美法系中的概念。所谓违反公共政策的合同,是指损害公众利益,违背某些成文法所规定的政策或目标,或旨在妨碍公众健康、安全、道德以及一般社会福利的合同。公共政策这个概念非常广泛、灵活,其内容随着社会经济与政治环境的变化而改变。特别是在美国,各州对公共政策的解释往往也有分歧。这是因为各州的经济利益对其公共政策的形成与发展起着重要的作用。因此,在研究违反公共政策的合同时,不仅要分析法院的判决或有关的法规,而且要注意探求隐藏在背后的经济上或政治上的原因。

违反公共政策的合同包括限制贸易的合同、限制竞争的合同以及限制价格的合同等。在这方面,美国的要求是非常严格的。根据美国《反托拉斯法》的规定,这些合同都是违反反托拉斯法的,合同无效,而且有关当事人要负责赔偿巨额的经济损失,情节严重者,还要负刑事责任。冒充公职与妨碍司法的合同也是违反公共政策的。

(2) 不道德的合同。

根据英美法系的解释,不道德的合同是指那些违反社会公认的道德标准,如果法院予以承认将会引起正常人愤慨的合同。如 A 与妹妹 B 约定,如果 B 在圣诞节期间不回家看望 A 所痛恨的父亲,A 即会付给 B 1000 美元,B 如果按此约定未回去看望父亲,B 也不能要求法院强迫 A 支付 1000 美元,因为 A 与 B 之间的协议违反了基督教国家的善良风俗。但是,各国对道德标准的解释不同,对于某种合同是否因其不道德而无效,也有不同的看法。

(3) 违法的合同。

违法的合同包括的范围很广。例如,差使他人做犯罪行为的合同、以诈骗为目的的合同、与敌人进行贸易的合同等,都是违法的,因而是无效的。

2. 大陆法系

大陆法系各国都在民法典中对合同违法、违反公共秩序与善良风俗的情况及其后果作出明确的规定,但是各国的处理方法有所不同。

《法国民法典》在总则中规定,任何个人都不得以特别约定违反有关公共秩序与善良风俗的法律。然后,把违法、违反善良风俗与公共秩序,同合同的原因(约因)与标的联系在一起作出规定。例如,该民法典第 1128 条规定:得为契约标的之物件以许可交易者为限。该民法典第 1131 条规定:无原因的债、基于错误原因或不法原因的债,不发生任何效力。接着,又在第 1133 条对什么是不法原因进行定义。该民法典第 1133 条规定:如原因为法律所禁止,或原因违反善良风俗或公共秩序时,此种原因为不法原因。从上述规定可以看出,根据法国法,构成合同非法主要有两种情况:一种情况是交易的标的物是法律不允许进行交易的物品。另一种情况是合同的约因不合法,即合同所追求的目的不合法。

德国法与法国法的区别在于,德国法不具体规定是合同的标的违法还是合同的约因违法,而是着重于法律行为与整个合同的内容是否有违法的情况。《德国民法典》第 134 条规定:"法律行为违反法律上的禁止时,无效。"第 138 条第 1 款规定:"违反善良风俗的法律行为无效。"这些规定不仅适用于合同,也适用于合同以外的其他法律行为。

以上所说的善良风俗与公共秩序属于伦理道德与政治的范畴。在西方国家的审判实践中,何谓违反善良风俗与公共秩序,要由法院根据每起案件的具体情况作出决定,法官有很大的自由裁量权,可以根据不同的情况作出不同的解释,以适应社会经济、政治发展的需要。

3. 中国法

我国《民法通则》第55条规定,民事法律行为不得违反法律和社会公共利益。中国的《合同法》在总则第7条把合同必须合法作为基本原则加以规定:"当事人订立、履行合同,应当遵守法律、行政法规,尊重社会公德,不得扰乱社会经济秩序,损害社会公共利益。"《合同法》还列举了非法合同的种类。该法第52条规定:"有下列情形之一的,合同无效:①一方以欺诈、胁迫的手段订立合同,损害国家利益;②恶意串通,损害国家、集体或者第三人利益;③以合法形式掩盖非法目的;④损害社会公共利益;⑤违反法律、行政法规的强制性规定。"可见,凡是违反我国法律、行政法规、社会公共利益、社会的善良风俗的合同,都是无效合同。

4. 合同违法的后果

凡是违法或不道德的合同都是无效的,既不产生权利,也不产生义务。法院原则上也不允许以无效的合同提起诉讼。至于一方当事人根据这类合同所取得的利益是否应该返还,这是一个比较复杂的问题。英美法系认为,违法合同的一方当事人不能因对方违反这种合同而要求赔偿损失,如果一方当事人已经履行了合同,例如,已经把财产或货物交给了对方,原则上也不能要求对方退回。但是也有例外,如果一方因为欺诈、胁迫而订立了违法的合同,对其已履行的部分,可以要求对方返还。大陆法系认为,这属于"不当得利"的问题,一般都在民法典中对此作出规定。例如,《德国民法典》第817条规定:"给付的目的约定为受益人因受领而违反法律的禁止规定或者善良风俗的,受益人应负返还义务。如果给付人对此种违反行为同样也应负责任时,不得要求返还,但给付系为承担债务而履行的除外;为清偿此种债务而履行的给付不得要求返还。"

(五) 合意必须真实

缔结合同的当事人的意思表示一致时,合同即成立,但此时的合意须是真实的。如果当事人因错误、被欺诈、被胁迫等情形作出有悖于其真意的意思表示,则所订立的合同应当是无效的或者是可撤销的。各国法律对此规定原则上一致,但又有一些细微差别。

1. 错误(mistake)

合同法上的错误是指行为人对于构成他们之间交易基础的事实在认识上发生了误会。从这个概念可以看出,错误是指合同当事人对事实认识发生的误会,并且这一误会的事实是构成当事人交易基础的事实,也就是说,如果不是发生误会,当事人就不会按照现有的合同条件签约。

各国法律一致认为,在某些情况下,做出错误意思表示的一方当事人可以主张合同无效或者要求撤销合同。这就意味着,出于对交易安全的考虑,并不是所有意思表示的错误,都会导致合同的无效或者被撤销。如果这种错误严重到使双方真实的合意受到极大的影响,则可能导致合同无效或者被撤销。至于在什么情况下有错误的一方可以主张合同无效或者撤销合同,各国法律有不同的规定与要求。

(1)大陆法系。

《法国民法典》第1110条规定,错误仅于涉及契约标的物的本质时,始构成无效的原因。如错误涉及当事人一方愿与之订约的他方当事人个人时,错误不成为无效的原因,但他方当事人个人被认为契约的主要原因时,不在此限。根据上述规定及司法实践,有两种错误可以导致合同无效:一是关于标的物性质方面的错误。所谓标的物性质,是指"基本品质"或者"决定性的考虑"。法国法院采取主观标准而不是客观标准,努力探求当事人订约时是否在决定性的考虑上发生了错误。二是关于与其订约的对方当事人所产生的错误。只有当对方当事人的身份是其订约所考虑的特别重要事项时,才能构成合同无效的原因。如承包合同、雇佣合同或借贷合同等,对方当事人的身份、能力、技能与品格对当事人决定是否与其订立合同具有重要的意义。动机上的错误原则上不能构成合同无效的原因。

《德国民法典》第119条第1款规定:表意人所作意思表示的内容有错误,或者表意人根本无意作出此种内容的意思表示,如果可以认为,表意人若知悉情事并合理地考虑其情况后即不会作出此项意思表示时,表意人可以撤销该意思表示。德国法与法国法稍有不同,前者仅概括规定当事人意思表示内容和形式的错误对合同效力的影响,且这种影响不会导致合同无效,而会导致合同撤销。该民法典第119条第2款还规定:交易中认为很重要的有关人的资格或者物的性质的错误,视为意思表示内容的错误。此外,德国法采用客观标准来衡量错误,而不像法国法那样采用主观标准。

(2)英美法系。

①英国法。

英国合同法上的错误指合同当事人基于对方陈述行为、默示或隐瞒而对合同部分或全部事实的错误认识,并基于这一错误认识做出了错误的允诺。英国普通法认为,错误一般是不能用来回避一个合约的。订约当事人一方的错误,原则上不能影响合同的有效性。只有当该项错误导致当事人之间根本没有达成真正的协议,或者虽然已经达成协议,但是双方当事人在合同的某些重大问题上都存在同样的错误时,才能使合同无效。根据普通法,错误会导致合同自始无效;而根据衡平法,错误通常只会导致一方撤销合同。通常,根据英国的判例,错误分为单方错误与双方(共同)错误,其后果是不同的。

下列单方错误都不能使合同无效:第一,一方当事人意思表示的错误。第二,一方在判断上发生差错。第三,一方当事人对自身的履约能力估计错误。第四,在凭说明的买卖中,对说明的含义的理解发生错误。

但是,如果某项错误导致双方当事人之间根本没有达成真正的协议(双方错误),则可以使合同无效,这主要包括:第一,在合同性质上发生错误。第二,在认定当事人上发生错误,但须当事人是订立合同的要件,而且对方也明知有此种误会时,才可以使合同无效。第三,在认定合同的标的物时,双方当事人都存在错误,即使是由于第三人的疏忽造成的也如此。第四,在合同的标的物存在与否或在合同的重大问题上,双方当事人发生共同的错误。第五,允诺一方已经知道对方有所误会,在这种情况下,对方可以主张合同无效。

衡平法根据不同情况下错误对合同产生的不同影响,给予不同效果的救济。第一,对合同性质的误解。错误人因为疏忽而被欺诈并在合同上签字,只要没有善意第三人信赖该合同,他就可撤销合同。第二,对主体身份的误解。当有关错误不涉及合同实质时,衡平法赋予因受欺诈而与对方缔约的错误人以撤销合同的权利,但不得因此对抗善意第三人。第三,当事人自身表示的错误。衡平法认为,仅在对方不知情时,基于自身表示的错误不影响合同的生效,否则错误人得以合同不可强制执行抗辩。第四,合同标的物品质的错误。只要错误是严重的,当事人可撤销合同。第五,规定了两种独特的错误救济制度:废止与纠正。废止,即法院使当事人就其协议再行谈判或将错误造成的损失分配给当事人,原合同终止履行。纠正则是法院命令以书面协议修正以前的口头协议,使其更加完善并得以执行。

在关于错误的问题上,英国法系与大陆法系的主要区别在于:第一,英国法系的要求比大陆法系更加严格。一般而言,英国普通法不允许以单方面的错误为理由使合同无效。第二,因错误而引起的后果亦有区别。大陆法系对法律认定的错误,或者认为合同无效(如法国法),或者认为可以撤销合同(如德国法)。英国普通法与衡平法却采取不同的原则,如果根据普通法,则错误可以导致合同无效;如果根据衡平法,则可以撤销合同。

②美国法。

错误是不正确的认识,美国《第二次合同法重述》第151条规定,错误是与事实不一致的信赖。美国法同样认为,单方面的错误原则上不能要求撤销合同,至于双方当事人彼此都有错误时,亦仅在该项错误涉及合同的重要条款、认定合同当事人或合同标的物的存在、性质、数量或有关交易的其他重大事项时,才可以主张合同无效或者要求撤销合同。根据美国《第二次合同法重述》第152条规定,以双方错误为由撤销合同时,受到不利影响的一方当事人必须证明以下三点:

第一,错误涉及作为合同订立基础的基本假设;第二,错误对约定的给付之交换具有实质的影响;第三,错误并不属于一方当事人应当承担风险的事项。错误发生时,双方没有真正的合意存在,因此,合同可以被撤销,撤销后自始无效。受到不利影响的一方有权要求另一方返还利益,与此同时,其也要把从对方获得的利益返还给对方。但是法院为了实现公正的目的,有权对受到不利影响的一方主张恢复原状的权利加以限制。所以,美国法院在审理涉及错误的案件时,往往要考虑各方面的情况。如果法院认为,对方由于信赖合同已有效成立而积极准备履约,从而改变了他的地位,以致难以恢复原状或不可能恢复原状时,有错误的一方就不能撤销合同。美国法院的态度是,宁愿让有错误的一方蒙受因自身错误所造成的后果,也不把损失转嫁给对方。

(3)中国法。

中国的《民法通则》以及《合同法》均规定,当事人对合同或者其他民事行为的内容有重大误解的,可以请求人民法院或者仲裁机构予以变更或者撤销。根据最高人民法院的司法解释,重大误解是指行为人对行为的性质,对方当事人,标的物的品种、质量、规格和数量等的错误认识,行为的后果与自己的真实意思相悖,并造成了较大的损失。

(4)《国际商事合同通则》。

有关错误的规则,国际法律法规中也有所体现。《国际商事合同通则》第3.4条对错误下了定义,错误是指对合同订立时已经存在的事实或法律所做的不正确的假设。第3.5条阐述了与宣告合同无效有关的错误的必要条件:此错误在订立合同时如此之重大,以至于一个通情达理的人处在与犯错误之当事人的相同情况之下,如果知道事实真相,就会按实质不同的条款订立合同,或根本不会订立合同。这时,错误的认定还须结合两个条件来考察:其一,另一方当事人犯了相同的错误,或造成如此错误,或者另一方当事人知道或理应知道该错误,却有悖于公平交易的合理商业标准,使错误方一直处于错误状态之中;其二,在宣告合同无效时,另一方当事人尚未依其对合同的信赖而行事。该条第二款对适用条件加以限制,如果"该当事人由于重大疏忽而犯此错误",或者如果"错误与某事实相关联,而对于该事实发生错误的风险已被设想到,或者考虑到相关情况,该错误的风险应当由错误方承担",一方当事人不能宣告合同无效。

2. 欺诈(fraud)

欺诈是指当事人一方故意告知对方虚假信息,或者故意隐瞒真实情况,诱使对方当事人作出错误的意思表示的行为。各国法律都认为,凡是因受欺诈而订立合同时,蒙受欺骗的一方可以撤销合同或主张合同无效。

(1)大陆法系。

法国法与德国法对欺诈的处理有不同的原则。根据《法国民法典》第1116条的规定:如当事人一方不实施欺诈手段,他方当事人决不缔结契约者,此种欺诈构成契约无效的原因。即欺诈将导致合同无效。而根据《德国民法典》第123条第1款的规定:因被欺诈或者被不法胁迫而作出意思表示的,表意人可以撤销该意思表示。根据这一规定,欺诈将导致撤销合同。

联邦德国判例认为,仅对某一事实保持沉默并不足以构成欺诈,只有当一方当事人负有对某种事实的说明义务时,不作此种说明才构成欺诈。法国法院也持类似观点。

(2)英美法系。

不正确说明是英美法系中的术语,是指一方当事人在订立契约的过程中,所作出的不真实或虚假的意思表示,其目的在于诱使他方当事人与其订立契约。《布莱克法律辞典》对其的解释为:"某人以言词或其他行为向另一个人作出的任何依情形显示为与事实不相符的表示,对事实不真实的陈述,不正确或虚假的陈述。这一陈述如果被接受的话,会导致内心对某种状况作出与实际不相符的理解。"英美合同法中的不正确说明通常是指当事人一方在订立合同的过程中对另一方所作的与事实不符的说明。它既不同于一般商业上的吹嘘,也不同于普通的表示意见或看法。

依据陈述人主观意图的不同,英国1976年《不正确说明法》把不正确说明分为两种:一种是"非故意的不正确说明";另一种是"欺骗性的不正确说明"。而英美法系把欺诈称为"欺骗性的不正确说明"。根据英国法的解释,如果作出不正确说明的人是出于诚实地相信真有其事而作出的,就属于非故意的不正确说明;如果作出不正确说明的人并非出于诚实地相信真有其事而作出的,则属于欺骗性的不正确说明。英国的法律对欺骗性的不正确说明的处理相当严厉,蒙受欺诈的一方可以要求赔偿损失,并可以撤销合同或拒绝履行其合同义务。

关于非故意的不正确说明,英国法要区别以下两种情况:一种情况是非故意但有疏忽的不正确说明;另一种情况是非故意而且没有疏忽的不正确说明。在前一种情况下,蒙受欺骗的一方有权请求损害赔偿,并可以撤销合同。但是法官或仲裁员有自由裁量权,他们可以宣布合同仍然存在,并裁定以损害赔偿代替撤销合同。在后一种情况下,蒙受欺骗的一方可以撤销合同,但是法官或仲裁员同样具有自由裁量权,他们可以宣布维持原合同并裁定以损害赔偿代替撤销合同。两者的主要区别是:在后一种情况下,蒙受欺骗的一方无权主动要求损害赔偿,而只能由法官或仲裁员根据具体情况酌定是否可以用损害赔偿代替撤销合同。但是无论在什么情况下,都只有受欺骗的一方才能要求撤销合同,至于作不出正确说明的一方,则不能以其自身的错误行为作为撕毁合同的借口。

至于仅对某种事实保持沉默是否足以构成欺诈,各国的处理办法略有差异。德国判例认为,只有当一方负有对某种事实提出说明的义务时,不做这种说明才构成欺诈。如果没有此种义务,则不能仅因沉默而构成欺诈。至于当事人是否有此义务,应根据合同的具体情况决定。法国最高法院也持相似的观点。英国普通法认为,单纯沉默原则上不能构成不正确说明。因为一般而言,合同当事人没有义务把各项事实向对方披露,即使他知道对方忽略了某种重要事实,或他认为对方可能有某种误会,他也没有义务向对方说明。但是,在某些情况下,英国法也认为当事人负有披露实情的义务,主要有以下两种:

①如果在交易磋商中,一方当事人对某种事实所作的说明原来是真实的,但是后来在签订合同之前发现此项事实已经发生变化,变得不真实了,在这种情况下,即使对方没有提出询问,该当事人也有义务向对方改正其先前作出的说明。

②凡属诚信合同,例如,保险合同、公司分派股票的合同与处理家庭财产的合同等,往往只有一方当事人了解全部事实真相,所以,该当事人有义务向对方披露真情,否则即构成不正确说明。

此外,还有一个问题:如果欺诈行为不是由债权人而是由债权人以外的第三人所施行时,对方是否能撤销合同? 关于这个问题,一般认为,只有当债权人知道或应该知道有欺诈情况,或者该欺诈行为应归责于债权人时,对方才可以撤销合同。德国法、瑞士法与英美法系基本采用这项规则。

(3)中国法。

结合我国《民法通则》与《合同法》的规定,对欺诈的法律规定后果区分为两类:一方以欺诈、胁迫的手段订立的合同,损害国家利益,属于无效合同;而一方以欺诈、胁迫的手段订立的合同,损害集体或第三人利益,属于可撤销合同。

(4)《国际商事合同通则》。

《国际商事合同通则》第3.8条规定:"一方当事人可宣告合同无效,如果其订立合同是基于另一方当事人的欺诈性陈述,包括欺诈性的语言或做法,或按照公平交易的合理商业标准,该另一方当事人应予披露的情况欺诈性地未予披露。"该条的注释指出,合同因欺诈被另一方宣告无效和因错误所致的合同无效有相似之处。这一规定概括了欺诈的行为方式,特别是明确将应予披露却保持沉默的行为纳入欺诈的范畴。

典型案例 2-5

奥茨加有限公司诉威廉姆案(1965)

被告(威廉姆)将其汽车卖给原告(奥茨加有限公司)时,称该车为 1948 年产的车型,但实际上该车是 1939 年产的车型。当原告了解真相后,便以被告作出欺诈性陈述为由要求赔偿,英国法官却认为,原告是一家专门的汽车交易商,在了解真相方面和被告处于同样良好的位置甚至比被告处于更好的位置,原告相信被告的陈述是违背常理的,因此,原告的赔偿请求应予以驳回。

3. 胁迫(duress)

胁迫是指以使他人产生恐惧为目的的一种故意行为。当事人受胁迫所做的意思表示,不是其内心的真实意思,不能产生法律上的效力。因此,各国法律一致认为,在胁迫的情况下订立的合同,受胁迫的一方可以主张合同无效或撤销合同。

(1) 大陆法系。

《德国民法典》第 123 条规定,因被欺诈或被不法胁迫而作出意思表示的,表意人可撤销该意思表示;该法规第 138 条规定,特别是当法律行为系乘另一方穷困、没有经验、缺乏判断能力或者意志薄弱,使其为自己或者第三人的给付作出有财产上的利益的约定或者担保,而此种财产上的利益与给付显然不相称时,该法律行为无效。《法国民法典》第 1111 条则明确地规定,对债务人行使胁迫为无效的原因。《法国民法典》第 1112 条规定,凡行为的性质足使正常之人产生印象,并使其发生自己身体或财产面临重大且迫切危害的恐惧者,成立胁迫。

(2) 英美法系。

胁迫在英美合同法中被定义为,以有害的威胁来强迫某人作出违背其意愿的行为,特别是指,一个人通过不适当的威胁来迫使另一个人表面上同意在排除其真实意愿的情况下与其进行交易。英美合同法中的胁迫通常分为三类:人身胁迫、货物胁迫与经济胁迫。人身胁迫是指对他人人身进行强制或以侵害他人生命或身体为威胁,使其不得不同意缔结合同或不得不接受强加的条件。货物胁迫的主要特征是一方威胁扣押或拒绝提供另一方依合同有权享有的东西,另一方除了答应前者的要求外别无选择。经济胁迫在英国乃是 20 世纪后期的产物,指一方对另一方经济损失上的恐吓。比如,以买方不同意另外一份生产合同便不再继续完成已有合同中特别关键部分的履行相威胁。胁迫可以通过身体强制来实施,也可以以威胁的方式实施。通过威胁实施的胁迫必须满足以下四个条件:第一,必须有威胁的行为。第二,威胁必须是不适当的。第三,威胁必须导致受胁迫方进行意思表示。第四,威胁必须是严重的,以至于受胁迫方有理由因此而同意订立合同。

典型案例 2-6

宇宙卫士海运股份公司诉国际运输工人联合会案

原告是利比里亚一海运公司,其公司全部股东均住在美国,该公司的宇宙卫士号货船(悬挂利比里亚国旗)从利比里亚载物准时运达英国明福特哈温港。该船船员主要为亚洲人,他们的工资水平按照国际运输工人联合会的规定过低,故该联合会号召工人拒绝为该船卸货,使之不能离港。该联合会声明,除非原告公司捐助 80 万美元作为海员国际福利基金,否则不予卸货,原告公司被迫给付捐款,后于 1983 年起诉追偿。法庭裁定,这一支付行为是在经济胁迫下做出的,并且按照有关工业法规,此类给付要求也并不合法,故原告有权追回付款。

英国除普通法有胁迫概念外,衡平法中还有不正当影响(undue influence)的概念。不正当影响制度是为了在不存在胁迫和不正确说明的情形下,保护那些能力有缺陷(但仍有行为能力)的人,使其免于受到处于可以进行不正当劝说的特殊地位的人的不正当劝说。要认定合同订立的过程中存在不正当影响,需要当事人之间存在一种特殊的关系,即存在一种使一方特别容易相信对方并被其说服的关系。在证明存在上述这种特殊关系之后,还需证明强势的一方对弱势的一方进行了不正确的劝说,即弱势一方同意缔约的意思表示是由强势一方的不正当影响导致的。施加不正当影响的合同的受害人可以要求撤销合同。

典型案例 2-7

Goldsworthy 诉 Brickell 案

年事已高的原告(Goldsworthy),拥有一个面积很大且非常值钱的农场,但这个农场不断贬值,原告不得不十分依赖被告(他的邻居 Brickell)的建议。用了几个月的时间,被告就有效地经营了农场。而后,原告以对被告而言十分优惠的条件将农场出租给了被告,但在此期间原告并没有听取被告的独立建议。

法院认为:出租合同是可撤销的,因为不正当影响是存在的,信托关系也是存在的。当事人之间存在密切的工作合作关系,其中,被告对原告有明显的控制力。

根据英美法系,受胁迫者不仅包括订约当事人本人,而且还包括该当事人的丈夫、妻子或近亲;如果对后者施加威胁,迫使当事人不得不同意订立合同,则也构成胁迫,当事人可以撤销合同。

关于来自订约双方当事人以外的第三人所施行的胁迫,各国法律的处理方式略有不同。德国法认为,胁迫较欺诈更加严重,应当让受胁迫者更容易地从合同的约束中解脱出来。因此,德国法认为,如果胁迫是由第三人所为,即使合同的相对人不知情,那么,受胁迫的一方也有权撤销合同。法国、意大利与西班牙等国家的法律也有类似的规定。但是英美法系则把第三人所作的胁迫与第三人所作的欺诈同样看待。也就是说,对于来自第三人的胁迫,只有合同的相对人知道有胁迫情事时,受胁迫的一方才能撤销合同。

(3)《国际商事合同通则》。

《国际商事合同通则》也对胁迫作出规定,第 3.9 条规定:"一方当事人可宣告合同无效,如果其合同的订立是因另一方当事人的不正当之胁迫,而且考虑到在各种情况下,该胁迫如此急迫、严重到足以使第一方当事人无其他合理选择。尤其是当使一方当事人受到胁迫的作为或不作为本身属非法,或者以其作为手段来获取合同的订立属非法时,均为不正当的胁迫。"

4. 显失公平(unconscionability)

(1)英美法系。

英美法系的显失公平制度主要是从传统的衡平法演变而来的。英美法系中现代意义上的显失公平制度是由美国《统一商法典》的第 2-302 条正式创制的。其规定:①如果法院作为法律问题发现合同或合同的任何条款在制定时显失公平,法院可以拒绝强制执行,或仅执行显失公平部分之外的其他条款,或限制显失公平条款的适用以避免显失公平的后果;②当有人主张或法院认为合同或合同的任何条款有可能为显失公平时,当事方应被给予合理机会来证明订立合同的商业背景及合同的目的和效果,以帮助法院作出决定。该商法典所述的"显失公平",是指基于一般社会的或经济的观点,包括公共政策之类,或者是就特定的商事交易的规矩惯例,认为在订立合同时,整个合同或者是某项合同条款偏袒一方当事人到了可以视为不法的程度。该法典上述关于"显失公平"的有关规定,旨在允许法院直截了当地以合同或某项条款"显失公平"为理由,做出从法律观点出发的结论,从而否定某项合同或某项合同条款,而不必以合同法上的其他概念为理由。上述规定给法院提供了一件强有力的武器,专门对付不公平交易。

该条规定的正式评注中,列举了许多可以作为该规定注脚的判例,如堪萨斯城杂货批发公司诉 Weber 包装公司案。其主要情节如下:双方当事人订立的货物买卖合同中,有一项限制索赔时间的条款。这项合同买卖的是番茄酱,此商品的潜在缺陷只有经过显微镜分析才能被发现。合同中规定的限制性时间,不足以为买方提供检验与索赔的时间。于是,法院判决此项条款是显失公平的。由此判例也可以看出,判断是否"显失公平"的基本标准,是从通常的商业背景与特定交易的商业需要出发,看有关的合同或条款在当时订约的条件下是否偏袒了一方的利益。由此可知,这一标准是富于弹性的,主持判案的法官在此问题上有自由裁量权,不同的法官对同一案件有可能得出不同的结论。

此外,关于"显失公平",美国《统一商法典》在第 2-309 条第 3 款也有涉及:"一方终止合同,如果非依据已商定的原因,必须使对方收到合理通知;免除此种通知的协议,如果实施后会造成显失公平的后果,即为无效。"此款规定强调,当事人单方面终止合同,必须向对方发出合理的通知,并为对方所收到。如果不向对方发出通知或者通知不为对方所收到,会引起极不公平的后果,那么,即使双方预先有免除通知程序的协议,该协议也是无效的。由此看来,该商法典十分强调商业观点上的公平合理,赋予法官相当大的裁量权,某些即使是双方当事人的协议,法官也可以以"显失公平"为理由加以否定。

从美国法院近年来的司法审判实践看,该商法典第 2-302 条所确立的反对显失公平的原则已得到广泛运用,现代意义上的显失公平包括"实质性显失公平"与"程序性显失公平"。前者主要强调合同的条件不合理地有利于一方而不利于另一方,后者主要强调另一方在订立合同时未作出有意义的选择,包括他由于自身以外的原因而未能理解合同的内容,或者由于其所处的地位完全没有与对方讨价还价的余地。

总之,在当代美国的合同判例法中,"显失公平"是一个非常重要的术语。构成显失公平的一般条件如下:合同一方在签订合同时无法对合同条款进行合理地选择,而合同条款显然不合理地有利于另一方。当法院确定某一合同或条款是显失公平时,该合同或条款则为无效。

(2) 大陆法系。

大陆法系中,法国法没有使用"显失公平"这一概念,而使用了"合同损害"这一用语,它是指由于合同双方当事人在互相所获利益上严重不等价,而使一方当事人遭受损失。可见,"合同损失"与"显失公平"的内容基本相同。

德国的民法将显失公平制度作为制定法中的一项独立制度。在德国法中,显失公平普遍适用于一切合同关系。然而,显失公平行为并非是无效的法律行为,而是有效的法律行为。确认某项行为因给付关系显失公平无效,除具备显失公平关系外,还必须具备下列要件:客观上,对方必须处于窘境,无经验,缺乏判断力或行政管理的意志薄弱状态;主观上,一方必须知道对方所处的境地并有意识地加以利用,必须知道他们之间订立的合同是显失公平的。只有满足条件,才可以以显失公平为由撤销合同。

(3) 中国法。

中国的《合同法》第 54 条规定,"在订立合同时显失公平的",当事人一方有权请求变更或撤销合同。

三、合同的解释

由于当事人所使用的语言文字或者行为,他们所订立的合同有时无法充分表达其真实意图,或者有些事项在订约时并未凸现重要性,但日后成为当事人争执的焦点,这时,裁决案件的法院如何解释合同便显得格外重要。

(一) 解释合同的原则与方法

如何解释合同条款,各国法存在两种对立的解释方法和原则。一种方法是强调探求表意人的真实意思,而不拘泥于文字;另一种方法是强调外部现象,即以当事人表示出来的意思为依据。前者被称为"意思说",它是以当事人意思自主原则为根据的。这种理论认为,当事人的内在意思是产生、变更与消灭他们之间的权利与义务关系的根本因素,是法律行为的核心,所以,应当把"意思"放在第一位,把"表示"放在从属的地位。后者被称为"表示说",它是以维护法律秩序为出发点的。这种理论认为,当事人的内心意思非他人所能得知,只有表示出来的意思才能作为解释他们的合同的根据。

英美法系采用表示说,法国法采用意思说,德国法原则上采用意思说,但有时(如在商事方面)也考虑表示说。

1. 英美法系

英美法系采用表示说,在解释合同时强调合同的文辞,而不是探求当事人的主观意思。

英国和美国的法院在解释合同时,尽量以合同中的文字为依据,只有在没有办法解决问题时,才考虑其他有关情况。根据英国合同法,解释合同必须遵循的基本原则包括:

(1)按照合同用语的通常含义加以解释。这里所说的"通常用语"可以指合同本身的条款和用语,也可以指词语的一般含义,如技术性词汇、司法判决的含义,还可以指特定地区的习惯以及特殊含义。

(2)把合同作为一个整体进行解释。

(3)在解释合同的同时尽量使当事人的意图生效。英国上议院在1834年的兰斯顿诉朗斯顿案(Langston v. Longston,1834)中指出:"如果有两种方法解释一份文件,一种方法是破坏它,另一种方法是维护它。那么,普通法和衡平法的规则……应当采用那种维护它的解释。"英国法认为,既然当事人在合同中写入某一条款,它就应当具有一定的意义,法院就应当尽可能给它一个合理的解释,使它具有一定的意义,从而使当事人的意图生效。

(4)对提出条款的当事人作出不利的解释。

(5)当事人不能依赖自己违反合同而获得利益等。这一规则源于另一项基本原则,即一个人不能从自己的错误中获得好处。

(6)运用口头证据进行解释的规则。英国法坚持表示说,在有书面合同的情况下原则上不接受口头证据,不允许当事人以口头证据改变书面合同的内容。这一原则被称为"口头证据规则"。不仅口头证据,而且像合同草稿、初步协议、协商函等都不能用来违背、增加或者减少书面合同的条款。但是,这一规则也存在一些例外情形,即在下列情况下可以采用口头证据证明合同的含义:①涉及书面合同的有效性的问题,如欺诈、缺乏对价、错误、非法、胁迫或违反公共政策等,当事人可以提出与书面合同不同的口头证据,用以证明该项书面合同并没有有效成立。②涉及书面合同生效的前提条件。如果当事人之间曾约定在书面合同生效前必须履行某种前提条件,则可以允许当事人以口头证据证明由于该前提条件未履行,所以,当事人之间根本不存在合同。③在书面合同订立以后,可以用口头协议更改,但是该口头协议必须有对价,而且必须符合反欺诈法的要求。④如果书面合同的文字有含混不清之处或遗漏,也允许当事人提出口头证据予以解释,但是口头证据不得与书面合同的条款相抵触,而且在司法实践中,英国和美国法院不轻易地作出接受口头证据的决定。

在这个问题上,美国《统一商法典》也有一些例外的规定。例如,该商法典第2-202条规定:当事人对于作为他们协议的最后书面文件,不得提出在订立该协议之前或与此同时订立的、与书面文件相抵触的口头协议作为证据。但是可以用交易的过程、行业的惯例或履约的过程解释或补充,也可以用与书面文件一致的补充条款解释或补充,但如果法院认为该项书面文件是当事人把它作为他们协议的完整的、唯一的文件时除外。

2. 大陆法系

法国法在解释合同时采用意思说,强调探究当事人的真实意思。《法国民法典》第1156条规定:解释契约时,应寻求缔约当事人的共同意思,而不拘泥于文字。在合同的解释上,德国法则反映了意思说与表示说的矛盾。《德国民法典》在第133条规定:解释意思表示,应探求当事人的真实意思,而不得拘泥于所用的词句。但它又在第157条规定:对合同的解释,应遵守诚实信用原则,并考虑交易上的习惯。前者强调当事人的主观意思,后者则强调客观标准。另外,法国法还进一步规范解释规则,如果某一条款可能存在两种解释,应舍弃无效的解释而作有效的解释;在多种解释中应选用最符合合同目的的解释;应依照订约地的习惯解释有歧义的文字;凡是习惯上的条款,虽然未记载于合同中,也可以作为合同的补充;应本着整体解释的原则来确定每一条款在合同中的含义;合同条款发生歧义时应作有利于债务人的解释。法国法的这些解释规则在我国现行《合同法》中有所体现。

(二) 共同条件的解释

在现代市场经济社会中,由于经济活动的增多,为了加快交易速度,减少交易成本,许多合同条款是由一方当事人为了与不特定多数人订立合同重复使用而单方面预先拟定的,在订立合同时不允许对方协商变更。对方只能概括地表示接受或不接受,不能进行磋商。如果所有的合同条款均为此种性质,这种合同被称为"共同条件""附和合同""格式合同"或者"标准合同"。如何具体衡量一个共同条件的合法性和有效性,各国法存在一些细节差别。

1. 英美法系

关于共同条件是否已经成为合同内容的一部分,英国法认为,如果共同条件已经写进合同文本中,就可以成为合同的组成部分,至于在某些情况下,对方没有看过这些条款,或者这些条款是以小字体印刷,那都不是重要的。如果共同条件没有写进合同文本中,则必须采取必要的措施,使订约对方注意这些共同条款,只有这样,共同条件才能成为合同的组成部分。如何使对方注意这些条款,这是一个客观标准,即以一个"通情达理的人"所应当知道为原则。在审判实践中,主要由法官根据具体的情况决定。美国法对共同条件的态度及处理方法与英国法有所不同,对于共同条件是否已被吸收入合同,美国法院的要求比英国更加严格;美国的法律与判例都强调,写入合同的条款必须清楚地载明于合同的书面文件中,并强调,用小字体印刷的条款必须使人容易看清楚。对于某些重要的条款,特别是免责条款,必须"引人注目"或"醒目"。何谓"引人注目"或"醒目",美国《统一商法典》认为,其主要是指书写或印刷的文字必须引起对方的注意。

英国法院认为,凡是违反公共政策的共同条件都是无效的。这项标准主要适用于公用事业企业,如电话电报公司、仓储公司、机场、托运公司与医院等。这些企业大多数是私营的。根据美国法,这些企业不得拒绝与别人订立合同,也不得免除其因疏忽引起的责任。美国法律允许法官不执行他认为是"显失公平"的合同或合同中的某些条款。

美国法院公开以共同条件的内容违反公共政策或"显失公平"为理由,宣告这种条款无效。当双方当事人处在不平等的谈判地位订立了某项合同,尤其是附合合同时,如果双方当事人处在不平等的谈判地位便会有不同的结果,则法院往往会宣告该项合同违反公共政策,或者根据该商法典关于"显失公平"的规定,宣告该项合同或合同条款无效。

2. 大陆法系

德国法原则上承认,共同条件可以成为合同的一部分。某些特殊行业如空运、保险、储蓄银行等经过政府部门的批准,可以拟订共同条件;至于其他行业,只要法院进行了监督和解释,也可以拟订共同条件。其推断是,当事人应当知道这类合同只能按照通行的共同条件签订。在解释共同条件的含义时,德国法院采用"含糊条款解释规则",即对意义含糊的条款,作不利于制定该条款的一方当事人的解释。其他西方国家的法院对此也都采取相同的解释规则。另外,德国法院对共同条件的界定十分严格。凡是违反善良风俗,乘人之危,或者违背诚实信用原则或交易惯例的共同条件,都是无效的。1977 年,联邦德国颁布的《关于共同条款的法案》第 9 条规定,凡共同条件不能按照诚意原则妥善安排双方当事人的利益者,一律无效。

法国法院主要根据对方当事人是否知道共同条件,或者是否只要加以注意就能知道其内容来判断共同条件是不是合同的一部分。法国法院对共同条件的限定主要表现在,共同条件中不得免除严重过失责任,不得违反公共秩序或善良风俗;违者一律无效。

第三节 合同的履行

一、合同的履行

合同订立并生效后,便成为约束和规范合同当事人行为的法律依据。合同当事人必须按照合同约定的条款全面、适当地完成合同义务。合同的履行是合同当事人订立合同的根本目的,也是实现合同目的的关键环节,直接关系到合同当事人的利益,也往往最容易出现争议和纠纷。合同的履行是指债务人全面地、适当地完成其约定义务,债权人的合同债权得到完全实现的行为。在不同类型合同中,合同当事人履行合同义务的形式是不同的,合同履行行为可以是作为,也可以是不作为。各国法普遍认为,当事人在订立合同后都有履行合同的义务,如果违反义务,将承担相应的法律责任。

（一）大陆法系

大陆法系国家认为合同履行制度大多规定在民法的债编中,作为债的履行的一项内容。法国、德国的民法典都强调当事人应受合同的约束,必须履行合同义务。

《法国民法典》第 1134 条明文规定:"依法成立的契约,在缔结契约当事人间有相当于法律的效力。"这就是说,合同当事人都必须受合同的拘束,都必须履行合同所规定的义务。大陆法系国家的民法典还具体规定了合同履行的内容、方法等,形成了系统的合同履行制度。

《德国民法典》专辟一节共 64 条,较为详尽地规定了给付义务。《德国民法典》第 241 条明确规定,债权人基于债的关系,有权向债务人要求给付。给付也可以是不作为。这里的给付,就是指履行合同的内容。"作为"给付要求债务人必须作出某种行为,如买卖合同中卖方的交货义务和买方的付款义务都属于作为义务;而"不作为"给付要求债务人不作出某种行为,如在包销协议中要求包销商不得经营有竞争性的商品。

德国法还将"诚实信用"作为履行合同的一项基本原则。《德国民法典》第 242 条规定:"债务人有义务依诚实和信用,并参照交易惯例,履行给付。""诚实信用"是资本主义各国民商法所沿袭的一项基本原则。它是一个抽象又极富于弹性的法律概念,可以由资本主义国家的法学家和法官们根据具体情况，做出不同的解释。有人认为，这是人们可以期待的交易上的道德基础；有人认为，这是就当事人双方的利益，求其公平合理而言的。

（二）英美法系

英美法系的成文合同法都明确规定当事人必须严格按照约定条款履行合同义务。对于履行的时间要求、履行地点等，英国法律和判例形成了一些基本规则。其中包括：

（1）合同的履行必须准确和确切。

（2）应当根据合同义务的性质来决定当事人履行合同的标准。

如果一项义务是严格的，不履行就属于违约，而不管当事人有无过错。例如，英国1979年《货物买卖法》第13～15条规定，施加于货物买卖合同卖方的义务就属于严格义务，只要违反它，就构成违约。但是，有些合同义务只是给当事人施加了一项责任，要求其采取合理的注意，而没有给当事人施加严格的义务。例如在 Thake v. Maurice（1986年）案中，法官在判决中指出，口腔医生做手术时有义务采取合理的谨慎和技能，但他并不能担保手术一定成功。只要医生采取了合理的谨慎，即使手术不那么成功，他也没有违反合同。

（3）履行时间。

如果合同中规定了履约的时间，而时间又是该合同的要素，当事人就必须在规定的时间内履行合同，否则债权人有权解除合同并要求损害赔偿。至于时间是不是合同的要素，应视合同中是否做出这种规定，或依合同的情况当事人是否确有此种意图而定。一般来说，在商务合同中如果对履约时间做出了具体的规定，则该时间应当被认为是合同的要素。因为在商业交易中，市场行情变化不定，履约时间对当事人来说是一个重要因素，如一方不按时履约，即构成违约，对方有权解除合同并可请求损害赔偿。但是，合同中关于付款时间的规定，除当事人另有约定外，一般不被认为是合同的要素，因为相对来说，付款时间不像交货时间那样重要。因此，如果一方当事人未按时付款，对方一般不能要求解除合同，而只能要求赔偿利息或汇率变动的损失。当然，如果双方当事人在合同中明确规定付款时间是该合同的要素，那就另当别论。

如果双方当事人在合同中对履约时间没有做出规定，则可解释为应在合理的时间内履行。至于什么是合理的时间，这是一个事实问题，须由法院根据具体案情做出决定。

（4）履行地点。

英国法认为，如果合同中规定了履行地点，当事人应当在约定地点履行义务；如果合同中没有规定具体履行地点，履行地取决于双方当事人隐含的意图，这种意图要根据合同的性质和签约时的有关情况加以判断；如果合同中甚至没有一个隐含的履行地，而履行合同又要求受诺人出现，一般的规则是许诺人须到受诺人的营业场所或者住所寻找受诺人并履行合同。

（5）准备或提出履行合同——"提供"（tender）。

提供是指合同当事人旨在履行其合同义务的一种表示。在许多情况下，一方当事人履行其合同义务须得到对方的配合，比如：卖方交货时须买方予以接收。如果一方依照约定提供了自己的义务而被拒绝，则日后如果对方指控其违约，他就有权以自己已经提供过作为抗辩理由。提供包括提供货物或其他财产,也包括提供应支付的款项。但是在提供应支付的款项时,其情况与提供货物略有不同。如果债权人拒绝接受提供的款项,则不能解除债务人的债务,但是可以产生以下3种重要的法律后果:①如果该项债务有担保利益,例如,以抵押作为该项债务的担保等,则自债权人拒绝适当提供给他的款项时起,该项担保利益即告消灭;②该项债务的利息亦自债务人提供款项之日起停止计算;③如果债权人日后就该项债务提起诉讼,不能取得高于原来提供的金额时,则必须负担诉讼的费用。但是,"提供"必须是无条件的,而且必须与合同规定的时间、地点和履约的方式相一致。如果债务人在债务清偿期以前做出提供,这就不能被认为是适当的提供,债权人有权拒绝受领,在这种情况下,该项债务的利息仍应照常计算。

(6)替代履行。

合同中如果并未期望债务人亲自履行或监管履行,则债务人可以让他人替代其履行。但只要合同中明示或暗示要求债务人亲自履行的,他就不能请他人代为履行合同。

二、合同的担保

合同的担保(security of contract)是指依据法律的规定或者当事人的约定保证合同的履行,保障债权人利益实现的法律措施。现代商业实践中,尤其是国际贸易中,交易风险大量存在,无论是销售方还是债权人,都不愿意承担"收不回钱"的风险,所以他们通常会在付款得到某种形式的法律保证以后才会售出货物或贷出资金。根据各国法律的规定,合同担保主要可以划分为人的担保和物的担保。

(一)人的担保

人的担保(personal security)又称为信用担保或保证,即由保证人保证合同当事人(债务人)履行合同义务的担保方式。担保具有从属性,因此,保证合同在性质上从属于主合同。

大陆法系国家依据保证责任的不同,将保证分为连带责任保证和补充责任保证。连带责任保证是指在债务人不履行合同时,债权人既可请求债务人履行债务或赔偿损失,又可请求保证人履行债务或赔偿损失,而不论债务人是否有履约能力或赔偿能力;而补充责任保证是指,只有在债务人不能履行债务时,保证人才有义务代为履行或承担赔偿责任。保证人在补充责任保证中享有先诉抗辩权,其补充责任是第二性责任,债权人未起诉债务人之前,保证人有权拒绝承担保证责任。

英美法系国家将保证人分为保证人和担保人,其中保证人对债务人所负担的债务负主要责任,而担保人对债务人所负担的债务负次要责任。这种划分与大陆法系国家的连带责任保证和补充责任保证类似。

保证人在代替债务人履行合同或赔偿损失后,保证人就在其清偿的范围内取得代位追偿权,即取代债权人的位置,有权向债务人追偿。

(二)物的担保

物的担保是指通过在债务人或第三人的所有物上设定担保物权的方式保证合同履行的行为。物的担保包括抵押、质押、留置、定金等方式。

1. 抵押(mortgage)

抵押是指由债务人或第三人向债权人提供一定财产作为抵押物,但不移转物的占有的法律行为。债务人如果到期不履行合同,债权人有权依法以抵押物折价,或从拍卖、变卖该抵押物的价款中优先受偿。抵押通常要由债务人或第三人与债权人签订书面抵押协议,但德国、日本等国采取了非要式主义,抵押合同可以是书面的,也可以是口头的。

(1) 抵押财产。

抵押财产多限于不动产。例如,《法国民法典》第2118条规定,抵押物以下列财产为限:①得为买卖的不动产及其视为不动产的附属物;②收益期内同一不动产及其附属物的收益。

德国、瑞士、日本的抵押权制度也限于不动产抵押,动产只能设定质权。但为适应社会经济发展的需要,法国、日本逐步以特别法或单行法规形式确立了动产抵押制度,法律所规定的特定的动产可以进行抵押。我国的抵押制度不限于不动产,根据我国法律的规定,不动产和动产均可用于抵押。英美法系在传统上也将抵押限于不动产,但美国《统一商法典》第9部分规定的担保制度则适用于动产担保。

(2) 抵押登记。

关于抵押协议是否需要依法登记,各国法律规定不同。由于抵押是非占有性担保,为了保护债权人和社会公众的利益,各国通常要求抵押权以在不动产登记簿或特种动产登记簿上进行登记的方式予以公示,但登记的效力在各国不同。

①法国、日本采取登记对抗原则,即抵押权的生效不以登记为条件,但未经登记的抵押权不得对抗善意第三人;德国、瑞士则采取了登记成立要件主义,即未经登记,抵押权不成立。

②美国《统一商法典》的原则与法国法类似。根据美国《统一商法典》的规定,受担保方(债权人)可以凭州或地方相应部门所出具的"资金调度表"来完善担保物权,但这种资金调度表制度只是用于"完善"担保物权,而不是担保生效的法定条件。也就是说,没有这种资金调度表的登记,担保物权一般也可以产生,但缺少对抗第三人的效力。机动车辆、船只等需要所有权证明。

③我国《担保法》采取了两种原则相结合的做法。我国《担保法》规定,抵押物为无地上定着物的土地使用权、城市房地产或乡镇(村)企业厂房等建筑物、林木、航空器、车辆、船舶、企业设备和其他动产的,抵押必须依法登记,抵押合同自登记之日起生效;抵押物为其他财产的,当事人自愿登记,是否办理抵押物的登记不影响抵押合同的生效,在这种情况下,抵押合同自签订之日起生效。但是,未办理抵押物登记的,抵押权不得对抗第三人。

(3) 抵押权的实现。

发生当事人约定或法律规定的实现抵押权的情形时,抵押权人可以与抵押人协议以抵押财产折价或者以拍卖、变卖该财产所得的价款优先受偿。在抵押物灭失、毁损或者被征用的情况下,抵押权人可以就该抵押物的保险金、赔偿金或者补偿金优先受偿。

2. 质押(pledge)

质押是债权人为担保合同履行,而占有债务人或第三人移交的财产,如果债务人到期不履行合同,债权人可就该项财产折价或从拍卖、变卖该财产的价款中优先受偿。质押和抵押的区别在于:①质押移转质物的占有,而抵押不移转抵押物的占有;②质押分动产质押和权利质押,尤以动产质押为主,而抵押常为不动产。

关于质押的产生,各国法律均要求以占有质物为生效条件。英美法系认为,只要受担保方占有附属担保品,一份口头协议也具有同样的效力。如美国《统一商法典》规定,如附属担保品已转移至受担保方保管,则担保协议无须拘泥于书面形式。

在我国,质押包括动产质押和权利质押。动产质押的标的物为可移转占有之动产;权利质押则包括:①汇票、支票、本票、债券存款单、仓单和提单;②依法可以转让的股份、股票;③依法可以转让的商标专用权、专利权、著作权中的财产权;④依法可以质押的其他权利,包括公路桥梁、隧道或公路渡口等不动产的收益权等。我国质押合同应当采用书面形式订立。

3. 留置(lien)

留置是债权人因一定的合同关系而占有债务人的财物,债务人不履行债务时,债权人有权将其扣留;如果经过催告,债务人在合理期限内仍不履行债务,债权人有权变卖所扣留的财物,并从价款中优先受偿。

大陆法系国家一般在成文法中规定留置权,英美法系的留置权则划分为技工的留置权、手艺人的留置权、旅店业主的留置权和司法留置权等不同种类,其中除司法留置权主要涉及财产扣押问题外,其余部分与大陆法系相似。留置权一般以债权人对被留置的财物的实际占有为前提,但海上留置权属于一种例外。

对于行使留置权的期限,各国法律规定不同。例如,美国各州申请技工留置权的期限必须在完工或提供完材料后的 60 天到 120 天。我国法律规定行使留置权的期限不少于 2 个月。

4. 定金(earnest money)

定金是订约的证明和履约的保证。根据我国《民法通则》和《担保法》的有关规定,当事人可以约定向对方给付定金作为合同的担保,债务人履行债务后,定金应当返还或者抵作价款;给付定金一方如不履行合同就失去定金,接受定金的一方如不履行合同则应加倍返还定金。我国《合同法》作了同样的规定,并规定合同中的定金不得超过合同标的额的20%,超过部分人民法院不予支持,但英国、德国的法律规定,返还定金时无须加倍。我国《合同法》第116条规定,当事人既约定违约金,又约定定金的,一方违约时,对方可以选择适用违约金或者定金条款。

三、违约责任的归责原则

违约(breach of contract)是指合同当事人无正当理由未履行或未全部履行或未正确履行合同义务的行为。两大法系在违约责任的归责原则上存在着较大的差异。

(一)过失责任原则

大陆法系以过失责任作为民事责任的一项基本原则。根据大陆法系的解释,合同债务人只有当存在可以归责于他的过失时,才承担违约的责任。过失责任原则来源于罗马法。罗马债务法有两项责任原则:一项原则叫作过失;另一项原则叫作故意。凡有上述行为致使他人的财产或人身遭受损害者,都必须承担法律责任。故意是一种恶意的行为,它比过失更为严重,行为人在任何时候都要对此承担责任,而且不得在合同中事先排除这种责任。

《法国民法典》确立的归责原则。该法第 1147 条规定:凡债务人不能证明其不履行债务系由于不应归其个人负责的外来原因时,即使在其个人方面并无恶意,债务人对于其不履行或迟延履行债务,如有必要,应支付损害的赔偿。德国法认为,构成违约的情况必须有可以归责于该当事人的事由。《德国民法典》第 276 条第 1 款规定:除另有其他规定外,债务人应对其故意或者过失行为负责。在交易中未尽必要注意的,为过失行为。第 2 款规定:债务人因故意行为而应负的责任,不得事先免除。

《德国民法典》进一步区分了重大过失和轻微过失。在某些情况下,行为人只对故意或重大过失负责。第 277 条规定:"只保证与处理自己的事务尽同样注意的人,对重大过失,仍不能免除其责任。"第 278 条规定:"债务人对其法定代埋人或者其为清偿债务而使用的人所犯过失,应与自己的过失负同一范围的责任。"当然,大陆法系在坚持过失责任原则的同时,并不绝对排斥严格责任;相反,在金钱债务到期未履行,债务人无能力转移种类物等情况下,无论债务人是否具有过错,均应承担民事责任。可见,大陆法系在承认过失责任原则作为一般的合同法归责原则前提下,有条件地适用无过错责任原则。

与此相反,英美法系坚持认为,合同责任为严格责任或者无过错责任。即只要允诺人没有履行其合同义务,即使他没有任何过失,也构成违约,必须承担违约的后果。英美法系的合同法对履行合同中的过错并不重视,正像英格兰的一位法官所说的那样:"因违约引起的损害赔偿责任的请求不考虑过错,一般说来,被告未能履行其注意义务是无关紧要的,被告也不能以其尽到注意义务作为抗辩理由。"英美法系认为,一切合同都是"担保",只要债务人不能达到担保的结果,就构成违约,应负损害赔偿的责任。英美法系不以允诺人有无过失作为构成违约的必要条件。但是,英美法系并不是绝对排斥过错责任原则的适用。在延迟履行中,英美法系规定过错应作为归责事由。在合同责任的归责中,英美法系常常将过错作为确定违约的重要因素。自 1863 年以来,英美法系在强调合同义务的绝对性的同时,也注意到故意和过失对责任的影响,提出由于无法抗拒的外来事由,且当事人亦无故意和过失致使合同无法履行时,合同应终止,而当事人的权利和义务亦告免除。

两大法系在合同法理论层面上存在归责原则的对立,但是,从实际结果来看,英美法系与大陆法系在这个问题上的差别,并不像表面看起来的那么大。法国法院和学者把合同分为两种:一种叫作"提供成果合同",即允诺人承担提供某种成果的义务的合同;另一种叫作"采取措施合同",即债务人仅承担以合理的注意和技能处理问题的义务。在前一种情况下,只要债务人没有履行其义务,拿不出他所允诺的成果来,就可以推定他是有过失的,从而使其承担违约的责任,除非他能证明不履约是由于不应归责于他的外部原因所造成的。在后一种情况下,如果债务人的行为达不到一个正常而谨慎从事的人所应达到的水准,他就应承担责任,因为这种行为的本身就构成过失。所以,依据实际处理的结果,英美法系与大陆法系在许多情况下是相同的。

1980 年《联合国国际货物买卖合同公约》、1994 年《国际商事合同通则》以及我国的《合同法》均没有采用过失责任原则。

(二) 催告制度

所谓催告(putting in default),是指债权人向债务人请求履行合同的一种通知。催告制度是大陆法系中的一种特有的制度,是指在合同没有明确规定确定的履行日期的情况下,债权人必须首先向债务人做出催告,然后才能使债务人承担延迟履约的责任。例如,《法国民法典》规定,债务人的迟延责任,必须于接到催告或其他类似证书时才能成立。《德国民法典》也规定,债务人于清偿期届满后,经债权人催告而不为给付者,自受催告时起负迟延责任。英美法系中则没有催告这个概念。英美法系认为,如果合同规定了履行期限,则债务人必须根据合同规定的期限履行合同;如果合同没有规定履行期限,则应于合理的期间内履行合同,否则即构成违约,债权人无须催告即可请求债务人赔偿由于延迟履约所造成的损失。就这一点而言,英美法系对于履行合同的要求比大陆法系更加严格。

1. 当事人催告的条件

根据大陆法系的规定,关于合同履行时间的规定有几种情况:

(1) 若合同中有确切日期当事人不按照合同规定履行,就构成违约,无须催告。

(2) 合同中未明确规定合同履行时间,则属于不定期债务,大陆法系要求一定要催告。产生不定期债务情况有:①合同中没有规定合同履行时间;②合同中规定以某种事件的发生作为合同履行时间或规定为一段时间。规定以某种事件的发生作为合同履行时间的,该事件必须是一定会发生的,否则无效。

2. 催告的作用

催告制度的作用主要有以下 3 点:

(1) 自催告生效之日起,不履约的风险完全由违约一方承担。

(2) 债权人有权就不履行合同请求法律的救济。如果债权人在清偿期届满而不向债务人做出催告,就表示他不打算追究债务人延迟履约的责任。

(3) 自送达催告之日起,开始计算损害赔偿及其利息。

3. 催告的方式

关于催告的方式,法国法要求必须以书面做成,并由法警送达债务人。德国法则不要求任何特定的方式,书面方式或口头方式均无不可,唯一的要求是必须把催告传达给债务人。

四、违约的形式

违约的形式是指当事人违约的具体形态。违约的形式决定着违约责任的形式,各国法律关于违约形式的规定存在较大差别。

（一）大陆法系

1. 德国法

《德国民法典》把违约分为两类：一是给付不能；二是给付延迟。

（1）给付不能。

给付不能是指债务人由于种种原因不可能履行其合同义务。给付不能分为自始不能与嗣后不能两种不同的情况。所谓自始不能，是指在合同成立时该合同就不可能履行；所谓嗣后不能，是指在合同成立时，该合同是有可能履行的，但是在合同成立后，由于出现了阻碍合同履行的情况从而使得合同不能履行。针对这两种不同的情况，其法律后果也有所不同。

根据《德国民法典》第 306 条的规定，以不能的给付为标的的，合同无效。这就是"不可能时无义务"原则。根据上述规定，凡属于自始不能的情况，合同在法律上是无效的。但是，如果一方当事人在订约时已经知道或可得知该标的是不可能履行的，则对于信任合同有效而蒙受损害的对方当事人应负赔偿责任。

至于嗣后不能的情况，必须区别是否有可以归责于债务人的事由，有以下不同的处理办法：

其一，非因债务人的过失引起的给付不能。如果给付不能不是由于债务人的过失造成的，债务人不承担不履行合同的责任。该民法典第 275 条第 1 款规定："债的关系成立后产生不可归责于债务人的事由，致使给付不能的，债务人免除其给付义务。"最明显的例子是，在合同成立之后，出现了不可抗力事故，以至于合同不可能履行，在这种情况下，债务人可以免除履行合同的义务。

其二，由于债务人的过失引起的给付不能。原则上说，如果由于债务人的过失造成给付不能，债务人就应当承担损害赔偿责任。该民法典第 280 条第 1 款规定："因可归责于债务人的事由致使给付不能时，债务人应对债权人因不履行而产生的损害负赔偿责任。"在德国最高法院 1953 年审理的一个案件中，一个医生因过度疲劳而没有把手术做好。该医生因过失而不能得到免责。如果不是全部不能履行，只是部分不能履行，则部分履行对债权人无利益时，债权人也可以拒绝部分履行而请求全部债务不履行的损害赔偿。

其三，不可归责于任何一方引起的给付不能。根据该民法典第 323 条第 1 款的规定，双务合同的一方当事人因不可归责于双方当事人的事由，致自己不能履行应履行的给付的，即丧失自己对对待给付的请求权。

可见，在民法典确定的制度下，债务人要以嗣后不能为由使自己免责并不是一件容易的事。首先，依《德国民法典》第 282 条，"对给付不能是否由于可归责于债务的事由所造成的发生争议时，由债务人负举证责任"。因此，债务人要依 275 条获得免责，必须证明合同因缔约之后的事由而不能履行，而自己对于该事由的发生并无过错。这是一种"推定过错"的制度，即除非债务人能证明自己无过错，否则，视其为有过错。

其次，根据《德国民法典》第 281(1) 条，当合同因嗣后不能而无法履行时，如果债务人能够对负担的标的物取得赔偿或赔偿请求权，他必须将其获得的作为赔偿而受领的物或"赔偿请求权"交付债权人，只要债权人有这样的要求。也就是说，如果债务人能够从其他渠道，比如从与他签约的第三人取得替代的标的物，或者，有权从他人获得赔偿，他有义务将该替代物或索赔权转移给债权人。

再次,依《德国民法典》第 279 条,如果债务的标的物只规定了种类,那么在可以履行同种类债务的给付时,债务人即使无可归责于自己的过失,也应对其无给付能力负责。这一规定给债务人造成了严重的负担。不过,在该法典颁布之后,德国法院即对这一条款作了变通。根据德意志帝国民事法院 1904 年的一项判决,如果可替代的货物在合同成立时可在国内市场上获得,在合同履行时,由于不可预见的意外事件的发生,该货物只能在"遥远的市场"上获得,债务人可以免责,而不必购入替代货物交付买方。今天,这样的变通做法依然为德国法院所保留。法院的解释是,卖方就交付种类货物作了保证,但这种保证仅限于该方能够在属于当事人期待之内的市场上获得货物。

(2)给付延迟。

给付延迟是指债务已届履行期,而且是可能履行的,但是债务人没有按期履行其合同义务。这里同样要区别两种不同的情况:一种情况是债务人没有过失的履行延迟;另一种情况是债务人有过失的履行延迟。这两种不同情况的法律后果也有所不同。根据《德国民法典》的规定,凡在履行期届满后,经债权人催告仍不为给付者,债务人自受催告时起应负迟延责任。但是,并非由于债务人的过失而未为给付者,债务人不负迟延责任。值得注意的是,《德国民法典》还规定,债务人在延迟中,不但要对一切过失承担责任,而且对因不可抗力而发生的给付不能亦应负责,除非债务人能证明即使没有延迟履约,仍不可避免地发生损害时,他才能免除责任。有些国家也有类似的法律规定。

以上是《德国民法典》规定的两种违约的表现形式。该民法典只规定了这两种违约形式而没有任何第三种违约形式,因为该民法典的起草人认为,上述两种违约形式已经把一切违约可能性囊括无遗了。其实这是不正确的。早在 20 世纪初,德国著名法学家斯塔伯已经指出该民法典的这一漏洞。他认为该民法典只对债务人由于应做而没做所引起的违约现象做出了规定,但是除此之外,债务人还可能由于做了不应做的事情而引起违约的后果,对此,该民法典却没有作任何规定。这种情况称为"积极的违约",其表现形式有很多。对此,债务人必须赔偿对方因其违约所造成的损失。对于积极违约的情况,德国法院都类推适用有关给付不能与给付延迟的规定做出处理,即违约的一方如果有过失,则应赔偿对方因其违约而造成的损失。

2.法国法

《法国民法典》把不履行债务和延迟履行债务作为违约的主要形式。《法国民法典》第 1147 条规定,债务人对于其不履行债务或迟延履行债务,应负损害赔偿的责任。对于双务合同,如果一方当事人不履行其合同义务,对方有权解除合同。但是,在这种情况下,合同并非当然解除,债权人可作如下选择:①如果合同仍然有可能履行,他可以要求债务人履行合同。②如果合同已不可能履行,他可以请求法院解除合同并要求赔偿损害。

(二)英美法系

1.违反条件(breach of condition)

合同条款的性质和重要性各有不同,其中有些是重要的、根本性的;有的则是次要的,是从属于合同的主要目的的。传统上英国法将违约情形分为违反条件与违反担保两种，并针对不同情况给予不同的救济。根据英国法的解释，如果一方当事人违反了"条件"，即违反了合同中的重要的或根本性的条款，对方有权解除合同，拒绝履行己方义务，并可以请求赔偿损失。例如在商销合同中，关于履约的时间、货物的品质与数量等条款，都属于合同的条件。如果卖方不能按时、按质与按量交货，买方就有权拒收货物，并可以请求损害赔偿。但是合同中有关支付时间的规定，除双方当事人另有意思表示外，一般不作为合同的条件。至于哪些合同规定的事项构成"条件"，哪些合同规定的事项不构成"条件"，这是一个法律问题，应由法官根据合同的内容与当事人的意思做出决定，而不是事实问题，不能由陪审团做出。

在英美法系中，"条件"一词还指当事人双方约定的决定合同生效与否的不确定事件。从这种意义上说，英美法系把条件分为三种：一是对流条件。这是指合同的双方当事人同时履行其各自的义务，或者至少每一方当事人都同时准备并且愿意履行其各自的义务。二是先决条件。这是指以一方履行某种行为，或某种事件的发生，或经过一定的时间，作为对方履行义务的前提条件。三是后决条件。这是指在合同成立后，如果发生某种事件，履行合同的义务即告消灭。

此外，在英美法系中，"条件"一词还可以用于指合同中所约定的事项。从这种意义上说，英美法系把合同的约定事项分为两种：明示条件与默示条件。明示条件是指双方当事人在合同中明文规定的条件。除了双方曾明示之条款外，契约之内容亦可能自其已有之内容，衍生出其他条款，或经习惯或经法律或经法院之推论而成，此即默示条件。例如，英国1893年《货物买卖法》规定，凭说明的买卖中，应包含卖方所交的货物必须具有商销品质的默示条件；凭样品的买卖中，应包含卖方所交的整批货物均必须与样品相符的默示条件。美国《统一商法典》第2-314条规定，若卖方系从事某种货物交易的商人，其买卖合同中应包括所出售的货物必须具有商销性的默示条款。这些都是法律规定的默示条件，即使双方当事人没有把它写进合同中，但是只要双方当事人在合同中没有表示相反的意思，他们的合同即被解释为理应包含这些默示条件。任何一方当事人都不能以合同中对此没有做出明文规定为理由反对这些默示条件适用于他们的合同。

大陆法系有时也使用"条件"这个术语，但是大陆法系中的条件是指将来不一定发生的某种不确定的事件，视其发生与否将产生或消灭某些法律效果。大陆法系把条件分为停止条件与解除条件两种。停止条件是指民事法律行为中所确定的权利与义务要在所附条件成就时才发生法律效力。解除条件是指民事法律行为中所确定的权利与义务在所附条件成就时失去法律效力。大陆法系中的停止条件与解除条件，相当于英美法系中的先决条件与后决条件。英国法把违约分为违反条件与违反担保，这是大陆法系所没有的。

2.违反担保(breach of warranty)

违反担保是指违反合同的次要条款或随附条款。违反担保与违反条件的法律后果有所不同。在违反担保的情况下，蒙受损害的一方不能解除合同，只能向违约的一方请求损害赔偿。

与条件一样，担保也有明示担保与默示担保。明示担保是指双方当事人在合同中明确规定的担保,默示担保是指根据法律或根据解释当事人的意思理应包含在合同中的担保。例如,英国《货物买卖法》规定,买卖合同中应包含卖方保证买方得以安稳地占有货物,不受任何第三人的干扰的默示担保。即使双方当事人在合同中对此没有明确的规定,但是只要双方当事人没有相反的意思,而且又没有与此相抵触的行业惯例,就应当认为他们的合同中包含这项默示担保。如果卖方违反了这项默示担保,买方就有权要求赔偿损失。还应当指出的是,在英国法中,当一方当事人违反条件时,受损害的一方可以在下列两者之中做出选择:可以根据违反条件处理,即要求解除合同,拒绝履行自己的合同义务,并可以要求赔偿损失;也可以将其视为违反担保,即不解除合同而继续履行自己的合同义务,同时就对方违反担保要求损害赔偿。

3. 违反中间性条款

英国法对违反合同传统上采取两分法的处理办法:不是违反条件,便是违反担保,两者必居其一。但是,这种简单的两分法并不能完全适合于各种各样的违约情况。因此,近年来英国法院通过判例发展了一种新的违约类型(又称为"违反中间性条款或无名条款"),以区别于"条件"与"担保"条款。当一方违反中间性条款时,对方是否有权解除合同,需视此种违约的性质及其后果的严重性而定。如果违反这类条款的性质及其后果严重,守约的一方有权解除合同,否则,就不能解除合同。例如,在 Cehave NV v. Bremer Handelsgesellschaft mbH,The Hansa Nord 案中,法院认为,尽管因受热而变质的柑橘肉粒并非完美,但其仍然符合缔约目的。虽然合同某条款要求货物以"良好准确"装船,但该条款为中间条款,如果违反的后果不严重,买方的交易目的未被完全剥夺,故其只能要求损害赔偿,而不能解除合同。英国法的这一新发展是为了克服传统二分法的不足,弥合条件与担保之间的空白地带,是符合客观实际需要的。因为根据传统的两分法,如果一方违反条件,守约的一方就有权解除合同,而不问违约的情节或后果是否严重,尽管违反条件的后果仅仅使守约一方遭受轻微的损失,甚至根本没有造成损失,但是守约的一方仍然有权解除合同,这种处理方法显然是不适当的。

美国法将违约分为轻微违约和重大违约两种情形。所谓轻微违约,是指债务人在履约时虽有缺点,但债权人已获得主要利益。当一方有轻微违约时,受损害的一方可以要求赔偿损失,但不能拒绝履行自己的合同义务。所谓重大违约,是指由于债务人没有履行或履行合同有缺陷,致使债权人依约本应得到的主要利益落空。当事人一方构成重大违约时,受损害的一方可以解除合同,同时要求赔偿全部损失。尽管重大违约与违反条件在法律后果上相似,却代表着两种完全不同的思维方法。"条件"是对合同条款性质的表述,判断是否属于条件,必须考察双方当事人在订立合同时是否把它当作合同的要素,因而它是主观的;重大违约则是对违约后果的描述,判断违约是否重大,必须考察违约造成损害的大小,因而它是客观的。可见英国法侧重于合同的内容,美国法侧重于合同的结果。

4. 预期违约(anticipatory breach of contract)

英美法系中还有预期违约概念。预期违约又称先期违约,是指在合同规定的履行期到来前,一方当事人肯定地、明确地表示他将不履行合同或一方当事人根据客观事实预见到另一方当事人到期将不履行合同。一方预期违约的，对方可以解除合同并索赔，而不必等到履行期限届至。换言之，他可以选择在对方的履行期限届至之前向对方提出解约并索赔的要求，也可以选择拒绝接受对方预期违约的表示，坚持合同仍然有效，等合同到期后再决定采取何种法律救济。但是，这时他必须承担这段时间内情况变化的风险。一旦其间发生意外事故，合同可能会因此而宣告解除，对方因无过错而免责。

预期违约责任起源于 19 世纪 50 年代的英国。在霍切斯特诉戴·纳·陶尔案中，被告与原告约定，原告从 1852 年 6 月 1 日起作为送信人，雇佣期为 6 个月，5 月 15 日被告明确表示将不履行合同。原告于 5 月 22 日起诉，要求被告赔偿损失。法院判决被告胜诉。此案最早确立了明示预期违约规则。

1894 年的辛格夫人诉辛格案中，被告于婚前向原告许诺，他婚后将把一栋房屋转归原告所有，但被告此后又将房屋卖给第三人，使其许诺成为不可能。法院作出判决：尽管不排除被告重新买回该房屋以履行其许诺的可能性，但原告仍有权解除合同并请求赔偿。此案确立了默示毁约的规则，使预期违约制度趋于完善。

英国还有一个经典判例：船方甲与货方乙订立了一个租船合同，合同中规定甲应将船舶开到敖德萨港口，并在若干天内装载一批货物。船舶到达敖德萨港口后，乙拒绝提供货物装船。当时，装载期限尚未届满，甲拒绝接受乙的预期违约的表示，继续坚持要求乙装货。但过了数日在装货期限届满前，英国和俄国爆发了战争，履行合同在法律上已成为不可能。事后，甲以乙违反租船合同为由提起诉讼，要求乙赔偿损失。英国法院认为，在两国爆发战争之前还不存在实际不履行合同的问题，因为装货期限尚未届满，既然船方甲拒绝接受货方乙预期违约的表示，乙有权得到宣战而带来的解除合同的好处，因而判决船方甲败诉。美国《统一商法典》采纳了预期违约制度。这一制度有助于使损失降到最低限度。

5. 履行不可能（impossibility of performance）

英美法系中也有履行不可能的概念。履行不可能有两种情况：

（1）订约时合同就不可能履行。

在订立合同时，该合同就不可能履行，这相当于大陆法系中的"自始给付不能"。英美法系将其纳入错误规则，认为在订立合同时，双方当事人认为合同的标的物是存在的，但是实际上该标的物已经灭失，在这种情况下，合同属于无效，因为这是属于双方当事人的"共同错误"，以共同错误为依据的合同是没有约束力的。英国 1893 年《货物买卖法》采用了这项原则，其第 6 条规定，一项出售特定货物的买卖契约，如在缔约时货物已经灭失，但卖方并不知情者，该项契约无效。美国《统一商法典》第 2-613 条也采用同一原则。但在实践中，英美法院对于自始不能无效的规则往往采取谨慎态度，一般很少认定共同错误是根本性的或实质性的。原因在于：一方面，法院坚持认为当事人的一方或双方在缔约时完全可以发现现在事实；另一方面，法院不愿将已明显成立的合同宣告无效，有时在合同已经部分履行后，宣告无效将导致互相返还、恢复原状的麻烦，在合同履行涉及第三人的时候，法院更加不愿将已明显成立的合同宣告无效。

（2）发生在合同成立后的履行不可能。

在订立合同之后发生了使合同不能履行的情况,这相当于大陆法系中的"嗣后给付不能"。根据英国判例的解释,如果在合同成立以后发生了某种意外事故,使合同不能履行,原则上并不因此免除允诺人的履行义务,即使这种意外事故不是由于允诺人的过失造成的,允诺人原则上仍然必须负损害赔偿的责任。英国曾经有一个判例:甲与乙订立租船合同,合同规定,乙运载一批木材到某港口,并在规定的期限内卸载完毕。由于在卸货时遇到大风,船方不能按时完成卸货任务。法院判决,船方乙不能以大风为理由免除不能按期卸货的责任,因为船方在规定的期限内卸货是一项绝对的责任,他应承担由此产生的一切风险。如果他想免除责任,可以在合同中规定相应的免责条款,既然他在合同中对此没有作出规定,他就应当承担责任。

由于这项原则过于严厉,后来,英国判例形成了一项默示条款原则。根据这项原则,英国法院可以通过解释双方当事人的意思,认为在某些情况下他们的履约义务不是绝对的,而是有条件的,即使他们在合同中对此没有明示的规定,也可以默示地适用于他们的合同。当这种默示条件成就时,当事人可以免除履行的义务。例如,原告某甲租用了一个音乐厅作为演出之用,但是在演出之前,音乐厅发生火灾被焚毁。某甲向法院起诉,要求赔偿因不能演出而遭受的损失。法院驳回了其请求,其理由是,凡是特定的标的物由于不可归责于当事人的事由灭失,以致履行成为不可能时,当事人应解除履行合同的义务。英国 1893 年《货物买卖法》采用了这项原则,其第 7 条规定,一项出售特定货物的买卖预约,由于不能归咎于卖方或买方的原因,货物在风险移转给买方之前灭失,该协议应视为无效。

五、违约的救济方法

违约的救济方法是指一方当事人的合法权利被对方侵害时法律上对受害人给予的补偿。各国法律对于不同的违约行为都相应地规定了救济方法,具体规定不尽相同,但主要有实际履行、损害赔偿、解除合同、禁令和违约金五种。

(一) 实际履行(specific performance)

实际履行是指在合同一方违约时,另一方可以要求违约方继续按照合同规定的条件履行义务,也可以针对违约提起诉讼,由执行机关运用国家的强制力,使债务人根据合同的规定履行合同。

1. 德国法

德国法认为,实际履行是对不履行合同的一种主要的救济方法。《德国民法典》第 241 条明确规定:"债权人基于债的关系,有权向债务人要求给付。给付也可以是不作为。"这就是说,债权人可以请求法院判令债务人实际履行合同。但是法院只有在债务人履行合同尚属可能时,才会做出实际履行的判决,如果属于履行不可能的情况,就不可能做出实际履行的判决。有时,债务人延迟履约也可能造成履行不可能。必须指出的是,《德国民法典》虽然规定以实际履行作为不履约的主要救济办法,但是实际上提起实际履行之诉的情况是很少的。当债务人不履行合同时,只有当债务人所要求的目标不是金钱赔偿所能满足时,债权人才会提出实际履行之诉。但是,从理论上说,如果履行合同尚属可能,而债权人又有此请求,则德国法院仍然必须做出实际履行的判决。

按照德国法的规定,法院所作的实际履行的判决应按照民事诉讼法典规定的程序执行。该法典对实际履行的判决规定了不同的执行程序:如判令交付财产的实际履行,其执行方法是由司法警察将从债务人手中取得的财产交给债权人。又如做某种积极行为的实际履行,即强制从事某种积极行为的实际履行,又可以区分为两种情形:一种是"可以替代"的实际履行,它完全可以由他人代替完成,而不必由债务人亲自去做,其执行方法是由债权人根据法院的授权雇佣第三人去完成该行为,由债务人承担相应的费用,此即民事诉讼法中的"代位履行"。另一种是"不可代替"的实际履行,只能由债务人亲自去做。如果他不自愿履行生效判决,法院将以罚款或监禁的方式来迫使他履行其义务。监禁一般不得超过 6 个月。罚款的最高金额没有限制,但罚款归国库收入,而不是作为对债权人的损害赔偿。如果判决判令债务人消极地不作为,如债务人不服从法院的判决,法院也可以采取罚款与监禁的措施。

2.法国法

法国法一般把实际履行作为一种可供选择的救济方法,但限于合同仍可履行时,否则只能采取其他的救济方法。《法国民法典》第 1184 条规定:双务契约当事人的一方不履行其所订定的债务时,应视为有解除条件的约定。前项情形,契约并不当然解除。债权人有选择之权:或者如给付可能时,请求他方当事人履行契约,或者解除契约而请求赔偿损害。

与德国法相似,法国法也区分"作为与不作为之债"和"给付财产之债"。在给付财产之债中,如债务人不交付有关财产,债权人可以请求实际履行。而对于作为与不作为之债,债权人通常只能请求损害赔偿,而不能要求实际履行。《法国民法典》第 1142 条规定:"作为或不作为的债,在债务人不履行的情形,转变为赔偿损害的责任。"这里的"作为或不作为",一般是指专属于债务人的债务。法国法同德国法一样,对于那些可由他人替代的债务,允许债权人采取"替代履行"的救济方法,由债务人承担相关费用。《法国民法典》第 1143 条和第 1144 条规定:"但债权人有权要求债务人清除违约而进行的工作,并得请求许可其以债务人的费用清除之;如有必要,债权人仍得请求损害赔偿。在债务人不履行的情形,债权人亦得请求许可其以债务人的费用,自行完成契约所订定的债务。"同时,为了加强实际履行判决的强制执行力,从 19 世纪以来,法国法院形成了一种特殊的强制手段,称为"不履行判决罚金"。该项罚款归债权人所有,以弥补债权人由于债务人不履行合同或迟延履行合同所造成的损失。这一点与德国法不同。

3.英美法系

英美法系对待实际履行的态度与大陆法系有所不同。英美法系认为,如果一方当事人不履行其合同义务,对方的唯一权利是提起违约之诉,要求损害赔偿,因为普通法是没有实际履行这种补救办法的。衡平法是普通法的补充,只有根据普通法获得救济不充分时,方允许适用衡平法的救济规则。所以,英国和美国的衡平法院在处理某些案件时,如果原告能够证明仅仅采用损害赔偿的办法还不足以满足他的要求,则可以考虑判令实际履行。主要情形包括:①特定物交易。合同的标的物是独一无二的,原告在市场上找不到令人满意的替代物。但是,美国法院对于某些种类物的买卖,也允许提起实际履行之诉。例如,对于"需要合同",即不规定具体的数量,仅规定卖方允诺根据买方的需要向他随时供应原料或其他货物的合同,如果卖方违约不根据买方的要求供货,即使此种原料与货物在市场上可以买到,则法院仍然允许买方提起实际履行之诉。②涉及土地买卖合同。③损害赔偿数额难以计算,即在一方违约后,导致原告遭受以任何程度的精确性都极难估计的营业上的损失时,或将遭受用赔偿金不可能充分加以赔偿的声誉上的损失时,或者仅仅由于被告可能无力支付赔偿金时,可获得实际履行的补救。④其他在普通法上不能得到充分救济的情况。即使如此,在英国和美国的衡平法中,实际履行也只作为一种例外的救济方法,而且法院对于是否判令实际履行有自由裁量权。

根据英国和美国法院的审判实践,在下列情况下法院将不予作出实际履行的判决:①如果金钱损害赔偿已可以作为充分的救济方法的,不得请求实际履行;②属于提供个人劳务的合同,法院将拒绝作出实际履行的判决;③凡是法院不能监督其履行的合同,如建筑合同等,法院也不会作出实际履行的判决;④对一方当事人为未成年人的合同,法院不判决强制执行;⑤如果实际履行会造成对被告过分苛刻的负担,法院也不会作出这种判决。

为执行法院的判决,英国高级法院规则与美国联邦和各州的民事诉讼规则,对被告不执行法院的判决规定了一系列强制执行判决的办法。例如,英国法院把许多行为作为"藐视法院"的行为,可以用监禁或罚金等方式予以惩处,监禁的期限最多不超过6个月。法院还可以命令司法警察没收被告的财产或判令被告承担费用,由原告或第三人完成被告应履行的义务。

4.《联合国国际货物买卖合同公约》与《国际商事合同通则》

对于实际履行的问题,《联合国国际货物买卖合同公约》第28条规定:"如果按照本公约的规定,一方当事人有权要求另一方当事人履行某一义务,法院没有义务做出判决,要求具体履行此一义务,除非法院依照其本身的法律对不属本公约范围的类似销售合同愿意这样做。"公约的这一规定旨在调和两大法系在实际履行问题上的分歧。

《国际商事合同通则》对实际履行问题,对区别金钱债务与非金钱债务作出不同规定。如金钱债务,允许债权人请求实际履行;如非金钱债务,原则上也允许债权人请求实际履行,但施加了若干限制,在下列情况下,债权人不得要求实际履行:第一,法律上或事实上的履行不可能;第二,实际履行会使债务人付出不合理的努力或费用;第三,债权人可以从其他方面合理地获得履行;第四,实际履行涉及提供具有个人特色的服务或取决于个人间的关系;第五,债权人在已经知道或应该知道债务人没有履行其义务后的合理时间之内没有提出履约的要求。同时,考虑到两大法系的分歧,对实际履行的判决的强制执行问题,《通则》特别规定:如果实际履行的请求或司法判决或仲裁裁决不能获得强制执行,均不妨碍债权人采取其他补救措施。这一规定主要是为了保护债权人的利益,使债权人在实际履行得不到执行时,仍然可以采取其他补救办法来维护其正当权益。

(二) 损害赔偿(damages)

损害赔偿是指当事人一方违反合同规定的义务并给对方造成损失,依法由违约方给予补偿。它是违约责任的一种救济方法,为各国法律所普遍采纳。但是,各国法律在损害赔偿的依据、损害赔偿的方法和范围方面存在一定差别。

1. 损害赔偿责任的成立

大陆法系认为,损害赔偿责任的成立,必须具备以下 3 个条件:①必须要有损害的事实。如果根本没有发生损害,就不存在赔偿的问题。同时,对于发生损害的事实,一般须由请求损害赔偿的一方予以证明。②须有归责于债务人的原因。原则上债务人仅对其故意或过失所造成的损失负责。如《法国民法典》第 1382 条规定,任何行为使他人受损害时,因自己的过失而致行为发生之人对该他人负赔偿的责任。第 1147 条规定,凡债务人不能证明其不履行债务系由于不应归其个人负责的外来原因时,即使在其个人方面并无恶意,债务人对于其不履行或迟延履行债务,如有必要,应支付损害的赔偿。但在某些情况下,即使债务人没有过失也应负责。③损害发生的原因与损害之间有因果关系,即损害是由于债务人应予负责的原因所造成的。

英美法系不同于大陆法系。根据英美法系的解释,只要一方当事人违反合同,对方就可以提起损害赔偿之诉,而不以违约一方有无过失为条件,也不以是否发生实际损害为前提。如果违约的结果并没有造成损害,债权人虽无权要求实质性的损害赔偿,但他可以请求名义上的损害赔偿,即在法律上承认他的合法权利受到了侵犯。

2. 损害赔偿的方法

损害赔偿的方法一般有两种:恢复原状和金钱赔偿。恢复原状是指经过赔偿使受害人恢复到损害发生前的状态。这种方法较为彻底,但有时实施不便,有些合同,如特定物已灭失的合同难以恢复原状。金钱赔偿是以支付金钱来弥补对方所遭受的损失。这种方法便于实施,但有时难以满足损害赔偿的本旨。

德国法以恢复原状为原则,以金钱赔偿为例外。根据《德国民法典》的规定,债权人仅在下列情况下才可以请求金钱赔偿:①人身伤害或损坏物件;②债权人对债务人规定一个相当的时间,令其恢复原状,并声明如逾此时间未能恢复原状,债权人即可于期限届满后请求金钱赔偿;③所受损害不能恢复原状,或恢复原状不足以赔偿债权人的损害时,债权人可以要求金钱赔偿;④债务人须付出过高的费用才能恢复原状时,债务人也可以用金钱来赔偿债权人的损失。

与德国法不同,法国法以金钱赔偿为原则,而以恢复原状为例外。多数情况下,一方当事人违约后当事人之间便转变为损害赔偿之债关系。

英美法系基本上采取金钱赔偿的方法,称为"金钱上的恢复原状"。它是为了在金钱所及的范围内,使权利受到损害的一方当事人处于合同达到履行时同样的地位。如 Bacon v. Cooper(Metals)Ltd.(1982 年)案中,被告供应的金属与合同不符,导致原告的裂碎机损坏。法院判决被告的损害赔偿额为原告购买一台新裂碎机的全部成本及利息。被告辩称,赔偿额应适当扣减。理由是,一台新裂碎机的使用寿命大约为 7 年,而原告损坏的裂碎机已经使用了 3 年,原告购买新机器又可以使用 7 年,所以,应当有一定的折扣。但是,法官没有接受被告的辩护,相反,法官指出,原告虽购买了一台新机器,但并非出于原告的过错,而是由于被告的过失。况且,原告也无法购买一台正好使用了 3 年的裂碎机,他不得不购买一台新的。

3. 损害赔偿的责任范围

损害赔偿的范围可以通过两种办法确定:一是由当事人在合同中约定,二是在没有约定或者约定不清时由法律予以确定。这里主要研究法定的损害赔偿的范围。由于违约行为的复杂性,各国立法及司法实践均对损害赔偿作出限制,以作为对全部赔偿原则的补充。对损害赔偿加以限制主要通过合理预见规则、过错相抵规则和损益同销规则实施。

大陆法系认为,损害赔偿的范围应包括违约所造成的实际损失和可得利益损失。前者是由合同明确规定的,因债务人的违约而直接受到损害的利益。后者是债权人在合同履行的情况下本应可以获取,而因债务人的违约所丧失的利益。《德国民法典》规定,凡依事物的通常过程,或依已进行的设备、准备或其他特别情形,可以预期得到的利益,即视为可得利益损失。与此同时,《法国民法典》第 1150 条规定了对损害赔偿范围加以限制的合理预见规则:"如债务的不履行并非由于债务人的诈欺时,债务人仅就订立契约时所预见或可预见的损害和利益负赔偿的责任。"这里的"预见"主体不是别人,而是债务人。《德国民法典》第 324 条规定了对损害赔偿范围加以限制的损益同销规则:在确定损害赔偿时,"但因其免除对待给付所节省的或者因其劳力移作他用而取得的,或者出于恶意怠于取得的利益,必须予以扣除。"我国有关法律未确定此项规则,但在司法实践中,法院在确定损害赔偿数额时也往往只责令违约方赔偿受害方扣除利益后的实际损失。

英美法系原则上要求因违约而受到损害的一方,在经济上能处于合同得到履行时同等的地位。计算损害赔偿范围的原则,是英国通过哈德里诉巴辛达尔案判决发展起来的。法院在该案判例中阐明:计算损害赔偿的范围时应考虑两个原则:①这种损失是自然发生的,即按照违约事件的一般过程自然地发生的损失;②这种损失必须是当事人在订立合同时对违约可能产生的后果能合理地预见到的。该案中的利润损失显然不在此范围之内。

典型案例 2-8

哈德里诉巴辛达尔

一家磨坊的机轴破裂了,磨坊主(哈德里)把坏机轴交给承运人(巴辛达尔),委托他找一家工厂重做一个新机轴。承运人未能在合理时间内交付新机轴,因而使磨坊长时间停工。磨坊主要求承运人赔偿由于其迟延交货所造成的利润损失。但磨坊主事先并未告知对方如不能及时把新机轴送到将会产生利润损失,因此,法院判承运人对迟延交货期间的利润损失不承担赔偿责任。

英国 1893 年《货物买卖法》基本上采纳了这一观点,该法第 50 条、第 51 条规定,计算损害赔偿的范围,应按违约的一般过程,直接而自然地发生的损失。如果货物有行市,计算的范围应推定为合同价格与应交货之日或应接受货物之日的市场价格之间的差价。美国《统一商法典》规定,损害赔偿应包括附带的损失和间接的损失。

（三）解除合同（rescission）

解除合同是指一方当事人违约时，另一方当事人径自或通过法院解除自己履行合同义务的一种救济方法。

1. 解除权的发生

（1）大陆法系。

传统罗马法原则上不承认债权人在债务人不履行合同或者不完全履行合同时有权解除合同。但在买卖法中，允许卖方在买方未在一定期限内支付价金时解除合同。罗马法的这一原则为法国民法典所接受。法国法认为，一切双务合同都包含一项默示条款，即当一方当事人不履行合同时，对方当事人有权要求解除合同。根据《法国民法典》第 1184 条规定，双务契约当事人的一方不履行其所订定的债务时，应视为有解除条件的约定。法国法院则认为，解除合同的真正依据不在于有一项默示的解除合同条款，而在于缺乏约因。

德国法也认为，在一方当事人给付不能或者给付迟延时，对方有权解除合同。但是，德国法未明确规定，在当事人拒绝履行或不完全履行时对方是否也有权解除合同。学者们一般认为，上述情形下对方也有权解除合同。

（2）英美法系。

英国法把违约分为违反条件和违反担保。只有在一方当事人违反条件时，对方才有权解除合同。美国法把违约分为重大违约和轻微违约。只有在一方当事人重大违约时，对方才有权解除合同。

（3）中国法。

我国《合同法》第 94 条规定，有下列情形之一的，当事人可以解除合同：①因不可抗力致使不能实现合同目的；②在履行期限届满之前，当事人一方明确表示或者以自己的行为表明不履行主要债务；③当事人一方迟延履行主要债务，经催告后在合理期限内仍未履行；④当事人一方迟延履行债务或者有其他违约行为致使不能实现合同目的；⑤法律规定的其他情形。

2. 解除权的行使

在各国法律中，合同解除权的行使主要有两种方式：①经由法院诉讼而解除合同。《法国民法典》第 1184 条规定，债权人解除合同，必须向法院提起。但是，法国法又规定，如果当事人在合同中订有明示的解除条款，则无须向法院起诉。②无须通过法院，直接向对方当事人提出解除合同。德国法和英美法持这种观点。《德国民法典》第 349 条规定："解除合同，应以意思表示向另一方当事人为之。"英美法系认为，解除合同是当事人由于对方的违约行为而产生的一种行为，他可以宣告自己不再受合同的拘束，并认为合同已经终了，而无须经过法院的判决。我国学者认为，合同的解除权是一种形成权。我国《合同法》第 96 条规定："当事人一方依照本法第 93 条第 2 款、第 94 条的规定主张解除合同的，应当通知对方。合同自通知到达对方时解除。对方有异议的，可以请求人民法院或者仲裁机构确认解除合同的效力。法律、行政法规规定解除合同应当办理批准、登记等手续的，依照其规定。"

3.解除合同与损害赔偿

关于在解除合同时能否同时请求损害赔偿的问题,各国法律的规定有所不同。《德国民法典》第 325 条、第 326 条规定,债权人只能在解除权与损害赔偿请求权之间选择其一,而不能在一个债权债务关系中同时享有两种救济权利。除德国法之外,大多数国家法律规定两种权利可以同时行使,解除权的行使不影响损害赔偿请求权。

4.解除合同的后果

解除合同的法律后果,是消灭合同的效力。但这种消灭的作用是溯及既往,还是指向将来,各国法律有不同的规定。

(1) 法国法与德国法。

法国法认为。解除合同是使合同的效力溯及既往的消灭,未履行的债务当然不再履行,即使已经履行的债务,亦因缺乏法律上的原因,而发生恢复原状的问题。《法国民法典》第 1183 条规定,解除条件为于条件成就时使债的关系归于消灭,并使事物回复至订立契约以前状态的条件。解除条件并不停止债务的履行;该条件仅使债权人于条件所预定的事件发生时有返还其所已收受之物的义务。如应返还的物品因损毁、消耗而无法返还时,则应偿还其价款。《德国民法典》第 346 条规定,在解除合同时,各方当事人互相返还其受领的给付义务。如已履行的给付是劳务的提供或以自己的物品供对方利用者,因无法恢复原状,应补偿其代价。可见,在这个问题上,德国法与法国法的处理方法基本是相同的。

(2) 英国法与美国法。

英国法认为,由于违约造成的解除合同,并不使合同自始无效,而只是指向将来,即只是在解除合同时尚未履行的债务不再履行。至于已经履行的债务原则上不产生返还的问题。

在这个问题上,美国法与英国法有很大的差别。美国法认为解除合同应产生恢复原状的效果。各个当事人均应把他从对方得到的东西返归给对方,尽可能恢复到原来的状态。在这一点上美国法同德国法有相似之处。

(3) 中国法。

根据我国《合同法》第 97 条的规定:合同解除后,尚未履行的,终止履行;已经履行的,根据履行情况和合同性质,当事人可以要求恢复原状、采取其他补救措施,并有权要求赔偿损失。这就意味着合同的解除原则上发生溯及既往的效力。可见,我国法的立场与大多数国家一致。

(四) 禁令(injunction)

禁令是法院发布的一项命令,强制当事人不得进行某种行为。禁令是英美衡平法中特有的一种重要救济形式,它适用于消极合同,禁止当事人为某一行为,迫使他履行许诺。禁令与衡平法中的另一种救济形式——特定履行令相对,特定履行令适用于积极的合同,迫使当事人为某一行为。英美法院一般只在采取一般的损害赔偿救济方法不足以补偿债权人所受的损失的情况下才适用禁令;同时要求禁令必须符合公平合理的原则。禁令救济的行使权完全在法院手中,法院有权自由裁量,当事人无权要求法院必须给予这种救济。

　　传统上的禁令主要适用于个人服务合同领域,用于强制当事人履行消极的许诺。随着就业法的发展,禁令在个人服务合同领域的运用也开始受到限制,英国法院在 Warren v. Mendy(1989 年)案判决中指出,如果一份服务合同包含相互信任和忠诚的义务,而应当履行义务的人对另一方当事人完全失去了信任,法院一般就不能授予禁令。

　　禁令可分为永久性禁令和中间性禁令。永久性禁令是在诉讼程序已经确定了当事人的权利后,再由法院根据判决发布的命令。中间性禁令只是在诉讼未完成之前采取的一种暂时措施,以等待案件的审理或者由法院发布进一步的命令。此外,20 世纪后半期发展起来的玛瑞瓦禁令和安东皮勒禁令发挥着越来越重要的作用。两者都属于中间性禁令,前者旨在禁止被告从法院管辖区内将财产向外转移,保证法院判决的执行;后者旨在强制被告允许原告进入其住所或营业所搜取证据,防止被告毁灭或处置证据。

　　(五) 违约金(liquidated damages)

　　违约金是指为了保证合同的履行,当事人双方事先约定,当一方违约时应向另一方支付的金钱。

　　1.违约金的性质

　　关于违约金的性质和作用,大致有两种观点:一是惩罚性,二是补偿性。

　　(1) 德国法与法国法。

　　德国法认为,违约金是对债务人不履行合同的一种制裁,具有惩罚的性质。《德国民法典》第 339 条规定:"如果债务人与债权人约定,在债务人不能履行或者不能以适当方式履行债务时,须支付一定金额作为违约金,那么在债务人迟延时,罚其支付违约金。以不作为为给付标的的,在有违反行为时,罚付违约金。"德国法认为违约金具有惩罚的性质,因此,当债务人不履行债务时,债权人除了请求违约金外,还可以请求由于违约造成的损害赔偿。

　　法国法认为,违约金的性质属于预先约定的损害赔偿金额,具有补偿的性质。《法国民法典》第 1229 条规定:"违约金为债权人因主债务不履行所受损害的赔偿。"换言之,双方当事人事先约定,如果债务人违约,就应付给债权人一定的金额作为损害赔偿。这种做法,从程序法上看也有一定的便利。法国法认为违约金具有预定损害赔偿金额的性质,所以,原则上不允许债权人在请求违约金的同时,要求债务人履行主债务或另行提出不履行债务的损害赔偿。但是也有例外情况,即如果违约金是纯粹为履行延迟而约定者,那么,当债务人履行延迟时,债权人既可以要求债务人支付违约金,也可以要求继续履行合同。这种做法,是对外贸易合同经常采用的。

　　(2) 英美法系。

　　预定损害赔偿是对未来可能发生的违约损害的预先估算,其目的在于担保合同债务的履行和减少违约后计算损失的麻烦。这是英美法系的违约金制度。英美法系认为,预定损害赔偿的功能主要在于补偿而非惩罚。因此,英国和美国法院对于双方当事人在合同中约定,当一方违约时应向对方支付一定金额的条款,如果这一金额是罚金,则当一方违约时,对方不能得到这笔金额,只能索取他所遭受的实际损失的损害赔偿;如果法院认为这一约定的金额是预先约定的损害赔偿,则当一方违约时,对方即可取得这一约定的金额。预定损害赔偿由双方当事人自由约定,但当事人约定的预定损害赔偿条款是否可以执行取决于法官对该条款的解释,不在于双方当事人在合同中使用什么措辞。

依照英美法系的传统,预定赔偿的数额应该是公平合理的,在实践中,通常要求约定的数额应当与当事人在订立合同时所能合理预见到的损失相称。如果约定的数额不合理地过高,或者带有威胁的性质,目的在于惩罚,那么该条款即被视为罚金条款,在法律上被认为无强制执行力。只要认定为预定损害赔偿条款,可以不考虑实际损失的范围,违约方都有义务支付预定的款项。如果预定数额高于实际损失,只要不严重超出以至于构成罚金,该条款都将被严格执行。相反,如果预定数额低于实际损失,该预定损害赔偿条款仍应当得到执行,当事人不得绕过该条款而主张实际损害赔偿。

(3) 中国法。

我国《合同法》第114条规定,当事人可以约定一方违约时应当根据违约情况向对方支付一定数额的违约金,也可以约定因违约产生的损失赔偿额的计算办法。当事人就延迟履行约定违约金的,违约方支付违约金后,还应当履行债务。从这一规定可以看出,我国合同法规定的违约金具有预定的损害赔偿的性质。

2. 违约金的调整

违约金是当事人双方对违约后果的一种约定。一经约定,法院是否有权予以增加或者减少? 对此问题,大陆法系各国的规定有所不同。法国法曾经坚持认为,法院原则上对违约金不得增减。但是现在已改变立场,允许法院对赔偿数额过高或者过低的违约金约定予以调整,改变原约定的法律效力。德国法一直持法院可更改违约金约定的立场。《德国民法典》第343条规定:"处罚的违约金过高的,经债务人申请,可以判决减至适当的金额。"可见,两国对违约金的调整问题态度基本一致。《瑞士债务法典》第161条进一步规定,如果债权人能证明债务人有过失,他可以对自己因对方违约所受损失超过违约金金额的部分要求增加金额。可见,瑞士对于允许当事人提出增加赔偿金额请求的条件有要求。我国《合同法》第114条第2款的规定与《德国民法典》的规定基本相同,允许当事人在约定的违约金低于或者过分高于所受损失时,向受理案件的法院或者仲裁机构提出增加或者适当减少违约金,但并未规定债权人须举证证明债务人对违约行为有过失。《国际商事合同通则》第7.4.13条也肯定了违约金的可调整性:"如果约定金额严重超过因不履行以及其他情况导致的损害,则可将该约定金额减少至一个合理的数目,而不考虑任何与此相反的约定。"值得注意的是,通则只规定违约金可以减少而未规定违约金可以增加。

六、情势变迁、合同落空与不可抗力

对有效成立的合同,当事人在一般情况下均应按照约定履行合同义务,否则应承担违约责任。但是,在特殊情况下,如合同订立后发生了当事人无法预料的情势,导致合同无法履行,或虽可履行但大大增加当事人的负担,产生极不公平的结果。对此,法律将其作为例外原则来处理,即所谓情势变迁原则、合同落空原则和不可抗力原则。

(一)情势变迁原则

1.情势变迁的概念

情势变迁原则又称为情势变更原则,是大陆法系合同法中的一项特有原则,是指在法律关系成立之后,作为该项法律关系的基础的情势,由于不可归责于当事人的原因,发生了非当初所能预料得到的变化,如果仍然坚持原来的法律效力,将会产生显失公平的结果,有悖于诚实信用的原则,因此,应当对原来的法律效力作相应的变更(如增加或减少履行的义务,或解除合同等)的一项法律原则和制度。

2.情势变迁原则的演变与发展

早在罗马法时代,法律一般坚持要求合同双方当事人严格履行合同,无所谓情势变迁之说。随着商品生产和交换的发展,到 13 世纪出现了"不可预知情况学说",此学说假定合同均附有订约时作为合同基础的情况继续存在的默示条件,一旦该情况不复存在,应准予变更或解除合同。尤其是一战后,交通运输被破坏,物价暴涨,严重的通货膨胀,急剧的市场变化,致使许多战前订立的合同无法履行,法院面临大量的无法依据现行法律判决的案件,于是"不可预知情况说"再次兴起。它以新的面目出现,即"行为基础说",该学说认为:如订立合同的基础已经丧失,应允许变更或解除合同并免除责任,并将行为基础分为主观行为基础和客观行为基础,前者指作为合同前提的合同双方共同的一定期待,后者则指作为合同前提的一定的客观情况。这一学说发展为现在的"情势变迁"原则。

3.情势变迁原则的适用条件

无论是德国法还是法国法,法院在适用情势变迁原则时都有较为严格的条件,情势变迁的适用一般应具备以下条件:①必须有情势变迁的事实;②情势变迁必须发生于法律行为成立后和消灭之前;③情势变迁须未被当事人所预料,且无法预料;④情势变迁须因不可归责于当事人的事由而发生;⑤因情势变迁,维持原有合同关系的效力会显失公平。

4.情势变迁原则的法律后果

根据这一原则,合同的效力可能发生两种改变:或者维持原合同基本关系,仅就不公平之处予以变更,如增减给付、延期给付等;或者当部分纠正仍不足以排除不公平的后果时,终止合同关系,解除合同。

(二)合同落空原则

1.合同落空的概念

合同落空是英美法系中的术语,它与大陆法系中的情势变迁原则相类似。所谓合同落空,是指在合同成立后,并非当事人自身的过失,而是事后发生的意外情况使当事人在订约时所谋求的商业目标受到挫折。在这种情况下,对于没有履行的义务,当事人可以免除责任。根据英国法的解释,并不是在订立合同之后所发生的任何意外事件都符合合同落空的标准,必须是情况已经完全改变,以致在一个通情达理的人看来,合同的当事人如果事先知道会发生这种变化的话,他们就不会签订合同,或者会把合同订得不一样,只有达到这种程度,才能按合同落空处理。

美国法院对于情况变化对合同效力所产生的影响并没有形成一个总的原则。但是,美国《第二次合同法重述》对"落空"作出了以下规定:凡以任何一方应取得某种预定的目标或效力的假设的可能性作为双方订立合同的基础时,如这种目标或效力已经落空或肯定会落空,则对于这种落空没有过失或受落空的损害的一方,得解除其履行合同的责任,除非发现当事人另有相反的意思。美国《统一商法典》第2-615条规定:除非卖方已承担了进一步的义务,且除非上条涉及以替代方式履约时另有规定,a. 如果由于发生了订立合同时作为基本前提条件而设想其不会发生的特殊情况,或由于卖方以善意遵守了外国或本国政府法令(不论此种法令以后是否被证明为无效),致使卖方确实难以按约定方式履约,则只要卖方遵守本条第 b 项和第 c 项,卖方即使延迟交付,或部分地或全部未能交付,也不构成违反买卖合同义务。这一规定得到了《第二次合同法重述》第 261 条的采纳。

上述规定中采用了不现实而不是不可能的措辞。这是因为,法院在实践中并没有严格地要求意外事件对履约的阻碍须达到使履约不可能的程度,而只是要求该履行变得"不现实"或"极不现实"。在 Wasserman Theatrial Enterprise v. Harris 案中,一个演员在登台演出之前感到喉咙发紧和发痒,于是拒绝表演。法院判决,这种担心是合情合理的,他可以被免除履约义务。美国法院通常认为,履约成本的增加不能成为免责的理由,因为额外的支出尽管是由不测事件所致,但是并达不到履约不能的程度。另一种情况是,使用替代的履约手段可以使履约的障碍得到克服。此时,法院对于免除当事人的合同义务也会持勉强态度。

2. 可以视为合同落空的情形

根据英国的法律与判例,下列情况往往可以作为合同落空处理。

(1)标的物灭失。

如果合同的履行取决于某一特定的人或物的继续存在,但是在订立合同之后,该特定的人或物已经灭失,在这种情况下,履行合同已属不可能,当事人可以免除履约的义务。

(2)违法行为。

(3)情况发生根本性变化。

如果在订立合同之后,情况发生了根本性的变化,致使合同失去了基础,则该合同可以作为落空论处。但是,要确定情况发生变化到何种程度才能构成合同落空,往往要比确定标的物灭失或违法行为困难得多。对此,英国法院往往宁肯坚持"契约神圣不可侵犯的原则",也不愿轻易地把一个尚能履行的合同视为落空。只有当情况变得十分严重,合同失去了基础时,才能作为落空处理。

典型案例 2-9

英王爱德华七世登基典礼案(1902)

威廉先生有一栋房屋,坐落在英王爱德华七世登基典礼的必经之路上,史密斯先生向威廉先生租用该房屋,租期一天,其目的是利用该房的有利位置观看登基游行典礼,但这一目的并未记载于合同中。后因登基典礼宣告取消,史密斯拒付租金,威廉先生诉诸法院。法院以合同落空为由驳回威廉先生的起诉。法院认为,合同虽未记载租房的目的,但从有关背景可以发现这是合同的基础。既然合同的基础已不存在,应当按照合同落空处理。

(4) 政府实行封锁禁运与进出口许可制度。

政府实行封锁禁运与实行进出口许可证及配额制度时,也可能会引起合同落空的问题,但是并不是一旦出现这类情况就能构成合同落空,而是必须根据具体的案件做出具体的分析。此外,凡是属于因为一方当事人的过失造成履约不可能者,均不得作为合同落空处理。

(三) 不可抗力原则

1. 不可抗力的含义

不可抗力是指合同订立后发生的,不可归责于当事人任何一方,当事人不能预见、不能避免且不能克服的意外事故。在法国,不可抗力的构成必须具有以下 3 个构成要件:①不可预见性,指当事人在订立合同时对不可抗力事件的发生不可能做出预见;②不可抵御性,这一要件强调合同的履行已经达到了不可能的程度,或者事件的不可克服性,但如果事件的发生仅使履约变得更困难或成本增加了,债务人并不能主张不可抗力;③外在性,即事件非因债务人自身的原因而导致。

2. 不可抗力的类型

不可抗力事故包括两种情况:一种情况是由于自然原因引起的,例如,地震、火灾、旱灾等;另一种情况是由于社会原因引起的,例如,战争、罢工等。至于应当把哪些意外事故列入合同的不可抗力条款中,双方当事人可以在订立合同时自行商定。

3. 不可抗力的法律后果

不可抗力事故所引起的法律后果,主要有两种情况:一种情况是解除合同;另一种情况是延迟履行合同。至于在什么情况下可以解除合同,在什么情况下不能解除合同而只能延迟合同的履行,要看意外事故对履行合同的影响,也可以由双方当事人在合同中做出具体的规定。如果合同中对此没有做出明确的规定,则不可抗力事故使合同的履行成为不可能,可以解除合同;而如果不可抗力事故只是暂时阻碍了合同的履行,则只能延迟履行合同。在国际贸易中,各国对于情势变迁或合同落空的解释十分复杂。因此,国际上一般多主张在国际贸易合同中订立不可抗力条款,把可能产生的意外事故及其法律后果在合同中事先予以订明,这样,一旦出现这类不可抗力事故时,就可以据此确定双方当事人的权利与义务。

第四节　合同的消灭

合同的消灭(discharge of contract),是指合同由于某种原因而不复存在。合同的消灭是英美法系中的概念。大陆法系各国则把合同的消灭包括在债的消灭的范畴之内,作为债的消灭的内容之一。这是因为大陆法系各国都用"债"这个总的概念,把合同、侵权行为、代理权的授予、无因管理与不当得利等均作为产生债的不同原因。合同只是债的一种,不是债的全部。所以,大陆法系各国在其民法典或债务法典中,也仅仅就债的消灭做出规定,而没有专门就合同的消灭做出规定。

一、大陆法系各国对债的消灭有关规定

大陆法系各国对债的消灭的有关规定基本上是大同小异的。例如,《法国民法典》规定的债的消灭的原因包括:①清偿;②更新;③自愿免除;④抵销;⑤混同;⑥标的物灭失;⑦取消;⑧解除条件成就;⑨时效完成。《德国民法典》规定,债的消灭的原因有以下 4 种:①清偿;②提存;③抵销;④免除。下面分别介绍债的消灭的几种主要原因。

(一) 清偿(payment)

清偿就是债务按照约定履行。合同债务一经履行,债权即因达到其目的而得到满足,因此,清偿是合同终止的原因,为各国法律所认可。

从债权实现方面看,债务人履行债务固属清偿,第三人为满足债权人的目的而为给付行为,也属清偿。如《德国民法典》第 267 条第 1 款规定:"债务人不能亲自履行给付时,也可以由第三人履行给付。无需得到债务人的同意。"但依合同的性质或当事人的约定不得由第三人代为清偿的除外。对债务履行有利害关系的第三人,在代债务人清偿了债务之后,可以取得债权人的债权,来行使对债务人的求偿权。

债务人原则上应以合同约定的标的物履行,不得以其他标的物代替,否则不发生清偿效果。如果债权人同意,则债务人也可以用规定的标的物以外的物品清偿其债务。这在大陆法中被称为代物清偿。如《德国民法典》第 364 条规定,债权人受领约定给付以外的它种给付以代替原定的给付者,债务关系消灭。

合同的清偿地是确定法院的管辖权和合同准据法的标准之一。债务人应当在合同规定的清偿地履行其债务。如果合同没有做出明确的规定,则应根据标的物的性质而定。如属特定物的债务,应于订约时该特定物所在地交付。如属其他债务,则应当参考各国法律的特别规定。如法国、德国规定债务成立时,债务人的住所地为清偿地;而日本法则以债权人的住所地为清偿地。

清偿期的确定,合同已有规定的,从其规定;合同没有规定的,债权人在合同成立以后随时可以向债务人要求清偿,债务人也可以随时向债权人清偿,但都要给对方必要的准备时间。期限利益是专为债务人而设的,债务人通常可抛弃其期限利益,提前清偿。

关于清偿的费用,在当事人没有明确的约定、法律又无明文规定的情况下,一般应由债务人负担。但因债权人变更住所或其他原因而致清偿费用增加时,增加的费用由债权人负担。

此外,如债务人对债权人负担数宗同种债务,而债务人的履行不足以清偿全部债务时,就产生了清偿的充抵问题。对此,当事人事先约定其充抵何种债务时,从其约定;当事人之间没有约定的,债务人通常有权单方面指定其充抵的债务。如债务人没有指定应抵偿的债务,则依据债务的不同情况,权衡其与债权人和债务人的利害关系,采取不同处理办法。如

《德国民法典》第 366 条规定:①债务人对债权人因数个债的关系而负有应为相同种类的给付义务,而债务人所提出的给付不足清偿全部债务时,应清偿债务人于给付时指定的债务。②债务人未指定时,以债务于已到期者尽先清偿;几项债务同时到期的,以对债权人担保最少的债务尽先清偿;担保相等的,以债务人负担较重者尽先清偿;负担相同的,以时间最早的债务尽先清偿;时间相同的,各按比例清偿其一部分。其他国家法律也有类似的规定。

(二) 抵销(set-off)

抵销是指互负债务的双方,各以其债权充当债务的清偿,而使其债务与对方的债务在对等额内相互消灭。抵销的作用有二:一为便利当事人,避免交换履行,节省了履行费用;二为确保债权的效力。在破产时,其可以避免交换履行产生的不公平的结果。

抵销依其产生的依据不同,可分为法定抵销与约定抵销两种。法定抵销由法律规定其构成要件,抵销权在性质上为形成权。当事人可以用单方的意思表示使两个同一种类、同等数额、且均已届清偿期的债务归于消灭。在法定抵销的具体规定上,各国立法有所不同。《法国民法典》采取"当然抵销主义",认为无须当事人的行为,以双方互负债务的事实即可发生抵销;当双方互负债务时,债务人双方虽均无所知,依法律的效力仍然可以发生抵销。而德国和日本则采取"单独行为说",认为因抵销权的行使,才发生合同的权利义务终止的效果。如《德国民法典》第 388 条规定:"抵销应以意思表示向另一方当事人为之。"各国法律根据当事人意思自由的原则,规定当事人互付的债务,即使标的物种类、品质不相同,经双方协商一致,也可抵销,此为约定抵销。

(三) 提存(deposit)

1. 提存的概念

提存指由于债权人的原因而无法向其交付合同标的物时,债务人得将该标的物交给提存机关而消灭合同的制度。

2. 提存的原因

根据大陆各国法律的规定,提存主要基于以下原因:

①债权人受领迟延。债权人受领迟延是指债权人无正当理由未按清偿期受领或者拒绝受领,使债务人无法履行。

②债权人下落不明。其包括债权人不清、地址不详,债权人失踪又无代管人等情况。

③债权人无法确定。例如债权人死亡或者丧失行为能力,又未确定继承人或者监护人的情况。

④法律规定的其他情形。如我国《担保法》第 49 条第 3 款规定,抵押人转让抵押物所得的价款,应当向抵押权人提前清偿所担保的债权或者向与抵押权人约定的第三人提存。

一般提存部门是由法律规定的机构,也可是由法院指定的银行、信托局、商会等机构。在我国,公证处为主要提存部门。交付提存的标的物,一般应当是合同所规定的标的物。但如果合同标的物由于其性质不适宜于提存(如易腐、易变质的商品),有毁损灭失的危险(如易燃、易爆品)以及保管的费用过高(如需人照料的禽兽)时,债务人可申请法院拍卖或者按照市场价格变卖而提存所得的价款。

3. 提存的法律后果

标的物提存后,债权人可随时领取标的物,但须于一定期限内行使此项权利。按照德国法的规定,如债权人在 30 年内不行使收取权,此项权利即告消灭。

债务人也有权取回标的物,例如,《德国民法典》第 376 条规定:"债务人有取回提存物的权利。有下列情形时,不得取回:①债务人向提存所表示放弃取回权;②债权人向提存所表示受领;③向提存所出示一份在债务人和债权人之间已宣告提存是合法的确定判决。"

提存的效力主要有以下几个方面:①债务人免除责任。债务人将标的物提存之后,不论债权人受领与否,均发生债务消灭的效力。②风险转移。提存物寄托于提存部门之后,其风险即由债权人承担。③费用负担。提存期间产生的一切费用,均由债权人负担,但债务人取回提存物者,不在此限。

(四)免除(release)

免除是指债权人免除债务人的债务,亦即债权人放弃其债权。免除是否需要债务人的同意才能生效,各国的法律有不同的规定。法国法与德国法认为,免除是双方的法律行为,必须经债务人的同意才能成立;日本民法典则认为,免除是单独行为,只要债权人有免除债务的意思表示,无须经债务人的同意,债的关系亦可归于消灭。

(五)混同(merger)

混同是指债权与债务同属于一个人,致使合同关系归于消灭。混同的原因主要有以下 3个:①民法上的继受;②商法上的继受;③特定继受。

在某些特殊情况下,虽然债权、债务发生混同,但是债的关系并不因此而消灭,这主要有以下两种情况:第一,债权已被作为他人权利的标的。例如,甲把对乙的债权,出质于丙,债权成为丙的质权的标的,日后即使乙继承了甲的债权,债权、债务已发生混同,但是其出质的债权并不因此而消灭,这是为了保护第三人的利益。第二,票据法中的特殊规定。例如,各国的票据法规定,汇票可以采用背书的方式转让给出票人、承兑人、付款人或其他票据的债务人。这就可能发生混同,在这种情况下,汇票的权利理应归于消灭。但是,为了确保票据的流通性,各国的票据法规定,在上述情况下,只要该票据尚未到期,仍然可以以背书的方式继续转让。

二、英美法系关于合同终止的法律规定

(一)合同因双方当事人的协议而消灭

英美法系认为,合同是根据双方当事人的协议成立的,因此,它也可以根据双方当事人之间的协议解除。

1. 以新的合同代替原合同

如果双方当事人约定以一项新的合同代替其原来的合同,则原来的合同的权利与义务即告消灭。同样,如果双方当事人达成协议,对原合同的某些条款加以修改或删除,则原来

所规定的权利与义务亦告解除。

2.合同更新

合同更新是指以一项新的合同代替原来的合同。在合同更新的情况下,至少要有一个新的当事人参加进来,这个新的当事人可以享有原合同的权利并承担原合同的义务。合同一经更新,原合同即告消灭。

3.根据合同自身规定的条件解除合同

双方当事人可以在合同中规定,如果遇到某种情况,合同即告解除。

4.弃权

弃权是指合同的一方当事人自愿放弃其根据合同所享有的权利,从而解除了他方的履约责任。

(二)合同因履行而消灭

履行是合同消灭的主要原因。合同一经履行,当事人之间的债权、债务关系即告消灭。

(三)合同因违约而消灭

英美法系把违约行为分为两种,一种叫作违反条件,另一种叫作违反担保。如果违反担保,则受损害的一方当事人只能请求损害赔偿,不能解除合同;如果违反条件,即涉及合同的根基,则受损害的一方当事人有权解除合同,并可以请求损害赔偿。

(四)依法使合同归于消灭

在英美法系中,有一些法律规定可以使合同在某些情况下归于消灭,主要包括合并、破产与擅自修改书面合同等。

三、诉 讼 时 效

大多数国家都把时效完成作为消灭合同与其他债的关系的原因之一。

(一)时效的概念

时效是指根据法律的规定,在一定的期间内,由于一定的事实状态的继续存在,从而引起民事法律关系的消灭或发生的一种法律制度。时效制度主要有两个方面的作用:①保持社会经济关系的稳定;②避免在举证上产生困难。

大陆法系把时效分为两种,即取得时效与消灭时效。取得时效是关于取得该物的所有权的法律制度。消灭时效是关于诉权的制度,即债权人在诉讼时效期间内不行使权利,其诉权即归于消灭。英美法系则没有这种区分,英美法系中只有一种时效,就是诉讼时效。

(二)时效期间

各国的法律对于时效期间都有具体的规定。大陆法系各国将消灭时效期间分为普通期间与特别期间两种,前者较长,后者较短。例如,《德国民法典》与《法国民法典》规定,普通消灭时效期间为30年;《日本民法典》规定为20年,《瑞士债务法典》规定为10年。除普通时效期间外,对于某些权利由其性质与特点必须在短期内行使者,各国的法律还专门就这些权利规定了特别时效期间,例如,《法国民法典》规定,教师的讲课报酬请求权、旅馆及饭店对住宿费及饮食费的请求权以及工人对工资的请求权,经过 6 个月不行使即告消灭。其他国家也有类似的规定。

英美法系国家则有不同的区分方法。根据英国 1939 年《时效法》第 2 条的规定,简式合同的时效期间为 6 年,签字蜡封式合同的时效期间为 12 年。如果请求权中包括了人身伤害的请求权者,其时效期间为 3 年。美国没有全国统一的时效法律,有关诉讼时效问题,由各州以成文法予以规定。各州对由于违反合同而引起的诉讼的时效期间,各有不同的规定。各州大都区别口头合同与书面合同,分别规定不同的时效期间,多数州将口头合同的诉讼时效期间规定为 5 年或者 6 年,多数州将书面合同的时效期间规定为 10 年。此外,美国《统一商法典》中货物买卖合同的时效期间定为 4 年。一般而言,诉讼时效应当从请求权发生时开始计算。

(三)诉讼时效的中止、中断与延长

1.中止

如果权利人在诉讼时效期间,由于发生不以自己的意志为转移的事故,无法向法院起诉,在这种情况下,为了保护权利人的利益,法律允许中止诉讼时效,即阻碍权利人不能行使诉权的这段时间,不计入时效期间之内,等该事故消灭以后,时效期间再继续进行,这被称为诉讼时效的中止。但是,这并不是说在时效期间届满前任何时候发生的意外事故都可中止时效,根据法律的规定在时效期间的最后几个月内发生的意外事故才能中止时效的进行。

2.中断

在诉讼时效进行中,如果发生了法律规定的情况,以前经过的时效期间不算,等法定中断的情况终结之后,诉讼时效重新开始计算,这称为诉讼时效的中断。时效中断主要有以下 3 种情况:①起诉;②承认;③部分履行。

3.延长或缩短

诉讼时效是否可以由双方当事人约定予以延长或缩短,各国的法律有不同的规定。有些国家认为,诉讼时效是强制性规定,不允许当事人予以延长或缩短,例如,《瑞士债务法典》第 129 条就作出这样的规定。但是,有些国家的法律则认为,时效期间虽然不能延长,但是可以缩短。例如,《德国民法典》第 225 条规定,法律行为不得排除或者加重时效。允许减轻时效,特别是缩短时效期间。美国《统一商法典》第二篇第 2-725 条规定,买卖合同的诉讼时效为 4 年,从诉讼原因发生时开始计算。双方当事人可以在合同中将这一期限最多缩短至 1 年,但是不得予以延长。

(四)英美法系与大陆法系在时效制度上的主要分歧

英美法系与大陆法系在时效问题上的主要不同之处在于,英美法系认为时效属于程序法的范畴,所以,英美法系将时效称为"limitation of action",意思就是"对诉讼的限制"。而大陆法系则认为时效属于实体法,是在民法典或商法典中加以规定的。这种区别在涉外民事诉讼中,特别是在对外贸易合同的诉讼中,可能会产生一些意想不到的后果。

复习思考题

一、名词解释

1. 合同

2. 要约

3. 承诺

4. 对价

5. 合同落空

6. 预期违约

二、分析下列行为哪些属于要约,哪些属于要约邀请?

(1) 自动售货机售卖商品

(2) 自选商店明码标价售卖商品

(3) 乘坐公共汽车

三、简答题

1. 合同的成立与合同的生效有何联系与区别?

2. 对价的有效条件是什么? 对价制度的意义是什么?

3. 比较分析实际履行、损害赔偿、违约金与解除合同等主要救济方法。

第三章　国际货物买卖合同法

本章内容提示

　　国际货物买卖是国际贸易的基本形式,有关国际货物贸易的法律制度是国际商法的重要内容。1980 年的《联合国国际货物买卖合同公约》是目前最有影响力的国际货物买卖法公约,此外《国际贸易术语解释通则》和《跟单信用证统一惯例》等成文的国际商事惯例也在国际贸易实践中起到重要作用。本章以《联合国国际货物买卖合同公约》为基本线索,介绍国际货物买卖合同的卖方和买方的权利和义务,买卖双方违约的救济措施以及货物风险的承担等。

第一节　国际货物买卖合同法概述

一、国际贸易与国际贸易法的含义

　　国际贸易是国际经济活动的重要组成部分。国际贸易是指一个国家或地区与别的国家或地区之间所进行的商品交换活动。传统上,国际贸易的基本形式是国际货物买卖。但随着世界经济、科技的发展,特别是第二次世界大战结束后,国际技术转让活动在国际上迅速展开,国际经济与技术合作蓬勃发展。此外,一些服务贸易形式也在国际贸易中大量涌现。

　　国际贸易法就是用来调整国际货物买卖这种交易关系以及其附属的其他关系的法律法规总和,比如国际商品货物运输、保险、国际支付与结算、贸易争端的调解与仲裁等。

二、国际货物买卖法的法律渊源

　　国际货物买卖的当事人通常处于不同的国家,而各个国家的法律体系往往有所不同,双方当事人一旦发生争议或纠纷,如何采用法律手段来保护其权利与义务是当事人所关心的重点。所谓法的渊源,是指法律产生的依据、来源与表现形式。国际货物买卖法的主要渊源有下列 3 个。

　　(一) 各国有关国际货物买卖的法律

　　国内法是国家制定或认可并在本国主权管辖范围内生效的法律。大陆法系与英美法系对涉及国际货物买卖的法律所采取的形式不同。大陆法系国家的买卖法均采用成文法形式,但在体系安排上略有差别。在实行民商合一的国家,关于货物买卖的内容一般安排在民法典中的债篇或专门的债法中,如瑞士、意大利等;实行民商分立的国家,如大陆法系的主要代表国法国与德国,在民法典中做出了关于货物买卖的法律规定,另外还在商法典的商行为中对商事买卖做出特别的规定。英美法系各国原则上没有商法与民法的区别,这些国家的买卖法大都以单行法规的形式出现,如英国的《货物买卖法》、美国的《统一商法典》等。我国规范货物买卖的法律主要为《中华人民共和国合同法》,该法在分则部分设"买卖合同"专章,对有关买卖合同的内容予以规制,该规定不仅适用于国内货物买卖,同样也适用于国际货物买卖。

国际货物买卖合同必须符合某个国家制定或认可的法律。但是,由于国际货物买卖合同的当事人所处的国家不同,他们各自国家的国内法在同一个问题上的有关规定不会完全一致,因此,在发生争议提起诉讼时,到底采用哪国的法律,按照哪国的法律处理冲突是双方面临的问题。为了解决法律上的冲突,有利于国家贸易的正常开展与友好的国际往来,通常会采用国内法中规定的冲突规范。

(二)国际贸易惯例

1.国际贸易惯例概述

国际贸易惯例指在国际贸易实践中逐渐自发形成的,某一地区、某一行业中普遍接受和经常遵守的习惯性做法和解释。国际贸易惯例是国际贸易法的重要渊源之一,是人们在长期的国际贸易实践中形成的一种行为规范。国际贸易惯例同时也是历史的产物,是在商品交换和国际贸易不断发展的过程中形成和发展起来的,并随着世界经济的发展与时俱进。

公元5世纪起,西欧进入封建社会,商品经济逐渐繁荣,但当时各城邦国家立法相当狭窄,且分歧很多,严重影响了国际贸易的发展。各国商人为了调整他们之间的商事关系将商事活动中大量涌现并约定俗成的习惯做法规范化,以供商人们组成的商务法庭断案之用,这些习惯是最早的国际贸易惯例。17世纪中叶到20世纪初,资本主义经济迅速发展,世界市场逐渐形成,各国经济往来日益增加,国内法律的不一致产生了法律冲突。从事国际贸易的商人仍愿意采用为大家所普遍接受的国际贸易惯例来确定他们之间的权利义务关系,防止冲突的出现。在这个时期内,国际贸易惯例重新得到了较大的发展。一些国际组织尤其是国际商会开始将中世纪以来逐渐形成的国际贸易惯例编纂成册,供各国当事人采用。如1928—1932年,国际法协会制定了《1932年华沙-牛津规则》,1933年,国际商会制定了《跟单信用证统一惯例》。这一阶段,大量国际贸易惯例得以成文化。第二次世界大战之后,随着国际贸易和现代科技的飞速发展,各国之间经济联系日益密切,越来越多的国家、经济组织接受了国际贸易惯例并在经济贸易活动中大量采用国际惯例,国际贸易惯例在不断总结实践经验的基础上也获得新的发展,一些国际组织对原有的成文惯例进行了修订,与此同时又出现了许多新的国际贸易惯例。

2.代表性的国际惯例

目前,在国际贸易实际活动中,各个业务环节如进出口、运输、商品检验检疫、保险、国际结算以及仲裁等方面均有代表性的国际贸易惯例,在世界范围内广泛应用,如表3-1所示。

表 3-1　国际贸易惯例列表

国际贸易术语	国际贸易支付领域	国际保险领域	国际运输领域
《国际贸易术语解释通则》	《跟单信用证统一惯例》	《2004 年约克·安特卫普规则》	《巴黎规则》
《1932 年华沙-牛津规则》	《托收统一规则》	《伦敦保险协会保险条款》	《维斯比规则》
《1990 年美国对外贸易定义修订本》			《汉堡规则》

（三）国际贸易条约与协定

国际贸易条约是指两个或两个以上的主权国家之间，国家与国际组织之间，以及国际组织之间为确定彼此经济关系，特别是调整国际贸易关系而依据国际经济法所缔结的书面协定或协议。它是具有法律拘束力的文件。一般来说，国际贸易条约作为国际经济法的渊源，其拘束力仅以其缔约国为限。因此，国际贸易条约既可是双边的，也可是多边的。

广义的国际贸易条约，是指国家间（包括民间团体）在贸易关系方面缔结的各种书面协议的总称，如通商航海条约、贸易协定、换货协定、支付协定、贸易议定书、换文和各种公约、规则。狭义的国际贸易条约，仅指以条约、公约及协定、协议名称缔结的关于贸易关系方面的书面协议，主要是指大型的或综合性的贸易协议，并以国家或政府首脑的名义由国家或政府首脑特派全权代表签订，按缔约国法律程序完成批准手续后才能生效。目前，国际货物买卖最普遍适用的条约与公约见表 3-2。

表 3-2　国际贸易公约（条约）

国际货物买卖合同的条约	国际货物运输的条约	国际支付的条约
《国际货物买卖统一法公约》	《统一提单的若干法律规定的国际公约》	《统一汇票本票法公约》和《统一支票法公约》
《国际货物买卖合同成立统一法公约》	《1968 年布鲁塞尔议定书》	《国际汇票与国际本票公约》
《联合国国际货物买卖合同公约》	《联合国海上货物运输公约》	
《联合国国际货物买卖合同时效期间公约》	《关于铁路货物运输的国际公约》	
	《国际铁路货物联运协定》	
	《国际公路货物运输合同公约》	
	《统一国际航空运输某些规则的公约》	
	《联合国国际货物多式联运公约》	

目前，有关国际货物买卖的最重要的国际公约是《联合国国际货物买卖合同公约》，它是国际货物买卖法的重要组成部分，是国际货物买卖法的重要渊源，它所设定的规范是统一规范。

第二节　国际贸易术语

一、国际贸易术语的定义与作用

在国际货物买卖过程中，买卖双方距离遥远，相对于国内货物买卖，国际贸易环节多、周期长、风险大。因此,买卖双方在磋商、订立合同时,必须要明确相关问题,如卖方交货的时间、地点,以什么方式交货;货物发生损坏或者灭失的风险何时由卖方转移给买方;采用何种运输方式;买卖双方由谁来负责货物运输、保险、进出口报关手续及承担相关的费用等。为了明确以上问题,长期的国际贸易在实践中逐渐产生和发展了贸易术语,即用来表示商品的价格构成,说明交货地点,确定风险转移、责任、费用划分等问题的专门用语。

二、有关国际贸易术语的国际贸易惯例

国际贸易术语国际惯例主要有 3 种,分别为《国际贸易术语解释通则》《1932 年华沙-牛津规则》《美国对外贸易定义修订本》。

1.《国际贸易术语解释通则》

《1953 年国际贸易术语解释通则》中仅仅包括了 9 种贸易术语,为了适应各种运输工具的使用与发展需要,又陆续增加了一些新的贸易术语,直到 1980 年,通则中包含的贸易术语已增加到 14 种。1990 年,国际商会重新对通则进行了修订,将 14 种贸易术语改为 13 种,删除了仅适用于单一运输方式的铁路交货(FOR/FOT)和启运地机场交货(FOH),增加了未完税交货(DDU)。

《2000 年国际贸易术语解释通则》保留了 1990 年版的 13 种贸易术语,将这 13 种术语按不同类别分为 E、F、C、D 四个组,如表 3-3 所示。

表 3-3 《2000 年国际贸易术语解释通则》中 13 种贸易术语

组别	贸易术语
E 组启运术语	EXW(Ex Works)工厂交货
F 组主要运费未付	FCA(Free Carrier)货交承运人 FAS(Free Alongside Ship)船边交货 FOB(Free on Board)船上交货
C 组主要运费已付	CFR(Cost and Freight)成本加运费 CIF(Cost, Insurance and Freight)成本、保险费加运费 CPT(Carriage Paid to)运费付至 CIP(Carriage and Insurance Paid to)运费保险费付至
D 组到达术语	DAF(Delivered at Frontier)边境交货 DES(Delivered Ex Ship)目的港船上交货 DEQ(Delivered Ex Quay)目的港码头交货 DDU(Delivered Duty Unpaid)未完税交货 DDP(Delivered Duty Paid)完税交货

《2010 年国际贸易术语解释通则》是为了更好地适应新的国际贸易形势而制定的,与《2000 年国际贸易术语解释通则》相比,术语综述由原来的 13 条减少为 11 条,删去了 DAF、DES、DEQ 和 DDU,增加了 DAT 和 DAP,即用 DAP 取代了 DAF、DES 和 DDU 3 个术语,用 DAT 取代了 DEQ,并且扩展至适用于一切运输方式。术语分类由原来的四组变为两组,一组适用于任何运输方式,另一组适用于水上运输方式,如表 3-4 所示。

表 3-4　《2010 年国际贸易术语解释通则》中 11 种贸易术语

适用的运输方式	贸易术语
适用于任何运输方式	EXW(Ex Works)工厂交货 FCA(Free Carrier)货交承运人 CPT(Carriage Paid To)运费付至 CIP(Carriage and Insurance Paid to)运费、保险费付至 DAT(Delivered at Terminal)运输终端交货 DAP(Delivered at Place)目的地交货 DDP(Delivered Duty Paid)完税后交货
适用于海运及内河水运	FAS(Free Alongside Ship)船边交货 FOB(Free on Board)船上交货 CFR(Cost and Freight)成本加运费 CIF(Cost, Insurance and Freight)成本、保险费加运费

2.《1932 年华沙-牛津规则》

19 世纪 60 年代,CIF 贸易术语在国际贸易中被广泛采用,但各国对其解释不一,从而影响到 CIF 买卖合同的顺利履行。为了对 CIF 合同双方的权利和义务作出统一的规定和解释,国际法协会于 1928 年在波兰华沙制订了 CIF 买卖合同的统一规则,共包括 22 条,称为《1928 年华沙规则》。此后,1930 年纽约会议、1931 年巴黎会议和 1932 年牛津会议上,国际法协会相继将此规则修订为 21 条,我们称之为《1932 年华沙-牛津规则》(《Warsaw-Oxford Rules,1932》)。

《1932 年华沙-牛津规则》对 CIF 合同的性质、特点及买卖双方的权利和义务都作了具体的规定和说明,为那些按 CIF 贸易术语成交的买卖双方提供了一套可在 CIF 合同中易于使用的统一规则,供买卖双方自愿采用,在缺乏标准合同格式或共同交易条件的情况下,买卖双方可约定采用此项通则。《1932 年华沙-牛津规则》自公布后,一直沿用至今,并成为国际贸易中颇有影响的国际贸易惯例。

3.《1990 年美国对外贸易定义修订本》

1919 年,美国几个商业团体共同制定了有关对外贸易定义的统一解释,供从事对外贸易人员参考使用,鉴于贸易做法的演变,在 1942 年和 1990 年,美国对该条例做了修订,目前现行版本为《1990 年美国对外贸易定义修订本》。该条例以美国商人惯用的 FOB 术语为基础,解释了 6 种贸易术语,其中按照不同的交货地点把 FOB 又分为 6 种,因此,实际上的贸易术语达到 11 种。

第三节　国际货物买卖合同

一、国际货物买卖合同概述

（一）国际货物买卖合同的概念

国际货物买卖合同(contract for the international sale of goods)是跨越国境的货物买卖

合同,按照《联合国国际货物买卖合同公约》(以下简称《公约》)的规定,是指营业地处于不同国家的当事人所订立的货物买卖合同。国际货物买卖合同是一种具有国际性的法律关系,它至少涉及买卖双方国家的法律,有时还涉及第三国的法律。

国际货物买卖合同与国内货物买卖合同的基本区别就在于其具有国际性。国际性通常采用的衡量标准有:交易双方当事人的营业地处于不同的国家,或者当事人具有不同的国籍,或者订立合同的行为完成于不同的国家,或者货物经由一国运往另一国。但究竟采用哪一种标准,各国均有不同的情况。按照《公约》规定,国际性的标准则采用第一种情况,即交易双方当事人的营业地处于不同的国家。可见,确定一个货物买卖合同是否具有国际性,关键要确定当事人的营业地。所谓营业地,是指固定的、永久性的、独立进行营业的场所。

(二)《联合国国际货物买卖合同公约》

1.《联合国国际货物买卖合同公约》概述

目前,有关国际货物买卖的最重要的国际公约是《联合国国际货物买卖合同公约》,它是国际货物买卖法的重要组成部分,是国际货物买卖法的重要渊源。

早在 1964 年,国际外交会议在海牙举行,会议通过了《国际货物买卖统一法公约》和《国际货物买卖合同成立统一法》,前者是世界上第一部关于国际货物买卖的统一实体法,后者是世界上第一部关于国际货物买卖合同订立的统一实体法。《联合国国际货物买卖合同公约》是由联合国国际贸易法委员会专门成立的国际货物买卖法工作组在上述两个公约基础上进行修改而成。1978 年,工作组完成了新公约的起草,把上述两个公约合并为一个公约,将其命名为"联合国国际货物买卖合同公约"。联合国国际贸易法委员会于 1980 年在维也纳召开联合国国际货物销售合同会议,草案在会议上获得通过,并开放供签字和提交各国政府审查批准。该公约为了减少国际贸易的法律障碍,特别照顾到不同的社会、经济和法律制度,是一部崭新的国际货物买卖统一实体法。该公约于 1980 年在维也纳外交会议上通过。自 1988 年 1 月 1 日起,公约对包括中国在内的 11 个国家生效。截至 2016 年 2 月,核准和参加该公约的国家已达到 85 个。

《联合国国际货物买卖合同公约》除序言外,分 4 部分,共 101 条 187 款。第一部分共 13 条,对公约的适用范围和总则做出规定;第二部分共 11 条,规定合同订立程序和规则;第三部分共 5 章 64 条,是公约的重要部分,就货物买卖的一般规则、买卖双方的权利义务、风险的转移等做出规定;第四部分为最后条款,对公约的签字、加入、保留声明、批准、生效、退出等做出规定。

2.《联合国国际货物买卖合同公约》的适用条件

根据该公约第一章的规定,该公约的适用应具备下列条件之一:

(1)营业地分别处于不同缔约国的当事人之间所签订的货物买卖合同。也就是说,公约适用于不同缔约国当事人之间的货物买卖。

(2)如果国际货物买卖合同的当事人营业地所处的国家不都是公约的缔约国,或者双方当事人营业地所处的国家都不是公约的缔约国,在这种情况下,国际私法规则导致适用某一缔约国的法律时,应适用该缔约国所参加的公约。

我国在核准加入《公约》时,对该公约第1条第1款第6项作了保留。

3. 不能适用《联合国国际货物买卖合同公约》的货物交易

货物买卖合同的标的物是货物,但究竟什么是货物,或者货物是如何确定的,国际组织对此也曾经过长期探讨。现代国际贸易包括的范围很广,除了各种有形动产可以买卖外,某些无形财产,如专利权,商标权等也可以成为国际贸易的标的物。同时,国际货物买卖合同的标的物必须事实上从一国运到另一国,是跨国界运输的,而不动产不具备这个条件,因此不包括在国际货物买卖的标的物之内。虽然《公约》没有对货物下定义,但其采取了排除法,在第2条中规定了不适用公约的买卖范围:(a)购供私人、家人或家庭使用的货物的销售,除非卖方在订立合同前任何时候或订立合同时不知道而且没有理由知道这些货物是购供任何这种使用;(b)经由拍卖的销售;(c)根据法律执行令状或其它令状的销售;(d)公债、股票、投资证券、流通票据或货币的销售;(e)船舶、船只、气垫船或飞机的销售;(f)电力的销售。

从这些规定可以看出,公约主要适用以商业为目的的有形的动产销售。在以上六种被排除的标的物中,有的是属于特殊贸易的标的物,这些特殊买卖要统一起来比较困难,如供私人、家人或家庭使用而购买的货物,属于消费品买卖。现在大多数国家都注意保护消费者的利益,制定了保护消费者的法律和产品责任法,而且都是强制性法律,为了避免法律冲突,《公约》将其排除在外。有的则不属于货物的范畴,如公债、股票、投资证券、流通票据等,电力在许多国家也不被列为货物的范畴。拍卖情况比较复杂,各国对拍卖也都定有自己的专门法律,拍卖一般要受拍卖发生地国家法律约束,因此,公约将拍卖留待拍卖发生地国家的法律去管辖。对于依执行令状或法律授权的买卖,与一般国际货物买卖有根本的差别,当事人之间无法洽谈合同的条款,而且买卖的方式和效力要受有关国家的特殊法律规则的支配。而船舶、飞机等买卖要受各国国内法的约束,难以统一,因此也都被排除在《公约》的适用范围之外。

4. 不能适用《联合国国际货物买卖合同公约》的与货物买卖有关的合同

所谓买卖合同,是指由卖方将货物的所有权转换给买方,以换取买方的金钱作为对价。有些与货物买卖有关的合同,除了货物买卖之外,还有货物加工的性质,或者有其他服务的性质,这种合同是否适用公约,应取决于该合同的主要性质。

根据《公约》第3条的规定,供应尚待制造或生产的货物的合同应视为销售合同。所谓供应尚待制造或生产的货物的合同,是指买卖双方当事人在订立合同时,合同项下的货物还没有被制造或生产出来,是属于等待制造或生产的货物,这种合同属于买卖合同,应适用公约。

但是,如果订购货物的买方对这种尚待制造或生产的货物提供了大部分重要的原材料,卖方只提供了少部分的不重要的原材料,此时,双方当事人之间合同的主要性质是加工,买卖不是合同的主要性质,在这种情况下,该合同不能适用公约。根据《公约》第3条的规定,如果买卖合同中含有服务性质,而且供应货物的卖方绝大部分义务是供应劳力或其他服务,一小部分义务是供应货物,也就是说,合同的主要性质是服务,这种情况下,合同应视为服务合同,不能适用公约。

应注意的是,在含有服务性质的买卖合同中,卖方既要供应货物又要提供服务,这两者之间应有相互联系,并且都被规定在一个合同之中。如果两者之间没有联系,即使都被规定在一个合同内,也应视为两个合同,分别适用不同的法律。这种合同被西方国家称为可分割的合同。在国际贸易中,分批交货、含有服务性质的合同以及既供应设备又转让技术的合同都有可能被视为可分割的合同,作为两个或两个以上的合同处理。《公约》没有涉及合同是否可以被分割的问题,只强调如果卖方提供服务的义务不是合同绝大部分义务,就可以适用该公约的规定。

5.适用《联合国国际货物买卖合同公约》的实体法范围

根据合同公约的规定,即使一个国际货物买卖合同完全具备了适用该公约的条件,也不意味着该合同的一切问题都能够根据该公约得到解决。公约第4条规定,本公约只适用于销售合同的订立和卖方和买方因此种合同而产生的权利和义务。特别是,本公约除非另有明文规定,与以下事项无关:(a)合同的效力,或其任何条款的效力,或任何惯例的效力;(b)合同对所售货物所有权可能产生的影响。(c)卖方对所出售货物造成他人死亡或伤害的产品责任问题。

6.公约的任意性

《联合国国际货物买卖合同公约》主要调整买卖双方之间的法律关系,具有私法的性质,体现出"意思自治"和"契约自由"等原则,合同当事人可以自由约定合同的内容。关于《公约》对合同是否适用的问题,买卖双方可以在合同中作出约定。公约第6条规定,买卖双方可以在合同中约定不适用该公约,也可以在合同中约定减损或修改该公约的任何规定。可见,《公约》的规定是任意性的,允许双方当事人在合同中作出与公约不同的规定,当合同规定与公约规定不一致时,应以合同规定为准,合同条款优于公约的规定,公约的规定只有在合同没有规定或者合同规定无效时才被适用,公约的规定是对合同的一种补充。

公约本来允许合同的非书面形式,即合同可以以口头形式订立,但有一些国家的法律规定必须以书面形式订立合同,口头订立无效。基于这种情况,公约又规定允许这些国家对公约关于非书面合同形式作出保留。《公约》第12条规定,如果一个国家对该公约非书面形式的规定作了保留,营业地处于该国家的当事人就应以书面形式订立合同。对当事人来说,这是强制性的,当事人不能以"契约自由"为由,在合同中通过更改公约规定的办法来更改公约第12条的规定。我国曾对该条款提出保留,但我国《合同法》也不再要求合同(包括国际贸易合同)必须采用书面形式。为适应这种变化,2013年1月16日中国向联合国国际贸易法委员会秘书处递交了撤销该保留的文件,自2013年8月1日起撤销了书面形式的保留。

二、国际货物买卖合同的成立

国际货物买卖合同和其他合同一样,也是双方当事人意思表示一致的结果,它是通过一方当事人提出要约和另一方当事人对要约作出承诺而成立的。国际货物买卖中从具体的货物买卖业务角度出发,规定了发价和接受。《公约》第14条规定,向一个或一个以上特定的人提出的订立合同的建议,如果十分确定并且表明发价人在得到接受时承受约束的意旨,即构成发价。《公约》第18条规定,被发价人以作出声明或以其他行为对某项发价表示同意,即为接受。国际货物买卖合同的成立,应适用《公约》的第二部分,我国《合同法》的制定在很大程度上借鉴了《公约》的相关规定。

第四节　卖方与买方的主要义务

一、卖方的义务

（一）卖方的交货义务

所谓交付货物,是指卖方自愿地交付对货物的占有权,也就是转移对货物的占有。交货有两种做法:一种做法叫作实际交货,即由卖方把货物置于买方的实际占有之下;另一种做法叫作拟制交货或推定交货,卖方向买方提交代表货物所有权的单证的象征性交货。

根据各国法律及《公约》的规定,卖方应按照合同约定交付货物。如果合同中没有对交付货物的时间、地点或方式作出具体而明确的规定,可以参照国内法或《公约》有关规定。

1.关于交货时间

交货时间是一个关乎经济成本利益的问题。《公约》第33条规定:"卖方必须按以下规定的日期交付货物:(a)如果合同规定有日期,或从合同可以确定日期,应在该日期交货;(b)如果合同规定有一段时间,或从合同可以确定一段时间,除非情况表明应由买方选定一个日期外,应在该段时间内任何时候交货;或者(c)在其它情况下,应在订立合同后一段合理时间内交货。"至于何谓合理的时间,应根据交易的具体情况确定。

2.关于交货地点

如果买卖合同对交货地点已作出规定,则卖方应根据合同规定的地点交货。如果买卖合同对交货地点没有作出规定,则根据《公约》第31条的规定,卖方应当根据以下3种不同的情况履行交货义务。

①如果买卖合同没有规定具体的交货地点,而该合同又涉及货物的运输,就要求卖方把货物运送给买方,此时卖方的交货义务就是把货物交给第一承运人。即使这批货物需要经过两个以上的承运人才能运交买方,但是卖方也只需要把货物交给第一承运人,就已经履行交货的义务。不仅如此,根据《公约》第67条的规定,在这种情况下,从货物根据合同规定交付给第一承运人时起,风险就由卖方转移于买方。

②如果买卖合同既没有规定具体的交货地点,又不要求卖方把货物运交给买方,即合同中没有涉及卖方应当负责运输的事项,如果该合同出售的货物是特定物,或者是从某批特定的存货中提取的货物,或者是尚待加工生产或制造的未经特定化的货物,而双方当事人在订立买卖合同时已经知道这些货物存放在这个地方,或者已经知道它们将在某个地方生产或制造,则卖方应当在该地点把货物交给买方处置。

③除上述情况外,在其他情况下,卖方的交货义务是在其订立合同时的营业地点将货物交由买方处置。所谓交由买方处置,是指卖方采取一切必要的行动,让买方能够取得货物。

但是,《公约》的上述规定只有在买卖合同对交货地点没有作出规定时才适用。如果双方当事人已经使用某种贸易术语,明确地规定了交货地点,则应视为双方当事人已经在合同中约定了贸易惯例所规定的地点,卖方的义务是把货物交到贸易术语所确定的地点。

《公约》第32条还规定,如果买卖合同涉及货物运输事宜,即合同要求卖方通过承运人把货物交运买方时,卖方还应承担下列额外的义务:

①如果卖方按照合同或本公约的规定将货物交付给承运人,但货物没有以货物上加标记、或以装运单据或其它方式清楚地注明有关合同,卖方必须向买方发出列明货物的发货通知。

这项规定实质上是把货物特定化。所谓把货物确定在合同项下,就是以某种行为明确地指定以该项货物作为履行合同的标的。根据许多国家的法律规定,卖方将货物特定化,是货物所有权与风险由卖方转移到买方的必要条件。在货物特定化之前,货物的所有权与风险原则上不转移于买方。

②如果卖方有义务安排货物的运输,他必须订立必要的合同,以按照通常运输条件,用适合情况的运输工具,把货物运到指定地点。

③如果卖方没有义务对货物的运输办理保险,他必须在买方提出要求时,向买方提供一切现有的必要资料,使他能够办理这种保险。

(二)提交与货物有关的单据

在国际货物买卖中,单据具有十分重要的作用。它们是买方提取货物办理报关手续、转售货物以及向承运人或保险公司请求赔偿所必不可少的文件。根据国际贸易惯例,在大多数情况下,卖方都有义务向买方提交有关货物的各种单据,而且买卖合同也往往规定,以卖方移交装运单据作为买方支付货款的对流条件。《公约》明确地规定,移交有关货物的单据,是卖方的一项主要义务。根据《公约》第34条的规定,如果卖方有义务移交与货物有关的单据,他必须按照合同所规定的时间、地点和方式移交这些单据。这类与货物有关的单据,主要是指提单、保险单与商业发票,有时还可能包括领事发票、原产地证书、重量证书或品质检验证书等。

(三)卖方的品质担保义务

品质担保是指卖方所交付的货物应与合同规定的数量、质量和规格相符,或在没有约定时按照法律规定的货物所应具备的通常品质提交货物的义务。

关于卖方对货物的品质担保义务,各国的法律与《公约》都作出了具体的规定。一般而言,如果买卖合同对货物的品质规格已经作出了具体的规定,则卖方应根据合同规定的品质与规格交货;如果买卖合同对货物的品质与规格没有作出具体的规定,则卖方必须根据合同应当适用的有关法律规定办理。

《公约》对卖方的品质担保义务作出了明确的规定。根据《公约》第35条的规定,卖方交付的货物必须与合同所规定的数量、质量和规格相符,并须按照合同所规定的方式装箱或包装。除双方当事人业已另有协议外,货物除非符合以下规定,否则即为与合同不符:(a)货物适用于同一规格货物通常使用的目的;(b)货物适用于订立合同时曾明示或默示地通知卖方的任何特定目的,除非情况表明买方并不依赖卖方的技能和判断力,或者这种依赖对他是不合理的;(c)货物的质量与卖方向买方提供的货物样品或样式相同;(d)货物按照同类货物通用的方式装箱或包装,如果没有此种通用方式,则按照足以保全和保护货物的方式装箱或包装。如果买方在订立合同时知道或者不可能不知道货物不符合同,卖方就无须按上一款(a)项至(d)项负有此种不符合同的责任。

以上四项义务,是在双方当事人没有其他约定的情况下由公约加之于卖方身上的义务。它们反映了买方在正常交易中对其购买的货物所抱有的合理期望。因此,只要双方当事人在合同中没有作出与此相反的规定,《公约》的上述规定就适用于他们之间的合同。

《公约》还对卖方承担上述义务的时间作出了明确的规定。例如,《公约》第 36 条规定,卖方应按照合同和本公约的规定,对风险移转到买方时所存在的任何不符合同情形,负有责任,即使这种不符合同情形在该时间后方始明显。

《公约》还规定,在某些情况下,卖方对货物在风险转移于买方之后发生的任何不符合合同要求的情形也应承担责任,即这种不符合合同情形的发生是由于卖方违反了他的某项义务,包括违反关于货物在一定期限内将继续适合于其通常用途或某种特定用途的保证。

(四) 卖方的权利担保义务

权利担保是指卖方应保证对其出售的货物享有合法的权利,没有侵犯任何第三人的权利,并且任何第三人不会就该项货物向买方主张任何权利。根据各国的法律规定,上述权利担保义务是卖方的一项法定义务,即使在买卖合同中对此没有作出规定,卖方依法仍应承担此项义务。《公约》对卖方权利担保义务的规定,主要有以下两项。

1.卖方所交付的货物,必须是第三方不能提出任何权利或要求的货物

《公约》第 41 条规定,卖方所交付的货物,必须是第三方不能提出任何权利或要求的货物,除非买方同意在这种权利或要求的条件下,收取货物。这项规定实质上就是要求卖方保证对所售货物享有合法的权益。这往往涉及货物的所有权或担保物权方面的问题。这里应当注意的是,根据《公约》第 41 条的规定,该公约是不涉及买卖合同对货物所有权产生的影响等问题的。因此,如果卖方把不属于他所有或未经货主合法授权出售的货物卖给了买方,而买方由于不知情而买受了这批货物,一旦这批货物的真正所有人向买方提出权利请求时,该善意的买主是否能在法律上受到保护,货物的真正所有人是否能把这批货物追夺回来?这个问题是不能根据《公约》处理的。

2.卖方交付的货物不得侵犯任何第三人的工业产权或其他知识产权

《公约》第 42 条的规定,卖方交付的货物必须是第三人不能根据工业产权或其他知识产权提出任何权利或请求的货物。这一规定与某些国家的国内法的规定是差不多的。但是,国际货物买卖比国内货物买卖更为复杂。因为在国际交易中,侵犯工业产权或其他知识产权大都涉及卖方国家以外的其他国家。因为工业产权或知识产权是具有地域性的,各国授予的工业产权或知识产权是相互独立的。基于上述复杂的情况,《公约》并不是绝对地要求

卖方必须保证他交付的货物不得侵犯任何第三人的工业产权或其他知识产权,而是有一定的条件限制的,这些限制条件是:

①卖方只有当其在订立合同时已经知道或不可能不知道第三人对其货物会提出工业产权方面的权利或请求时,才对买方承担责任。

②卖方并不是对第三人根据任何一国的法律提出的工业产权或知识产权的权利或请求都要向买方承担责任,而只有在下列情况下才必须向买方负责:一是如果买卖双方在订立合同时已经知道买方打算将该项货物转售到某一个国家,则卖方对于第三人根据该国法律提出的有关工业产权或知识产权的权利或请求,应对买方承担责任。二是在任何其他情况下,卖方对第三人根据买方营业地所在国法律提出的有关侵犯工业产权或知识产权的请求,应对买方承担责任。

③如果买方在订立合同时,已经知道或不可能不知道第三人对货物会提出有关侵犯工业产权或知识产权的权利或请求,则卖方对由此引起的后果不承担责任。

④如果第三人提出的有关侵犯工业产权或知识产权的权利或请求,是由于卖方根据买方提供的技术图纸、图案或其他规格为其制造产品而引起的,则应由买方对此负责,卖方对此不承担责任。

此外,《公约》还规定,买方在已经知道或理应知道第三人对货物的权利或请求后,应在合理的时间内通知卖方,否则,买方就会丧失援引上述第41条与第42条规定的权利,除非买方对未及时通知卖方能提出合理的理由。

（五）检验货物的时间与地点

为了鉴定卖方所交的货物是否与合同相符,各国的法律一般都承认买方有权对货物进行检验。如果经过检验发现货物与合同不相符,买方有权向卖方要求赔偿损失甚至可以要求退换货物。《公约》对检验货物的时间与地点作出了明确的规定。

1. 检验货物的时间

《公约》第38条第1款规定:"买方必须在按情况实际可行的最短时间内检验货物或由他人检验货物。"何谓"按情况实际可行的最短时间",主要根据货物的性质、交易的情况与贸易惯例确定。

2. 检验货物的地点

《公约》第38条第2款与第3款对检验的地点作出了规定。其中第2款规定:如果合同涉及货物的运输,检验可推迟到货物到达目的地后进行。《公约》第38条第3款还进一步规定:"如果货物在运输途中改运或买方须再发运货物,没有合理机会加以检验,而卖方在订立合同时已知道或理应知道这种改运或再发运的可能性,检验可推迟到货物到达新目的地后进行。"

3. 通知货物不符合合同的时间

当买方发现卖方所交货物不符合合同的要求时,应根据合同或法律规定的时间通知卖方,并提出索赔或退换货物的要求。对此问题,《公约》第39条作出了以下两项规定:①买方对货物不符合同,必须在发现或理应发现不符情形后一段合理时间内通知卖方,说明不符合同情形的性质,否则就丧失声称货物不符合同的权利。②无论如何,如果买方不在实际收到货物之日起两年内将货物不符合同情形通知卖方,他就丧失声称货物不符合同的权利,除非这一时限与合同规定的保证期限不符。

二、买方的义务

买方的义务通常与卖方的权利相对应。根据各国的法律和《公约》的规定,如果当事人没有在合同中进行特别的约定,买方应主要承担两项义务:一是支付货款;二是收取货物。

（一）支付货款

根据《公约》的规定,买方支付货款的义务涉及许多方面的问题,例如,履行必要的付款手续、合理确定货物的价格以及确定付款的时间与地点等。对这些问题《公约》的规定比许多国家的国内法都更加详细与具体。

1.履行必要的付款手续

《公约》第54条规定,买方支付价款的义务包括根据合同或任何有关法律和规章规定的步骤和手续,以便支付价款。规定的步骤及手续主要是指根据买卖合同的规定,向银行申请开出信用证或银行保函;在实行外汇管制的国家,还必须根据有关法律或规章的规定,向政府申请取得为支付货款所必需的外汇。

2.确定货物的价格

如果买卖合同已经规定了货物的价格或规定了确定价格的方法,则买方应当根据合同规定的价格付款。但是,如果合同没有明示地或默示地规定货物的价格或规定确定价格的方法,在这种情况下,如果合同已有效成立,则应当认为双方当事人已默示引用订立合同时这种货物在有关贸易中在类似情况下出售的通常价格。《公约》的这项规定,是为了使合同不致由于没有规定价格或计价方法而不能履行,但是《公约》的这一规定与某些国家的法律规定有所不同。根据某些国家,例如,英国和美国等国的法律规定,如果货物买卖合同没有规定货物的价格或确定价格的方法,则一般应根据交货时的合理价格确定货物的价金,但是《公约》规定应根据订立合同时的通常价格确定货物的价金。

《公约》第56条还规定,如果价格是按货物的重量规定的,如有疑问,应按净重确定。

3.支付货款的地点

如果双方在买卖合同中对付款的地点已经有明确的规定,则买方应在合同规定的地点付款。如果买卖合同对付款地点没有作出具体的规定,则买方应根据《公约》第57条的规定,在下列地点向卖方支付货款:①在卖方的营业地付款。如果卖方有一个以上的营业地点,则买方应在与该合同及合同的履行关系最为密切的那个营业地点向卖方支付货款。②如果是凭移交货物或单据支付货款,则买方应在移交货物或单据的地点支付货款。

此外,根据《公约》的规定,如果卖方的营业地点在订立合同后发生变动,由于卖方营业地点的变动而引起的在支付方面增加的开支,应由卖方承担。

4. 支付货款的时间

《公约》第 58 条规定了买方支付货款的时间与条件,它包括以下 3 项内容:①如果买方没有义务在任何其它特定时间内支付价款,他必须于卖方按照合同和本公约规定将货物或控制货物处置权的单据交给买方处置时支付价款。卖方可以支付价款作为移交货物或单据的条件。②如果合同涉及到货物的运输,卖方可以在支付价款后方可把货物或控制货物处置权的单据移交给买方作为发运货物的条件。③买方在未有机会检验货物前,无义务支付价款,除非这种机会与双方当事人议定的交货或支付程序相抵触。另外,《公约》明确地指出,如果买方在付款之前要求对货物进行检验的权利与双方约定的交货或付款程序相抵触,买方就无权要求在付款以前先检验货物。

(二) 收取货物

根据《公约》第 60 条的规定,买方收取货物的义务主要包括以下两项内容:①采取一切理应采取的行动,以期卖方能交付货物;②接收货物。买方有义务在卖方交货时接收货物。如果买方不及时接收货物,有时就可能会对卖方的利益产生直接的影响。如果买方不及时提货,卖方就可能要对承运人支付滞期费及其他费用,对此买方应承担责任。

第五节 违约及其救济方法

违约是指订立合同的当事人没有按照合同的规定履行其合同义务。对于除因不可抗力或者情势变更或合同落空等原因造成的不履行合同的行为,行为人应当承担相应的法律责任,即违约责任。要求违约方承担违约责任的权利即是法律赋予守约方的一种对利益损失的救济。国际货物买卖合同是合同的一种,关于合同违约及违约的救济方法,都可以具体运用于国际货物买卖合同。本节主要从《公约》的角度对国际货物买卖中的违约救济方法进行阐述。

一、违约的类型

(一) 根本违约与非根本违约

《公约》根据违约的后果以及违约当事人主观上是否预见其违约的后果,把违约划分为根本违约和非根本违约两种情形。根据《公约》第 25 条规定,根本违约是指:"一方当事人违反合同的结果,如使另一方当事人蒙受损害,以致于实际上剥夺了他根据合同规定有权期待得到的东西,即为根本违反合同,除非违反合同一方并不预知而且一个同等资格、通情达理的人处于相同情况中也没有理由预知会发生这种结果。"

把违约划分为根本违约和非根本违约的意义主要在于补救措施不同,根本违约下,受损方可以解除合同并要求损害赔偿;非根本违约下,受损方只能要求损害赔偿,而不能要求解除合同。

(二) 实际违约与预期违约

根据违约事实是否发生,《公约》又把违约分成实际违约和预期违约两种情形。实际违约是指当事人违约事实已经发生的违约情形,在合同规定的履行期限内,合同当事人没有履行合同,从而构成违约,实际违约下,受损方有权采取相应的补救措施。在合同规定的履行期限前,某些情况已经显示出当事人在合同规定的期限内显然将不履行大部分重要的合同义务,这一情形被称为预期违约,预期违约是一种能够预见到的很有可能的将来违约,是违约事实还没有实际发生的违约。

与实际违约相比,预期违约有以下特点:①预期违约发生在合同规定的履行期限之前,而实际违约发生在合同规定的履行期限之后。②预期违约是指将来违约的一种可能性,而实际违约指的是已经发生违约事实。③预期违约的当事人暂时不承担预期违约责任,等到合同规定的履约期限届满,已构成实际违约时才承担违约责任;而实际违约的当事人应承担违约责任。④预期违约下,对方当事人所采取的补救措施只能是中止履行合同,只有在预期违约方将来根本不能履行合同的大部分重要义务的情况下,才能采取宣告合同无效的补救措施;而实际违约下,对方所采取的补救措施是除中止履行合同以外的其他补救措施,可见,两种违约下所采取的补救措施是不同的。

二、违约的救济方法

(一) 买卖双方均可采取的补救措施

1. 实际履行

实际履行作为一项合同履行的原则是"契约必须信守"的体现,是合同效力使然,也是各国合同法所普遍遵循的履行原则。实际履行也可以作为一种救济方式,是指在合同遭到违反时,守约方不希望采取其他救济手段而要求违约方实际履行合同义务的一种补救措施。即实际履行是指一方当事人不履行义务时,另一方当事人要求违约方按照规定履行义务的一种补救措施。如《公约》第45条规定,买方可以要求卖方履行义务,第47条规定"买方可以规定一段合理时限的额外时间,让卖方履行其义务",第62条规定"卖方可以要求买方支付价款、收取货物或履行他的其它义务"等。应注意的是,要求实际履行的一方当事人不能采取与实际履行相抵触的其他补救措施。另外,各国法律对实际履行的观点不尽相同,为了调和大陆法系与英美法系在此问题上存在的分歧,《公约》第28条规定:"一方当事人有权要求另一方当事人履行某一义务,法院没有义务做出判决,要求具体履行此一义务,除非法院依照其本身的法律对不属本公约范围的类似销售合同愿意这样做。"

2. 迟延履行宽限期

宽限期也被称为额外履约期限,是指一方当事人没有按照合同规定的时间履行义务,另一方当事人又规定了一段额外时间,让违约方在这段额外时间内继续履行义务。《公约》第47条规定:买方可以规定一段合理时限的额外时间,让卖方履行其义务。第63条又规定:卖方可以规定一段合理时限的额外时间,让买方履行义务。给予违约方额外履约期限时应受如下限制:

①受损方在额外履约期限内不得采取与此相抵触的其他补救措施。

　　②受损方给予的额外履约期限必须是合理、明确而具体的。额外履约期限的合理性,主要是指额外履约期限的长短应合理,至于多长时间是合理的,需要根据违约方的具体情况来判断。

　　③受损方应将额外履约期限通知违约方,让违约方了解在其违约后合同所处的状态和继续履行义务的时间,以便继续履行合同。

　　给予违约方额外履约期限后,通常会发生两种情况,也会产生两种不同的法律后果:如果违约方在额外履约期限内履行了义务,受损方只能要求损害赔偿,不能要求解除合同。如果违约方在额外履约期限内仍不履约或声称将不履约,受损方既有权解除合同,也有权要求损害赔偿。

　　3. 损害赔偿

　　损害赔偿是指一方对其因违约给对方造成的利益上的损害进行金钱上的补偿的救济措施。损害赔偿可以单独行使,也可以与其他措施共同行使。《公约》第 45 条和第 61 条规定,如果卖方或买方不履行他在合同和本公约中的任何义务,买方或卖方就可以要求损害赔偿。但根据该公约第 79 条,如果违约方能够证明其不履行义务是由于不可抗力造成的,则对其不履行义务可以不负责任,即免除损害赔偿责任。

　　确定违约方损害赔偿的原则与责任范围,应依据《公约》如下规定:

　　①损害赔偿数额应与受损方实际损失数额相等,即违约方赔偿数额应是受损方遭受到的包括利润在内的实际损失。

　　②损害赔偿数额应以违约方能够预见到的损失为限,即损害赔偿数额不得超过违约方在订立合同时对违约能够预料到或理应预料到的损失。

　　③对受损方扩大的损失不予赔偿,因为违约方违约时,受损方有义务采取合理措施,减轻由于违约方违约而引起的损失。如果受损方不采取合理措施致使损失扩大的,违约方对扩大的损失不予赔偿。

　　④当一方请求损害赔偿时,无须证明违约的一方有过失。只要一方违反合同,并给对方造成了损失,对方就可以要求其赔偿损失。可见《公约》没有采用过失责任原则。

　　⑤《公约》认为损害赔偿的请求权不因当事人采取其他救济方法而受到影响。根据《公约》第 45 条第 2 款与第 61 条第 2 款的规定,当卖方或买方违反合同时,买方或卖方可能享有的要求损害赔偿的权利,并不因为他已经采取其他救济而丧失。

　　4. 解除合同

　　解除合同是指在合同订立后,尚未履行或尚未全部履行之前,由于一方当事人的根本违约等违约情形,另一方当事人为了弥补或减少损失而提前终止合同的效力,从而使合同中的权利和义务归于消灭的一种补救措施。受损方要解除合同必须向违约方宣告,即向违约方发出通知,合同才能被解除。解除合同的通知,一经发出就有效,产生合同被解除的法律后果。由于解除合同常会给违约方带来很大损失,为了对违约方公平,《公约》对解除合同进行了严格限制,这些限制主要体现在解除合同的条件和时间方面。

　　受损方具备下列条件才有权解除合同:

①违约方的违约行为构成了根本违约。

②违约方在受损方所给予的合理额外履约期限内仍不履约或声称将不履约。

③分批交货情况下，如果一方当事人不履行任何一批货物的义务，对该批货物已经构成根本违约，另一方当事人有权宣告合同对该批货物无效；如果一方当事人不履行任何一批货物义务，使另一方当事人有充分理由断定其对今后各批货物将发生根本违约，则该另一方当事人可以在一段合理时间内宣告合同今后无效；如果各批货物是相互依存的，不能单独用于双方当事人在订立合同时所设想的目的，则买方在宣告合同对任何一批货物的交付为无效时，可以同时宣告合同对已经交付的或今后交付的各批货物均为无效。

5. 中止履行合同

中止履行合同是指在一方当事人预期违约的情况下，另一方当事人暂时停止履行合同义务的行为。中止履行合同是一种对利益损失的预先救济方式，或者说是一种避免或减少损失的措施，是一种事前的防范。中止履行合同可以应用于预期违约情况下，也可以在实际违约时采用。根据《公约》的规定，一方作出中止履行合同的行为必须基于以下判断：①另一方当事人履行义务的能力或信用有严重缺陷；②他在准备履行合同或履行合同中的行为表明他显然将不履行大部分重要义务。另一方当事人为了尽早减少自己的损失，有权暂时停止履行合同，但必须及时通知预期违约方。中止履行合同后，如果预期违约方提供了充分的履约担保，则中止方必须结束中止行为，继续履行合同。中止履行合同适用于一方当事人预期违约的情况，如果一方当事人已经实际违约，则应采取其他的补救措施。

（二）买方可以单独采取的补救措施

1. 要求卖方交付替代货物

如果卖方交付货物与合同不符且已经构成根本违约，买方可以要求卖方交付替代货物，交付替代货物实际上是实际履行措施的一种。《公约》第 46 条第 2 款规定，如果卖方所交付的货物与合同规定不相符，而且这种不符合合同的情形已构成根本违反合同，则买方有权要求卖方另外再交一批符合合同要求的货物，以替代原来那批不符合合同要求的货物。但是，买方在采用这种救济办法时，受一项条件的限制，即只有当卖方所交的货物不符合合同的情形相当严重，业已构成根本违反合同时，买方才可以要求卖方交付替代货物。

买方要求卖方交付替代货物，不得再采取与交付替代货物相抵触的其他措施，如解除合同等。根据《公约》的规定，如果买方要求卖方交付替代货物，则买方必须在向卖方发出货物与合同不相符的通知时提出此项要求，或者在发出上述通知后的一段合理的时间内提出这种要求。按照《公约》第 82 条的规定，买方还应按照收到货物的原状将货物退还给卖方，否则买方就丧失了要求卖方交付替代货物的权利。应该指出的是，卖方即使交付了相符的替代货物，对原来交付不符货物给买方造成的损失，买方仍然有权要求赔偿。

2. 要求卖方对不符货物进行修补

《公约》第 46 条第 3 款规定，如果卖方所交的货物与合同规定不相符，则买方可以要求卖方通过修理对不符合合同之处做出补救。这项规定适用于货物不符合合同的情况并不严重,尚未构成根本违反合同,只需卖方加以修理即可使之符合合同要求的情形。这对买卖双方都是比较方便的。比如,对有缺陷的部分进行修理、调整或者更换,使货物与合同相符。买方要求卖方修补不符货物,实际上也是实际履行措施的一种。卖方可亲自修理或派人修理不符货物,买方也可以自行修理或就近请第三人修理不符货物,由卖方承担修理费用。

3. 要求卖方降低货物价格

如果卖方交付货物与合同不符,买方可以接受该不符货物,同时要求卖方降低货物价格。不管货款是否已经支付,买方都有要求降低货物价格的权利。根据《公约》的规定,买方要求降低价格后应支付的货款,应该按照实际交付的不符货物在交货时的价格与应交付的相符货物在交货时的价格之间的比例计算,可用下列公式表示:减价后应付的金额＝ $K_p \times D_p/C_p$。其中, K_p 表示合同价格, D_p 表示不符货物在交货时的价格, C_p 表示相符货物在交货时的价格。

第六节　货物风险的转移

在国际货物买卖中,风险是指承担风险责任的当事人一方必须承担货物意外损坏或灭失的责任,而不要求另一方当事人对此承担责任。引起货物灭失和损害的原因很多,有些损失是买卖双方的责任造成的,如卖方对货物包装不良等;有些损失是由于运输途中的风险造成的,如海上风浪等。不同原因造成的损失,其法律处理结果也是不同的:因买卖双方的责任所造成的损失,理应由责任方承担;因风险所造成的损失,则应由承担风险的一方当事人来承担。由于国际货物买卖通常涉及长途运输,买卖双方都无法准确预知货物的实际状况,风险作为一种责任的承担,对买卖双方而言都是一种负担,因此,如何将这种负担尽可能限制在必需的范围内,或者说将负担尽可能快地转移给对方当事人,成为国际货物买卖当事人重视的问题。

风险转移(passing of risk)是指货物风险由卖方承担转为买方承担。风险转移之前,卖方应把货物特定化,特定化货物是风险转移的前提条件。风险转移的关键是风险转移的时间,风险转移越早对卖方越有利。风险转移的时间,可以由买卖双方在合同中明确规定,也可以通过选择贸易术语来确定。如果买卖双方在合同中没有规定,也没有通过贸易术语来确定风险转移的时间,则应根据《联合国国际货物买卖合同公约》的规定来确定风险转移的时间。

一、各国法律有关风险转移的原则

对货物风险的转移,各国的法律都作出了规定,但是规定各不相同,大致有以下两种划分原则。

(一) 物主承担风险原则

这是指将货物风险转移与所有权转移联系在一起,以货物的所有权转移的时间决定风险转移的时间,即货物的风险是随着所有权的转移而转移的。英国与法国等国家的法律是这样规定的,其中英国法律的规定更加明确。例如根据英国1893年《货物买卖法》的规定,除了双方当事人另有约定外,在货物的所有权转移给买方以前,货物的风险由卖方承担;但是当所有权已经转移给买方时,货物的风险就由买方承担,不论是否已经交货。如果买卖双方中任何一方的过失,使交货延误,那么,货物的风险应由有过失的一方承担。同时,该买卖法第32条第3款规定,如果买卖合同涉及海上运输,根据通常情况需要投保海上运输保险时,则卖方有义务通知买方投保,如果卖方没有及时通知买方,使买方不能向保险公司投保时,则卖方必须承担货物在运输途中的风险。《法国民法典》第1585条也对物主承担风险原则作了规定。

(二) 交货时间决定风险原则

美国、德国、瑞士、奥地利以及斯堪的纳维亚各国的法律均采取这种处理办法,即对货物风险转移的基本原则是以交货时间决定风险转移的时间。这些国家认为,以一个不可提供的所有权转移问题决定风险转移这个实际问题是不妥当的。美国《统一商法典》起草时抛弃了英国法系中以所有权决定风险的陈旧观念,主张以交货时间确定风险转移的时间。他们认为,因为风险转移是一个实际问题,而所有权转移是一个不可捉摸的、抽象的、难以证明的问题,所以,用所有权转移决定风险转移的规定是不妥当的。他们主张原则上应以交货时间决定风险转移的时间。美国《统一商法典》规定,在没有违约的情况下,风险转移的时间应根据以下两种不同的情况确定:①当货物需要交由承运人运输时。如果买卖合同授权或要求卖方将货物交由承运人运送,但是并不要求卖方将货物交到某个特定的目的地,则货物的风险应于卖方将货物适当地交付给承运人时起转移于买方;如果买卖合同要求卖方将货物交到指定的目的地,则货物的风险须于卖方在目的地向买方提交货物时转移于买方,在运输途中的风险,仍由卖方承担。②当货物已经存放在受托人处无须移动即可交货时。如货物已经存入仓库由仓库保管人掌管,卖方可以不必移动货物,可让买方直接向仓库提货。在这种情况下,货物的风险从何时起转移于买方,需视卖方对货物的受托人是否出具了代表货物的所有权单据,以及他所出具的是流通性的物权凭证还是非流通性的物权凭证而定。如果已经出具了代表货物的流通性的物权凭证,则货物的风险应于买方收到该项可流通的物权凭证时起转移于买方;货物的风险在受托人承认买方有占有货物的权利时起转移于买方;如果买方收到的单据是非流通性的物权凭证或指示受托人交货的其他书面文件,则应经过一段合理的时间让买方将他对货物的权利通知受托人后,货物的风险才转移于买方。如果受托人拒绝根据单据上的指示交货,则卖方的交货就不能成立,货物的风险仍由卖方负担。

二、《联合国国际货物买卖合同公约》关于风险转移时间的有关规定

(一)《公约》允许双方当事人在合同中约定有关风险转移的规则

根据《公约》的规定,双方当事人可以在合同中使用某种国际贸易术语,或者以其他办法规定货物损失的风险从卖方转移于买方的时间及条件。如果双方当事人在合同中对此作出了具体的规定,其效力将高于《公约》的规定。

（二）当买卖合同涉及运输时风险何时转移

《公约》第 67 条规定,如果买卖合同涉及到货物的运输,但卖方没有义务在某一特定地点交付货物,自货物按照买卖合同交付给第一承运人以转交给买方时起,风险就转移到买方承担。如果卖方有义务在某一特定地点把货物交付给承运人,在货物于该地点交付给承运人以前,风险不移转到买方承担。卖方有权保留控制货物处置权的单据,并不影响风险的转移。但是,在货物以货物上加标记、或以装运单据、或向买方发出通知或其它方式清楚地注明有关合同以前,风险不转移到买方承担。

（三）货物在运输途中出售时风险何时转移

当卖方先将货物装上开往某个目的地的船舶,然后再寻找适当的买主订立买卖合同时,这种交易就是在运输途中进行的货物买卖,这在外贸业务中被称为"海上路货"。根据《公约》第 68 条的规定,对于在运输途中销售的货物,从订立合同时起,风险就转移到买方承担。但是,如果情况表明有此需要,从货物交付给签发载有运输合同单据的承运人时起,风险就由买方承担。尽管如此,如果卖方在订立合同时已知道或理应知道货物已经遗失或损坏,而他又不将这一事实告之买方,则这种遗失或损坏应由卖方负责。

对于这个问题,《公约》规定了以下 3 项原则:①对于在运输途中出售的货物,原则上从订立买卖合同时起,风险就转移于买方。②如果情况表明有需要时,则从货物交付给签发了载有运输合同单据的承运人时起,风险就由买方承担。这项规定的目的是把风险转移的时间提前到订立合同之前,即提前到将货物交付给承运人的时候转移。因为在这种交易中,往往很难判断货物发生损失的确切时刻。至于何谓"情况表明有需要",必须根据具体的案情确定。③如果订立买卖合同时卖方已知道或理应知道货物已经发生灭失或损坏,而他又隐瞒这一事实不告知买方,则这种损失应由卖方负责。

（四）其他情况下风险何时转移

有些买卖合同并不涉及货物的运输问题,即由买方自行安排运输,在这种情况下,风险从何时起由卖方转移于买方,《公约》第 69 条作出了以下规定。

①在不属于第 67 条和第 68 条规定的情况下,从买方接收货物时起,或如果买方不在适当时间内这样做,则从货物交给他处置但他不收取货物从而违反合同时起,风险移转到买方承担。②但是,如果买方有义务在卖方营业地以外的某一地点接收货物,当交货时间已到而买方知道货物已在该地点交给他处置时,风险方始转移。③如果合同指的是当时未加识别的货物,则这些货物在未清楚注明有关合同以前,不得视为已交给买方处置。

三、风险转移的后果

《公约》第 66 条规定,货物在风险转移到买方承担后遗失或损坏,买方支付价款的义务并不因此解除,除非这种遗失或损坏是由于卖方的行为或不行为所造成。根据这项规定,一旦风险转移于买方之后,买方就要对货物的损失承担责任,即使货物发生灭失或损坏,买方仍然必须支付货款,而不得以此为理由拒付货款。但是,如果这种损失是由于卖方的作为或不作为造成的,则不受此限。

四、违约对风险转移的影响

《公约》所规定的风险转移时间,是在买卖合同正常履行情况下适用的。当事人违约,对风险转移是有影响的。买方违约通常是在接收货物和支付货款两个方面,对风险转移有影响的主要是接收货物方面的违约。如果买方迟延接收货物,将导致风险比规定的时间提前转移,风险在买方违约时转移。

卖方违约对风险转移有影响的方面主要是卖方交付不符货物。如果卖方交货不符但不构成根本违约,买方只能接受货物并可要求赔偿损失,这种情况下风险应按照规定正常转移给买方,也可以说,卖方的非根本违约对风险没有什么影响,风险应照常转移。

根据《公约》第70条规定,如果卖方已经根本违约,则《公约》中关于风险转移时间的规定,应不损害买方因此根本违约而采取的各种补救措施。所以,如果买方要解除合同,需要把货物退回,运输途中因风险所造成的货物损失也应一起转回由卖方承担。

五、国际贸易惯例的有关规定

在国际上,一些影响较大的贸易惯例,例如,国际商会制定的《国际贸易术语解释通则》与国际法协会制定的《1932年华沙-牛津规则》等,对风险转移的时间都有明确的规定。例如,根据《国际贸易术语解释通则》的规定,在工厂交货合同中,货物的风险是从卖方在工厂将货物交由买方支配时起转移于买方;在FOB、CFR与CIF合同中,货物的风险是从货物在装运港装船越过船舷时起转移于买方;在目的港交货合同中,货物的风险是在货物运到目的港由买方支配时起转移于买方。因此,如果双方当事人在买卖合同中采用了上述贸易术语,则应当根据这些贸易术语的规定确定风险转移的时间。

复习思考题

一、名词解释

1.国际货物买卖合同

2.品质担保

3.实际履行

二、简答题

1.根据《联合国国际货物买卖合同公约》的规定,买卖双方各自有哪些义务?

2.简述《联合国国际货物买卖合同公约》的主要内容及在我国的适用。

3.各国法律关于国际货物买卖中风险转移的原则是什么?

第四章 国际货物运输法

本章内容提示

国际贸易活动的顺利开展离不开通畅发达的国际货物运输体系的支撑。国际货物运输比普通国内运输时间往往更长,风险更大,涉及相关方众多,由于运输活动跨越两个或多个国家,在遇到运输事故和纠纷时,所参照的国际惯例、规则和法规往往就成为相关各方讨论和解决问题的焦点。本章将在介绍国际货物运输基本法律问题的基础上,重点讨论海洋运输方式涉及的国际公约、国际惯例的内容及应用。

第一节 国际货物运输概述

一、国际货物运输的概念和特点

国际货物运输就是通过一种运输方式或多种运输方式的组合,实现贸易类货物在国家和国家、国家和地区之间的空间转移。通常国际货物运输的对象都是国际贸易合同项下的货物,因此国际货物运输又称国际贸易运输。非贸易类物资运输的法律适用问题往往依据具体运输合同而定,不在本章讨论之列。

从本质上看,国际货物运输实现的不是物的交易,而是物的转移,因此其属于一种无形的国际贸易,即服务贸易的一种。相比国内运输,国际货物运输具有时间长、环节多、风险高、流程烦琐、涉及相关方众多、适用法律复杂等特点。特别在适用法律方面,其一方面规定了运输相关方的权利、义务和责任,另一方面也为可能发生的运输事故的妥善解决提供了法律依据。其法律特征主要包括:

1.跨国性

国际货物运输往往涉及不同国家的港口、站点,需要不同国家的海关、商检、卫生检疫等部门协同完成。其环节和责任主体的多样性决定了国际货物运输法律的跨国性特征。

2.独立性

虽然国际货物运输合同往往依托国际货物买卖合同的订立,但二者依托的国际惯例和国际公约各自独立,分属于不同的法律体系。

3.适用性

国际货物运输适用的主要法律规范是国际公约和国际惯例,相关国的国内法也起到了一定的补充作用。

各国在国际货物运输方面的法律法规千差万别,每一项贸易活动依据的国际公约也多有不同,因此有必要对各种运输方式下的国际货运惯例规则进行把握。

二、国际货物运输合同的当事人

国际货物运输法律关系的成立依托的是国际货物运输合同。国际货物运输合同指的是委托运输一方(托运人)向承担运输任务的一方(承运人)支付运费,承运人承诺将国际贸易货物由一国指定的港口、地点运往另一国指定港口或地点的跨国运输合同。因此,在国际货物运输合同里,当事人至少包括承运人和托运人。此外,合同当事人往往还会涉及收货人、提单持有人等相关方。

1. 承运人

承运人即与托运人签订运输协议,承担运输任务的一方。签订运输协议的人和实际完成运输任务的人可以是同一人,也可以不是。常见的承运人为运输公司或者货运代理人。

2. 托运人

托运人即与承运人签订运输协议,将货物交付承运人,委托承运人完成运输任务的一方。签订运输协议的人和实际交付货物的人可以是同一人,也可以不是。常见的托运人为出口商(卖方)或其代理。

3. 收货人

收货人即运输合同或提单、运单中订明的接受货物一方,一般表现为提货凭证的收货人一栏记载的人。收货人虽然没有参与运输合同的签订,但仍是运输合同的当事人,享有一定的权利,承担相应的义务。收货人多数情况下是外贸活动中的直接进口商(买方)或最终买方。

4. 提单持有人

提单持有人即海洋运输中持有提单的一方。在使用不记名提单时,提单持有人即拥有凭提单提货的权利。

三、国际货物运输的分类

根据运输方式的不同,国际货物运输可以分为海上运输、航空运输、铁路运输、公路运输、内河运输、管道运输、邮政运输、多式联运等。不同的运输方式涉及的法律规范也不同。由于海上运输在国际货物运输中历来占据最重要地位,下面笔者将重点介绍国际海上货物运输方面的法律。

第二节　国际海上货物运输法

一、国际海上货物运输的概念和种类

国际海上货物运输指的是船舶所有人或承运人通过船舶将托运人的货物从一国港口经

海上航道运到另一国港口,并收取相应运费的运输方式。它是国际贸易中历史悠久而且最重要的运输方式。即使在多种运输方式兴起并被广泛使用的今天,海洋运输的货运量占国际货运总量的比例仍在80%以上。国际海上货物运输包括班轮运输和租船运输两种方式。

1.班轮运输

班轮运输又称定期船运输,是指在固定航线上,在固定的停靠港口,按事先公布的船期表航行,并按照事先公布的运价表收取运费的运输方式。这种运输方式适用于成交量小、分运批次多、交货港口分散的货物,其运输特点也为进出口商订立买卖合同中的交货条款、掌握交接货时间、安排货物的运输提供了方便。班轮运输的主要操作对象是件杂货,而且其运输合同的内容通常体现在提单上,因此,班轮运输又被称作件杂货运输或提单运输。

2.租船运输

租船运输又称不定期船运输,指船舶出租人按一定条件将船舶全部或部分出租给承租人进行货物运输的方式。该运输方式没有固定的航期、航线、港口、费用,都是按照货源的要求和货主的运输要求来组织运输的,运输组织的法律依据是租船合同,主要适用于货物品种单一且量大、交货集中的糖、油、谷物、煤炭等大宗货物运输。常见的租船运输方式有航次租船和定期租船。

二、国际海上货物运输合同的相关法律问题

(一)国际海上货物运输合同的概念

根据《联合国海上货物运输公约》第1条第6款规定,"海上运输契约",是指承运人收取运费据以将货物从一个港口运往另一港口的契约。本章讨论的是国际货物运输,因此,这种运输方式还应当涉及不同国家港口运输的跨国性合同。

(二)国际海上货物运输合同的种类

1.班轮运输合同

班轮运输合同是指在班轮运输业务中,托运人和承运人就班轮运输的货物所达成的运输契约,又称件杂货运输合同或零担运输合同。在具体业务中,通常由作为承运人的运输公司向托运人签发海运提单或海运单,作为运输合同的书面凭证,规定清楚有关当事人的权利义务,但并没有更详细的运输合同。这种运输方式中,通常由船长签发提单,承运人往往处于强势地位,但受到有关提单运输的法律和国际公约的约束。

2.租船运输合同

租船运输合同简称租约,指租船运输业务中出租人和承租人之间签订的运输合同,通常包括航次租船合同和定期租船合同两种形式。前者应用较多,这类合同主要应用于大宗货物的不定期船运输。但在贸易实践中,各国法律都规定租船人可以签发提单。因此在租船运输中,可以同时有租约和提单两份文件。其法律地位的区别是:

①必要性。租约必不可少,提单可有可无。

②优先性。各国通常允许当事人自由订立租约,其不受提单运输方面的法律规范或国

际公约的调整,即租约优先于提单。此时租约就成为规定当事人双方权利义务的法律文件,而租船运输业务中签发的提单仅相当于货物收据,要受到租约的约束,不能直接成为独立的约束双方当事人的法律文件。

③适用性。在租船运输业务中,默示情况下适用租约的规定。但当提单由承租人转让给第三人时,提单可以作为物权凭证使用,此时租船人和提单持有人之间的权利义务关系应适用提单的规定。但提单中载明适用租约的,仍应适用该租约的条款。

④适用法律规范。租约的内容主要由合同法调整。提单的内容则受有关提单运输相关的国际公约和惯例的调整。

3.联运合同

联运合同即承运人负责将货物从一港经由两段或两段以上的海路运至另一港,由托运人或收货人支付运费的合同,也即海联运合同。采用的是包括海运在内的多种运输方式,并由多式联运经营人完成运输且收取全程运费的合同,则称为多式联运合同。

4.国际海上货物运输总合同

国际海上货物运输总合同又称数量合同、货运协议或货运总合同,指的是由托运人或货主与船东或承运人签订货运协议,约定在一定时期内,由承运人负责承运托运人交付的一定数量的货物,由托运人或承租人支付运费的合同。其特点是一次签约,运输总时间、货物种类数量、起讫港预先确定,分批完成运输,因此,其往往适用于大宗货物运输。在实务中,船货双方往往先制定好月度运输安排,然后根据总合同,在装船后再签发提单或签署航次租船合同。

可见,在国际海上货物运输中,最常用的合同为班轮运输合同和租船运输合同。而联运合同适用于海上多段运输,大宗货物分批运输适用于国际海上货物运输总合同。

(三)国际海上货物运输合同的成立、变更和解除

1.国际海上货物运输合同的成立

国际海上货物运输合同双方就货物运输的具体事宜协商一致后,就可以通过签署合同或协议的方式使合同成立,使之具有法律效力,对合同各方产生约束力,任何一方均应履行合同项下的义务。

该合同通常采用书面方式订立。《中华人民共和国海商法》(以下简称《海商法》)第43条规定,承运人或者托运人可以要求书面确认海上货物运输合同的成立。需要注意的是,航次租船合同应以书面方式订立,"书面"的载体可以是海运单、运单、电子提单等,具有书面效力的形式包括电报、电传和传真等。

2.国际海上货物运输合同的变更

有关货物运输的国际惯例与规则中并无关于国际海上货物运输合同变更和解除方面的具体规定。但当国际运输合同中明示或默示表明受我国相关法律约束时,运输合同的变更应遵从《中华人民共和国合同法》(以下简称《合同法》)的有关规定。《合同法》第308条规定,在承运人将货物交付收货人之前,托运人可以要求承运人中止运输、返还货物、变更到达

地或者将货物交给其他收货人,但应当赔偿承运人因此受到的损失。如果托运人或提单持有人的要求无法满足,或可能影响承运人的正常营运活动,承运人可以要求托运人或提单持有人提供承担赔偿责任的适当担保,也可以选择拒绝合同变更请求,但拒绝时应立即通知托运人或提单持有人。

如果运输合同声明接受《联合国国际货物买卖合同公约》(以下简称《公约》)的调整,则合同的变更也应遵从《公约》的有关规定。

3.国际海上货物运输合同的解除

当国际运输合同中明示或默示表明受我国相关法律约束时,运输合同的解除应遵从我国《海商法》的有关规定,一般情况下海上运输合同不得随意解除,如果确需解除,提出解除一方应赔偿对方因此受到的损失。其中,可以解除海上运输合同的情形包括:

①船舶开航前托运人要求解除合同。根据我国《海商法》第89条规定,此时托运人可以要求解除合同,但应向承运人支付约定运费的一半,并承担装货、卸货等其他已发生的相关费用,合同中另有约定者除外。

②船舶开航前发生不可抗力。根据我国《海商法》第90条规定,船舶开航前发生不可抗力或其他不能归责于承运人或托运人的原因导致合同不能履行的,双方均可以解除合同并免于赔偿责任。如已支付运费,承运人应将运费退还;货物已装船的,托运人应承担装卸费用;已签发提单者,托运人应将提单退回承运人。合同另有约定者除外。

③船舶开航后发生不可抗力。根据我国《海商法》第91条规定,船舶开航后发生不可抗力或其他不能归责于承运人或托运人的原因导致货物不能抵达指定目的港的,船长有权在临近目的港的安全港口或地点卸货,这被视为已履行合同,但船长要及时通知托运人或收货人,并在港口选择上考虑托运人或收货人的利益。合同另有约定者除外。但是此时船长应在约定的目的港做合理等待而不能立即行使此项权利。

(四)国际海上货物运输合同的当事人

在班轮运输合同和国际货物运输总合同中,当事人至少包括承运人和托运人,有时还包括独立的收货人。在租船运输合同中,当事人主要有承租人和出租人。《汉堡规则》第1条和我国《海商法》第42条分别对海上货物运输合同的当事人给出了较为一致的定义。

1.承运人

《海牙规则》和《维斯比规则》都仅仅规定了承运人,而没有提出实际承运人的概念。《汉堡规则》和我国《海商法》,都将承运人分为契约承运人和实际承运人两类。这一分类,对于确认国际货物运输中的责任、权利和义务主体有着重要的法律意义。

①契约承运人指本人或者以本人的名义与托运人订立海上货物运输合同的任何人。契约承运人可以是船舶所有人、船舶经营人或者船舶承租人。在具体业务中,判断契约承运人的要素还包括提单签发人、提单抬头载明的承运人、授权签发提单的人、船主以及收取运费的人等。

②实际承运人指的是受承运人委托执行货物运输或部分货物运输的任何人,包括受委

托执行这项运输的其他任何人。因此,实际承运人不同于契约承运人,在运输合同中,首先由契约承运人与托运人签订运输合同,然后契约承运人再委托实际承运人完成全部或部分货物的运输活动。此时实际承运人并没有参与运输合同的签订。此外,如果契约承运人和实际承运人为同一人,则不再作区分,统一称为承运人。

在《汉堡规则》颁布以前,关于实际承运人并没有明确的规定。我国《海商法》也借鉴了其中实际承运人的概念。从理论上讲,实际承运人和托运人之间并没有合同关系,不是运输合同的当事方,不受运输合同约束,但又承担了部分或全部运输任务,因此《汉堡规则》设立了实际承运人制度,将对承运人责任的有关规定强制适用于实际承运人。由此可见,确立实际承运人的意义在于,在契约承运人证据不足或难以掌握时,提单持有人可以追诉至实际承运人。如果实际承运人及其雇佣人或代理人因疏忽或过失造成了货物的损害,承运人和实际承运人都应当在其责任范围内承担连带责任。其中,承运人对全程运输负责,实际承运人对自己运输的部分负责。此时托运人既可以向实际承运人索赔,也可以向承运人索赔;当托运人向承运人索赔时,承运人可以向实际承运人追偿。

从定义来看,实际承运人要满足两个要素:一是其接受了契约承运人的委托、转委托或授权进行运输;二是进行了实际的货物运输。

2. 托运人

相对于承运人,托运人也分为契约托运人和实际托运人两类。

①契约托运人也称单证托运人,是指本人或者委托他人以本人名义,或者委托他人为本人,与承运人订立海上货物运输合同的人。按照联合国国际贸易法委员会 UNCITRAL 颁布的《运输法公约(草案)》,托运人就是和承运人订立运输合同的人。运输单证上列明的托运人往往就是契约托运人。因此,和契约承运人相对应,"订约"是其核心特征。

②实际托运人也称发货托运人,是指本人或委托他人以本人名义或委托他人为本人将货物交给海上货物运输合同有关承运人的人。因此,实际承运人的身份是依照其实际交货的事实来确认的。在不同的贸易术语下,实际托运人和契约托运人的身份地位往往存在差异。例如,FOB 项下,由卖方交付货物给承运人,卖方(往往是出口商)为实际托运人;而此时签订运输合同租船订舱的是买方,因此契约托运人为买方,实际托运人和契约托运人不同;而在 CIF 项下,由卖方负责租船订舱,签订运输合同和交付货物给承运人,因此契约托运人和实际托运人都为卖方。以上关于承运人和托运人的分类在《海牙规则》和《维斯比规则》中并未提及。

3. 收货人

海上货物运输合同中的收货人通常为进口商或最终的买方,记载于提货凭证的收货人一栏。收货人并不参与合同的订立,但往往是海上运输合同的当事人。《海牙规则》并没有单独地界定收货人的概念。而《汉堡规则》规定,收货人是有权提取货物的人。UNCITRAL (联合国国际贸易法委员会)进一步指出,收货人是指依据运输合同或依据运输合同签发的运输单证中指明的有权提取货物的人。因此,记载于运输凭证的收货人栏,或者依据运输合同或有效法律文件享有提货权,是判断收货人的主要依据。

（五）调整国际海上货物运输的立法

调整国际海上货物运输的法律法规，统一被划归到海商法。海商法是调整海上运输关系和船舶关系的法律规范的总称，其调整范围既包括海上运输当事人之间平等的权利义务关系，也涉及国家海上航运的行政管理关系。海商法是由各国传统海上贸易实践中形成的贸易习惯和解决纠纷的规则逐步演变、发展而来的。

1. 立法机构

有代表性的海商法国际立法机构包括：

①国际海事委员会（CMI）。该组织于1897年在比利时安特卫普成立，是一个非政府性组织，成立以来一直致力于推动国际海商法、海事管理和实践的统一。在其推动下国际海运界制定了一系列影响深远的国际海事公约，如《1910年统一海上救助若干法律规则的国际公约》《1910年统一船舶碰撞若干法律规定的国际公约》《海牙规则》《2004年约克·安特卫普规则》等。

②国际海事组织（IMO）。该组织前身为成立于1948年的政府间海事协商组织（IMCO），1982年正式更名。该组织自成立以来，在促进各国政府间合作、防止海上污染、改进海上安全、加强海上技术合作等领域都做出了积极贡献。其主导制定的国际公约有《国际海上避碰规则公约》等。

③联合国国际贸易法委员会（UNCITRAL）。该组织为一个正式的政府间组织，其成立的宗旨在于协调和统一国际贸易领域的相关立法，推动制定国际贸易和经济发展的具体规则，并提出实施建议。该组织负责起草的国际海洋运输领域的国际公约主要有《汉堡规则》《联合国国际贸易运输港站经营人赔偿责任公约》等。

2. 国内立法

世界各国都制定了相应的本国立法或判例来调整有关海上运输的法律关系。例如我国在集中融合了有关国际规则和惯例的基础上，结合我国国情，于1993年7月1日通过了《中华人民共和国海商法》（简称《海商法》），这是我国第一部海上运输与船舶方面的专门立法。其内容涉及船舶、船员、海上客/货运输合同、租船合同、海上拖航合同、船舶碰撞、海难救助、共同海损、海事赔偿责任限制、海上保险、时效等，共15章，278条。其中提单部分主要遵循了《海牙-维斯比规则》的精神，并吸收了《汉堡规则》中的合理部分。

此外，英国的《1992年海上货物运输法》《1995年商船航运法》，美国的《1999年海上货物运输法（草案）》，澳大利亚的《1998年海上货物运输法》，以及加拿大的《2001年海事责任法》等，都是各国用于调整本国海上运输法律关系，规范各方权利义务的主要依据。

3. 国际惯例与规则

用于调整国际海上货物运输法律关系的国际惯例与规则主要有以下两类：

（1）调整提单运输的国际惯例与规则。

①1924年8月25日签订的《统一提单的若干法律规则的国际公约》（简称《海牙规则》），现有80多个成员国，已为大多数国家的立法所接受，已成为当前国际上调整海上货物运输

重要而普遍的法律依据;②1968年2月23日在布鲁塞尔签订的《修改统一提单的若干法律规则的国际公约的议定书》(简称《维斯比规则》),是对《海牙规则》的修改和补充,它和《海牙规则》一起被合称为《海牙-维斯比规则》;③1978年3月在汉堡通过的《联合国海上货物运输公约》(简称《汉堡规则》),于1992年11月正式生效,该公约不像《海牙规则》和《维斯比规则》那样过分偏袒承运人,而是更好地平衡了承运人和托运人的利益,但因为它对承运人不利,所以受到众多航运大国的抵制,在适用上缺乏普遍性;④2008年12月在荷兰鹿特丹签署通过的《联合国全程或部分海上国际货物运输合同公约》(简称《鹿特丹规则》),进一步加重了承运人的责任,该规则通过后迟迟没有正式生效。

(2) 有关海运单的国际公约和惯例。

1990年6月,国际海事委员会第34届大会通过了《国际海事委员会海运单统一规则》,对海运单的若干重要问题做了规定。

三、国际海上货物运输单证相关法律问题

海上货物运输中用到的具有法律效力的单证文件主要有提单、海运单、电子提单、航次租船合同和定期租船合同。

(一)提单

1.提单的定义、法律效力

海运提单,简称提单(bill of lading,简称B/L)。《汉堡规则》和我国《海商法》都指出,提单是指用以证明海上货物运输合同和货物已经由承运人接收或装船,以及承运人保证据以交付货物的凭证。提单是控制货权、银行结汇的关键票据,在以信用证为代表的现代国际贸易体系中处于核心地位。从法律效力来说,提单具有货物收据、物权凭证和运输合同的证明三大职能。

(1) 货物收据。

提单是承运人(或其代理人)出具的货物收据,证明承运人已收到或接管提单上所列的货物(备运提单),或已将货物装到相应的船舶上准备出运(已装船提单)。此外,提单作为货物收据,还可以证明承运人接管货物或将货物装船时货物的数量/件数以及表面状态。

(2) 物权凭证。

提单就是货物所有权的凭证。船货抵达目的港后,提单的合法持有人可以凭提单要求承运人交付货物,而承运人也必须按照提单所载内容向提单的合法持有人交付货物。提单的持有人还可通过背书将提单转让从而转移货物的所有权。卖方在发货后取得提单,即可以凭提单到银行结汇,以提单的交付代表货物的实际交接,即"象征性交货",并取得货款。因此,海运提单可视为一种准流通票据。谁占有提单,谁就可以提取货物,或者可以凭提单进行结汇、流通或抵押。

(3) 运输合同的证明。

提单不同于运输合同,原因有二:一是在托运人发出订舱委托书后,承运人接受订舱,双方意思表示一致,也即完成了要约、承诺的过程,运输合同即已成立。此后签发的提单仅能

理解为合同存在及合同内容的证明而不是合同本身。二是提单是承运人或其代理人单方面印制并签发的商业票据,托运人既没有参与提单条款的草拟,也没有签字。因此,从签发的流程来看提单也不同于合同,仅能认为提单是承运人与托运人之间订立的运输契约的证明。提单条款的重要意义在于其明确规定了承、托双方之间的权利和义务、责任与豁免,是处理承运人与托运人之间的争议的法律依据。

2.提单的内容:正面和背面条款

国际贸易中使用的提单,通常都是由各航运公司自主编制的,具体内容并没有统一的标准,但其内容都大同小异,包括正面条款和背面条款两部分。

(1)提单正面条款。

根据我国《海商法》第73条规定,提单正面内容一般包括:①货物的品名、标志、包数或者件数、重量或者体积,以及运输危险货物时对危险性质的说明;②承运人的名称和主营业所(这里载明的承运人为契约承运人);③船舶名称;④托运人的名称(这里载明的托运人为契约托运人);⑤收货人的名称;⑥装货港和在装货港接收货物的日期;⑦卸货港;⑧多式联运提单增列接收货物地点和交付货物地点;⑨提单的签发日期、地点和份数;⑩运费的支付;⑪承运人或者其代表的签字(这是从提单上识别承运人的重要标志)。

提单内容如果缺少前述一项或几项并不影响提单的性质,但是必须符合关于提单三大职能的规定。目前各船公司制定的提单内容都与此类似。以上内容中只有提单的签发日期、地点和份数,运费的支付和承运人或者其代表的签字这三项是由承运人填写的,其他都由托运人填写。正本提单通常一式三份,承运人凭一份正本提单交货以后,其余提单一律作废。

(2)提单背面条款。

提单背面条款通常是关于承运人和托运人双方权利、义务和责任的划分,以及对具体业务的处理和费用承担等内容的说明。这些条款都是船货双方发生纠纷时重要的法律依据。

提单的背面条款分为两类:一是强制性条款,其内容不得违反有关国家的法规、国际公约或港口惯例的规定;二是任意性条款,即有关国家的法规、国际公约或港口惯例中没有强制规定,允许承运人自行拟定的条款。任意性条款通常涉及以下内容:

①定义条款,即对提单中提到的各个术语的含义和范围作出明确规定的条款。例如,通常会对“承运人”“货物”“运输合同”等作出明确规定。对于表述模糊的“货方”,各承运人的提单中通常都将其定义为“包括托运人、收货人、发货人、受货人、提单持有人和货物所有人”。

②首要条款,即表明提单所适用的法律条款,通常由各承运人根据自己的意志选择适当的国内或国际公约作为提单的适用法律,印制于提单背面条款的上方。例如中远提单第三条规定,该提单受中华人民共和国法律的制约。对于提单背面条款中未特别说明的法律问题,通常都在首要条款指向的法律或公约中有具体的解释。

③管辖权条款,该条款规定了与提单有关的争议应在哪国法院审理和管辖,一般规定在承运人所在国的法院解决。有时还会规定解决争议所适用的法律。各国在认定管辖权条款效力的做法上不尽相同。有的国家将其作为协议管辖处理,承认其效力。更多的国家以诉

讼不方便或该条款减轻承运人责任等为由否认其效力,进而根据本国诉讼法主张本国法院对提单产生的争议案件的管辖权。还有的国家采用对等原则,确认其是否有效。我国海事司法实践,通常采用对等原则。如果外国承运人不能证明存在该外国法院尊重提单上订明的中国法院管辖权条款的先例,我国海事法院将否认选择外国法院管辖的条款之效力,从而行使管辖权。①

此外,对于涉及提单的诉讼,只要原告向我国海事法院起诉,且案件符合受理条件,无论提单中是否有管辖权条款,我国法院一般都会受理,而无须主动审查。如对方对我国法院的管辖权提出异议,我国法院会根据情况判断哪一国法院与案件关系最为密切,进而确定管辖权归属。

当前,在海运提单中列入"仲裁条款",以此来代替"诉讼条款"的做法,已得到很多国家承运人的认可。"仲裁条款"所依据的国际公约主要是 1958 年《承认及执行外国仲裁裁决公约》(简称《纽约公约》)。

④承运人责任条款和免责条款,规定了承运人在货物运输过程中应承担的责任及免责事项。如提单中有首要条款,则不需要该条款。因为首要条款规定了提单的适用法律,这些适用法律对承运人的责任和免责都有详细的规定。例如,《海牙规则》和《维斯比规则》规定承运人责任包括保证船舶适航和管理货物,而《汉堡规则》和我国《海商法》则在此基础上增加了承运人延迟交货的责任条款。

⑤承运人责任期间条款,规定承运人对所运输的货物承担责任的起讫时间。传统的《海牙规则》中并没有明确规定承运人的责任期间,因此,各采用《海牙规则》作为首要条款的船公司通常都会在提单中明确列出其责任期间。例如,《汉堡规则》规定,承运人的责任期间,包括在运输港、在运输途中以及在卸货港,货物在承运人掌管下的全部期间。而我国《海商法》则规定,对于集装箱货物,承运人在责任期间采用"港至港"原则;对于其他货物,采用"钩至钩"或"舷至舷"原则。

⑥装货、卸货和交货条款,该条款是针对托运人和收货人的,通常规定,托运人在装货港提供货物,以及收货人在卸货港提取货物时,应以船舶能够装卸的速度,不间断地提供或收取货物;如承运人要求,托运人和收货人还需不分昼夜地履行提供或收取货物的义务。否则,由此引起的装卸工人待时费、船舶的港口费和滞期费等都由托运人或收货人承担。该条款通常还规定,如果收货人不及时收货,承运人将货物卸入码头或存入仓库,即视为完成运输任务,而由收货人承担货物卸船以后的一切风险和费用。

⑦运费和其他费用条款,该条款规定,托运人或收货人应按照提单记载的金额、货币、支付方式等支付运费及运输期间产生的其他费用;运费收取后一般不予以退还;特殊货物,如易腐货物、低值货物、活动物、甲板货等的运输,运费及有关费用应预付;货方负有支付运费的绝对义务,即使船货在运输中发生灭失或损害;如损害由承运人造成,货方可将运费作为损害的一部分向承运人索赔。

---

① 司玉琢.海商法[M].北京:法律出版社,2003:137.

⑧驳船费条款,该条款通常规定,在装卸港内外产生的任何驳船费都应由货方支付。特别是,如果受港口条件限制,或者按照港口习惯,船舶不能或不准进港靠泊卸货,责任又不在承运人时,在港内或港外的驳船费用通常由托运人或收货人承担。

⑨货物灭失或损害的通知、时效,该内容类似于《海牙规则》的相应内容。如提单订有适用《海牙规则》或相应国内法的首要条款,该条款可省略。

⑩自由转船条款,规定承运人对于由于不可抗力、客观原因等自身无法控制的因素,在货物运输中采取合理措施,如改变航线、改变港口或将货物交由承运人自有的或属于他人的船舶,或改变运输方式,或运到目的港转运、转船、收运、卸岸、在岸上或水面上储存、重新装船出运等,承运人概不负责。中远提单第18条、中外运提单第9条和我国《海商法》第91条都有类似的规定。

因此,承运人可以援引这一条款进行"自由转船"的前提是不可抗力等不能归责于承运人的客观原因的发生,承运人为了完成货物运输而不得不采取"自由转船"方式。可以采用的"自由转船"方式包括:中途更改运输方式(如卸船改装火车)、更改运输路线、中转港、中途换船、临时储存等。在此过程中,费用由承运人承担,而风险由货方承担。

⑪赔偿责任限额条款,规定在已确定应由承运人负责赔偿货物的灭失或损害的前提下,承运人应当对每件或每单位货物支付的最高赔偿金额。不同的国际公约和惯例对这一赔偿金额的数值规定均有不同。如果提单中订入了首要条款,则本条款不再单列,承运人应按照对应的国际公约规定的赔偿限额进行赔偿。该条款通常还包括一项附加说明,即如果托运人在货物装船前,已书面申报了高于赔偿限额的货物价值,并已在提单上申报该价值,或已就此项申报价值加付运费,则承运人应按实际损失进行赔偿。

⑫危险货物条款,规定托运人应通过书面方式向承运人正确申报危险品的性质,并标明危险品标志和标签;如未标明,一经发现,承运人有权将危险品抛弃、卸船或做无害化处理;而托运人也应对因处置未按上述要求装运的危险品给承运人带来的损失负责。对托运人按要求装运的危险品,一旦其危及船货安全,承运人仍有权将其抛弃、卸船或做无害化处理,但因此构成共同海损时,应由各受益方分摊。

⑬舱面货条款,有的提单称之为甲板货、活动物条款。因《海牙规则》和《维斯比规则》不把甲板货和活动物视为海上运输的货物,因此提单中通常订明,这类货物的收受、装载、运输、照料、卸载等活动,都应由货方承担责任,承运人通常不承担相应责任。但这并不意味着承运人在保管舱面货和活动物时可以不作为。按照各国际公约中承运人的责任和义务的规定,承运人对这类货物仍应在装载、绑扎、加固、防水、运输等环节尽到合理谨慎的保管义务,否则承运人也应对可能出现的货物灭失或损害承担责任。

⑭冷藏货物条款,通常该条款规定,装船前,托运人应将冷藏货物的特性和保存温度通知承运人。冷藏货物在卸货港备妥准备交付时,收货人也应当立即提货。否则,承运人有权自行将货物卸下而由货方承担相应的风险。

⑮留置权条款,规定当托运人或收货人未付运费、滞期费、其他应付的费用以及必要的共同海损分摊费用时,承运人可以对货物及有关单证行使留置权,必要时有权出卖或处置该

货物。若货物出售所得仍不足以补偿货方所欠承运人的费用,承运人有权向货方收取差额。

⑯喜马拉雅条款。该条款源于1954年英国Adler诉Dickson案的裁决。该案中,一名游客(阿德勒夫人)在乘坐一艘名为喜马拉雅号的游轮时,在下船时因舷梯断裂而摔伤,阿德勒夫人所持有的船票上载有承运人的疏忽免责条款,故阿德勒夫人转而以侵权行为为由对船长和水手提起诉讼。船长和水手认为,作为船公司的雇员,他们有权享受船票上关于承运人免责的权利。法院判决认为,船票上的免责条款是船公司和乘客之间签订的,有权援引该条款的只能是该契约的当事人。船公司的雇佣人员无权享受不是由他签订的合同中免责条款的权利,结果阿德勒夫人胜诉。

现在,船公司为了避免此类事件的发生,通常会在合同中增加一条款,明确规定承运人的免责和限制赔偿金额的权利同样适用于雇佣人员、代理人或分包人,这就是喜马拉雅条款。喜马拉雅条款是在合同中赋予非合同方以利益的条款。在大陆法系国家,雇员或代理人在雇佣或授权范围内行事,通常不能直接成为被告。而喜马拉雅条款所授予的第三方利益已经因英国1999年(第三方权利)合同法的通过而获得了成文法依据。喜马拉雅条款有时被并入循环赔偿条款,从而具备了法律效力。《维斯比规则》《汉堡规则》和《鹿特丹规则》都承认了喜马拉雅条款的合法性。

⑰双方互有过失碰撞条款。在海上航行中,船舶碰撞情形时有发生。所谓船舶碰撞指的是船舶与船舶之间的碰撞,因此,船舶与码头、桥墩、灯船、灯塔、浮筒、竹木排以及其他水上或水下固定物体相撞都不是严格意义上的船舶碰撞。关于船舶碰撞责任的法律规范主要有《1910年碰撞责任公约》和各国的国内法。如果某国是公约的参加国,其国内法的制定必须遵守公约。未参加公约的国家则可以结合本国情况自行立法。

根据《1910年碰撞责任公约》,碰撞责任的原则是过错比例原则,即一方过错,由过错方承担赔偿责任;双方过错,双方按照过错比例承担责任;双方均无过错,则各自承担自己的损失;如果已投保,可根据保险合同条款向保险人索赔。因此,该公约认为,船舶和货物是一体的,船方有过错,所载货物也有过错;双方均有过错时,按双方的过错比例承担对方的船损和货损等。

举例来说:

A、B两船发生碰撞,过错比例各50%;

A船船舶损失200万,货物损失100万;

B船船舶损失100万,货物损失300万;

那么,根据《1910碰撞责任公约》中的过错比例原则:

A船应赔偿B船的损失为:$(100+300)\times50\%=200$万;

B船应赔偿A船的损失为:$(200+100)\times50\%=150$万;

双方冲抵之后,A船赔偿B船50万。可见,针对双方均有过错的碰撞,双方的货物所有人同样按照过错比例承担责任。这是因为早期的船货同属一人。

但是,美国并没有参加该公约。根据美国的1893年《哈特法》和1936年《海上货物运输法》,两船发生碰撞,所载货物是没有责任的,即发生碰撞,过错方必须全部赔偿对方所载货

物的损失。即船损按过错比例赔偿,货损全额赔偿。因此,在上例中,如果援引美国的法律,按照过错比例及美国法律的规定:

A 船应赔偿 B 船的损失为:B 船船舶损失 50 万＋货物损失 300 万＝350 万;

B 船应当赔偿 A 船的损失为:A 船船舶损失 100 万＋货物损失 100 万＝200 万;

双方冲抵后,A 船赔偿 B 船 150 万。但是,这种赔偿方式显然不合理:

以 A 船为例:A 船的货主此时产生了 100 万的货损,此时 A 船货主无法从 A 船船东处直接得到赔偿,这是因为,根据《海牙规则》和《维斯比规则》,承运人对由于船长、船员等的管船过失、航海过失造成的货损可以免责。船舶碰撞属于典型的航海过失,由此引起的货损属于承运人的免责情形。因此,如果此时参照的是美国法律,A 船货主就只能向 B 船要求 100 万的全额货损赔偿。

但是,碰撞往往是双方的共同责任,而货损是碰撞引起的,让一方承担全部货损显然不合理,违背过错比例原则。因此,美国法律还规定,在船舶互撞导致货损的情形下,船方应对货损负连带责任,也就是说,A 船的货主在从 B 船获得 100 万的全额货损赔偿后,B 船又可以就该赔偿从 A 船按 50％的过错比例获得赔偿或抵消,即从 A 船船东处拿回 50 万(过错比例 50％)。这就相当于 A 船货主拿回 100 万,但是 A 船船东间接为 A 船货主支付了 50 万。但是这一做法明显违背了承运人对航海过失导致的货损可以免责的条款,对船东不利。

因此,船东为了保护自己的利益,自 1951 年以来,凡是去美国的载货船舶在运输合同上均载有双方互有过失碰撞条款,规定货主只能向非载货船按其过失比例请求损害赔偿,从而保证承运人可以从本船货主手中追回自己因连带责任向对方船舶支付,进而向本船货主间接支付的那部分货损。在上例中,如提单中订有互有责任碰撞条款:

A 船向 B 船赔付船损 50 万,向 B 船货主赔付货损 300 万,再从 B 船船东处拿回 150 万(50％货损),实际赔付 200 万。B 船船东支付的 150 万,从 B 船货主处拿回;

B 船向 A 船赔付船损 100 万,向 A 船货主赔付货损 100 万,再从 A 船船东处拿回 50 万(50％货损),实际赔付 150 万,A 船船东支付的 50 万,从 A 船船东处拿回。

双方抵扣后,最终,A 船赔偿 B 船共计 50 万。这样,双方的赔偿责任就和《1910 年碰撞责任公约》一致。

综上所述,双方互有过失碰撞条款往往是对提单适用美国法律的情形所追加的规定,该条款制定的目的是确保承运人可以追回因连带责任而间接赔偿给本船货主一定比例的损失。

⑱杰森条款/新杰森条款。该条款是一个关于承运人请求共同海损分摊的协议,其前身是"共同海损疏忽条款",其内容是:如果承运人恪尽职责,使船舶在各方面适航,对于承运人的航海过失、管船过失而造成的危险、损坏或灾难,不论上述原因在开航前或开航当时是否存在,收货人或货物所有人不能免除分摊共同海损或支付所产生的任何特殊费用的责任,而应与承运人一起分摊共同海损,并支付特殊费用。简单来说,就是对于航行过失与管船过失造成的共同海损,货方应分摊。该条款因符合惯例和有关共同海损理算原则在许多国家得到承认。

1910 年以前,美国认为"共同海损疏忽条款"无效,认为它违反了美国的公共政策。1910 年,美国法院在审理 The Jason 225 U. S. 32("杰森")案时,根据当时已经生效的哈特法规定,首次确认该条款的效力,船东遂将共同海损条款改为"杰森条款"。其主要内容是:承运人有过失,但根据法律无须对货物灭失或损坏负责,允许承运人从货物托运人、收货人或货物所有人处收取共同海损分摊。

随后,美国对这一条款做了进一步的补充,它在 1936 年的《海上货物运输法》中演变为了"新杰森条款"。该条款规定:

A. 仅在承运人依法可免责的情况(如管船、航行)下赋予承运人请求货方分摊共同海损的权利;但在其他承运人不可免责的情况下,如船舶不适航时,承运人不得请求货方分摊共同海损;

B. 不适航与共同海损无直接关系时,不妨碍共同海损的成立;

C. 同一公司姐妹船之间的救助,其救助报酬可以列入共同海损。

⑲选港条款。该条款规定,对于货物起运时仅提供了若干备选卸货港的情况,收货人或托运人应在船舶到达目的港之前若干小时(通常为 48 小时)将选定的目的港通知承运人或其代理人,否则,承运人有权将货物卸在运输合同载明的第一港口或其他备选港口。

⑳地区条款。该条款规定,如货物发往美国或由美国运出,提单应受《1936 年美国海上货物运输法》的约束。此时承运人的赔偿限额为每件货物或每一习惯运输单位 500 美元。这一条款常见于一些涉及美国航线的承运人提单。

3. 提单的分类

海运提单可以从各种不同角度进行分类,主要有以下几种:

(1) 根据货物是否已装船,可分为"已装船提单"和"备运提单"。

①已装船提单(on board B/L)是指承运人在货物已经装上指定船舶后所签发的提单。已装船提单必须注明装货船名和装船日期,同时还应由船长或其代理人签字。

②备运提单(received for shipment B/L)也称收货待运提单、待装提单,是指承运人已收到托运货物等待装运期间所签发的提单。在签发备运提单情况下,发货人可在货物装船后凭此调换已装船提单;也可经承运人或其代理人在备运提单上批注货物已装上指定船舶及装船日期,待签署后使之成为已装船提单。

根据《UCP600》第 20 条的规定,如信用证要求海运提单作为运输单据,银行将接受注明货物已装船或已装指名船舶的提单。所以,在国际贸易业务中以及在银行办理结汇时,一般都要求卖方提供已装船提单。

(2) 根据提单上货物外表状况有无不良批注,可分为"清洁提单"和"不清洁提单"。

①清洁提单(clean B/L)是指货物在装船时表面状况良好,承运人在提单上不带有明确宣称货物受损及或包装有缺陷状况的不良批注的提单。"清洁"一词并不需要在运输单据上出现,即使信用证要求运输单据为"清洁已装船"。

②不清洁提单(unclean B/L)是指承运人在签发的提单上带有明确宣称货物及或包装有缺陷状况的不良批注的提单。例如,提单上批注"铁条松散"(Iron strap loose or missing)。这类批注属于承运人的提醒和免责条款。

根据《UCP600》第二十七条的规定，银行只接受清洁运输单据。因此，清洁提单是办理银行结汇和提单转让时所必备的条件。

（3）根据提单收货人抬头的不同，可分为"记名提单""不记名提单"和"指示提单"。

①记名提单（straight B/L）是指在提单上的收货人栏内填明特定收货人名称。记名提单只能由该特定收货人提货，而不能通过背书方式转让给第三方。此时记名提单相当于海运单。记名提单不能流通，所以在国际贸易中只在特定情况下使用。

②不记名提单（bearer B/L）又称空白提单，是指提单上的收货人栏内不写明具体收货人的名称，只写明"提单持有人"（to bearer），或不填写任何内容。承运人应将货物交给提单持有人。谁持有提单，谁就可以提货。承运人交货，只凭单，不凭人。不记名提单无须背书即可转让，流通性极强，采用这种提单风险较大，故其在国际贸易中使用极少。

③指示提单（order B/L）是指提单上的收货人栏填写"凭指示"（to order）或"凭某某人指示"（to order of...）字样。这种提单可经过背书转让，有一定的流通性，又比不记名提单安全，故其在国际贸易中使用最广。背书的方式又有"空白背书"和"记名背书"之分。前者是指背书人（提单转让人）在提单背面签名或盖章，而不注明被背书人（提单受让人）名称；后者是指背书人除在提单背面签名外，还列明被背书人名称。记名背书的提单受让人如需再转让，必须再加背书。目前在实际业务中使用最多的是"凭指定"并经空白背书的提单，我们习惯称其为"空白抬头、空白背书"提单。

（4）根据不同的运输方式，可分为"直达提单""转船提单""联运提单"和"多式联运提单"。

①直达提单（direct B/L）是指货物装上海轮后，中途不再换船而直接驶往目的港卸货所签发的提单。凡合同和信用证规定不准转船者，必须使用这种直达提单进行结汇议付。但有一种例外，即提单背面注有"自由转船条款"，且提单上没有"转船"之类的批注，即使航行中发生了"自由转船"的情形，仍视为直达提单。

②转船提单（transshipment B/L）是指货物装上某一船舶后，在航运的中途港要将货物换装另外的船舶再驶往目的港的情况下所签发的提单。有的甚至换船不止一次。转船提单上一般注有"在某港"转船字样，有的还注明二程船甚至三程船的船名。

③联运提单（through B/L）是指承运人对经由海/海、海/陆、陆/海运输的货物出具的覆盖全程的运单。

转船提单和联运提单虽然都是包括全程运输的提单，但这两种提单的签发人一般都在提单中规定，只对他负责运输的一段航程内发生的货损承担责任。至于货物在中途转换运输工具和与下一程承运人进行交接的工作，则由第一程承运人或其代理人负责办理。

④多式联运提单（multi-modal transport B/L or inter-modal transport B/L）指承运人或多式联运经营人经多式联运方式运送货物出具的提单。国际多式联运涉及两种以上不同的运输方式，而且常常采用集装箱装运货物，所以它主要用于集装箱运输，可实现"门到门"的运输服务。

多式联运提单涉及至少两种运输方式,而联运提单涉及至少两个不同的航段。因此,海/海联运提单属于联运提单而不属于多式联运提单。

(5) 根据船舶营运方式的不同,可分为"班轮提单"和"租船提单"。

①班轮提单(liner B/L)是指由班轮公司承运货物后所签发给托运人的提单。

②租船提单(charter party B/L)是指承运人根据租船合同而签发的提单。在这种提单上注明"一切条件、条款和免责事项按照×年×月×日的租船合同"或批注"根据××租船合同签发"字样。这种提单受租船合同条款的约束。因此,租船提单不是独立文件,必须依附于租船合同而存在,银行或买方在接受这种提单时,通常要求卖方提供租船合同的副本。《UCP600》第19、20条也规定海运提单和多式联运提单未表明受租船合同约束。

(6) 根据提单内容的繁简,可分为"全式提单"和"简式提单"。

①全式提单(long form B/L)是指不仅列出提单正面内容,而且在提单背面列有详细承运人和托运人权利和义务条款的提单。

②简式提单(short form B/L)是指提单背面无条款,而只列出提单正面需要记载事项的提单。这种提单一般都列有"本提单货物的收受、保管、运输和运费等项,均按本公司提单上的条款办理"字样。简式提单与全式提单在法律上具有同等效力。此外,租船合同项下所签发的提单,通常也是简式提单,除非信用证另有规定,银行一般不愿接受这种形式的提单。

(7) 根据提单使用效力,可分为"正本提单"和"副本提单"。

①正本提单(original B/L)是指提单上有承运人、船长或其代理人签名盖章并注明签发日期的提单。这种提单在法律上是有效的单据。正本提单上必须注明"正本"(original)字样。正本提单一般签发一式两份或三份,凭其中任何一份提货后,其余的随即作废。为防止他人冒领货物,买方与银行通常要求卖方提供船运公司签发的全部正本提单,即"全套"提单。

②副本提单(copy B/L)是指提单上没有承运人、船长或其代理人签字盖章,仅供业务参考之用的提单。副本提单上一般都标明"copy"或"non-negotiable"(不可转让)字样,以示与正本提单有别。

4.提单的签发、更改和补发

提单只有经过签发人签字才能产生法律效力。常见的签发人包括:

①承运人。其作为海上货物运输合同的当事人和运输任务的承担者,是当之无愧的提单签发权利人。

②船长。船长是承运人的法定代理人,不必经过承运人授权即可签发提单。

③承运人的代理人。代理人签发的提单必须经过承运人授权才有法律效力。

提单的签发日期通常为货物装船完毕的时间。如果采用倒签提单或预借提单的做法,则可能构成对收货人或善意的第三方提单持有人的欺诈,一旦买方发现并提出索赔,卖方和承运人都应承担法律责任。提单有已装船提单和收货备运提单的区分,后者的使用意味着船方尚未对货物的件数、表面状况等进行核查,这会扩大船方的风险和责任,通常银行也不会办理议付。

如果货物已装船且承运人已签发提单,此时托运人提出更改提单的要求,承运人就要认真权衡这一更改可能对各方利益造成的影响:如果不影响各个提单关系人的利益,一般会允许修改;如果影响到某些提单关系人的利益,则要征求其同意后,才能修改提单,并需要提出提单更改要求的一方负担相应的损失和费用。

对于提单遗失的情况:

①如果正本提单在结汇后遗失,一般无须另行补发提单,只要将其声明作废,并由收货人在目的港凭副本提单和具有信誉的保证人出具的保函即可提货;

②如果正本提单在结汇前遗失,为防止托运人可能的欺诈行为或提单持有人不付款提货等加大银行收汇风险的情形出现,通常要求托运人出具书面担保,经承运人同意后补签新的提单并另行编号,同时通知承运人在卸货港的代理人原提单作废。

5. 提单相关的保函问题

在具体业务中,提单的相关当事人往往采用出具保函的方式来获取利益,但这也成为引发一系列法律问题的诱因。提单业务中出具的保函通常包含三种情况:

(1) 以保函换取清洁提单。

承运人在货物装船以后签发提单以前,会对货物表面状况进行检查,如发现存在锈损、包装不良、破包等情况,就会签发不清洁提单。但在信用证支付方式下,银行议付时一般不接受不清洁提单。为顺利议付,托运人通常会出具保函,要求承运人签发清洁提单,即以保函换清洁提单。如果保函是善意的,则它在承运人和托运人之间有效,一旦将来出现收货人索赔情形,承运人可以凭保函向托运人追偿;但如果保函是恶意的,则无效。

(2) 以保函换取倒签提单和预借提单。

外贸合同对交货时间往往有较严格的规定。如果卖方不能按期交货,就构成违约,买方可以据此要求赔偿,甚至以错过市场销售时机为由拒收货物。在信用证支付方式下,如果提单的签发日期不满足信用证规定的日期,银行会以单证不符为由拒绝付款。因此,卖方在实际装船日期无法满足信用证日期要求时,会出具保函,要求承运人将提单上填写的装船日期改为早于实际装船日期(倒签提单);或者在信用证即将过期而货物尚未装船时,要求承运人签发货物已装船提单(预借提单),根据保函承担这两种情况下可能给承运人带来的风险。但是,这一做法使收货人丧失了拒收货物的权利,而且属于承运人和托运人对买方的合伙欺诈,我们通常认为此时的保函是恶意的、无效的,因此,承运人也不能凭借保函从托运人处获得赔偿。

(3) 无单放货。

无单放货是指承运人在没有收到正本提单的情况下就把货物交给收货人。通常包含以下情况:

①记名提单的收货人凭副本提单或提单复印件加担保提货,或不提供担保提货;

②指示提单的通知人凭副本提单或提单复印件加担保提货,或仅凭副本提单提货,如电放提单;

③其他人凭副本提单或提单复印件加担保提货;

④提货人伪造或变造提单提货。

无单放货行为在国际贸易中较为普遍。据估算,在国际航运实践中、班轮运输中存在15％的无单放货现象,租船运输达到50％,某些重要的商品如矿物和油交易高达100％。出现无单放货的原因,要么是正本提单到达买方时间晚于货物到港时间,要么是提单遗失、被盗,要么是伪造提单出现诈骗行为。其中第一种情况较为常见。据统计,国际贸易中约50％的交易中货物比单证早到目的港,这在近洋运输里十分常见。此时,单证还在银行内部流转,买方自然无法付款赎单,船方也无法卸货。一方面买方希望无单提货,以免错过市场销售时机;另一方面船方也希望无单放货,以加速船舶周转运营,增加经济效益,减少滞期滞港带来的损失。但如果无单放货,船方面临的风险较大,如交错收货人,或被正本提单持有人索赔。为避免这一情况,实践中便出现了保函,即由没有正本提单的收货人出具由银行或大公司签发的保函,保证其对将来出现的问题承担责任。这样一来,船方和收货人的利益都得到了满足,风险得以转移,因此在贸易中无单放货情形才会大量存在。

然而,无单放货这一行为仍然存在较大的风险:一来正本提单持有人可能收不到货物,因为货物可能已被非正本提单持有人提走,从而使提单的物权凭证作用丧失;二来卖方在交货后可能收不到货款,因为提货人可能并未实际付款。因此,在国际海事法律和实践中,通常的原则仍然是承运人应当向正本提单持有人交货。虽然许多国家的实践,已经默认了使用保函无单放货的做法,但其并不能改变凭正本提单交货的惯例。只是在保函是善意的情况下,一旦收货人提出索赔,承运人在对收货人承担责任后,可以通过保函从收货人处得到补偿。

由此可见,保函可能由收货人或托运人出具,其法律效力有限。《汉堡规则》和我国《海商法》对保函的法律效力采用了较为一致的原则,即善意保函有效,恶意保函无效,有效的保函仅在承运人和托运人之间有效,不能对抗第三人。

(二) 海运单

海运单(sea waybill,SWB,W/B)是证明海上货物运输合同和货物由承运人接管或装船,以及承运人保证将货物交给单证所载明的收货人的不可流转的单证。相比海运提单,海运单仅具有货物收据和运输合同的证明两项作用,而不能作为物权凭证,因此不能流通转让,这也是海运单和提单的最大区别。使用海运单时,承运人不必根据正本提单放货,应根据运单的记载将货物交给记名收货人,而收货人只要证明其身份和海运单所载明的收货人相符即可提货。因此,海运单比提单流转程序简单,放货速度快,适用于运输时间短、中途无须转手的情况,避免了采用提单时等待银行审证、议付的漫长过程。但是,采用海运单提货虽然可以避免或减少单证流通环节的欺诈,但是对于提供伪造身份提货的情况,还不能有效地预防。需要注意的是,拥有海运单仅仅是提货的必要条件而非充分条件。

此外,海运单的托运人在货物到达目的港前,甚至在收货人提货前的任何时候都有权变更收货人,这也是海运单和海运提单的一大区别。正因为其快捷、方便的特点,海运单在当前海运界得到了广泛使用。

为避免海运单适用法律的模糊性,国际上在使用海运单时通常都注明其适用的国际法规和条款,如在海运单标准格式中规定"并入条款",将《海牙规则》等并入海运单条款,使之有法可循。为规范海运单的使用,国际海事委员会通过了《1990 年国际海事委员会海运单统一规则》。

（三）电子提单

电子提单(electronic bill of lading),指通过电子数据交换传送的有关海上货物运输合同的数据,也就是用电子数据形式的提单来代替传统的纸质提单。

电子提单的流转程序通常如下:

①托运人和承运人之间完成订舱;

②托运人提供货物,承运人接收货物并向托运人提供 EDI(电子数据交换)系统生成的对应该批货物的唯一密钥;

③货物装船后,承运人分别通知托运人和银行;

④托运人到银行凭身份结汇后通知承运人,承运人随即销毁和托运人之间的通讯密钥,并提供给银行一个代表货物支配权的新的密钥;

⑤收货人向银行付款后,取得货物支配权,银行立即通知承运人销毁原密钥;

⑥承运人通知收货人到目的港提货,同时通知承运人的目的港代理将货物交给指定收货人;

⑦收货人收到通知后,凭借身份证明,到目的港提货。

可见,和传统提单相比,变化的只有提单保有、转让的形式,而提单的属性、作用并未变化。在整个单证流转过程中,电子提单的转让不再以背书或交付为特征,而是利用计算机系统生成的密钥或密码来识别货物所有权人。使用电子提单,可以大大提高数据传输的效率,减少制单工作量,减少错误和防止提单欺诈。

为保证传输信息的真实性,所有信息,包括确认收到货物的信息,转让提单的信息等都要经过对方的确认,并被置于庞大的电子监控系统之下,以减少错误和争议。尽管如此,电子提单的使用,涉及硬件的大范围更新,操作人员的培训,信息格式标准化以及信息传输安全技术,航运水平和管理理念的革新等一系列问题,因此,它在部分国家特别是发展中国家还没有普及。

为了规范电子提单使用中出现的法律问题,目前出台的国际规则主要有《1990 年国际海事委员会电子提单规则》《联合国国际贸易法委员会电子商务示范法》(1996 年)等。我国也于 1997 年出台了《海上国际集装箱运输电子数据交换管理办法》,这为我国有关电子提单的使用和管理提供了依据。

案例分析 4-1

2013 年 2 月 28 日,东莞某出口商(以下简称"A 公司")向尼日利亚某客商(以下简称"B 公司")出口一批价值五万美元的货物,付款方式为即期付款交单。货物在 4 月中旬运到尼日利亚拉各斯港,所有正本提单于 2013 年 4 月 15 日由中行通过敦豪国际航空快件有限公司寄出,并在 4 月 17 日到达 B 公司指定的银行。

然而,在货物到目的港后而提单未寄至指定银行时,B公司就已指示承运人放货给买家。买家收货后,货物价格一落千丈,买家无力偿付货款,致使A公司遭遇货款两空。试分析:A公司货款两空的原因有哪些?在如何规避?

分析:

这是一起典型的承运人无单放货致损案件。凭正本提单交货是承运人正确履行交货义务的基本原则,也是防止海运欺诈的有效手段和出口商或托运人收款的重要保证。本案中造成无单放货的原因可能有三个方面:一是A公司采用的付款方式不当,即期付款交单属于商业信用,不能有效防范买方不付款的风险;二是B公司在没有得到A公司授权的情况下,单方面指示承运人放货给买家;三是承运人在买方未付款时无单放货,加大了卖方的收汇风险。

为规避这一风险,可采取的措施包括:

首先,出口商应审慎了解进口国法律和惯例。不同国家关于提单的规定存在差异,如《美国统一商法典》规定,在货物到港后,承运人可以将货物交付给记名提单注明的收货人。此时出口商应在记名提单上加注"此提单适用中国海商法"字样,保证记名提单物权凭证的属性不受侵犯,以约束承运人须凭正本提单放货。

其次,可采用电子提单防范此类风险。电子提单整个操作的高度保密性和无纸化,可以有效地避免因承运人无单放货而导致的纠纷。此外,电子提单还可以避免收货人冒领货物或承运人错交货物,从而防止涉嫌欺诈的无单放货。

最后,对于涉嫌欺诈的无单放货,大都存在着复杂性、国际性等特点,出口商还需依靠自身提高警惕。出口商应谨慎对待国际结算环节,如认真审查信用证,如果信用证不符合条件,出口商可暂不发货。

(四) 航次租船合同

租船合同是租船运输业务中承租人和出租人之间订立的运输合同,常用于大宗货物的运输。相对于提单,租船合同仅具有运输合同的作用,不能起到收据和物权凭证的作用。通常租船合同不受国际公约和惯例的制约,但对于参加《海牙公约》的国家来说,租船合同项下签发的提单,应适用《海牙规则》的有关规定。常见的租船合同包括航次租船合同和定期租船合同。

航次租船合同是指船舶出租人向承租人提供船舶的全部或部分舱位,装运约定的货物,从一港运到另一港,并由承租人支付约定运费的合同。航次租船合同属于运输合同,承租人就是托运人,出租人就是承运人。其特点是,出租人享有船舶的所有权和占有权,由其雇佣船长和船员并支付工资,负担船舶的经营管理,以及支付各项营运成本和航程成本,如港口使用费、船用燃料、港口代理费等。承租人不负责船舶的经营管理,且通常只需要支付运费。

航次租船合同并无统一的公约,常采用标准格式,如使用最广泛的由波罗的海国际航运公会制定的"统一杂货租船合同",租约代号GENCON(金康)。

航次租船合同的主要条款如下:

1.船舶说明条款

船舶说明条款主要说明所租用船舶的船名、船旗和船籍、船龄或船级、船舶吨位等。这些条款既有助于承租人判断船舶航行的风险、费用,也是租船合同区别于提单的主要条款之一。船舶一经确定,不得随意更换,除非得到承租人的同意。若出租人提供的船舶不符合租约规定且导致承租人遭受损失,出租人需负赔偿责任。

2.货物条款

货物条款主要规定所承运货物的种类、包装和数量。种类方面,装运的可以是一种货物,也可以是某几种货物;有时也会做出笼统规定,如某一大类货物、"合法货物"、"××货物除外"等。提供租约规定的货物是承租人的责任。如果提供的货物与租约不符,船方有权拒载并请求损害赔偿,也可以选择接受并调整运费。因未提供约定的货物使出租人遭受损失的,承租人应负赔偿责任。

数量方面,有的租约规定租船人应提供满舱满载的货物。满载即提供的货物能达到船舶的最大载重量,通常适用于重货;满舱即要求提供的货物能装满货舱,通常适用于轻泡货。此外,租约中关于货物的数量通常被规定为一个约数,允许一定百分比的增减幅度。有时在装船前,船长会根据燃油、淡水、食品等储备情况,计算出并向承租方宣布该船可以装运货物的确切数量,这被称为"宣载",该数量被称为"宣载量"。宣载量应在租约规定的范围内,若承租人提供的货物数量达不到宣载量,承租人应向出租人支付空舱费;若船舶实际装载能力达不到宣载量,或宣载量不符合租约要求,出租人应承担承租人因退装造成的损失,包括仓储费、回运费、退关费等。

3.装卸港口

一般租约中会明确规定具体的装卸港口,但有时也仅规定大致航线方向或若干备选港口,而具体港口待定。对于后一种情况,承租人必须在合理时间内行使港口选择权,否则需为船舶的延滞损失负赔偿责任。此外,港口一经选定,不得随意更改,否则船东有权拒绝或加收运费。租约中的装卸港口条款通常规定,船舶只能开往安全的和经常保持漂浮的地点。"安全"有两方面含义:一是政治上安全,即船舶不会受到扣留、没收或拿捕等危险;二是地理上安全,即船舶能够自由地驶入驶出该港,不受水深、冰冻、潮差等影响。经常保持漂浮指的是船舶满载后仍能保持漂浮状态。潮汐港通常也被视为安全港。需注意的是,若卸货港由于某种原因变得不安全了,船东有权将船舶开往附近能够安全到达,并能保持漂浮的港口或地点将货物卸下,由此产生的费用由租船人负担。这就是"附近条款",其使用前提是,船舶必须在无法到达指定港口时才能驶往附近区域,而附近区域则包括邻近港口、港口所在国的其他港口,或是为方便货物运输选择的中转港等。

4.受载日和解约日条款

受载日就是按租约规定,承租人可以接受船舶的最早装货日期。相应的,解约日就是承租人可以接受的船舶的最晚装货日期。二者之间的时间段就是船舶的受载期。受载期内,船方必须使船舶到达指定地点,并做好装货准备。出租人必须备齐货物准备装船。如果船舶早于受载期到港并准备就绪,承租人可以直接装船,也有权等到受载期再行装船;如果船舶晚于解约日到港,或在解约日已到港但尚未准备就绪,承租人既可以继续执行租船协议,也可以解除合同。若这一延迟是由于不可抗力造成的,承租人仅有权解除合同;若是由出租人的疏忽或过失造成的,承租人不但有权解除合同,还可以向出租人要求损害赔偿。此外,如果船东明知船舶不能赶在解约日前到港准备就绪,只要承租人未提出解约,船东仍负有将船舶开往装运港的义务。为避免这一行为的盲目性,船东往往在租约中加入"质询条款",如金康合同规定,船舶延误时,船东会将船舶延误情况及预计到港时间通知承租人,由承租人在48小时内答复,是解除合同还是另行确定解约日。

5. 滞期费和速遣费条款

通常租约中会规定许可装卸时间(laytime),即允许租船人完成装卸作业的时间。其通常以"日"计,常见的如"日历日"、"连续日"、"工作日"、"累计8小时工作日"、"累计24小时工作日"、"晴天工作日"、"连续24小时晴天工作日"等。如果承租人未能在约定的期间装卸完毕,需要延长时间,这段延长的时间就被称为滞期。因为滞期的存在,在滞期期间,出租人的机会成本是没有了从其他渠道可能获取的经济收益,所以承租人应给予出租人以相应的经济赔偿,这就是滞期费。承租人在许可装卸时间内提前完成装卸任务,这被称为速遣。速遣可以让出租人用节省下来的时间获取更多的经济利益,因此出租人会给予承租人以适当的奖励,这就是速遣费。按照航运惯例,如果租约中没有明确规定,滞期费费率以船舶每天的维持费用为基础进行计算,而速遣费通常为滞期费费率的一半。

6. 运费条款

按支付方式来分,运费可以按整船包干运费支付,也可以按货量乘以运费率支付。如采用包干运费,在租船人装货不足时,则运费仍按合同支付;若船舶载重或容积不足,则从包干运费中按比例扣除;如采用运费率计算运费,还需要指明计算基数是装货数量还是卸货数量。

按支付运费时间来分,可分为预付运费和到付运费。其中:

① 预付运费可以全部预付,也可以部分预付。通常预付运费不能退还,但以下情况除外:一是出租方未能提供适航船舶在合理时间内开航;二是货物由于出租方免责条款以外的原因招致损失;三是货物在预付运费的付款期截止前已遭灭失。预付运费一般在出租人接管货物或签发提单时支付。

② 到付运费一般在船舶抵达目的港交货前付清。此时支付运费和交付货物互为对等条件,承租人不支付运费出租人就可以不交货,而出租人不交货,承租人也可以不支付运费。因此,到付条件下,如货物在运输途中灭失,承租人可以免于支付运费。

7. 装卸费条款

常见的有以下几种:

① 船方负责装卸及费用(gross terms / liner terms);

② 船方不负担货物的装卸及费用(free in and out,FIO);

③ 船方不负担货物的装卸及费用,也不负责理舱、平舱及费用(free in and out stowed

and trimmed,FIOST),相应的变形还有 FIOS,FIOT。

④船方管装不管卸(free out,FO);

⑤ 船方管卸不管装(free in,FI)。

装卸费的规定往往和具体的贸易术语结合使用。

8.货物损害责任条款

航次租船合同不受传统国际公约的约束,在货物的损害责任认定方面,通常由承租人和出租人自行商定。在标准的金康合同中,出租人应对货物的灭失、损害或延迟交付承担责任,但规定以上损失产生的原因仅包含出租人或其代理人的以下过失:①积载不良或疏忽;②没有恪尽职责使船舶适航;③未提供合适的船员、设备和供应。其他原因造成的货物损失,出租人可以免责。可见,金康合同仍然偏袒出租人的利益,出租人的义务此时大大低于《海牙规则》对承运人的要求。因此,实践中承租人通常会要求在租约中加入首要条款,规定出租人对货物的责任和免责适用于《海牙规则》或相应的国内法。我国《海商法》也规定,该法 47 条关于承运人谨慎处理使船舶适航义务的规定强制适用于航次租船合同的出租人。

9.提单条款

航次租船合同中,为方便结汇,发货人或承租人常会要求船长、出租人或其代理人签发提单。然而,此时提单内容应符合租约的规定,如有违反,仍以租约为准。因此,租船合同项下的提单仅起到物权凭证和货物收据的作用。但当提单转让给第三人时,第三人和出租人之间的权利和义务责任关系需按照提单确定。为了减少争议,应尽量使提单和租约保持一致,出租人常常在提单中订入适用租船合同的条款,该条款也被称为并入条款。并入条款的效力已被多数国家所承认。

10.责任终止和留置权条款

货物装船完毕后,承租人对租约的责任即告终止,即责任终止;但如果合同规定的运费、空舱费和滞期费等费用尚未结清,出租人则享有货物的留置权。可见,承租人之所以能够在装货后终止对租约的责任,是基于出租人对货物的留置权。若货物到港以后交付以前,收货人未按租约规定支付运费和其他应付费用,出租人就可以通过留置货物获得补偿。有的租约中还规定,只有船上的货值足以补偿全部运费、空舱费、滞期费、共同海损分摊费等费用时,承租人才能在装船完毕后终止其责任。因此,该条款常在卖方是发货人或其代理,而买方是收货人的情况下使用。

11.预备航次条款

预备航次就是船舶从合同规定的装货港的前一港口开往装货港的这一航次。出租方在预备航次中有义务尽责速遣,否则就应当承担因延迟造成的承租人损失。

除以上条款外,航次租船合同中通常还订有双方互有责任碰撞条款、新杰森条款、绕航条款、共同海损条款、罢工条款、战争条款、冰冻条款等。这些条款与班轮提单背面条款基本类似,不再一一列举。

(五)定期租船合同

定期租船合同是船舶出租人向承租人提供约定的由出租人配备船员的船舶,由承租人在约定的时间内按照约定的用途使用并支付租金的合同。定期租船合同中,出租人负责配备船长和船员,负责船舶航行和内部管理,并承担船舶的固定费用及其他船员工资、伙食等管理费用;承租人负责船舶的营运和调度,并承担船舶的营运费用;租金根据租期长短而定。可见,定期租船合同具有明显的船舶租赁性质,而航次租船合同则体现出更多的运输承揽性质。定期租船合同租赁的不仅仅是船舶,还包括其提供的一系列运输服务。

定期租船合同方面并无统一的国际公约,目前采用比较广泛的是一些国际通用的标准合同。如:

①纽约土产交易所制定的《定期租船合同》,租约代号 NYPE93,该格式对承租人和出租人利益进行了很好的平衡,目前使用最广。

②波罗的海国际航运公会制定的《统一定期租船合同》,租约代号 BALTIME(波尔的姆,也有译作波尔的摩),在内容方面较为偏袒出租人利益。

③中国租船公司制定的《中租期租船合同》,租约代号 SINOTIME1980,是中国租船公司从国外定期租船采用的自备合同的标准格式。

各类定期租船合同里常见的主要条款包括:

1. 船舶说明

因定期租船租期较长,承租人直接负责船舶的运营,因此对于承租人关心的船东的名称、船级、船期、船龄、船籍、主机型号、载重吨位、航速、燃油消耗量等都要做出明确的规定。与航次租船不同,这里增加了航速和燃油消耗量的说明,因为这涉及船舶的使用效益和成本。若航速低于合同约定,或耗油量高于合同约定,承租人都可获得相应的赔偿。出租人提供的船舶应符合合同规定,否则应向承租人赔偿相应的损失。

2. 货物

通常合同中规定应装运约定的合法的货物。如需装运危险品、易燃易爆品、活牲畜等,则需要经过出租人的同意。否则,对引起的损失,承租人应承担赔偿责任。

3. 租期

租期即承租人租用船舶的期限。时间单位可以是日、月、年,具体由双方商定。基于海运的特点,租期届满之日和最后航次的结束时间很难吻合,因此在实践中往往规定默示或明示的宽容期,承租人在宽容期内或提前交船的,视为正常履约;若最后航次的结束日期超出了宽容期,出租人可加收租金,如果超期期间租船费率上涨,则加收租金率按照上涨后的计算。

4. 航区

航区即船舶允许驶往的航行区域、航线、方向、国家和港口,属于出租人出于航行安全考虑,对承运人的制约条款。通常合同中规定,船舶不得开往战区、传染病流行区、冰冻区、高纬度地区、敌对国等;此外,还要求承租人将船舶开往安全港口或泊位。如果承租人未经出租人同意即将船舶开往以上地区,船长有权拒绝接受其指示;并且承租人应对因此导致的损失负责。

5.交船和解约

交船即出租人按规定的时间、地点和条件把船舶交给承租人使用。通常规定一定的交船期间,习惯上以交船期间的最后一天作为交船的解约日。如果超过解约日出租人仍未交船,承租人有权解除合同。此外,有的法律还把交船期间届满后的某一天定为解约日,如果出租人在交船期届满后解约日前交船,承租人不得解除合同,但可以向出租人要求损害赔偿。我国《海商法》还规定,如果出租人未能及时提供船舶,应将船舶延误情况和预计到装货港的日期告知承租人,由承租人决定是否解除合同。因出租人的延误所造成的承租人的损失,由出租人承担赔偿责任。交船的地点,可以是某一具体港口,也可以是引航站或某个具体的泊位。交船时,通常要求出租人通过谨慎处理使船舶处于适航的状态。

6.还船

还船是交船的逆过程,指的是承租人按照合同约定的时间、地点和状态将船舶交还出租人。租期届满之日和最后航次的结束时间很难吻合,因而时常产生提前或延迟还船的情况。通常定期租船合同会规定宽容期,即规定在租期届满后若干天内还船。如果还船日期早于租期届满之日,即为"不足期还船",出于机会成本的考虑,有的租约中要求承租人向出租人提供损失赔偿。如果还船日期晚于约定时间,即为"超期还船",出租人有权就超期部分加收租金。如果此时市场租金率高于合同,则按市场租金率计算超期租金;如果市场租金率低于合同,则按合同计算超期租金。如果承租人在安排最后航次时认为其是合理的,则出租人有义务完成该航次;如果是不合理的最后航次,出租人或船长有权拒绝接受指示。

关于还船地点,通常规定两个或多个港口,或一个区域,由承租人选择具体地点。此外,无论租船还是还船,通常合同中都要求满足一定的条件,如船舶准备就绪可以装货,船的油量和设备状况适宜开航,船舶证件齐全,有船级社的检验报告,具备其他各项适航条件。

7.租金

合同中通常规定租金的数额、币种、支付方式、时间和地点。租金可以按固定金额收取,也可以按照通货膨胀或汇率等因素及时进行调整,以降低船方的风险。租金的多少往往根据时间长短而定,有的按月计,有的按日计。如承运人未按合同约定支付租金,出租人有权解除合同,撤回船舶,并要求相应的损失赔偿,并可对船上的货物行使留置权。

8.停租

停租是指一些合同约定的原因,通常是非承租人的原因造成承租人无法正常使用船舶时,可以暂停支付租金。

9.转租

由于定期租船合同租期往往较长,承租人在暂时无货可运时,可将船舶转租出去以获得租金收入,弥补租金损失,这就是转租。转租条款在长期租船合同中十分常见,也是保护承租人利益的重要条款之一。船舶转租后,承租人就变为出租人,也被称为二船东。承租人此时应确保新的租船合同条款与原租船合同条款一致,否则船长有权拒绝接受其指示,且原承租人应当承担由此可能导致的损失。

10. 出租人的责任和免责

通常规定,出租人应提供适航的船舶,关于其对货物的保管和照料的责任,由船、租双方在合同中自行商定。而货物的装载、积载、平舱和卸载工作则由承租人来完成。"波尔的姆"中规定了很多出租人的免责情形,大大低于《海牙规则》的要求,这对承租人十分不利。因此,实践中常常在租船合同中加入首要条款,规定出租人的责任和免责适用于《海牙规则》、《海牙-维斯比规则》等国际或国内法规。

11. 使用和赔偿责任条款

该条款通常包含两方面内容:一是在承租人的指示下船舶开进不安全港或违规航区造成损失的,承租人应赔偿出租人的损失;二是在转租时,船长应按承租人指示签发提单,如果此时货物发生损失,托运人或收货人有权依据提单向出租人请求损害赔偿。如果出租人依据提单对第三者承担的责任超过了他依据合同应承担的责任,出租人在赔付第三者以后,可以向承租人追偿。

此外,定期租船合同中往往还订有首要条款、共同海损条款、新杰森条款、战争条款、仲裁条款、双方互有责任碰撞条款等,笔者在此不再详述。

四、海上货物运输的主要国际公约

(一)《海牙规则》

早期在协调国际货物运输方面,主要的法律依据是各船公司签发的提单。当时,在海上航运最发达的英国,一方面,从事提单运输的承运人必须按照英国普通法对所承运的货物负绝对责任,即负有在目的港将货物以装货港收到货物时的相同状态交给收货人的义务,对所运货物的灭失或损坏,除因天灾、公敌行为、货物的潜在缺陷、托运人的过错行为所造成,或属于共同海损损失之外,不论承运人本人、船长、船员或其他受雇人、代理人有无过错,承运人均应负赔偿责任;另一方面,法律对私人合同却采取"契约自由"原则,这就为承运人大开方便之门,承运人在提单上列入种种对货物灭失或损失的免责条款,强加给货主的各种不公平的条件和不应承担的风险越来越多。这种免责条款从 18 世纪开始出现,到 19 世纪中期的后半期,便发展到不可收拾的地步。有的提单上的免责事项甚至有六七十项。这不但使货方的正当权益失去了基本的保障,甚至还出现了银行不肯承兑,保险公司不敢承保,提单在市场上难以流通转让的恶性局面。这不仅损坏了货主、银行和保险商的利益,也严重妨碍了航运业自身的发展。

为缓和船方和提单各利害关系人之间的矛盾,促进航运业的健康发展,1921 年,各国航运资本家在荷兰海牙召开会议,拟定了《海牙规则草案》。1924 年,世界上 26 个主要航运国家又在比利时布鲁塞尔召开会议,签订了《统一提单的若干法律规则的国际公约》(简称《海牙规则》)。该规则于 1931 年 6 月 2 日起生效,目前加入该规则的国家和地区共有 80 多个。这一规则对承运人的权利、义务、责任及豁免情形都做了较为详细的规定。我国并未加入该公约,但把它作为制定我国《海商法》的重要参考依据;我国不少船公司在拟定提单条款时也采纳了这一公约。因此,《海牙规则》是现今海上货物运输方面最重要的国际公约。

《海牙规则》共十六条,其中第一至第十条是实质性条款,第十一至第十六条是程序性条款,主要是有关公约的批准、加入和修改程序性条款,条款主要包括以下内容:

1.承运人最低限度的义务

《海牙规则》第三条第一款规定:"承运人须在开航前和开航时克尽职责:(a)使船舶适于航行;(b)适当地配备船员、装备船舶和供应船舶;(c)使货舱、冷藏舱和该船其他载货处所能适宜和安全地收受、运送和保管货物。"该条第二款规定:"承运人应适当和谨慎地装卸、搬运、配载、运送、保管、照料和卸载所运货物。"即船方一方面应提供适航船舶,另一方面应妥善管理货物,否则将承担赔偿责任。

何为船舶适航?一般来说,船体强度满足航行需要,船员人数、职责范围和航行需要相匹配,船舱适合所装货物,燃料、食品等供应充足,做到以上几方面即可认为船舶适航。

何为妥善管理货物?一般包含两方面的含义:一是承运人或其代理人、雇佣人及其他相关人员(如验船师等)必须恪尽职责使船舶适航,不能有疏忽,使船舶有能力经得起一般的海上风浪,并能把货物安全送抵目的地;二是对于在恪尽职责后仍不能发现的潜在缺点,只要成因在法规的免责范围内,承运人就可以对所引起的货物灭失或损坏免责,但其需承担举证责任,证明其在船舶开航前和开航时已经恪尽职责来处理货物。

此外,妥善管理货物通常还包含以下含义:不同种货物混装时,应做到干、湿分开;怕异味货物与异味货物分开;危险品要单独妥善存放;粉末状物品和清洁物品要严格隔离开;堆码时宜做到重不压轻、大不压小;易碎品不得受压;固定商品时,应合理运用衬垫、缓冲和各种固定措施;危险品应提供完备的证书、包装标志等。

案例分析 4-2

某轮在定期检查时曾抽样钻探船身铁板厚度,由于检验的习惯做法是抽样探测,有一处腐蚀75%的铁板未被觉察,检查完毕,船级社检验人员认为厚度合格,验毕起航。途中该处铁板裂开,海水涌入,使货物湿损。请思考:船方是否需要承担船舶不适航的责任?

分析:船舶开航时并不适航,但船东并不需要承担船舶不适航的责任。《海牙规则》规定,承运人有义务在开航前和开航时谨慎处理,使船舶适航。该条的含义是承运人应做到适当合理的努力;即做每一件合理的事情,而不是每一件可能的事情;承运人作为一名具有通常要求的技能,并谨慎行事的船舶所有人,其适航的义务是采取各种为航次特定情况所合理要求的措施。谨慎处理则表现为船舶的定期检查和保养。该案中的承运人已经做到了恪尽职责,不需要承担船舶不适航的责任。

案例分析 4-3

某轮为了使船舶在节日期间进入某一中途港,以便使船员与家人团聚,在始发港开航后有意减慢航速,因而延误了航程并造成了船上货物的损失,承运人是否应当承担责任?

分析：承运人未尽到妥善而谨慎地运输货物的义务，显然应承担责任。

2.承运人运输货物的责任期间

承运人运输货物的责任期间，即承运人对货物运送负责的期限。按照《海牙规则》第一条的规定，货物运输的期间为从货物装上船起至卸完船为止的期间。具体可分为两种情况：一是在使用船上吊杆装卸货物时，装货时货物挂上船舶吊杆的吊钩时起至卸货时货物脱离吊钩时为止，即"钩至钩"原则；二是使用岸上起重机装卸，则以货物越过船舷为界，即"舷至舷"原则，这适合集装箱运输。至于货物装船以前，以及货物卸船后到向收货人交付货物这一段时间，按《海牙规则》第七条规定，可由承运人与托运人就承运人在上述两段发生的货物灭失或损坏所应承担的责任和义务订立任何协议、规定、条件、保留或免责条款。

3.托运人的责任与义务

（1）保证货物说明正确。

应保证运输货物的件数、重量、尺寸、标志的正确性，否则托运人应承担由于这些项目的错误导致的损失和费用。

（2）如实申报易燃、易爆、危险品的装运。

如果事先没有申报，承运人知情后有权在任何地点将其卸货、销毁或使之无害化，而无需给予赔偿。如果承运人在知情后同意装载该类货物，可在该项货物对船舶或货载带来危险时，将其销毁，或使其无害而无须赔偿。发生共同海损时除外。

（3）损害赔偿责任。

《海牙规则》第四条第三款规定，托运人对由他本人或代理人或受雇人的过错给承运人或船舶造成的损害，应承担赔偿责任。可见，托运人承担赔偿责任是完全过错责任原则。

4.承运人的赔偿责任限额

承运人的赔偿责任限额是指对承运人不能免责的原因造成的货物灭失或损坏，承运人最高应赔付的限额。这实际上是对承运人赔偿责任的部分免除，充分体现了对承运人利益的保护。《海牙规则》第四条第五款规定，承运人单位最高赔偿额为100英镑或等值货币，超出部分不予负责。但托运人于装货前已就该项货物的性质和价值提出声明，并已在提单中注明的，则应按照声明价值进行赔偿。此外，如果托运人在提单中故意谎报货物性质或价值，则承运人或船舶，在任何情况下，对货物或与货物有关的灭失或损坏都不负责。

5.承运人的免责

《海牙规则》第四条第二款对承运人的免责情形可分为两类：一类是过失免责；另一类是无过失免责。

过失免责包括管船过失免责和航海过失免责。《海牙规则》规定，由于船长、船员、引航员或承运人的雇佣人在航行或管理船舶中的行为、疏忽或过失所引起的货物灭失或损坏，承运人可以免除赔偿责任。即对于管船过失，承运人可以免责；而管货过失，承运人不能免责。可见，《海牙规则》更多地偏袒了船方的利益。

承运人无过失免责主要包括：

①不可抗力或承运人无法控制的免责。包括八项：海上或其他通航水域的灾难、危险或意外事故；天灾；战争行为；公敌行为；君主、当权者或人民的扣留或拘禁，或依法扣押；检疫限制；不论由于任何原因所引起的局部或全面罢工、关厂、停工或劳动力受到限制；暴力和骚乱。

②货方的行为或过失免责。包括四项：货物托运人或货主、其代理人或代表的行为；由于货物的固有缺点、质量或缺陷所造成的容积或重量的损失，或任何其他灭失或损害；包装不牢固；标志不清或不当。

③特殊免责条款。包括三项：一是火灾免责。只有承运人本人的实际过失或私谋所造成者才不能免责；二是在海上救助人命或财产产生的绕航，即因救助或企图救助而产生的绕航或任何合理绕航；三是谨慎处理，恪尽职责所不能发现的潜在缺陷。

④其他，即不是由于承运人的实际过失或私谋，或是承运人的代理人或雇用人员的过失或疏忽所引起的其他任何原因。援引这一条款要求享有此项免责利益的人应当负举证义务，即要求证明货物的灭失或损坏既非由于自己的实际过失或私谋，也非他的代理人或受雇人的过失或私谋所导致。

总之，无过失免责所指的都是承运人无法控制和预期的情况。为避免以上风险造成的损失，货方应及时投保对应的适当险种。

6.索赔与诉讼时效

《海牙规则》第三条第六款规定：在将货物移交给根据运输合同有权收货的人之前或当时，除非在卸货港将货物的灭失和损害的一般情况，已用书面通知承运人或其代理人，则这种移交应作为承运人已按照提单规定交付货物的初步证据。

如果灭失或损坏不明显，则这种通知应于交付货物之日起的三天内提交。如果货物状况在收受时已经进行联合检验或检查，就无须再提交书面通知。除非从货物交付之日或应交付之日起一年内提出诉讼，承运人和船舶在任何情况下都免除对灭失或损害所负的一切责任。

7.适用范围

《海牙规则》第五条第二款规定，本公约适用于两种情况，一是各缔约国所签发的一切提单；二是根据租船合同签发的提单；但是，本公约并不适用于租船合同。

(二)《维斯比规则》

《海牙规则》自1931年生效实施后，被国际航运界普遍接受，它使国际海上货物运输有法可依，统一了海运提单条款，对提单的规范化起到了积极作用，基本上缓和了当时承运方和托运方之间的矛盾，促进了国际贸易和海上运输事业的发展。但随着国际形势的变化以及运输技术的进步，海上运输方式发生了重大变革，如集装箱运输方式的出现和迅猛发展，《海牙规则》的内容已不适应新形势发展的需要。因为关于承运人的大量免责条款明显偏袒船方利益，通货膨胀的现实使100英镑的赔偿限额明显过低，到了20世纪50年代末，要求修改《海牙规则》的呼声日渐强烈。基于这种形势,国际海事委员会成立组委会对《海牙规则》着手进行修改,并于 1968 年 6 月 23 日在布鲁塞尔外交会议上通过修改稿,修改稿自 1977 年 6 月 23 日生效。截至 1996 年 9 月,加入该规则的国家共有 29 个,其中包括英国、法国、德国、荷兰、西班牙、挪威、瑞典、瑞士、意大利和日本等主要航运国家。这一规则因该议定书的准备工作在瑞典的维斯比完成而得名。《维斯比规则》是对《海牙规则》的修改和补充,因而常与《海牙规则》一起合称为《海牙-维斯比规则》。但是,《维斯比规则》对《海牙规则》的修改很不彻底,对承运人的主要责任和义务并未作出实质性修改,仍然偏袒承运人利益。相对《海牙规则》,其主要修改如下:

1. 扩大了规则的适用范围

《维斯比规则》第五条第三款规定该规则的适用范围如下:①在缔约国签发的提单,这一点和《海牙规则》完全相同;②货物在一个缔约国的港口起运的情形;③提单载明或为提单所证明的合同规定受规则约束的情形。例如,从德国发往中国的货物,提单就应该受该规则的约束;而中国发往德国的货物,必须在中国运输公司的提单中载明受《维斯比规则》的约束,才能适用《维斯比规则》,否则应按中国运输公司的提单条款执行。但如果是《维斯比规则》缔约国中的两国之间发生贸易,如货物从荷兰发往挪威,则自动强制适用《维斯比规则》。

2. 明确了提单的证据效力

《海牙规则》第三条第四款规定,提单上载明的货物主要标志、件数或重量和表面状况应作为承运人按提单所载内容收到货物的初步证据。至于提单转让至第三人的证据效力,未作进一步的规定。《维斯比规则》则补充规定,当提单转让至善意的第三人时,与此相反的证据将不能接受。这表明对于善意行事的提单受让人来说,提单载明的内容具有最终证据效力。"善意行事"是指提单受让人在接受提单时并不知道装运的货物与提单的内容有何不符之处,而是出于善意完全相信提单记载的内容。这就是说,当提单背书转让给第三人后,该提单就是货物已按上面记载的状况装船的最终证据。承运人不得借口在签发清洁提单前货物就已存在缺陷或包装不当来对抗提单持有人。

这一补充规定,有利于进一步保护提单的流通与转让,也有利于维护提单受让人或收货人的合法权益。一旦收货人发现货物与提单记载不符,承运人只能负责赔偿,不得提出任何抗辩的理由。

3. 明确了承运人及受雇人员的法律地位

《维斯比规则》第三条第二款规定,承运人的受雇人和代理人在索赔诉讼中可以享受和承运人相同的抗辩事由和责任限制,但如果能够证实损失是由该受雇人或代理人有意为之,或明知会造成损失而不作为,则承运人的受雇人或代理人无权援引本规定。

4. 提高了承运人对货物损害赔偿的限额

《维斯比规则》第二条则规定,每件或每单位的赔偿限额提高到 10000 法郎。《维斯比规则》通过时,10000 法郎约相当于 431 英镑。此外,设每公斤赔偿 30 法郎,以两者中较高者为准。这一规定不但提高了赔偿限额,而且创造了一项新的双重限额制度,维护了货主的利益,这种制度也为此后的《汉堡规则》和我国《海商法》所接受。

另外,该规则还规定,如经证实损失是由承运人蓄意造成的,或者知道很可能会造成这一损害而毫不在意的行为或不作为所引起的,则承运人无权享受责任限制的权利。

5.增加了"集装箱条款"

《海牙规则》没有关于集装箱运输的规定。《维斯比规则》第二条第三款则规定:"如果货物是用集装箱、托盘或类似的装运器具拼装时,提单中所载明的、装在这种装运器具中的件数或单位数,应视为就本款所指的件数或单位数;除上述情况外,应视为此种装运器具即是件或单位。"也就是说,如果提单上具体载明在集装箱内的货物包数或件数,计算责任限制的单位就按提单上所列的件数为准;否则,将一个集装箱或一个托盘视为一件货物。因此,适用该规则时,应在提单上载明集装箱内的货物件数,以便在请求损害赔偿时获得足额的赔偿。

6.延长了诉讼时效

《维斯比规则》第一条第二款、第三款规定,诉讼时效为一年,只要双方当事人同意,这一期限可以延长。对追偿时效则规定,若一年的诉讼时效期满,仍有三个月的宽限期。

案例分析 4-4

某货轮将 1.5 万袋咖啡豆从巴西的巴拉那瓜港运往中国上海。船长签发了两张清洁提单,载明每袋咖啡豆的重量,其表面状况良好。货到目的港卸货后,发现其中 930 袋有重量不足或松袋现象,经过磅约短少 25%。于是,收货人提起诉讼,认为承运人所交货物数量与提单的记载不符,要求承运人赔偿短缺损失。承运人则认为,因其在装船时,未对所装货物一一进行核对,所以承运人不应对此负赔偿责任。请问:(1)提单在承运人与收货人之间是初步证据还是最终证据?(2)本案承运人是否应对货物数量的短缺承担责任?

分析:

(1) 根据《海牙规则》,承运人签发的提单被视为其收到货物的初步证据;根据《维斯比规则》,提单的善意受让人或收货人收到的提单所载内容被视为最终证据。

(2) 提单转让给收货人后,承运人就不得借口在签发清洁提单前货物就已存在缺陷或包装不当来对抗提单持有人,除非承运人能够证明货物短缺是托运人或其雇用人、代理人或代表的不当行为所致,或是由于货物的固有缺点、质量或缺陷所致,否则承运人就应对货物数量的短缺承担责任。

(三)《汉堡规则》

随着国际贸易和海运的发展,要求修改《海牙规则》的呼声不断,修改的思路分为两派:

一是以英国、北欧等海运发达国家的船方利益为代表,由国际海事委员负责起草修改,最终导致《海牙-维斯比规则》产生;二是代表货主利益的广大的发展中国家提出的平衡海上货物运输风险,彻底修改《海牙规则》的要求。为此,联合国贸易和发展会议的航运委员会成立专门工作组,研究提单的法律问题。随后,此项工作移交给联合国国际贸易法委员会。经过反复修改、讨论,该委员会于 1976 年 5 月完成起草工作,并提交 1978 年 3 月 6 日至 31 日在德国汉堡召开的有 78 个国家代表参加的联合国海上货物运输公约外交会议审议,最后通过了《1978 年联合国海上货物运输公约》。这次会议是在汉堡召开的,所以这个公约又称为《汉堡规则》,该规则于 1992 年 11 月 1 日起正式生效。截至 1996 年 10 月,共有成员国 25 个,其中绝大多数为发展中国家,占全球外贸船舶吨位数 90% 的国家都未承认该规则。

《汉堡规则》全文共七章三十四条,除保留了《海牙-维斯比规则》对《海牙规则》的修改外,对《海牙规则》进行了根本性的修改,明显地扩大了承运人的责任,保护了货方的利益,是一个较为完备的国际海上货物运输公约,主要内容包括:

1. 加重了承运人的责任基础

《海牙规则》中承运人的责任基础是不完全过失责任制,它规定承运人对航海过失及管船过失可以免责。而《汉堡规则》确定了推定过失与举证责任相结合的完全过失责任制。规定凡是在承运人掌管货物期间发生货损,除非承运人能证明承运人已为避免事故的发生及其后果采取了一切可能的措施,否则便推定:损失由承运人的过失所造成,承运人应承担赔偿责任。需注意的是,失火的举证责任由索赔人承担。

2. 取消了承运人的免责规定

《汉堡规则》取消了《海牙规则》中关于承运人的大部分免责事项,仅保留了火灾免责。《汉堡规则》第五条第四款规定,承运人对火灾引起的灭失、损坏或延迟交付负赔偿责任,但索赔人需证明承运人、其受雇人或代理人有过失,否则承运人可免责。

3. 延长了承运人的责任期间

汉堡规则第四条第一款规定:"承运人对货物的责任期间包括在装货港,在运输途中以及在卸货港,货物在承运人掌管的全部期间。"即承运人的责任期间从承运人接管货物时起到交付货物时止,即采用"港到港"原则。这一规定解决了货物从交货到装船和从卸船到收货人提货这两段没有人负责的问题,明显延长了承运人的责任期间。

4. 提高了承运人赔偿责任限额

《汉堡规则》第六条第一款(a)规定,承运人对货物灭失或损坏造成的损失所负的赔偿责任,以灭失或损坏的货物每件或每其他货运单位相当于 835 记帐单位或毛重每公斤 2.5 记帐单位的数额为限,两者中以较高的数额为准。件数规定方面,《汉堡规则》中也包含了类似《维斯比规则》中的集装箱条款。

5. 承运人和实际承运人的赔偿责任

《汉堡规则》中增加了"实际承运人"的概念,对"实际承运人"和"承运人"加以区分。"承运人"指本人或以本人名义与托运人订立海上货物运输合同的任何人,而"实际承运人"则指受承运人委托执行全部或部分货物运输的任何人,即前者指签约人,后者指执行人。当承运人将全部或部分货物委托给实际承运人办理时,承运人仍需按公约规定对全部运输负责。如果实际承运人及其雇佣人或代理人的疏忽或过失造成的货物损害,承运人和实际承运人均需负责的话,则在其应负责的范围内,承担连带责任。即托运人既可向实际承运人索赔,也可向承运人索赔,并且不因此妨碍承运人和实际承运人之间的追偿权利。

6. 增加了承运人迟延交货的责任

《汉堡规则》第五条第二款新增了延迟交货的规定:"如果货物未能在明确议定的时间内,或虽无此项议定,但未能在考虑到实际情况对一个勤勉的承运人所能合理要求的时间内,在海上运输合同所规定的卸货港交货,即为延迟交付。"对此,承运人应对因延迟交付货物所造成的损失承担赔偿责任。第三款还规定,如果货物在第二款规定的交货时间到期后连续六十天内仍未能交付,有权对货物灭失提出索赔的人可以认为货物已经灭失。第一款(b)还规定:"承运人对延迟交付的赔偿责任,以相当于该延迟交付货物应支付运费的 2.5 倍的数额时为限,但不得超过海上货物运输合同规定的应付运费总额。"

7. 明确了托运人的责任

《汉堡规则》第十二条规定,如果货物或船舶受到的损失或损坏是由于托运人、托运人的雇佣人或代理人的过失或疏忽所造成的,托运人、托运人的雇佣人或代理人也应承担责任,但因为期间货物一直在承运人的掌管之下,所以也同样需要承运人负举证责任,否则托运人方面可免责。这一规定也被纳入我国《海商法》。

8. 扩大了货物的范围

《汉堡规则》中,活牲畜和甲板货(也称舱面货)也被纳入货物范围,这就扩大了《海牙规则》对货物的定义。《汉堡规则》第五条第五款规定,如果承运人可以举证,活牲畜的灭失、损伤或延迟交货是由这类货物固有的特殊风险造成的,且承运人已按托运人指示办理,即可免责。

对于甲板货,向来争议较多,且出于风险考虑,部分银行对甲板货提单不予议付。《汉堡规则》第九条规定,只有在特定情况下且提单上注明了"stowed on deck",承运人才可以装载甲板货。特定情况包括三种:一是协议中规定将货物放在甲板上。二是按照特定的贸易习惯可以将货物放在甲板上,如原木、集装箱等;考虑到集装箱船舶构造的特殊性和经济性,很多集装箱提单中都规定了一条甲板货条款,即规定装载舱面运输的集装箱与舱内集装箱享有同样的权益。三是按照特定的法律或规章应当将货物放在甲板上,如危险品等。承运人对装载甲板货受损情形免责,应满足三个条件,一是装载甲板货属于以上三种情形之一,二是承运人对所运货物尽到了合理谨慎的管理责任(装载、绑扎、加固、防水、运输等);三是造成货物灭失毁损的原因是甲板货所具有的特殊风险(海水浸湿、浪击入海等)。

案例分析 4-5

2012 年,原告北京某贸易公司从俄罗斯订购了 4 艘内河水翼船,并通过被告广州某远洋运输公司所属的 D 轮运至中国上海。远洋公司出具了提单,收货人为原告,装运港为 NO-VORSSIYSK,卸货港为中国上海,4 条水翼船装于甲板第二舱舱盖上,提单注明运费预付,备注为"4 条水翼船及其零部件,二手货"。涉案提单背面条款规定:对于舱面货的接受、操作、运送、保管和卸载由货方承担风险,承运人对其灭失或损坏不负赔偿责任。D 轮途中抵靠 PAITON 港,在抵达目的港上海后,发现货物严重受损。经上海进出口商品检验局认定,该轮上的水翼船损坏是因为途中开启第二号货舱舱盖,移动原载于舱盖上的水翼船,及卸货完毕后再将水翼船移回原处过程中操作不慎所致。为此,贸易公司诉至法院,请求判令远洋公司赔偿修船费用。远洋公司则辩称,涉案货物是甲板货、二手货,根据《海商法》的规定,船东对此不应承担任何责任。

分析:

甲板货的风险是指货物装在甲板上并在航行途中固有的风险,不包括积载、搬运中的人为损坏。承运人对装载在甲板上的货物仍应谨慎装载、搬运和妥善保管,否则将承担货损赔偿责任。甲板货受损免责需具备如下三点:装载甲板货的行为具有以下三种情形之一(与托运人达成了协议;符合航运惯例;符合有关法律、行政法规的规定);造成货物灭失毁损的原因是舱面装载货物运输方式所具有的特殊风险;承运人对所运货物尽到了合理谨慎的管理责任。本案中,货损原因明显是承运人的管理过失,而并非是海水浸湿、滑落入海等特殊风险,故承运人不能免责。"二手货"也不能成为本案承运人的免责理由,承运人依然负有合理谨慎管理货物的职责。

9. 明确了保函的法律地位

《汉堡规则》第十七条对保函的法律效力作出明确规定,即托运人为了换取清洁提单,可以向承运人出具承担赔偿责任的保函,该保函在承运人、托运人之间有效,对包括受让人、收货人在内的第三方一概无效。但是,如果保函有欺诈意图,则保函无效,承运人也不再享受责任限制的权利。

案例分析 4-6

托运人向承运人提供的桶装橘子汁有部分渗漏,托运人便向承运人出具保函,要求签发清洁提单,保证赔偿承运人因签发提单所造成的损失,承运人接受保函,签发了清洁提单。法院判决该保函无效,承运人遭受的损失自己承担。理由是:承运人明知其在提单的记载是不真实的,该保函具有欺诈性。

10. 索赔通知及诉讼时效

《汉堡规则》第十九条规定,如果货损明显,收货人应不晚于货物移交收货人之日后的第一个工作日内以书面通知送达承运人;如货损不明显,收货人可在收到货物后的十五天内送交通知。同时还规定,对货物延迟交付造成损失,收货人应在收货后的六十天内提交书面通知。此外,《汉堡规则》将诉讼时效延长为两年。被要求赔偿人也可以在诉讼时效内向索赔人提出声明,要求延长诉讼时效。

11. 规则的适用范围

本规则的适用范围包括五种情况:一是装运港位于缔约国的情况;二是卸货港位于缔约国的情况;三是备选卸货港之一为实际卸货港,且该港位于缔约国内的情况;四是提单或证明文件在缔约国签发的情况;五是提单或证明文件中明确约定使用本规则的情况。

同《海牙规则》一样,《汉堡规则》不适用于租船合同,但如果提单根据租船合同签发,并调整出租人与承租人以外的提单持有人之间的关系,则适用该规则的规定。

国际货物运输规则越来越多样化,为了满足电子单证的广泛应用需要和门到门运输的快速发展需要,联合国国际贸易法委员会还组织制定了《联合国全程或部分海上国际货物运输合同公约》(简称《鹿特丹规则》),但该规则目前并未生效。

复习思考题

一、名词解释

1. 契约承运人
2. 实际承运人
3. 班轮运输
4. 租船运输
5. 多式联运
6. 海运提单
7. 共同海损
8. 倒签提单

二、简答题

1. 契约承运人和实际承运人有何区别? 这一区别对于确认国际货物运输中的责任、权利和义务主体有何法律意义?

2. 国际上用于调整国际海上货物运输法律关系的国际惯例与规则有哪些? 它们的主要条款有何区别?

3. 简述提单的法律效力。

4. 简述海运提单和海运单的区别。

5. 常见的与提单相关的保函问题有哪些? 应如何正确看待?

6. 简述定期租船合同和航次租船合同的区别,以及各自的适用范围。

三、案例分析

1. 我国黑龙江某外贸公司 2004 年以 FOB 条件签订了一批皮衣买卖合同,装船前检验时货物的品质良好且符合合同的规定。货到目的港后买方提货检验时发现部分皮衣有发霉现象,经调查确认原因是包装不良导致货物受潮,据此买方向卖方提出索赔要求。但是卖方认为货物在装船前品质是合格的,发霉是在运输途中发生的,因此拒绝承担赔偿责任。

请思考:承运人是否应当承担责任?

2. 国内 A 公司(买方)与芬兰 B 公司(卖方)于 2010 年 5 月 10 日签订了销售合同(适用 INCOTERMS2000)。货物为山毛榉木材,总量为 690 立方米,分装 15 个集装箱,价格条款为 $360/立方米 CFR 汉堡,即期信用证付款,装运期不得晚于 2010 年 7 月 15 日。合同订立后,国内 A 公司开立了即期信用证,芬兰 B 公司在 7 月 15 日之前发运了货物,向银行提交了符合信用证规定的单据,并向我方发出了装船通知,我方据此投保了一切险。但装运船舶自汉堡港出发后在海上航行了 40 天才到达合同规定的卸货港(超出了 23 天左右的正常航行时间 2 周多）。这期间，木材价格下跌，A 公司销售损失总计＄30000。于是，A 公司以卖方延迟交货为由向 B 公司提出索赔。而 B 公司认为自己已在装运期交货并提交了全套单据，责任不在自己。

请思考：承运人是否应当承担责任？这则案例给了你哪些启示？

3. 1996 年，某出口商，向加拿大魁北克某进口商出口 500 吨核桃仁，合同规定价格为每吨 4800 加元 CIF 魁北克，装运期不得晚于 10 月 31 日，不得分批和转运，并规定货物应于 11 月 30 日前到达目的地，否则买方有权拒收，支付方式为 90 天远期信用证。加方于 9 月 25 日开来信用证。我方于 10 月 5 日装船完毕，但船到加拿大东岸时已是 11 月 25 日，此时魁北克已开始结冰。承运人担心船舶驶往魁北克后出不来，便指示船长将货物全部卸在哈利法克斯港，然后从该港改装火车运往魁北克。待这批核桃仁运到魁北克已是 12 月 2 日。于是进口商以货物晚到为由拒绝提货，除非降价 20% 以弥补其损失。几经交涉，最终以我方降价 15% 结案，我公司共损失 36 万加元。

请思考：船长改变运输方式的做法是否合适？我们从该案例中可吸取哪些教训？

第五章　产品责任法

本章内容提示

　　随着商品经济的高度发展,消费者一方面享受物质丰富带来的满足,另一方面又面临瑕疵产品的威胁,特别是产品流通领域的产销多层次化、产品的国际化更使消费者与经营者的关系复杂,使消费者对产品的识别与选购产生困难,产品责任问题日渐成为带有普遍性的社会问题。产品责任法是国际商法的重要组成部分,既是调整国际货物买卖过程中可能发生的缺陷产品造成人身、财产损害等侵权行为的法律规范,也是保护消费者权益的核心制度。本章在介绍了产品责任和产品责任法内涵的基础上,重点介绍了美国的产品责任理论框架、美国产品责任法的基本内容、关于产品责任的国际公约等。

第一节　产品责任法概述

一、产品责任的概念与特征

　　产品责任是指产品的生产者或销售者因为产品有缺陷,从而给消费者或使用者造成财产损失甚至人身伤亡时所应当承担的赔偿责任。

　　产品责任的构成要件主要有以下 3 项:

1. 产品存在瑕疵或缺陷

　　所谓产品缺陷,是指产品具有不合理的危险性。产品所存在的缺陷,是指在生产者或销售者把该产品投入市场之前就已经存在的缺陷。凡是不具有合理、可靠的安全性的产品,就可以被视为具有"缺陷"的产品。一种产品是否具有缺陷,大致可以从三个方面做出衡量:①设计缺陷。这主要是指产品在设计过程中,因为对产品的合理性与安全性等因素考虑不全面,致使后来发生产品责任的事故。②制造缺陷。这主要指产品在制造过程中存在的原材料、零部件方面的选择缺陷及装配缺陷等。③指示缺陷。这是指如果生产者或销售者不做真实的广告,或者没有考虑产品安全使用所必需的种种因素,产品说明书不标准或不准确,致使消费者或使用者遭受损失。如果产品存在上述任意一种情况,该产品就是缺陷产品。

　　要注意区分质量不合格的产品、危险产品与缺陷产品。质量不合格的产品不一定是缺陷产品,但缺陷产品一定是质量不合格的产品。因为前者强调的是与合同约定不符,后者强调的是产品"欠缺安全性"。危险产品不一定是缺陷产品,但缺陷产品一定是危险产品。因为前者强调产品具有危险性是合理的,人们可以预见;而后者的危险性是不合理的,是人们所无法预期的。三者的关系如图 5-1 所示。

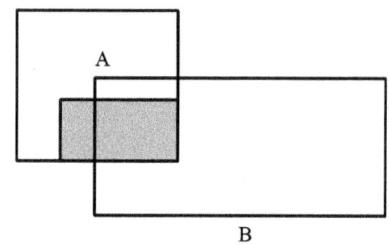

图 5-1 质量不合格的产品、危险产品和缺陷产品的关系

注:方框 A 代表"质量不合格产品";方框 B 代表"危险产品";阴影部分代表"缺陷产品"。

2.给产品的消费者或其他人造成人身或财产的损害

这里强调两点:一是有损害的事实,这种事实可以是人身的伤害,也可以是除缺陷产品以外的财产的损失。如果产品有缺陷但没有给人造成损害,也不能要求生产者或销售者承担产品责任。二是损害的承担者应做广义的理解,既包括从生产者或销售者那里购买产品并使用产品的人,也包括虽未购买产品但使用了产品的人,同时还包括虽非上述购买人或使用人但遭受了产品对其的损害的人。

3.消费者或其他第三人所遭受的损害必须与产品的缺陷之间存在因果关系

如果损害是由消费者或其他第三人的过错造成的,就不存在产品责任的问题。

二、产品责任法的概念与特征

产品责任法是指调整产品的生产者、销售者与消费者、使用者之间,因为产品缺陷而形成的侵权赔偿关系的有关法律规范的总称。

产品责任法具有下列 3 个特征:

1.产品责任法实行侵权责任原则,突破了传统的契约原则

最初,产品责任是建立在传统的契约原则之上的。但是,产品责任事故的不断发生,导致许多超出合同关系的社会问题的出现,于是,欧洲、美洲各国的法院对于由产品缺陷而引起的典型案例,逐步确立了超出传统的"合同所生之权利与义务"的原则,适用侵权原则。根据合同制度的原则,如果销售者明知货物有瑕疵而不告诉购买者,则他除了返还已经收取的货款外,还应当赔偿对方所受的全部损失。根据侵权责任的严格规定,不论生产者是否知道产品有缺陷,他都应当对产品缺陷造成的损害承担责任。

2.产品责任法基本上属于带有强制性的公法范畴

产品责任法与买卖法既有联系又有区别。产品责任法是在弥补买卖法不足的过程中发展起来的,它与买卖法中有关卖方对货物品质的担保责任的规定有共同之处。但是,产品责任法与买卖法隶属于不同的法律范畴。买卖法主要调整买卖双方基于自愿订立的买卖合同所产生的权利义务关系,它属于私法范畴,其规定大多数是任意性规则,当事人可以在合同中加以变更或排除。而产品责任法则主要调整产品的生产者、销售者与消费者或者用户之

间基于侵权行为所引起的人身伤害和财产损害的责任承担关系,它是国家出于社会公共利益的考虑而制定的社会性立法,具有一定的公法性质。产品责任法主要表现为强行性规则,当事人在订立合同时不得自行排除或者加以限制、变更。但是,对于不存在合同关系的任何遭受损害的第三人,也可以根据产品责任法的规定,向法院对生产者或销售者提出侵权的诉讼,要求赔偿适当的损失。

3.产品责任法立法的目的旨在保护消费者的权益

从法的调整对象来看,买卖法主要调整作为平等主体的买卖双方的利益。而产品责任法调整的对象只是产品缺陷引起的财产损失与人身伤害,并不包括产品本身的损害,这是由货物买卖法加以调整的。在产品责任诉讼中,凡是遭受该产品伤害或涉及的人,都可以向法院起诉。承担责任的被告,不仅仅限于该产品的生产者,还包括销售者。当然,产品责任的最终承担者是生产者,其他中间人为产品责任所支付的损害赔偿金,可以向生产者要求补偿。

产品责任法的这些规定,旨在确立与加强生产者与销售者对其生产与销售的产品应当承担的相应责任,从而最终保护消费者的权益。因此,从这种意义上说,产品责任法相当于消费者权益保护法。

第二节　美国的产品责任法

一、美国产品责任理论的发展

建立产品责任理论的目的在于确定产品责任主体对其行为是否承担民事责任以及如何确定其民事责任。在国际上的产品责任法中,美国的产品责任法发展得最早也最完备。其在发展演变的过程中,先后产生了合同责任、疏忽责任、担保责任和严格责任。

（一）合同责任原则

早期的产品责任法产生于英、美等发达国家,最初体现在英国习惯法中关于生产者或销售者对产品应负"谨慎之责"的规定。1842年,英国最高法院判决的"温特伯顿诉赖特"一案是英国产品责任方面最古老、最著名的案例,它确立了"无合同、无责任"的原则。该原则确认的救济权仅限于直接合同关系的当事人之间,生产者或销售者如果与消费者之间没有合同关系,则对所生产或销售的产品一般不负责任。这一原则在英美法系国家奉行了近百年。

典型案例 5-1

英国温特伯顿诉赖特案

原告温特伯顿（Winterbottom）是受雇于驿站的邮递马车夫,他的雇主与被告赖特（Wright）订有一份由赖特提供一辆安全的马车供雇主用于运送邮件的合同。被告按约定将马车交给雇主,后者让原告驾驶马车运送邮件。但是,原告在驾车时,马车的一个车轮突然坍塌,造成原告受伤。原告以赖特为被告提起诉讼,要求赔偿损失,被告则以原告不是合同当事人为由提出抗辩,拒绝赔偿。法院认为,合同责任仅存在于合同的当事人之间,对于非合同当事人的损害,商品制造商无注意的义务。据此法院判原告败诉。

但由于其存在明显的不合理性,1851年,美国朗迈德诉霍利德案中就确定了对合同责任理论的例外原则,即若有缺陷的产品具有危险性,则受害人理应获得补偿。1852年的托马斯诉温切斯特案不但重申了合同责任例外原则,而且据此判决,药品制造商温切斯特误将颠茄剂标成蒲公英制剂,致原告托马斯遭受损害,虽二者间并无合同关系,但被告由于过失而对原告造成的损失承担赔偿责任。这一著名判例曾为各州法院所援用。目前,合同责任原则已逐渐被淘汰。

（二）疏忽责任原则

疏忽责任原则（doctrine of negligence）,也称过失责任原则,是指由于生产者或销售者的疏忽,致使产品有缺陷,从而使消费者或使用者的人身或财产遭受损害,对此,产品的生产者或销售者应当对其疏忽承担赔偿责任。

1916年3月14日,美国纽约上诉法院审理的"麦克弗森诉别克汽车公司案"（Macpherson v. Buick Motor Company）标志着契约关系理论在美国被彻底抛弃,以及产品责任领域里疏忽责任理论的形成。美国在20世纪发展为世界的最强国,其产品责任立法也相应地处于领先的地位。它率先打破了契约关系的界限,并运用侵权法的理论确定产品责任,标志就是"麦克弗森案"。1932年,英国的"多诺格诉史蒂文森"一案也突破了产品责任限于合同当事人的原则,确认了疏忽责任原则。德国和法国也通过司法实践建立起超越合同关系的过失产品责任制度。

典型案例 5-2

美国麦克弗森诉别克汽车公司案

原告麦克弗森（Macpherson）通过销售商购买了被告别克汽车公司（Buick Motor Co.）的一辆汽车,使用中汽车轮胎爆炸致使原告严重受伤。原告因此起诉到法院,要求别克汽车公司赔偿。被告则称原告受伤是由于汽车轮胎爆炸造成的,而汽车轮胎并非被告制造,而是由另一家公司提供,因而被告不应当承担赔偿责任。法官卡多佐（J. Cardozo）判决认为,被告在制造汽车时,在车轮的检测过程中应能发现缺陷,但被告疏于检查,而该轮胎足以危害使用者的生命健康,属危险商品,被告可以预见买方不经检验会使用该产品,因此,被告应承担注意义务,而他未尽此义务,则无论买方与制造商有无合同关系,都应承担赔偿责任。

疏忽责任原则适用于侵权之诉,它突破了合同关系的限制,原告只要证明制造商有疏忽,即使没有合同关系,也可以诉请其对有缺陷的产品所致损害承担赔偿责任。这种原则的理论依据源于侵权行为法。疏忽属于一种侵权行为,因此,疏忽责任原则的适用范围不仅包括产品的买方,而且包括任何其他有关的人,只要他由于产品的缺陷受到损害,都可以提起疏忽之诉。但是,原告援引疏忽责任原则时所承担的举证责任非常沉重。原告必须举证证明:①被告主观上有疏忽之处,即被告没有尽到"合理注意"的义务。"合理注意"是指作为一个正常的通情达理的人应该做到预防的事情。②由于被告的疏忽直接造成了原告的损失。

在疏忽之诉中,原告要证明被告有疏忽之处,可以从产品的设计缺陷、生产缺陷、产品生产时未对危险性做出充分说明之缺陷、包装缺陷等方面加以说明;甚至还可以证明被告在生产或经销该产品时违反了联邦或州的有关这种产品的质量、检验、广告或推销等方面的规章、法令,这也是证明有疏忽之处的一种证据。虽然原告可以证明被告有疏忽的领域十分广泛,但在现代化的大生产条件下,作为普通消费者的原告想证明产品技术上存在缺陷仍是十分困难的。

(三)担保责任原则

担保责任原则(doctrine of warranty),是指由于生产者或销售者违反了对产品的明示担保或法律规定的默示担保,致使产品存在缺陷,从而使消费者或使用者的人身或财产遭受损害,对此,产品的生产者或销售者应当对其担保承担赔偿责任。

英美法系中的担保属于合同法的范畴,担保责任原则包括:①明示担保。明示担保是指产品的生产者和销售者对其生产或出售的产品的品质以口头、书面或其他方式所作的明确的、直接的担保。②默示担保。默示担保是指不是基于生产者或销售者的意思表示,而依据法律、交易习惯、惯例而产生的一种担保责任。

典型案例 5-3

美国巴克斯特诉福特汽车公司案(1932)

原告巴克斯特(Baxter)向汽车零售商购买了被告福特公司(Ford Motor Co.)制造的一辆福特牌汽车,被告以书面形式保证汽车的挡风玻璃是防碎玻璃。但是,当原告在驾驶汽车时,一颗小石子击中挡风玻璃,玻璃的碎片伤及原告的眼睛。为此,原告以被告违反担保为由起诉福特公司。法院认为,尽管原、被告之间无合同关系,但是被告能够预见到对其产品的明示担保范围涉及购买人和使用者,如果被告的产品不具有原告相信的广告说明中的功能,仍应承担赔偿责任。

在"1953年麦克白诉利哥特杂货公司"(Macabe v. L. K. Liggett Drug Co.)一案中,原告从被告处购得一只咖啡机。当原告根据使用说明煮咖啡时,咖啡沸起喷到原告的脸上,造成严重的伤害。陪审团认为,咖啡机的滤器槽口不适合排放水烧开后产生的压力。法院判决,根据默示担保原则,被告仍然应负赔偿责任。

以担保责任为由提起的产品责任诉讼应当以双方存在直接的合同关系为基础。因此,以担保责任为由而起诉的原告范围以及被告范围都受到较大的限制。

关于担保责任原则的适用,即在担保诉讼中,原告虽然不需要证明伤害或损害是由于被告的过失引起的,但是仍然必须证明:①伤害与损害的发生;②产品存在缺陷;③缺陷是伤害的近因;④确实存在担保以及被告违反了担保义务;⑤他是担保的受益人或第三方受益人。原告在担保诉讼中还必须就被告违反担保给予及时通知,否则这可能会妨碍他提起诉讼。

(四)严格责任原则

严格责任原则(doctrine of strict liability),是指只要产品有缺陷,对消费者具有不合理的危险,且造成其人身伤亡或财产损害,该产品的生产者或销售者均应对此承担赔偿责任。

严格责任最早是由美国特雷诺法官在 1944 年的艾思克拉诉富莱斯诺可口可乐瓶装公司案（Escala v. Cola Bottling Company of Fresno）中加以表述的，但该案并未依严格责任进行判决。一般认为，1963 年的格林曼诉尤巴电器公司案是第一例严格责任案件。

典型案例 5-4

美国格林曼诉尤巴电器公司案

原告格林曼（Greeman）之妻在零售商处购买了被告尤巴电器公司（Yuba Power Products Inc.）制造的一种多功能电动削木工具，作为圣诞礼物送给原告。当原告按说明书的要求使用该工具锯木时，一块木头突然从机器中飞出来击伤其头部。为此，原告提起损害赔偿之诉。加利福尼亚法院判决认为，为使制造商承担严格责任，原告一方不必证明明示担保的存在，只要制造商将产品投入市场，明知产品将不经检验而使用，如果该产品表明具有致人伤害的缺陷，那么制造商就应当对受损害方承担严格责任。

根据这项原则，只要产品有缺陷，致使消费者的人身或财产受到损害，则不论卖主与消费者之间有无合同关系，也不论卖主在制造或销售产品的过程中是否有过失，卖主都要承担赔偿责任。

美国法学会也于 1965 年在《第二次侵权法重述》的第 402A 节中，确认了严格责任原则。它不具有强制规范性，但是代表法学界权威的见解常被法院引用，对美国法律有很大的影响。以下为 402A 节的原文：

1. 任何产品因其瑕疵，对最后使用者或消费者的人身或其财产有不合理的危险者，于下述情形，出卖人对于使用人或消费者遭受人身或财产上的损害，应负赔偿责任：①出卖人从事经营此种产品的买卖。②依所预期，商品到达使用人或消费者，仍保持出卖时的状态，并无实质改变。

2. 前项规定，于下列情况，亦适用之。①出卖人对产品制造及销售已尽到可能的注意。②使用人或消费者与出卖人之间并无任何合同关系。

必须注意的是，原告在一次产品责任诉讼中可以把所有的原则都应用上，让法官裁定依哪项原则判决。如果原告愿意，没有在一次诉讼中把这些原则都一起用上，根据"一事不再理"的原则，他就不得再以其他理由提起另一次诉讼了。

相对疏忽责任与担保责任而言，严格责任原则对消费者的保护是最充分的，对原告十分有利。严格责任原则和疏忽责任原则的主要区别在于，疏忽是以卖方有无疏忽，即卖方是否尽到"适当注意"的义务作为确定其是否应对原告承担损害赔偿责任的依据，而严格责任则不必考虑卖方是否已做到"适当注意"的问题。同时，对原告来说，以严格责任为依据对被告起诉是最为有利的，因为严格责任原则消除了以违反担保或以疏忽为理由提出损害赔偿时所遇到的种种困难：第一，严格责任是一种侵权行为之诉，它不同于以合同为依据的违反担保之诉，不要求双方当事人之间具有合同关系；第二，在以严格责任为理由起诉时，原告无须承担证明被告有疏忽的举证责任，因为它要求卖方承担无过失责任。在这种情况下，原告的举证责任仅限于：①证明产品确实存在缺陷或不合理的危险；②正是产品的缺陷给使用者或消费者造成了损害；③产品所存在的缺陷是在生产者或销售者把该产品投入市场时就有的。只要原告能证明以上三点，被告就要承担赔偿损失的责任。

二、产品责任的减免

按照美国的产品责任法，原告依上述原则提起诉讼时，被告可以提出某些相应的抗辩以要求减轻或者免除其责任。被告可以提出的抗辩根据原告起诉的诉因之不同而有所不同。被告的抗辩主要有以下几种。

（一）担保的排除或限制

美国《统一商法典》允许卖方排除其对货物的明示担保与默示担保。在产品责任诉讼中，如果原告以被告"违反担保"为理由对其起诉，被告如果已经在合同中排除了各种明示或默示担保，他就可以以担保已被排除作为抗辩。但是，根据美国 1975 年《马格纳森-莫斯消费产品担保法》的规定，卖方如有书面担保就不得排除各种默示担保。此外，这项抗辩仅能对抗以"违反担保"为理由起诉的原告，而不能用来对抗以"疏忽"为理由起诉的原告，因为后者是属于侵权之诉，不受合同中关于排除明示或默示担保义务的制约。同时，法律禁止产品提供者对人身伤害的责任进行排除或限制。

依合同约定而免除是指当事人之间对于货物的缺陷可能引起的损害必须以合同中的约定限制其责任，但是，当事人之间的约定以不得妨碍公共政策为限。

（二）疏忽分担

疏忽分担是指受害人因其过失对产品的缺陷未能发现或对缺陷可能引起的损害未能适当预防，应当负担其中一部分责任。疏忽分担分为以下 2 种情况：与有疏忽与相对疏忽。

1. 与有疏忽

与有疏忽是指原告在使用被告所提供的缺陷产品时也有疏忽之处，由于双方的疏忽而使原告受到伤害。根据普通法早期所确立的原则，与有疏忽在侵权之诉中是一种充足的抗辩理由。因此，在以疏忽为依据提起的产品责任诉讼中，如果一旦确认原告有"与有疏忽"，原告就不能向被告要求任何损害赔偿。但是后来，美国许多州已通过立法或判例放弃了与有疏忽原则而采用相对疏忽原则。

2. 相对疏忽

相对疏忽是指尽管原告方面也有一定的疏忽，但是法院只是根据原告的疏忽在引起损害中所占的比重，相对减少其索赔的金额，而不是像与有疏忽那样使原告不能向被告要求任何损害赔偿。现在，美国许多州都把相对疏忽原则适用于严格责任之诉。

应当指出的是，无论是与有疏忽还是相对疏忽都属于侵权范畴，被告只有在侵权之诉中才能提出这种抗辩，而不能在合同之诉中提出这种抗辩。

（三）自担风险

自担风险是指原告已经知道产品有缺陷或带有危险性；尽管如此，原告也甘愿将自己置于这种危险或风险的境地；原告甘愿冒风险而使自己受到损害。根据美国法的规定，无论原告是以被告违反担保还是以疏忽或严格责任为由起诉,被告都可以提出"自担风险"作为抗辩。

（四）非正常使用产品或误用与滥用产品

在产品责任诉讼中,如果原告由于非正常地使用产品或误用与滥用产品,使自己受到损害,被告可以以此为理由提出抗辩,要求免除责任。但是要求被告证明原告对产品的误用或滥用已超出了被告可能合理预见的范围。如果这种对产品的误用或滥用是在被告可能合理预见的范围之内,被告就必须采取措施加以防范,否则就不能免除责任。

（五）擅自改动产品

如果原告对产品中部分零部件擅自加以变动或改装,从而改变了该产品的状态或条件,致使自己遭受损害,那么被告就可以此理由提出抗辩,要求免除责任。

（六）带有不可避免的不安全因素的产品

如果某种产品即使正常使用,也难以完全保证安全,而且权衡利弊,该产品对社会公众是有益的,是利大于弊的,则制造或销售这种产品的被告可以要求免除责任。

（七）发展风险

将产品投入流通时的科学技术水平尚不能发现其缺陷,这是否可作为抗辩理由,美国多数州将其作为免责条件。即使在严格责任之诉中,被告也可以提出抗辩。

三、美国产品责任法的主要内容

（一）关于产品

在产品责任法中,产品是这一法律的基点,也是确定产品责任承担的关键。美国《统一产品责任示范法》第 102 条（C）款规定,产品是具有真正价值的、为进入市场而生产的,能够作为组装整件或者作为部件、零件交付的物品,但人体组织、器官、血液组成部分除外。根据上述规定,产品应当具备两个条件:第一,经过生产即加工与制作;第二,用于交付即销售。虽然示范法给产品下了一个概括性的定义,但在美国实际审判实践中,法官倾向于采用更广泛、更灵活的产品定义。在美国,凡经过某种程度、某种方式加以处理的东西,包括任何可销售的（有偿转让）、可使用或可移动的制成品,无论是工业的还是农业的,也不论是整件的还是部件、原材料等,只要由于使用它们或通过使用它们造成损害,都可归为产品责任法调整的"产品"范畴。例如,1978 年的哈雷斯诉西北天然气公司案,法官将天然气纳入产品的范围。兰赛姆诉威斯康星电力公司案中,法官将电确认为产品。伊利诺伊州最高法院曾经将血液视为产品。此外,产品也逐渐包括不动产,越来越多的法院把房屋和出租的公寓等不动产视为产品,并且有继续扩大的趋势。书籍等出版物、计算机软件等特殊产品,是否也属于产品责任法中的"产品",各国立法中多无明确规定,但在实践中不乏这样的判例。美国著名的"弗路尔公司诉杰帕逊公司"案中,一张机场仪表线路图没有标示出一座在本地区内最高的小山,结果导致飞机失事,造成伤亡。法院判决该航空地图属于 1965 年版《第二次侵权法重述》第 402 条所指出的"缺陷产品",其出版商应对因信赖该地图而发生的损害承担严格责任。但这是否可以一概而论呢？显然法官的判决更具有说服力。

（二）关于产品的缺陷

1.产品缺陷的定义

关于美国产品责任法中缺陷产品的定义,在实践中引用得比较多的是《第二次侵权法重述》第402A节所界定的"不合理危险的缺陷状态"。该法制定者对"不合理的危险"的解释是:超出了购买该商品的普通消费者以对它的特性的人所共知的常识的预期。

2.产品缺陷的种类

美国法学家将产品缺陷分为3种,即制造缺陷、设计缺陷与警示缺陷。

（1）制造缺陷。

制造缺陷是指产品在制造过程中形成的缺陷。美国《统一产品责任示范法》第104条（A）款指出:"为了确定产品制造上存在的不合理的不安全性,审理事实的法官必须认定:产品脱离制造者控制时,即在一些重要方面不符合制造者的设计说明书或性能标准,或不同于同一生产线上生产出的同种产品。"制造缺陷是在生产过程中产生的,因原材料选择或产品生产、装配的不当,致使个别产品质量未达到设计或预期的要求。

（2）设计缺陷。

设计缺陷是指产品设计的不合理而造成的实际产品的危险性。该示范法第104条（B）款对设计缺陷的规定是:"为了确定产品设计上存在不合理的不安全性,审理事实的法官必须认定:产品在制造时即存在造成原告损害或类似损害的可能性,这类损害的严重性在价值上超过制造商为设计能够防止这类损害的产品所承受的负担,以及替代设计对产品实用性的相反影响。"它往往是导致整批产品存在潜在危险的根本原因。在产品设计时,对产品的可靠性和安全性考虑不周,往往引发产品责任事故。设计缺陷一般由配方或处方的错误、原理的错误、结构设计的错误等方面造成。一般来说,与制造缺陷相比,产品设计缺陷造成的危害更加严重。

（3）警示缺陷。

①警示缺陷的含义。

该示范法第104条（C）款对警示缺陷的解释是:"对与产品有关的危险或产品的正确使用没有给予适当警告或指示,致使产品存在不合理的不安全性。"这可分为"并非不合理的危险"与"不合理的危险"两种。当一种产品有其内在危险时,法律就把向用户与消费者提出警示的义务施加给生产者与销售者。生产者与销售者没有履行其提出警示的义务,或者履行得不充分,就构成侵权。

②警示缺陷的判断。

一般而言,要求制造商对他所知道的或理应预见到的不太了解情况的任何使用者提供与其产品有关的危险的警示。一般规则是产品的最终使用者应得到警示。如果制造商知道或者应当知道产品具有危险性或者处于危险状态中,他就有义务把这些危险的警示给予那些可能预期接触并相应地面临这种产品的危险的人。警示必须足够明显、醒目。警示的恰当性还包括内容的恰当与充分。警示的恰当性不仅通过表述什么,而且通过表述的方式来加以衡量。如果没有在警示中指出后果,不正当地使警示的影响最小化或者不能使一般消费者合理地理解危险的性质,那么制造商就应当承担警示缺陷的责任。

典型案例 5-5

美国瓦克维尔工程有限公司诉 BDH 化学制品有限公司案

被告向瓦克维尔工程有限公司提供了一种装在玻璃瓶里的瓶上标有"有害蒸汽"的化学药剂。供应商并不知道该化学药剂遇水后会产生强烈反应。一位科学家在做试验时意外地将安瓿掉在水池里引起爆炸,导致了该科学家死亡,并给原告的工厂造成了巨大损失。法院裁决制造商负有过失责任,因为他未能提供该化学药剂的危险性的充分的警告,而上述危险性已在相关的科学杂志中指出,因而是理应知悉的,法院追究了制造商侵权和违反合同两种责任。即使该化学药剂的危险性尚属不可知悉,根据严格责任的规定,被告仍应负责。

(三)关于产品责任中的权利主体

美国《统一产品责任示范法》第 102 条规定,产品责任诉讼的"索赔人"是指因遭受损害而提出产品责任索赔的自然人或实体。按照美国法律的规定,凡是人身或财产遭受缺陷产品损害的当事人,无论其是否与产品提供者订立产品买卖合同,都有权要求产品的制造者或销售者对其承担责任。也就是说请求赔偿的主体并不局限于合同关系的对方当事人,任何遭到缺陷产品侵害的产品的使用者、消费者或第三者,都构成产品责任法的请求赔偿主体。

(四)关于产品责任主体

社会化大生产使消费者获得产品的途径呈现出多样性和复杂化的特点。产品责任以缺陷为承担责任的基础,意味着在产品到达消费者之前的众多环节的制造、行销的参与者都应该对因产品缺陷造成的消费者的损失承担责任。根据美国《统一产品责任示范法》第 102 条、104 条、105 条的规定,产品的销售者及制造者为承担产品责任的主体,其中产品制造者是指在产品出售给使用者或消费者之前,设计、生产、制作、组装、建造或者加工相关产品或产品组件的自然人或实体;还包括不是但自称是制造者的产品销售者或实体;此外制造者还包括主要经营产品批发、分销或者零售业务的产品销售者,但这些销售者局限于在销售前设计、生产、制作、组装、建造或者加工该产品的情形。产品销售者是指从事产品销售业务的任何自然人或者实体,而不论交易是为了使用、消费或者再消费。销售者包括产品制造者、批发商、分销商和零售商,也包括产品的出租人和经纪人。美国法倾向于将产品责任的承担主体做扩大的解释,以便于保护消费者的利益。

(五)关于损害赔偿范围及数额

美国《统一产品责任示范法》规定的损害包括财产损害、人身肉体伤害、疾病与死亡以及由此引起的精神痛苦或情感伤害。财产损害的范围不包括直接或间接的经济损失,这些损失属于合同法的范畴。按照美国法院的判例,产品责任诉讼中原告可以提出赔偿请求的范围非常广泛,判决赔偿的金额也相当可观。一般情况下,原告可以提出 4 个方面的损害赔偿请求：

（1）对人身伤害的损害赔偿。

人身伤害的损害赔偿范围包括因肢体伤残所遭受的痛苦与疼痛，精神上所遭受的痛苦和苦恼，受害人生计上的损失和失去谋生能力的补偿，以及受害人过去和将来必要合理的医疗费用、开支等。如果因产品缺陷致人死亡，根据有关法律的规定，可由死者的遗嘱执行人或遗产管理人或死者的遗产继承人或受益人向产品提供者主张权利并获得赔偿。在司法实践中，美国法院对受害人人身损害赔偿判定的数额较大，往往大于实际支出的医疗费用及他的实际开支，并且精神损害的赔偿额占赔偿总额的大部分。

（2）财产损失的赔偿。

财产损失的赔偿一般只限于修理被损失财产的合理费用与修理或重置期不能使用该财产的损失。

（3）商业上的损害赔偿。

商业上的损害赔偿通常是指有缺陷的产品的价值与完好、合格产品的价值之间的差价。

（4）惩罚性的损害赔偿。

惩罚性的损害赔偿通常是指侵权行为人恶意实施某种行为，或对行为有重大过失时，以对行为人实施惩罚和追求一般抑制效果为目的，法院在判令行为人支付通常赔偿金的同时，还可以判令行为人支付高于受害人实际损失的赔偿金。惩罚性赔偿制度是美国产品责任法的一项重要制度。美国《统一产品责任示范法》第120条规定：原告通过明显的和令人信服的证据证明，由于产品销售者对产品使用者、消费者或可能受到产品损害的其他人员的安全采取轻率漠视态度，致使原告遭受损害的，原告可得到惩罚性损害赔偿。具体的惩罚金额，主要由陪审员根据案情酌情决定。

一般法院要综合考虑一些因素后，才能确定是否给予惩罚性赔偿以及金额的多少，这些因素一般包括：①在相关时间内，产品销售者的不当行为造成严重损害的可能性；②产品的销售者对上述可能性的认识（察觉）程度；③不当行为对产品销售者盈利的作用；④不当行为持续的时间和产品销售者的隐瞒行为；⑤产品销售者在不当行为被发现后采取的态度及行为，以及不当行为是否已停止；⑥产品销售者的经济条件或财务状况；⑦产品销售者由于不当行为，已经或可能受到的其他处罚的综合惩罚效果；⑧原告所遭受的损害是否亦是原告对自身安全采取轻率态度的结果。

美国产品责任法在损害赔偿问题上的特色有二：一是专门规定了惩罚性赔偿金，这对于惩罚在生产与销售中的恶意或轻率行为，预防类似行为的发生，具有重要作用。二是精神损害赔偿数额较大，在赔偿总额中所占比重也较大。精神损害赔偿属于非金钱性损害赔偿，美国《统一产品责任示范法》规定，非金钱性损害赔偿金额不得超过2500美元，或不得超过金钱性损害赔偿金额的两倍，以两者中的少者为准。但是原告通过优势证据证明：产品使原告遭受严重的和永久的或长期的毁容、身体机能的损坏、痛苦和不适、精神疾病等，则不在此限。

由于美国《统一产品责任示范法》对赔偿的数额未设限制，法院在处理此类案件时判处高额赔偿金的现象相当普遍,根据美国法院的判例,原告可以提出的损害赔偿范围相当广泛,判决的赔偿金额也相当可观,通常在 100 万美元以上,有时高达上亿美元,以致不少产品责任承担者不堪重负。

(六) 关于诉讼时效

美国各州规定的产品责任诉讼时效的起算方法有较大差异,美国《统一产品责任示范法》建议,一般诉讼时效为 2 年,从原告发现或者在谨慎行事情况下应当发现产品的损害及其原因时起算。该法还通过规定产品的安全使用期来体现最长诉讼时效,即规定 10 年为最长责任期限,除非明示了产品的安全使用期长于 10 年。

四、美国产品责任法的诉讼管辖权与法律适用

在目前世界范围内,美国的产品责任法是体系最完备的。它只是国内法,但它在某些情况下也可适用于涉及产品责任的对外经贸争议案件。这类案件属于涉外民事案件,在处理这类案件时往往要涉及复杂的管辖权问题与法律适用问题。

(一) 关于管辖权问题

若要使美国的产品责任法能够直接用来保护美国的贸易当事人的利益,首先要确定美国法院对此类案件的管辖权。美国各州通过制定对外国人的属人管辖权标准的"长臂法"(long-arm statute),确定了其管辖的依据。按照这种法律的规定,凡是非本州居民(包括外国人和外州人)与本州有某种"最低限度的联系",该州法院就对其拥有属人管辖权。"最低限度的联系"是指被告经常直接地或通过代理人在该州境内从事商业活动,或因其行为或不行为在该州境内造成了损害,只要符合这个标准,法院就对该被告有管辖权,有权受理此案,有权按照法定程序传唤国外的被告出庭,并有权依法作出有效判决。在大多数情况下,美国法院认为:只要国外的被告与法院所在的州有某种联系,法院就对该被告有管辖权,而且美国法院可以向被告所在国的法院要求承认和执行这个判决。美国各州通过这种扩张管辖权的法律,使作为消费者或者用户的美国人获得了起诉产品的进口商、经销商、零售商甚至外国的出口商和该产品的制造商的权利,要求这些被告依照美国法对原告进行赔偿。

(二) 关于法律适用问题

法院在确定了管辖权之后,就带来了一个法律适用问题,即法律冲突,法律冲突是指对同一涉外民事法律关系由于各国民法规定不同且都有可能对它进行管辖而发生的法律适用上的冲突。各国的冲突法有不同规定,美国的冲突法规则适用损害发生地法来确定当事人的责任,即产品在什么地方对消费者或用户造成了损害,就适用那个地方的法律来确定产品的生产者和销售者的责任。但近 20 年来,这项原则受到了批评,因为这一冲突规则对处理跨州、跨国等流动性大、损害发生地极为复杂的产品责任案件有一定的难度。20 世纪下半叶,美国一些有影响的州如纽约州和加利福尼亚州已不再坚持适用损害发生地法,而转为适用对原告最有利的地方的法律,以保护美国原告的利益。

第三节　关于产品责任的国际公约

一、《关于人身伤害与死亡的产品责任公约》

《关于人身伤害与死亡的产品责任公约》是由欧洲理事会拟定的一项地区性的国际公约,1977年,该公约缔结于法国的斯特拉斯堡,故又称《斯特拉斯堡公约》。该公约的主要内容如下。

①公约抛弃了欧洲大陆法系国家传统的过失责任原则,采用了严格责任原则,凡是由产品缺陷造成的损害,均由生产者负责。

②公约对产品责任的损害赔偿范围仅限于人身伤害及死亡,不包括对财产造成的损失。

③"生产者"的范围包括制造者、产品进口商,或将他的名字、商标等标明在商品上的人,在产品没有标明任何生产者的身份时,每个供应者都应被视为公约所指的生产者。

④公约规定制造商须承担无过失责任,因此制造商不能以"客观技术水平限制"作为抗辩理由;这种无过失责任也适用于将其名称或商标标明在商品上的进口商或供应商,除非供应商能辩明该产品的真正生产者。

⑤如果生产者能够证明该产品不是由他投放市场流通,或者考虑到各种情况,在他将产品投放市场流通时,造成损害的缺点可能并不存在,或者缺陷是在以后才产生的,则生产者不应负责任。

⑥公约限定了两个时效:一个是受损害的当事人提起诉讼的时效,其期限是3年,从受损害的当事人发现或应当发现损害之日起算;另一个是生产者对其产品所造成的损害承担责任的时效,其期限为10年,从产品投放到市场时起算。

⑦关于赔偿限额,公约还有一个附件,规定缔约国在签字交存公约批准书时,可以声明保留其国内法规定的赔偿限额的权利,但对每一死者或遭受人身伤害的人的赔偿限额不得少于20万德国马克,同一产品造成的全部赔偿额不得少于3000万德国马克,或等值的其他货币。

二、《关于对有缺陷产品的责任的指令》

为了协调欧洲共同体各成员国有关产品责任的法律,欧洲共同体理事会组成了专家委员会,于1985年7月25日通过了《关于对有缺陷的产品的责任的指令》(《Directive Concerning Liability for Defective Product》,以下简称《指令》),要求各成员国在1988年8月1日以前采取相应的立法加以实施,但是允许其有某些取舍的余地。到1989年为止,英国、希腊、意大利和联邦德国已通过了本国的立法程序将该指令纳入本国的国内法。《指令》共有22条,其主要内容包括以下几个方面。

（一）采取无过失责任原则

对于产品责任,《指令》放弃了欧洲大陆法系传统的过失责任原则,采用无过失责任原则

(liability without fault)。做出这种改变的主要出发点是使消费者获得更充分的保护。因为当代技术产品纷繁复杂,生产者处于更加有利的地位,他们能够而且应当通过严格的设计、加工与检验程序尽量减少产品的危险性,而且他们还可以通过产品的责任保险,将保险费加在货价中从而使自己获得保障。因此,在立法指导思想上就应当加重生产者的责任,使消费者受到更加有力的保护。基于上述考虑,《指令》明确地规定,在产品责任诉讼中,受害的消费者只需证明他受到损害与产品有缺陷的事实,以及两者之间存在因果关系,即可使该产品的生产者承担责任,无须证明生产者有过失。

（二）关于生产者的定义

《指令》第 1 条规定,生产者应对有缺陷的产品所引起的损害承担责任。因此,确定谁是"生产者"是一个十分重要的问题。《指令》对生产者所下的定义是广义的,它包括如下方面:①制成品的制造者;②任何原材料的生产者;③零部件的制造者;④任何将其名称、商标或其他识别标志置于产品之上的人;⑤任何进口某种产品并在共同体内销售、出租、租赁,或在共同体内以任何形式经销该产品的人;如果不能确认谁是生产者,则该产品的供应者即被视为生产者,除非受损害的消费者在合理的时间内得到生产者已被查获的通知。

（三）关于产品的定义

根据《指令》的规定,所谓产品,是指可以移动的物品,但是不包括初级产品与赌博用品。但是,各成员国可以通过国内立法,将上述两种产品包括在"产品"的定义范围之内。经过工业加工的农产品包括在产品的范围内。

（四）关于"缺陷"的定义

《指令》对缺陷的定义采用客观标准。根据这种标准,如果产品不能提供一般消费者有权期望得到的安全,则该产品被认为是有缺陷的产品。在确定产品是否有缺陷时,要考虑各种情况,其中包括产品的状况、对产品的合理预期与使用、将产品投入流通领域的时间。不能因为后来有更好的产品投入市场,就认为先前的产品有缺陷。

（五）关于损害赔偿

根据《指令》的规定,可以请求损害赔偿的范围主要包括人身伤害与死亡。对有缺陷的产品损失,一般不予以考虑。对不超过 500 欧洲货币单位的损害,亦不予以考虑,以免引起过多的小额诉讼。特别需要指出的是,《指令》对"痛苦"的赔偿有所保留,它认为这是属于非物质性的损害赔偿,应当根据有关国家的国内法作出处理。这一点与美国产品责任法有所不同。

（六）对产品责任的抗辩

根据《指令》的规定,在产品责任诉讼中,被告可以提出以下三种抗辩。

1. 无罪责

如果生产者能证明他没有罪责,他就可以不承担责任。这主要包括以下 6 种情况:①该生产者并没有把该产品投入市场。②引起损害的缺陷在生产者将产品投入市场的时候并不存在,或者这种缺陷是在后来才出现的,例如,缺陷是由于对产品的不适当使用而引起的。③生产者制造该产品并非用于经济目的的销售或经销,也并非在其营业中制造或经销。④该缺陷是由于遵守公共当局发布的有关产品的强制性规章而引起的。⑤根据生产者将产品投入市场的时候的科技知识水平,该缺陷不可能被发现,这种抗辩又称为"发展的风险"或"现有水平"抗辩。各成员国的法律对这种抗辩持不同的态度,因此,《指令》允许各成员国在各自的法律中对是否采用这种抗辩自行做出取舍。⑥零件的制造者如果能证明该缺陷是由于该产品的设计所致,而不是零件本身的缺陷,则可以不承担责任。

2. 时效

在产品责任诉讼中,时效已过也是重要的抗辩理由。《指令》对时效作出了以下规定:①受损害者的权利自生产者将引起损害的产品投入市场之日起 10 年届满即告消灭,除非受害者已经在此期间对生产者起诉;②《指令》要求各成员国必须在其立法中规定提起损害赔偿诉讼的时效,该诉讼时效为 3 年,从原告知道或理应知道受到损害或产品有缺陷及谁是生产者之日开始计算。《指令》对时效的中止与中断没有作出规定,因此,有关时效中止与中断的问题,应根据所适用的国内法处理。

3. 赔偿的最高限额

生产者的责任原则上应当是没有限制的,但是《指令》允许成员国在立法中规定,生产者对由于同一产品与同一缺陷引起的人身伤害或死亡的总赔偿责任不得少于 7000 万欧洲货币单位。

此外,《指令》还规定,生产者不得以合同或其他办法限制或排除其对产品的责任。这表明产品责任属于强制性的法律规定,不能由当事人以合同任意予以排除或限制。

三、《关于产品责任的法律适用公约》

尽管各国以及区域组织在各自的产品责任国内立法或区域立法的规定中作出大致趋同的规定,但现行规定仍存在着许多不同,法院在处理此类案件时所依据的法律冲突规则也存在着差异,致使案件处理结果也有所不同。为了统一全球产品责任的法律冲突规则,海牙国际私法会议于 1973 年 10 月 2 日通过了《关于产品责任的法律适用公约》(以下简称《公约》),并于 1977 年 10 月 1 日生效。公约共 22 条,其主要内容包括一般产品责任立法中必不可少的对产品、产品责任主体以及损害等的界定,还确定了产品责任的三项法律适用规则。

(一) 关于产品、产品责任主体以及损害的规定

1. 关于产品

《公约》规定,"产品"一般是指天然产品和工业产品,无论是未加工的还是加工的,也无论是动产还是不动产。这一定义比欧共体《关于对有缺陷的产品的责任的指令》所下的定义更广泛。在各国国内立法以及区域立法中,人们共同认可的"产品"一般是动产、非初级农产品、有形物品,而《公约》的规定显然更宽泛。

2. 关于产品责任主体

《公约》将责任主体界定为:①成品或部件的制造商;②天然产品的生产者;③产品的供

应者;④在产品准备或销售等整个商业环节中的有关人员,包括修理人员和仓库管理员。上述人员的代理人或雇员的责任也适用该公约。

3. 关于损害

《公约》规定,"损害"是指对人身的伤害、对财产的损害以及经济损失;但是,除非与其他损害有关,产品本身的损害以及由此而引起的经济损失不应包括在内。

(二) 产品责任的法律适用规则

《公约》第 4 条至第 6 条,根据当事人和国家之间的联系点,分具体情况确定了三项国际产品责任诉讼案件的法律适用规则。

1. 适用侵害地国家的法律

《公约》第 4 条规定,若侵害地国家同时又是直接受害人的惯常居所地,被请求承担责任人的主营业地,或者直接受害人取得产品的地点,则应适用侵害地国家的法律。

2. 适用直接受害人的惯常居所地国家的法律

《公约》第 5 条规定,尽管有上述第 4 条规定,但是,若直接受害人的惯常居所地同时又是被请求承担责任人的主营业地,或者直接受害人取得产品的地方,则适用直接受害人的惯常居所地国家的法律。

3. 适用被请求承担责任人的主营业地国家的法律

《公约》第 6 条规定,若上述第 4 条和第 5 条指定适用的法律都不适用,则除原告基于侵害地国家的国内法提出其请求外,应适用被请求承担责任人的主营业地国家的法律。

复习思考题

一、名词解释

1. 疏忽责任
2. 担保责任
3. 严格责任

二、简答题

1. 产品责任法的主要特征是什么?
2. 简述美国产品责任理论的发展历程。
3. 什么是产品的缺陷? 它主要包括哪几种类型?
4. 在产品责任诉讼中,生产者和销售者可以提出哪些抗辩?
5. 根据美国的产品责任法,在产品责任诉讼中,原告可以请求的赔偿包括哪些方面?

第六章　国际商事组织法律制度

　　本章内容提示

　　商事组织是国际商事交易中最重要的主体,一切国际商事法律关系都是通过商事主体来建立并完成的,不同的国际商事组织在国际商事关系中扮演着不同的角色,发挥着其他的商事主体所无法替代的作用。随着国际经济的发展以及各国间经济交往的加深,国际商事组织的表现形式也越来越多。从中世纪时的商人到当今世界的跨国公司,其相关的法律制度都成了国际商法的研究对象。本章主要介绍独资企业、合伙企业、公司等几种常见的国际商事组织的法律特征、设立条件及设立程序、内部管理和资本运营、投资主体的权利义务、商事组织外部法律关系、解散和清算,以及商事组织破产的法律适用、破产程序等。

第一节　国际商事主体概述

　　商事主体(国外商法典中又称"商人"),是指依照商事法规定,参加商事活动,享有权利并承担义务的人。简言之,即商事法上的权利义务归属者。要准确理解其含义,必须认识到,商事主体必须是商法规定的人(包括自然人、法人及其他形式),必须有商行为能力,必须是参加商事活动者,并在所缔结的法律关系中享有权利、承担义务。中世纪后期,伴随着手工业的发展和贸易的发展,社会上出现了一种象征着一个专门阶层的特殊经济利益集团——商人,也随之出现了一个全新的法律部门——商法。为了适应时代发展的需要,商事立法逐渐规范化并日趋完善,商法所涉及的范围越来越广,商人在法律上的地位和特权也更加稳固。

　　拿破仑在法国大革命之后力图改变具有特权色彩的商法形象,制定了《法国商法典》。该法典虽然从形式上以商事行为为调整对象,并赋予了每一个公民平等的商事行为资格,但实质上并未能改变商法以商人为主体、商人具有特权的客观事实。20世纪初,《德国商法典》的出台,又重申了商人在商法中的中心地位,使一些奉行自然法的人视商法为特权法。为了改变这种现象,从20世纪初开始,世界各国的商法学家们就力图将商法的中心从商人向企业转变。其中的原因主要有二:第一,随着经济的发展和经济规模的扩大,以自然人形态出现的商事主体已远远不符合现代经营主体形态的需要;第二,商人作为财产的所有人,作为权利的主导者,造成了不同阶层之间的对立,激化了社会矛盾。因此,现代社会的商事主体不应再局限在传统观念上,而应该是具有一定经济规模和组织形式的企业。

　　商事主体,按照其在现代社会中的组织形式、表现类型可分为商自然人和商事组织。商自然人即以自然形式存在的专职从事商事行为的主体;商事组织则包括商法人及不具备法人资格的各类实体。

企业是国民经济运行的基本单位或细胞,是现代社会中人们进行生产、流通与交换等经济活动的一种主要组织形式。国际商事的各种交易都建立在企业的经营活动基础之上,或者以企业为中心进行活动。因此,没有企业,各种商事活动也就没有赖以存在的基础。商事组织也称"商事企业",是指依法成立,具有一定规模,能以自己的名义从事营利性活动的经济组织。通俗地说,商事组织即企业制度。商事组织有各种各样的组织形式,不同类型的商事组织在法律地位、设立的程序、投资者的利润与责任、资金的筹措、管理权的分配与税收等方面均有很大的不同。一般而言,商事组织主要有三种基本的法律形式,即独资企业、合伙企业与公司,其中公司是最重要的商事组织形式。商事组织法是指调整独资企业、合伙企业和公司的设立及其经营管理活动的有关法律规范的总称。

关于企业的立法体例,大陆法系中,一般独资企业、合伙企业的法律主要规定于民商法典中。大陆法系和英美法系均没有独资企业的单行立法,只有我国制定了《个人独资企业法》。西方国家对独资企业的立法规范散见于有关法律条文中。如法国、德国都没有独资企业单行立法,而是根据民法和商事法律来调整独资企业,因为他们认为个体完全控制着企业,没有其他组成成分的利益需要考虑,这种类型的商事企业并不使个人免于任何责任,没有必要单独立法以调整独资企业的组织和运营。美国法则认为个人业主和公民个人并无实质区别,公民从事个体的生产经营即成为个体业主。美国各州没有个人业主制的专门立法,对个人业主制企业(独资企业)的规范调整主要是通过适用相关的法律(宪法以及税收、专卖、合同和破产等方面的法律)实现的。

针对公司法,除少数国家在商法典中有规定外,大多数国家采取单行法的形式。在大陆法系各国的公司法中,影响较大的是德国1965年的股份有限公司法,以及法国1966年的商业公司法。此外,欧共体委员会为了统一各成员国的公司法,从1970年起至1978年止,曾先后发布了4项关于欧共体公司法的指令。依欧共体公司法指令成立的欧洲公司将与各成员国依国内法成立的公司同时存在,但只适用于大规模的企业。英美法系商事组织法主要采用单行法形式,其主要是公司法。英、美两国在民商法上虽然有许多共同之处,在公司法方面却不同。因为,在美国独立以前,英国尚无公司法。当1844年英国国会制定公司法时,美国纽约州早于1807年就通过了公司法。所以美国的公司法在很多方面都有自己的特色,同英国的公司法相比,美国的公司法对有些问题的处理比较灵活,更能适应当代社会经济发展的需要。

关于合伙企业及公司的立法规范,英美法系多采用单行立法的形式,辅之以判例法;大陆法系则形成了双重规范的立法格局,先以统一的法典进行规范,而后制定了一些单行的法律法规,德国、法国均是这种模式。我国自改革开放至今,有关商事组织的立法逐步与国际接轨,先后制定并颁布了《公司法》、《合伙企业法》和《个人独资企业法》,形成了以单行法为模式的比较完备的商事组织法体系。

第二节　独资企业法

一、独资企业的概念与特征

(一) 独资企业的概念

一些国家基本没有"独资企业"一词,但都承认了独资企业存在的合理性。在德国,独资企业就是德国商法意义上的商人,一般被称为个体商人或个体企业,由民法和商法予以调整。《德国商法典》规定商人就是从事工商经营活动的人,即长期自主经营的、以营利为目的的、经主管当局批准的从事经营活动者。而法国则将"独资企业"定义为一个自然人以个人名义、为个人利益从事商事活动、以此作为自己的职业,经相关部门登记的商事活动者。独资企业在我国被称为个人独资企业,是指依法在中国境内设立,由一个自然人投资,财产为投资人个人所有,投资人以其个人财产对企业债务承担无限责任的经营实体。

独资企业是一个自然人投资成立的,相对于其他企业类型而言,开业容易,不需要太多资本,不受时间与场所的限制,简便易操作,管理灵活,适应性强。独资企业是最简单、出现最早、在世界各国中数量最多的企业形式。即使在市场经济高速发展的今天,独资企业仍然能在市场主体中占有一席之地,独资企业在长时期内仍然是一种重要的企业类型。

(二) 独资企业的特征

(1) 独资企业投资人为一个自然人。《布莱克法律词典》对"独资企业"的解释是,一种与合伙和公司相对立的个人(person)拥有企业资产的组织形式,投资人为一人是对独资企业质的规定。

(2) 独资企业的财产为投资人个人所有,独资企业投资者对企业享有完全的控制、支配权利。独资企业的存在与经营直接与投资者的意愿相联系,独资企业完全处于投资者的控制之下,不存在他人对企业的管理、控制和支配,投资者可以根据其意愿进行经营。

(3) 独资企业投资者对企业债务承担无限责任。独资企业可以有自己的名称或商号,并以企业的名义开展经营活动,但并无独立的法人资格,投资人须以个人财产对企业债务承担无限责任。

(4) 独资企业依附于投资者的人格。企业以自己的名义进行经营活动,必须有其独立的财产、能力作独立的意思表示,并以其财产独立承担民事责任。就独资企业而言,投资者是一个自然人,且企业财产为投资人个人所有,因而独资企业的经营是同投资者个人紧密相连的,其人格依附于自然人格,不具有法人资格。自然人死亡,则其所投资的独资企业亦不复存在。从某种意义上说,独资企业只是自然人进行活动的特殊形态。

(三) 独资企业与一人公司的区别

一人公司一般指公司股东只有一人,公司全部股份由一人拥有的公司。自 20 世纪中期以来,西方国家逐步确立了一人公司的法律地位,美国(大多数州)、日本、德国、丹麦均允许一人公司存在。但也有国家如英国、比利时等不承认一人公司的法律地位。我国 2005 年 10 月 27 日修订通过的《公司法》对一人公司作了明确规定：一人公司是指只有一个自然人股东或者一个法人股东的有限责任公司。

独资企业和一人公司的投资人均为一人，但二者是有区别的，具体体现如下：

（1）性质不同。

一人公司性质上属于公司，是公司法的调整对象；而独资企业性质上属于非法人企业，受独资企业法的调整。

（2）责任不同。

一人公司的投资人对公司债务仅以其出资为限负有限责任，投资者所承担风险较小；为保护债权人的利益，在对外债务承担上，独资企业投资者以个人财产承担无限清偿责任。独资企业投资者承担的风险较大，但因经营灵活、法律限制和政府干预都相对较少，仍受到众多投资者的青睐。

（3）人格不同。

一人公司是公司，具有独立的人格，由公司独立享有权利和承担义务，公司股东的变化不会影响公司的人格，且一人公司的财产与投资者个人的财产是相互分离的；独资企业的人格依附于投资者，投资者变动或消灭影响到企业的人格，个人独资企业的财产与投资者个人的财产是相互联系的，不能独立地享有民事权利和承担民事义务。

二、独资企业的设立

（一）设立条件

根据我国《个人独资企业法》的有关规定，设立个人独资企业应当具备下列条件：

（1）投资人为一个自然人。

投资人具有完全民事行为能力，具有中国国籍。并根据《个人独资企业法》第 16 条的规定，法律、行政法规禁止从事营利性活动的人，不得作为投资人申请设立个人独资企业。如法官、检察官、人民警察以及其他国家公务员、现役军人等，不得作为投资人申请设立个人独资企业。

（2）有合法的企业名称。

《个人独资企业法》第 11 条规定，个人独资企业的名称应当与其责任形式及从事的营业相符合。

（3）有投资人申报的出资。

个人独资企业的投资者必须出资，出资数额由投资者申报，且在法律上没有规定出资的最低限额。对于出资来源和出资形式，法律也未作限定。

（4）有固定的生产经营场所和必要的生产经营条件。

（5）有必要的从业人员。

从上述对独资企业设立条件的规定可以看出，独资企业的设立条件较为宽松，独资企业的投资者对企业债务承担无限责任，相关法律没有对企业设立时的出资额进行规定。

（二）设立程序

一般来说，独资企业的设立采取的是准则主义，即只要符合设立条件，企业就可以登记设立，无须有关部门批准。

在我国，根据《个人独资企业法》第9条的规定，申请设立个人独资企业，应当由投资人或者其委托的代理人向个人独资企业所在地的登记机关提交设立申请书、投资人身份证明、生产经营场所使用证明等文件。委托代理人申请设立登记时，应当出具投资人的委托书和代理人的合法证明。我国《个人独资企业法》第10条规定，个人独资企业设立申请书应当载明下列事项：①企业的名称和住所；②投资人的姓名和居所；③投资人的出资额和出资方式；④经营范围。我国《个人独资企业法》第12条规定，登记机关应当在收到设立申请文件之日起15日内，对符合本法规定条件的，予以登记，发给营业执照；对不符合本法规定条件的，不予登记，并应当给予书面答复，说明理由。营业执照的签发日期即为独资企业成立时间。独资企业可以设立分支机构，应当由投资人或其委托的代理人向分支机构所在地的登记机关申请登记，领取营业执照。分支机构核准登记后，应将登记情况报该分支机构隶属的独资企业的登记机关备案。分支机构的民事责任由设立该分支机构的独资企业承担。

美国对独资企业设立程序的规定更加宽松。在美国注册成立独资企业，首先要求注册申请人交纳注册申请费，并填报投资人、企业名称、经营地点等登记事项后，经投资经营者签名并缴纳注册费后，注册即告完成。

三、独资企业的事务管理

独资企业由投资人一人投资设立，企业的全部财产由投资人所有，投资人对企业拥有完全的控制与支配权，因而独资企业的事务由投资者管理。根据我国《个人独资企业法》第19条的规定，个人独资企业投资人可以自行管理企业事务，也可以委托或聘用其他具有民事行为能力的人负责企业的事务管理。投资人委托或者聘用他人管理个人独资企业事务，应当与受托人或者被聘用的人员签订书面合同，明确委托的具体内容和授予的权利范围。受托人或者被聘用的人员应当履行诚信、勤勉义务，按照与投资人签订的合同负责个人独资企业的事务管理。投资人对受托人或者被聘用的人员职权的限制，不得对抗善意第三人。

受托人与受聘用人员的消极义务如下：根据我国《个人独资企业法》第20条的规定，投资人委托或者聘用的管理个人独资企业事务的人员不得有下列行为：第一，利用职务上的便利，索取或者收受贿赂；第二，利用职务或者工作上的便利侵占企业财产；第三，挪用企业的资金归个人使用或者借贷给他人；第四，擅自将企业资金以个人名义或者以他人名义开立账户储存；第五，擅自以企业财产提供担保；第六，未经投资人同意，从事与本企业相竞争的业务；第七，未经投资人同意，同本企业订立合同或者进行交易；第八，未经投资人同意，擅自将企业商标或者其他知识产权转让给他人使用；第九，泄露本企业的商业秘密；第十，法律、行政法规禁止的其他行为。

四、独资企业的财产转让

独资企业财产实质上是投资者私人财产的一部分，但独资企业的转让并不能简单地认为是个人所有财产的转让。独资企业的转让涉及商号、竞业禁止、企业债权债务等问题。

关于独资企业的转让问题,我国《个人独资企业法》只在第 17 条进行了笼统的规定,缺乏可操作性,在不涉及企业或营业整体的情况下,有关独资企业中财产的转让与个人财产的转让适用相同的规则(但应防止转移财产以逃避企业债务的情形);在独资企业或其营业整体转让时,则应处理好以下相关事务:

第一,独资企业转让时的企业财产的范围问题。独资企业转让的双方当事人以合同形式完成企业产权转让,只要不违反法律规定,双方当事人可以就转让财产范围进行约定,一般而言,转让人应将企业全部资产转让给受让人,以保证受让人能正常地生产经营。商号、技术秘密等也应随同企业转让。

第二,独资企业转让时的企业债权债务问题。企业营业转让,即出现概括承受企业资产及负债时,独资企业的债权债务应一同转让。独资企业的债权债务实质上就是投资者的债权债务,所以,大陆法系认为单纯的商号转让时,企业债权债务并不必然随同转让。在我国,独资企业债权债务的概括转让,应依照我国《合同法》中关于一般债权债务转让的规定办理。

《日本商法典》还规定了转让人的竞业禁止义务,转让人在转让营业的 2 年内不得在同一或邻近的市、镇、村从事相同的营业,以保证受让人有良好的经营环境。我国目前没有这方面规定。

五、独资企业的解散与清算

(一) 解散的原因

独资企业的解散是指在经营管理的过程中出现了法律、行政法规规定的事由,从而停止独资企业的经营活动的法律行为。根据我国《个人独资企业法》第 26 条的规定,个人独资企业有下列情形之一时,应当解散:①投资人决定解散;②投资人死亡或者被宣告死亡,无继承人或者继承人决定放弃继承;③被依法吊销营业执照;④法律、行政法规规定的其他情形。

(二) 清算的程序

企业的解散无论是自行解散,还是强制解散,都必须依法进行清算。清算是企业解散的法律后果,是对解散的企业的财产进行清理,收回债权,偿还债务,若有剩余财产,则应依法进行分配。根据我国《个人独资企业法》第 27、28 条的规定,个人独资企业解散,由投资人自行清算或者由债权人申请人民法院指定清算人进行清算。投资人自行清算的,应当在清算前 15 日内书面通知债权人,无法通知的,应当予以公告。债权人应当在接到通知之日起 30 日内,未接到通知的应当在公告之日起 60 日内向投资人申报其债权。

个人独资企业解散后,原投资人对个人独资企业存续期间的债务仍应承担偿还责任,但债权人在 5 年内未向债务人提出偿债请求的,该责任消灭。清算期间,个人独资企业不得开展与清算目的无关的经营活动。在清偿债务前,投资人不得转移、隐匿财产。

(三) 个人独资企业解散时财产清偿的顺序和注销

根据我国《个人独资企业法》第 29 条的规定,个人独资企业解散的,财产应当按照下列顺序清偿:①所欠职工工资和社会保险费用;②所欠税款;③其他债务。

我国《个人独资企业法》第 32 条规定,个人独资企业清算结束后,投资人或者人民法院指定的清算人应当编制清算报告,并于 15 日内到登记机关办理注销登记。

第三节　合伙企业法

一、合伙企业的概念与特征

（一）合伙企业的概念

在大陆法系国家,合伙分为"民事合伙"和"商事合伙",分别适用民法典和商法典或有关的商事法规,二者的主要区别在于后者经营的规模化和专门化上,商事合伙是达到一定的经营规模并专门从事营利性活动的合伙企业。《德国民法典》规定,民事合伙是根据合伙契约,合伙人彼此间有义务实现由契约方式而确立的共同目的,特别负履行约定出资义务。《德国商法典》对商事合伙则规定了无限公司、两合公司及隐名公司三种合伙类型。2001 年之前,德国人普遍认为,民事合伙缺乏法律行为能力,不能以其自身名义达成交易、收购债务、起诉他人或被诉。但联邦最高法院作出了一项具有里程碑意义的裁决,据此民事合伙通常具有法人资格,可以在法庭上应诉,然而,内部民事合伙仍然不具有法人资格。此外,在决定合伙人是否以及在多大程度上对第三人承担责任时,偶尔会存在困难。但是,在德国,民事合伙企业形式仍然被一些大型的律师事务所所运用。与德国强调合伙的契约性不同,法国、日本更强调合伙的团体性,法国存在民事合伙的很多种形式;民事合伙在自由职业领域相当重要。民事公司或者合伙的特别形式也被专门用于建筑业和农业。《法国民法典》赋予民事合伙以法人资格。《日本商法典》规定无限公司(英美法系中的合伙)和两合公司(有限合伙)具有独立的法人人格。

英美法系对合伙的规定则有所不同。为了消除差异,美国统一州法全国委员会于 1914 年起草制定了《统一合伙法》(《Uniform Partnership Act》),将合伙分为普通合伙和有限合伙,而且均不承认其具有法人地位,但其可以以自己的名义进行营利性活动。该合伙法对合伙的规定较为宽泛,因此美国一些学者认为,就合伙的债务承担来讲,个体户可以被看作单人合伙制。英国合伙法规定,普通合伙是从事共同经营的人之间为营利而存在的一种关系,英国为合伙限定了企业的地位,并限于商事合伙,突出了合伙的团体性。

各国普遍强调合伙的团体性,许多国家将其规定为公司,赋予其法人的身份。尽管许多国家有无限公司的规定,但作为法人,其最根本的特征在于对外承担责任的有限性(欧洲大陆法系国家赋予合伙企业以法人资格,但并不免除合伙人对合伙债务的连带责任),合伙是基于合伙人的合伙协议而设立的,各合伙人对合伙债务承担的是无限连带责任。因此,合伙企业的法人资格地位是值得考虑的。

我国 2006 年 8 月 27 日修订的《合伙企业法》规定:合伙企业是指自然人、法人和其他组织依照本法在中国境内设立的普通合伙企业和有限合伙企业。普通合伙企业由普通合伙人组成,各合伙人对企业债务承担无限连带责任;而有限合伙企业由普通合伙人和有限合伙人组成,普通合伙人对企业债务承担无限连带责任,有限合伙人以其认缴的出资额为限对企业债务承担责任。

(二)合伙企业的类型

1.根据合伙的责任承担不同,合伙企业可以分为普通合伙企业和有限合伙企业

普通合伙企业是指对依法成立的合伙企业,各合伙人均承担无限责任。这是合伙企业的常见形态,其他形式的合伙企业都是以普通合伙企业为基础的。

我国现行的《合伙企业法》还规定:以专业知识和专门技能为客户提供有偿服务的专业服务机构,可以设立特殊的普通合伙企业。根据我国《合伙企业法》第57条规定:"一个合伙人或者数个合伙人在执业活动中因故意或者重大过失造成合伙企业债务的,应当承担无限责任或者无限连带责任,其他合伙人以其在合伙企业中的财产份额为限承担责任。合伙人在执业活动中非因故意或者重大过失造成的合伙企业债务以及合伙企业的其他债务,由全体合伙人承担无限连带责任。"这条规定来源于英美法系国家实行的"有限责任合伙",具体是指,合伙企业中的合伙人对于其他合伙人或雇员的不法职务行为或过失所造成的损害、侵权而导致的债务,无辜的合伙人,即该合伙人不是直接的责任行为人或不是该项侵害事由的管理者、权利掌控者或虽然事后知晓但已经尽力弥补损失的,其在合伙企业无力承担所有该项债务时,以其出资为限承担该项债务的有限责任的一种合伙方式。可见,在特殊的普通合伙中,由于企业的特殊性,为了保证企业的健康发展,根据合伙人在执业活动中的主观因素不同,分清责任,既能体现公平、公正的原则,也能保证企业的长久存续。

有限合伙企业,相当于两合公司,是指对合伙企业的债务既有承担有限责任的合伙人,又有承担无限责任的合伙人,承担无限责任的合伙人为普通合伙人,承担有限责任的合伙人为有限合伙人。因此,有限合伙企业至少应有一名普通合伙人和一名有限合伙人。有限合伙人一般不参与企业的经营,其行为对合伙企业无约束力,但有限合伙人可以依照有关规定查询合伙企业的经营账目。

有限合伙起源于欧洲中世纪,在12—13世纪,随着欧洲地中海地区海上贸易的发展和扩大,"康曼达契约"应运而生,逐渐演变为有限合伙制度。1807年,《法国商法典》首次对有限合伙作了规定;1890年,英国规定了有限合伙,1907年,制定了单行的《有限合伙法》;美国统一州法委员会于1916年制定了《统一有限合伙法》,1976年,统一州法全国委员会重新通过了《修改统一有限合伙法》,该法规定了有限合伙企业的形式、运作和解散。美国是知识经济最发达的国家,对有限合伙企业的运用也是最成功的,有限合伙企业基本上由当事人自治,其主要做法是:第一,普通合伙人通常由创业投资机构专业管理人员担任,有限合伙人往往为养老基金、人寿基金等机构的投资者和国外投资人;第二,企业通常由有限合伙人100%出资,普通合伙人即使出资一般也不超过1%;第三,在有限合伙人收回其投资前,普通合伙人不得参与盈余分配,资本收回后普通合伙人可按其持股份额参与分红;第四,有限合伙企业订有存续期限,通常为7~10年;第五,为了减缓普通合伙人及经营者的偏好及道德风险,作为激励和约束,通常约定在企业达到经营目标后,可增加其持股份额。有限合伙企业通常

从事投资房地产、开采石油和油井、投资电影产业等。有限合伙企业不是单独的联邦税收支付主体,其要向税务机关填报有关税收信息,有限合伙的收入或亏损在个人税收报告中报告,依据合伙人的收入纳税。

我国的《合伙企业法》也采纳了这种分类。因为对于初期的科技成果转化,由于市场、风险、资信以及可行性等因素的影响,项目不能以公司的形式向社会筹集资金,有限合伙企业尽管筹集资金较少、规模较小,但对科技成果商品化这一风险性经营来说,无疑是最佳的选择。

2. 根据合伙企业是否显示合伙人,合伙企业可以分为显名合伙企业和隐名合伙企业

显名合伙企业也就是普通的合伙企业,是隐名合伙企业的对称形式。隐名合伙企业是指一方向另一方出资,并不参与合伙事务的决策和执行,但分享合伙经营收益并以其出资为限承担合伙经营损失的合伙企业。《法国商法典》第 335～342 条对隐名合伙作了规定,《法国民法典》在第三章规定了隐名合伙,《日本商法典》也以"匿名组合"对隐名合伙作了规定。隐名合伙制度已成为现代各国合伙制度中不可缺少的一部分。《德国商法典》规定隐名合伙由两名成员组成,即营业股东和隐名股东。营业股东必须是商人或者商事公司,隐名股东可以是自然人、法人、公司,也可以是一个遗产共同体或者财产共同体。隐名股东将他的出资交付到营业股东的财产中。隐名股东必须参与盈利,也分担亏损,不过可以排除亏损分担。

隐名合伙企业具有以下特征:第一,隐名合伙人的出资仅限于金钱或其他财产,而不包括劳务或信用,隐名合伙人出资后,其财产属于显名合伙人;第二,隐名合伙人在对外关系上不为合伙人,如其参与了企业的执行或决策,则被视为显名合伙人,隐名合伙人的死亡也不影响合伙的存在;第三,隐名合伙人对合伙事务无执行权、决策权,只分享利润和分担亏损;第四,隐名合伙人对合伙债务承担有限责任,仅在出资限度之内承担有限责任,大陆法系的隐名合伙与英美法系有限合伙在实质上具有相同之处,二者都可以成为一种对较大风险的行业经营负有限责任的投资方式,二者都包括两种责任承担主体,隐名合伙人和有限合伙人都承担有限责任,但就目前各国规定来看,隐名合伙企业具有更广的适用范围。

(三) 合伙企业的特征

1. 企业组织的契约性

合伙企业是建立在合伙契约基础之上的企业。合伙人之间签订合伙契约,规定各合伙人在合伙中的权利与义务。普通合伙协议一般应包括合伙的目的、合伙人的出资、合伙的盈余分配、合伙的亏损负担、合伙事务的执行、入伙与退伙以及合伙的终止等。有限合伙协议除了普通合伙协议的必要记载事项外,还应该载明:执行事务合伙人应具备的条件和选择程序;执行事务合伙人权限与违约处理办法;执行事务合伙人的除名条件和更换程序;有限合伙人入伙、退伙的条件、程序以及相关责任;有限合伙人和普通合伙人相互转变的程序等。实践中,合伙人未订立书面合伙协议而发生纠纷时,应当如何处理呢?我国《合伙企业法》未作规定。从英美法系国家的情况看,对符合合伙的实质条件的,一般认定为"事实上的合伙"。在判定事实上的合伙是否存在时,法院主要考虑:①是否存在成为合伙人的共同愿望;

②合伙的财产是否由合伙人共同所有;③合伙人在经营管理中是否享有相同的权利;④合伙人是否分享利润和分担损失。但大陆法系国家倾向于否定没有书面协议的合伙的存在。

典型案例 6-1

纽本诉玛斯本登案

原告纽本曾与一个叫克瑞金的人签订一份书面合同,议定购买"约克车行"建造的布法菜号汽车,原告付清全部价款后,克瑞金未交货却不见踪影。原告认为克瑞金和玛斯本登(被告)是合伙人,理由是:被告曾向"约克车行"无息投入 8.5 万美元,并用为布法菜号汽车购买元件和其他设备的方式参与了经营,原告到"约克车行"如逢克瑞金不在便总是与被告打交道,被告还从汽车销售中获取利润。被告辩称:投入的 8.5 万美元属"贷款",汽车销售款是"贷款"的偿还和购买部件等劳务的报酬。法院判决被告败诉,理由有二:第一,既为"贷款",则还款量或还款时间都应该是固定的,不应等到汽车销售时;第二,既为劳务,也应定时定量支付。被告的资金投入或取得不具备"贷款"和"劳务报酬"的特征,故被告应被视为克瑞金的合伙人。

2.普通合伙企业是人合组织,有限合伙企业是人、资两合组织

它们均是基于合伙人之间的相互信任关系而成立的,合伙人的死亡、破产以及退出都直接影响合伙企业的存续。

3.合伙人共同出资、共同经营、共享收益、共担风险

合伙企业既是人的联合,又是财产的联合,合伙企业须有合伙人出资构成的一定的财产,合伙的出资数额、方式及期限等由合伙人约定,对合伙企业的事务,除非合伙契约另有规定,普通合伙人原则上均享有平等参与管理合伙事务的权利。

4.普通合伙人对合伙企业债务负有无限连带责任

这是合伙企业区别于其他类型企业的最显著的特征。在这种责任制度中,债权人可以请求任何一个债务人清偿所有债务,并且当合伙企业财产不足时,可直接追索至债务人的个人财产,这样能最有效地保护债权人的利益。有限合伙人对合伙企业债务仅以其出资额承担责任,类似于公司股东对公司债务承担责任的方式和范围。

5.合伙企业一般不具有法人资格

合伙企业原则上不能以合伙企业的名义拥有财产,享受权利与承担义务。但是,法国、荷兰与比利时等国家的法律则规定,合伙企业是法人。英国、美国虽然不承认合伙企业的法人资格,但是在某些特定场合也把合伙企业视为法人。例如,美国的法律规定,合伙企业可以以合伙企业自己的名义起诉与应诉。

二、合伙企业的设立

(一) 普通合伙企业

设立普通合伙企业必须满足法律所规定的条件。依据美国《统一合伙法》规定,成为合

伙企业必须具备的条件是：①必须是两个或者两个以上合伙人的联合；②实施商事行为；③合伙人作为共同所有者存在；④要有共同的营利目的。我国《合伙企业法》第 14 条规定，设立合伙企业的条件是：①有两个以上的合伙人，并且都是依法承担无限责任者，合伙人是自然人的，须为完全民事行为能力人；②有书面合伙协议；③有合伙人认缴或实际缴付的出资；④有合伙企业的名称和生产经营场所；⑤法律、行政法规规定的其他条件。

各国和地区法律对法人能否作为合伙企业的合伙人规定不一。美国《统一合伙法》规定合伙人包括自然人、合伙企业、公司以及其他形式联合体等，允许法人作为合伙人，日本、瑞士及我国台湾地区立法则不允许。《日本商法典》第 55 条规定，公司不能作为其他公司的无限责任股东。瑞士《债务法》第 552 条、第 553 条规定禁止法人作为合伙成员，我国台湾地区"公司法"第 13 条、第 54 条、第 110 条等也做了规定。我国《民法通则》专门规定了"个人合伙"，从《合伙企业法》的规定可以看出，我国采取例外规定的立法模式，允许法人作为合伙人：国有独资公司、国有企业、上市公司以及公益性的事业单位、社会团体不得成为普通合伙人，但是并未排除其作为有限合伙人的可能性。

此外，合伙企业是合伙人基于相互间的信任关系而成立的，因此，有的国家和地区对合伙企业的人数上限做了规定，我国的澳门地区规定合伙企业的人数不得超过 30 人，大多数国家和地区是靠合伙关系来自然确定的，我国对普通合伙企业也未做规定。英国《合伙法》对合伙人数的上限做了规定，如规定除律师、会计师、证券批发商、专利代理人、检验师、精算师、咨询工程师或建筑工程师组成的合伙外，其他合伙组织的成员不得超过 20 人。

合伙企业设立的手续一般比较简便，但是各国法律有不同的要求。例如，美国《统一合伙法》规定，合伙企业应当根据合伙人的协议组成，无须政府的批准，但是必须有合法的目的。某些行业，例如，律师业与医师业等要求有执照才能开业，必须向有关主管部门申领开业执照。英国的合伙法对合伙的商号名称要求相当严格，合伙的商号一般应以合伙人的姓氏命名，在合伙人的姓氏之后，可以加上商号或公司的字样，但是不得加上"有限"的字样，否则每天罚款 5 英镑。

同时，根据 1916 年《商号名称注册法》的规定，凡是在联合王国设有营业所的商号，如果在商号名称中没有包含合伙人的真实姓氏或没有包含合伙人的真实教名的开头字母者，则均必须向主管部门注册登记。登记事项应包括以下六个方面：①商号名称；②所经营事业的一般性质；③主要营业地点；④每个合伙人的现用教名、姓氏与曾用名；⑤合伙人的国籍；⑥合伙人所拥有的其他企业等。上述注册登记手续必须在合伙企业开始营业后 14 日内完成。如果日后商号的名称有所变更，则必须于变更后 14 日内再行登记。根据德国法律的规定，合伙企业必须在商业登记册上办理登记。全体合伙人必须事先提出合伙申请，在申请书中必须载明每个合伙人的姓名、职业与长期住所，企业的名称与开设地点，以及开始营业的日期等。在我国设立合伙企业应向企业登记机关提出登记申请，提交登记申请书、合伙协议书、合伙人的身份证明等文件，经核准方可取得营业执照，须由有关部门批准的还要提交批准文件。

（二）有限合伙企业

与普通合伙不同，有限合伙企业的设立则较为复杂。多数国家和地区规定有限合伙须在有关机关注册,并提交合伙章程。英国1907年《有限合伙法》规定,合伙章程应载明:企业名称、所营事业的一般性质、主要营业地点、合伙人的姓名、合伙企业经营期限及开业日期,注明是有限合伙企业并载明有限责任合伙人的姓名,每个有限合伙人出资金额,并注明出资类型。根据美国《统一有限合伙法》的规定,有限合伙人的出资必须是现款或财产,不得以劳务作为出资。规定有限合伙成立需要正式企业形式且必须向公众披露,两个或两个以上的合伙人必须签订有限合伙企业营业执照,营业执照必须提交州秘书处,如果州法律规定,需要在从事经营的地区进行登记,也必须进行登记。当有限合伙企业的营业执照被登记后,合伙企业成立。

我国《合伙企业法》对有限合伙企业的合伙人数作了明确规定:有限合伙企业由2个以上50个以下合伙人设立,且其中至少有一个普通合伙人。此外,在企业登记时要特别注明有限合伙人的名称或姓名等情况。

三、合伙企业的财产

根据我国《合伙企业法》规定,合伙企业存续期间,合伙人的出资、所有以合伙企业的名义取得的收益以及依法取得的其他财产均为合伙企业的财产。合伙企业的财产由全体合伙人共同管理和使用。关于合伙企业财产的性质,理论上颇多争议,一般认为,合伙企业财产应为合伙人共有,但属于哪一种类型的共有,则有不同的认识,有人认为是共同共有,有人认为是按份共有。

各国和地区的合伙立法例表明,合伙财产具有共有的特征。英国合伙法规定,合伙财产(包括投入财产、为合伙之经营目的而购入财产以及以其他形式取得的财产)归合伙人共同共有。《德国民法典》规定,合伙财产属于全体合伙人的共同财产,包括合伙人的出资以及在合伙存续期间因合伙事务而得到的财产。《日本民法典》也规定,合伙人及其他合伙财产属于全体合伙人共有。合伙人的出资构成了合伙企业的初期财产,合伙人应当依照合伙协议规定的方式、数额、期限缴付出资,合伙人出资一经合伙协议的确定,非经合伙人的同意不得变动。我国《合伙企业法》第21~25条对合伙人的合伙财产分割、转让以及出质等进行了限制,未经其他合伙人一致同意,不得进行处分。合伙企业没有独立的法人资格,因此,在对外关系中所产生的债务最终是要由投资者来承担的。

四、合伙企业的内部关系

合伙企业内部各合伙人之间的关系,也就是合伙企业的内部关系。合伙人之间的权利与义务通常都在合伙合同中予以规定,只有在合伙协议无约定或者约定不明确时,有关的法律规定才适用于合伙人之间的关系。

(一)合伙人的权利

1. 参与经营管理的权利

合伙企业的财产为普通合伙人共同所有,所以,普通合伙人对合伙企业事务管理享有同等的权利,可以由全体合伙人共同执行合伙企业的事务;可以由合伙协议约定或者全体合伙人决定,委托一名或数名合伙人执行合伙企业事务;也可以根据企业的具体情况及各合伙人的专长分别授权,以提高效率,由各合伙人分别执行合伙企业事务。执行合伙企业事务的合伙人对外代表合伙企业,不执行合伙事务的合伙人不再参与合伙企业的经营活动。然而,有限合伙企业中的有限合伙人不得执行合伙企业的事务。

2. 分享利润的权利

每一合伙人均有根据合伙协议规定的比例取得利润的权利。如果协议中没有规定,则应根据各国合伙法的规定分配利润。根据我国《合伙企业法》第33条的规定,合伙企业亏损由合伙人按照合伙协议的约定办理,合伙协议未约定的或约定不明确的,由合伙人协商决定;协商不成的,由合伙人按照实缴出资比例分担;无法确定出资比例的,由合伙人平均分担。英、美、德等国合伙法规定,合伙人应平均地分配利润,而不考虑合伙人出资的多少。法国法则规定应按合伙人的出资比例分享利润。我国香港地区《合伙条例》规定,合伙人在合伙财产中所享有的利益以及对合伙的权利及责任,合伙人可以明定或隐含地在协议中规定,如无协议,则合伙人有权平均分摊业务资本以及利润,并平均分担资本或其他方面所蒙受的损失。我国台湾地区法律则规定,损益分配的成数,如无约定则按出资比例决定。

3. 知情权与监督权

每个合伙人都有权了解与查询合伙企业经营状况,负责日常业务的合伙人不得拒绝。合伙人有权随时查阅合伙企业的账目并提出质询。但一些国家对合伙人的这项权利加以限制,以保证合伙企业的经营管理能够顺利地进行。例如,法国的法律规定,不参与日常管理的合伙人1年内查阅合伙账目一般不得超过2次。

4. 异议权和撤销权

被委托执行合伙事务的合伙人不按照合伙协议或全体合伙人的决定执行合伙事务的,其他合伙人可以决定撤销该委托。合伙人在分别执行合伙事务时,可以对其他合伙人的事务执行提出异议,异议提出时,一般应暂停其执行的合伙事务,发生争议时可由全体合伙人做出决定。

5. 获得补偿的权利

合伙人为处理企业的正常业务、维持企业的正常经营或维护企业的财产利益而垫付的个人费用或因此而遭受的个人财产损失,合伙企业或其他合伙人应予以补偿。但是在原则上,合伙人不得向合伙企业请求支付报酬。

6. 合伙人的优先权利

合伙企业经营效益较好且需要扩大投资规模时,合伙人有权优先投资,合伙人依法转让其份额时,在同等条件下,其他合伙人有优先受让权。

(二) 合伙人的义务

1. 资金方面的义务

资金方面的义务包括出资义务和财产份额合法转移的义务。合伙人有义务依照合伙协议约定的出资数额、方式、期限出资,合伙人因不按合伙协议的要求出资给其他合伙人造成损失的,应赔偿其损失。普通合伙人一般可以以货币、实物、知识产权、劳务等出资,而有限合伙人不允许以劳务出资。

由于合伙人之间存在相互信任关系,合伙人未经其他合伙人同意,不得将其在合伙企业中的财产份额及各项权利转让给第三人,也不得吸收第三人入伙。根据我国《合伙企业法》的规定,普通合伙企业存续期间,非经合伙人全体同意,合伙人不得向合伙人以外的人转让其在合伙企业中的全部或部分财产份额,也不得以其在合伙企业中的财产份额出质。而有限合伙人除协议另有约定外,可以将其在有限合伙企业中的财产份额出质,在提前30天通知其他合伙人的前提下向合伙人以外的人转让其在有限合伙企业中的财产份额。针对有限合伙人将财产份额转让给其他合伙人,以及将有限合伙人的财产份额转移给第三人的问题,法律一般不做严格限制。

2. 经营方面的义务

经营方面的义务主要是合伙人的忠实义务和竞业禁止义务。忠实义务要求合伙人以善良管理人的谨慎和注意管理经营合伙企业的财产,维护合伙企业的整体利益,及时向合伙企业报告有关信息和事务的执行情况,以求得合伙企业利益的最大化。合伙企业事务执行的收益归合伙企业所有。

我国《合伙企业法》第30条规定:"合伙人不得自营或者同他人合作经营与本合伙企业相竞争的业务。除合伙协议另有约定或者经全体合伙人同意外,合伙人不得同本合伙企业进行交易。合伙人不得从事损害本合伙企业利益的活动。"如合伙人违反该规定,其所得利益应归全体合伙人,对企业有损害时,其他合伙人有权要求其赔偿。而在竞业禁止义务方面,我国《合伙企业法》对有限合伙人做了更为宽松的规定:除合伙协议有约定外,有限合伙人可以自营或者同他人合作经营与本有限合伙企业相竞争的业务。

五、合伙企业的外部关系

合伙企业外部关系是指合伙企业与第三人的关系,即合伙企业与合伙企业的合伙人以外的第三人的关系,涉及合伙企业对外代表的效力、合伙企业和合伙人的债务清偿等问题。

(一)合伙企业对外代表权的效力

关于合伙人对外代表权的法律性质,各国和地区的立法都认为其是代理关系,即对外执行合伙企业事务的合伙人是合伙企业和其他合伙人的代理人。大陆法系国家大多在民法典中直接规定准用委托代理的法律规定。《日本民法典》第67条规定,对执行合伙事务的合伙人准用第644~650条(受托人的权利义务)的规定。英美法系也有类似的规定。英国1890年《合伙法》规定每个合伙人均应视为合伙和其他合伙人的代理人,其依照同行业通常的营业方式所为的行为对合伙和其他合伙人均具有约束力。美国、澳大利亚和我国香港地区也做了类似的规定。

取得合伙企业对外代表权的合伙人,即可以以合伙企业的名义进行经营活动,在其授权的范围内作出法律行为。合伙人的这种代表行为,对全体合伙人发生法律效力,即其执行合伙事务所产生的收益归合伙企业,所产生的费用和亏损由合伙企业承担。合伙人执行合伙事务的权利和对外代表合伙企业的权利,都会受到一定的限制。如果这种内部限制对第三人发生效力,必须以第三人知情为条件。否则,合伙企业对合伙人执行合伙事务以及对外代表合伙企业的权利的限制,不得对抗善意第三人。如果合伙人在合伙企业事务执行过程中给他人造成了损害,侵犯了他人的合法权益,则应当首先由合伙企业承担赔偿责任。

(二) 合伙企业和合伙人的债务清偿

1.合伙企业的债务清偿与合伙人的关系

合伙企业债务是指合伙企业存续期间因合伙的经营活动而产生的债务。对合伙企业的债务,首先应当以合伙企业的财产清偿,合伙企业财产不足时,再以合伙人合伙财产以外的个人财产清偿。对合伙人之间是否负有连带责任有两种立法例:①无限连带责任。德国、瑞士法律规定,合伙企业为合伙人的共有团体,合伙债务为合伙人的共同债务,应由合伙团体来承担。②分担无限责任。《日本民法典》规定,各合伙人就合伙债务,仅就其分担部分负清偿的无限责任,原则上依分担损失的成数定之。

我国对普通合伙企业采取的是无限连带责任的立法模式。合伙企业的债务先以企业现有的财产偿还,如不足以偿还债务时,各合伙人承担无限连带责任。当然,《合伙企业法》也赋予了合伙人追偿的权利。而有限合伙企业中的有限合伙人仅以出资额对企业的债务承担责任。

2.合伙人的债务清偿与合伙企业的关系

在合伙企业存续期间,可能发生个别合伙人因不能偿还其私人债务而被追索的情况。为了保护合伙企业和其他合伙人的合法权益,为了保护债权人的合法权益,我国《合伙企业法》规定,合伙人发生与合伙企业无关的债务,相关债权人不得以其债权抵销其对合伙企业的债务,也不得代位行使合伙人在合伙企业中的权利。合伙人的自有财产不足以清偿其与合伙企业无关的债务的,该合伙人可以以其从合伙企业中分取的收益用于清偿;债权人也可以依法请求人民法院强制执行该合伙人在合伙企业中的财产份额用于清偿。

六、入伙与退伙

(一) 入伙

入伙是指在合伙企业存续期间,合伙人以外的第三人加入合伙,从而取得合伙人的资格。

1.普通合伙企业

新合伙人对入伙前的合伙企业债务是否承担连带责任,各国和地区规定不尽相同。英美法系普遍主张不应承担责任,英国法律规定,加入商行的合伙人对入伙前的商行债务不承担责任,我国香港地区《合伙条例》甚至规定任何加入现有商号的新合伙人,对其入伙前的商号债权人不负有法律上的责任。而法国、日本、瑞士等大陆法系国家则规定新合伙人应对入伙前的合伙企业的债务承担连带责任。我国《合伙企业法》第43条规定,新合伙人入伙,除合伙协议另有约定外,应当经全体合伙人一致同意,并依法订立书面协议。第44条规定,入伙的新合伙人与原合伙人享有同等权利,承担同等责任。入伙协议另有约定的,从其约定。

关于新合伙人的入伙,我国立法要求必须经全体合伙人的同意。而美国《统一合伙法》则规定,未经所有合伙人同意前,任何人不能成为合伙人,但合伙协议另有约定的除外。我国承认新合伙人的连带责任,所以,同时要求订立合伙协议时原合伙人应向新合伙人告知原合伙企业的经营状况和财务状况。

2.有限合伙企业

有限合伙企业中有两类合伙人,其承担责任的方式和范围有很大区别。所以在入伙时需明确新合伙人的性质。如果新合伙人为普通合伙人,则适用普通合伙企业的相关规定,即新合伙人对入伙前企业债务承担连带责任;如果新合伙人为有限合伙人,其仅以出资额为限对合伙企业债务承担责任。

(二) 退伙

退伙是指合伙存续期间,合伙人与其他合伙人脱离合伙关系,从而丧失合伙人的资格。

1.普通合伙企业

一般来说,退伙分为任意退伙和法定退伙。

任意退伙,也称为声明退伙,是指基于合伙人的意思表示而为的退伙行为。依我国《合伙企业法》第45条的规定,在约定有合伙期限时,有下列情形之一的,合伙人可以退伙:①合伙协议约定的退伙事由出现;②经全体合伙人一致同意;③发生合伙人难以继续参加合伙企业的事由;④其他合伙人严重违反合伙协议约定的义务。在未约定合伙企业的经营期限时,合伙人在不给合伙企业的事务执行造成不利影响的情况下,可以退伙,但应当提前30天通知其他合伙人。《日本民法典》第678条规定,未以合伙契约约定合伙的存续期间时,或以某合伙人的终身确定合伙的存续期间时,各合伙人无论何时均得声明退伙,但除有不得已事由场合外,不得在于合伙不利的时期为之,即使定有合伙的存续期间但合伙人有不得已事由时,亦得声明退伙。

法定退伙是指非基于合伙人的意思表示而是基于法律的规定以及法定的事由而当然退伙。依我国《合伙企业法》第48条的规定,法定的退伙事由包括:①作为合伙人的自然人死亡或被依法宣告死亡;②个人丧失偿债能力;③作为合伙人的法人或者其他组织依法被吊销营业执照、责令关闭、撤销,或者被宣告破产;④法律规定或者合伙协议约定合伙人必须具有相关资格而丧失该资格;⑤合伙人在合伙企业中的全部财产份额被人民法院强制执行。《日本商法典》第679条规定,合伙人的非任意退伙事由为死亡、破产、禁治产和开除。

此外,我国《合伙企业法》第49条还规定了决议退伙(除名退伙)的情形:①未履行出资义务;②因故意或者重大过失给合伙企业造成损失;③执行合伙事务时有不正当行为;④发生合伙协议约定的事由。

合伙人退伙时应进行财产清算,退还退伙人的财产份额,分配或分担合伙的盈余,并对退伙前的合伙债务承担连带责任。

2.有限合伙企业

有如前述入伙一样,除有特殊规定外,有限合伙企业适用普通合伙企业的相关规定。关于退伙,我国《合伙企业法》作了如下特殊规定:其他合伙人不得因有限合伙人丧失民事行为能力而要求其退伙。有限合伙人退伙后,对基于退伙前的原因发生的有限合伙企业债务,以其退伙时从有限合伙企业中取回的财产承担责任。

七、合伙企业的解散与清算

合伙企业的解散有两种情况,一种情况是自愿解散,另一种情况是依法解散。所谓自愿解散,是指合伙企业根据合伙人之间的协议而解散。所谓依法解散,是指合伙企业根据合伙法的有关规定而宣告解散,主要有以下 5 种情况:①除合伙人之间另有协议外,如果合伙人之一死亡或退出,则合伙企业即告解散;②当合伙企业或合伙人之一破产时,合伙企业即告解散;③如果因为发生某种情况,致使合伙企业所从事的业务成为非法时,该合伙企业即自动解散;④如果爆发战争,合伙人之一系敌国公民时,合伙企业亦应解散;⑤如果在合伙人中有精神失常,长期不能履行其职责,或因行为失当而使企业遭受重大损失,或因企业经营失败难以继续维持时,则任何合伙人均有权向法院提出申请,要求法院下令解散合伙企业。

此外,合伙人原则上有权提出退出合伙企业,但是,各国合伙法对此项权利都有一定的限制,以保证合伙企业的稳定发展。例如,《德国民法典》第 723 条规定,合伙契约如果规定了期限,那么,合伙人只有在有重大事由发生时,方可提出退伙。所谓"重大事由",主要是指其他合伙人已严重违反合伙契约所规定的义务。如果没有重大事由发生,合伙人退伙,则应对其他合伙人赔偿由此而带来的损失。法国的法律规定,合伙人退伙不得损害第三人的权利与利益。

当合伙企业解散时,在清偿企业的债务后,所有合伙人都有权参加财产的分配。如果企业的剩余资产不足以清偿其债务,合伙人必须以其个人财产负无限连带清偿责任。

第四节　公　司　法

一、公　司　概　述

(一) 公司的概念与特征

1. 公司的概念

各国的法律传统与公司法制度不同,因此,对公司概念的表述也不尽一致。在英美法系国家,"公司"具有广泛而不确切的法律含义,并非大陆法系严格意义上的"公司"。公司一般是依据公司法而成立的,但在英美法系国家,有时可以依照皇家特许证以及国会的特别法设立。英美法系国家并不强调公司的营利目的,公司可以分为两类,即以营利为目的的商事公司和以发展慈善、教育、科学、文化等为目的的非营利公司。美国《示范公司法》对以营利为目的的商事公司的概念作了明确的规定。英美法系公司法总体上是一个较为宽泛的法律体系。

在大陆法系国家,公司是指依法定程序设立的以盈利为目的的社团法人。这区别于公法人、财团法人与公益性社团法人,是一种最具有普遍性的企业组织形式。非以营利为目的的社团组织不能成为公司。《日本商法典》第 52 条、《法国民法典》第 1832 条均对公司依法设立和以营利为目的作了明确的规定。

在中国，《中华人民共和国公司法》（以下简称《公司法》）规定了有限责任公司和股份有限公司两种主要公司类型，并对公司进行了具体规定。

2.公司的特征

一般而言，公司是依法定程序设立，以盈利为目的的法人组织。公司是法人，具有独立的法律人格，这是公司的最重要与最基本的法律特征，公司具有以下主要特征。

（1）法定性。

公司是依据公司法及其他法律而成立的企业法人，非依照法定的条件和程序不得成立公司，不受公司法的保护。在英美法系国家，可以根据单行的公司法、皇家特许或国会的特别法而设立公司；在大陆法系国家，则可依照单行的公司法、商法典或民法典而设立。法定性是公司的重要特征，是法律规范市场主体的需要。

（2）营利性。

所谓以营利为目的，是指公司必须从事经营活动，而经营活动的目的在于获取利润并将其分配给投资者。公司所从事的以营利为目的的经营活动，具有连续性和固定性，即具有营业性的特点。营利性是公司区别于其他公益法人、国家机关法人等社会组织的表现。现在各国法律在强调公司的营利性的同时，也越来越重视公司的社会责任，但这不是公司的本质属性。所谓公司社会责任是指公司在谋求股东利益最大化的同时，还要维护利益相关者的利益，为社会的一般发展做出贡献，包括遵守商业道德、生产安全、职业健康、节约资源等。不难看出，公司社会责任与公司的营利性和股东利益最大化并不矛盾，只有长远利益和股东近期利益之分。

（3）有限责任性（法人性）。

各国几乎都把公司规定为分离于它的投资人而独立存在的法律实体（法人）。公司作为独立的经济实体，仅以其财产对公司的债务负有限责任，股东仅以其对公司的投资为限承担有限责任。公司拥有独立的财产并且能够以自己的名义享有民事权利并独立承担民事责任。公司的股东一旦把自己的财产投资给公司，就丧失了对该财产的所有权，无法再对其直接支配，但可取得股权；而公司则对股东投入的财产享有完全的、独立的法人财产权。这都表明公司是区别于出资人而独立存在的。

（4）公司存在的永久性。

公司能够永久存在是因为公司的存在与股东的变化无关，股东的死亡、退出与破产原则上不影响公司的存在，英美法系称之为永续性。大陆法系国家有的规定了公司的注册年限，如法国规定公司的注册年限不得超过 99 年。

（5）组织严密性。

公司是以营利为目的的，公司在所有权和经营权相分离的情况下，要适应多变的市场和激烈的竞争，需要有一个严密的组织机构，各国公司法一般都对公司的机构及其职能作了规定。

（6）社团性。

公司是法人组织,法人组织一般可以分为社团法人和财团法人,前者以社员的结合为基础,如公司、合作社等;后者以财产捐助的存在为基础,如慈善组织、基金会等。公司属于社团法人,尽管绝大多数国家已经认可一人公司,但这并不能否认公司的社团性特征。公司的社团性首先表现为集中管理制度,由于公司是由股东结社而成,在股东众多的公司中,不可能每个股东都参与公司的具体运作管理。现代公司尤其是大中型公司无不实行所有权与经营权分离,均由职业经理进行经营管理。

公司具有独立法人资格,公司股东与公司相互分离,这就大大减少了投资者的风险,有利于社会资本的集中与经营管理的科学化。但是,从另一个方面看,由于公司一般采取有限责任制,一些不法分子常常利用公司进行投机和欺诈活动,逃避法律义务,损害社会及公众利益。为了防止这种现象发生,英美法系国家的公司法逐渐形成了"揭开公司面纱"(或称"公司法人人格否认")的制度。"揭开公司面纱"制度是公司有限责任原则的突破。英美法学者形象地将公司的独立人格和股东有限责任描绘为罩在公司头上的"面纱"。这层"面纱"将公司和股东隔开,当公司资产不足偿付其债务时,法律不能透过公司这层"面纱"要求股东承担责任。而"揭开公司面纱"则是指在公司股东滥用公司法人独立地位和股东有限责任,逃避债务,严重损害公司债权人利益时,法院为保护公司债权人利益,否定公司独立的人格,要求股东对公司债务承担连带责任。但是,公司的有限责任是公司发展的基石,法官在适用揭开公司面纱制度时应严格掌握。每个国家"揭开公司面纱制度"的适用条件虽有所不同,但基本符合下列条件:一是公司设立合法有效且已取得独立人格;二是股东客观上滥用对公司的控制权;三是股东的控制权滥用行为,客观上损害了债权人利益或社会公共利益;四是股东不能为自己的利益而主张公司人格。

(二) 公司制度的历史

公司制度的产生与发展经历了一个历史过程,即从 17 世纪的特许公司发展到 18 世纪的合股公司,再发展到 19 世纪中期的现代股份公司。

1. 特许公司的建立

股份经济的萌芽形态,早在古希腊与古罗马社会就已经出现了。15 世纪至 17 世纪,在欧洲资本主义生产关系萌芽与资本原始积累的过程中,随着商品经济的发展,近代意义上的股份公司才开始产生与逐渐发展起来。15 世纪至 16 世纪,德国、捷克斯洛伐克与奥地利等欧洲国家的一些合伙制企业,从由包买商把持逐渐演变为股份公司。16 世纪至 17 世纪,在哥伦布发现新大陆与航海家达·伽马绕过好望角航行到印度的推动下,商品经济,特别是远洋贸易得以迅速发展。为适应远洋贸易发展的需要,在重商主义理论的指导下,一些西欧国家的政府在取得王室特许后,逐步建立了一批"特许贸易公司"。例如,在 1553—1680 年间,英国以股份形式建立的特许贸易公司共有 49 家,其中著名的有 1553 年成立的"莫斯科公司",1558 年成立的"土耳其公司",以及 1600 年成立的"东印度公司"。法国、普鲁士与荷兰等国家也建立了这类公司。这个时期建立的特许贸易公司已经具有近代公司的某些特征。

2. 合股公司的出现

特许贸易公司获得贸易垄断权,并通过募股集资发展壮大,这种情况刺激了一些商人的利欲。于是,在18世纪中期,这些商人效法特许公司的组织形式,通过发行可转让的股票吸引投资者,集资组建"合股公司"。合股公司的主要特点是,以股票形式合资经营,并由股东集体授权经理人员从事经营活动;股票可以自行转让,股东对公司只负有限责任,但是合股公司的合伙人对公司债务承担无限责任。这使合股公司既不同于特殊的贸易公司,也不同于一般的合伙企业,而是向近代公司制转化的一种过渡形态,这种公司就是现代股份公司的前身。

合股公司虽然在18世纪至19世纪中期获得了发展,但是在法律上仍然被视为合伙企业,还不完全具备法人企业的全部特点。不过,合股公司在实践中深受投资者的青睐,经营与管理具有诸多优点,因而推动了法律制度向赋予合股公司以法人地位的方向发展。英国在1844年通过公司法以后,很快就设立了合股公司注册处,把有25个以上成员并有可转让股份的"合伙制企业"注册为"公司"。1844—1856年期间,英国共有910家这样的合股公司登记注册。至1856年,英国议会确认,这类注册公司对其债务负有限责任。

3. 现代公司制的形成

现代公司制度的形成有两个基本标志:①以可以转让的股票集资组建股份公司,公司的经营管理活动由经理人员承担;②为股份公司颁布了基本的法律制度,确立了公司的法人地位。公司制度的确立,大体是在19世纪中期,其标志是1844年英国议会通过并颁布公司法,以及1856年确认登记合股公司为有限公司与法人公司。这样,现代意义上的公司制度的基本框架便首先在英国建立起来了。

18世纪末至19世纪中后期是股份公司迅速发展的时期。在这个时期,欧美主要国家的金融业、交通运输业与一些公用事业部门,首先出现了现代股份公司的组织形式,尤其是美国,发展更加迅速。

从一开始,美国法院就持赞同的观点,把公司看作是从事商业活动的一种方法。那时的司法判决有一种共同的倾向,即把公司摆在与自然人相同的地位上。起关键作用的是美国最高法院的有关判决。根据马歇尔与塔尼法官的判决,公司获得了法人的地位。马歇尔法官通过"达特茅斯学院案"(1819年)的判决,为公司的发展奠定了最初的基础。此外,塔尼法官作出了推动公司发展的判决。直到塔尼法官对"奥古斯塔银行诉厄尔案"(1839年)作出判决,公司才真正被用来为美国的经济发展服务。

为了把公司从贯彻重商主义政策的工具改造成为发展美国企业的主要手段,还需要有一个更加重要的法律上的发展,即对有限责任的原则加以确认。1830年,马萨诸塞州颁布一项法律废除了股东的无限责任。这样,有限责任的原则也被其他大多数州所接受。

在美国,现代股份公司的形成过程是与修建铁路的企业密切相关的。美国有采用现代股份公司形式修建铁路的经验,19世纪后半期至20世纪初期,在第二次世界科技革命的推动下,为了适应一些新兴的工业与其他部门发展的需要,采掘业、钢铁业、煤炭业、制造业、公用事业、银行业和保险业等部门建立的企业,也都采用现代公司制的组织形式。股份公司在美国经济中占有举足轻重的作用。例如,1917 年,美国制造业产值的 90% 是由股份公司创造的,各种股份公司总计直接控制了当时美国社会财富的三分之一。第二次世界大战后,尤其是 20 世纪 90 年代以来,通过不断兼并与收购,美国股份公司实力有了新的发展。美国股票市场的波动对世界经济都有"牵一发而动全身"的影响。

(三) 公司的分类

根据不同的标准,可以对公司进行不同的分类。分类是为了明确公司的地位、法律责任以及股东与公司的关系,以便于在实践中具体分类规范与指导。公司的分类主要有以下几种。

1. 根据公司股东对公司债务所承担的责任的不同

根据公司股东对公司债务所承担的责任的不同,可以把公司分为无限责任公司、有限责任公司、两合公司与股份有限公司。这是大陆法系国家对公司的最基本分类。

(1) 无限责任公司。

无限责任公司是指股东对公司的债务负无限责任的公司。这是最早出现的公司形式,起源于中世纪的意大利与地中海沿岸的家族营业团体。这种公司的规模一般比较小。与其他公司类型相比较,它具有以下 5 个特点:①股东责任的无限性;②股东责任的连带性;③公司组织的稳定性(以信用作为股东结合的基础,是典型的人合公司);④内外关系的合伙性(这种公司具有浓厚的合伙性);⑤所有权与经营权的统一性(出资者既是公司的股东,也是公司的领导人)。法国赋予民事合伙以法人资格,对无限公司作了规定。在德国,无限公司适用《德国商法典》第 105~160 条的规定,无限公司不具备法人资格。无限公司在英国是依照英国《公司法》成立的,股东对公司债务负无限责任,这种公司主要适用于投资期限比较长、投资巨大的事业。《日本商法典》第 80 条也对无限公司作了规定。

(2) 有限责任公司。

有限责任公司是指股东人数较少,不发行股票,股份不得随意转让,股东对公司债务承担有限责任的公司。有限责任公司出现得比较晚,于 1892 年首创于德国,其目的在于融合合伙企业与股份有限公司的优点,以适应中、小型企业,特别是家族企业的客观需要。其后被法国、意大利、卢森堡与比利时等国家相继采用。英国的"private limited company"(股票不上市的公司)与美国的"closely held company"(股东人数有限的公司)近似于此类公司。

与其他公司类型相比较,这种公司具有以下 5 个特点:①股东责任的有限性。②股东人数的有限性。有的国家公司法对有限公司的股东人数加以限制,例如,法国公司法规定,有限责任公司的股东最多不得超过 50 人。英国公司法也有类似的限制,但是在 1980 年已被撤销。③公司资本的封闭性。这种公司只在内部发行股票,不公开发行股票和债券来向社会公开募集资本,其股份一般不得随意转让,同时某一股东未经其他股东同意不得将其股份或出资转让给第三人,对于所要转让的股份或出资,其他股东享有优先购买权。此外,公司的财产情况与账目也不对外公开。④公司组织的简便性。⑤资合与人合的统一性。其在本质上是一种资本的联合,但股东相互之间又具有人身信任因素,因此,其也具有人合色彩。

（3）两合公司。

两合公司是由承担无限责任的股东与承担有限责任的股东所组成的公司。其具有资本与劳务两合的特点。与其他公司类型相比较,这种公司具有以下 4 个特点:①公司中并存两种不同责任的股东;②公司兼有无限公司与有限公司的特点;③公司由承担无限责任的股东负责经营管理,有限责任股东对公司业务有监督权;④公司的法律地位与无限责任公司基本相同。这种公司是大陆法系国家所特有的,在日本叫作"合资会社",英美法系国家的"有限合伙"与这种类型相似。

（4）股份有限责任公司。

股份有限责任公司简称为"股份有限公司",是指公司资本分成相等的股份,公司通过向社会公开发行股票来募集资本,股东对公司的债务负有限责任的公司。与其他公司类型相比较,这种公司具有以下 5 个特点:①股东责任的有限性;②资本募集的公开性;③股东出资的股份性;④公司股票的流通性;⑤公司财产的独立性。股份有限公司是以资本结合为基础的,是典型的资合公司,一般股东的变动,对公司毫无影响,所以,它适合于长期性的企业。

2. 根据公司股票发行的对象以及股份转让方式的不同

根据公司股票发行的对象以及股份转让方式的不同,可以把公司分为封闭式公司与开放式公司。这是英美法系国家对公司的基本分类。

（1）封闭式公司又叫作少数人公司或者(股票)不上市公司,这种公司类似于大陆法系国家中的有限公司与股票不上市的股份有限公司。

（2）开放式公司又叫作多数人公司或者(股票)上市公司,这种公司类似于大陆法系中股票获准上市的股份有限公司。

3. 根据一个公司对另一个公司的控制与依附关系的不同

根据一个公司对另一个公司的控制与依附关系的不同,可以把公司分为母公司与子公司。母公司是控制性公司,有时又叫作控股公司。凡是大部分股份受别的公司控制的公司皆为子公司。母公司、子公司均为法人。一般而言,如果一个母公司控制了 3 个以上的子公司,便可以形成集团或企业集团。

4. 根据公司的内部管辖系统不同

根据公司的内部管辖系统不同,可以把公司分为本公司与分公司。本公司也叫作总公司,是掌管全部公司组织的总机构。总公司在法律上具有法人资格。分公司是总公司所管辖的分支机构,因此,分公司不具备法人资格,一般不是法人。

5. 根据公司的国籍不同

根据公司的国籍不同,可以把公司分为本国公司、外国公司与跨国公司。我们对公司国籍的认定具有不同的标准,如认许地国籍说、设立行为地国籍说以及住所地国籍说等。中国采取认许地国籍说,即凡是在中国登记与批准设立的公司,不论外资多少,均为中国公司,是中国的法人,反之均为外国公司。凡是母公司是在一国政府(如美国)登记的公司,而其子公司是在其所在国(如中国)登记的公司,均为跨国公司、多国公司或国际公司。

6. 根据公司的信用标准不同

根据公司的信用标准,公司可分为人合公司、资合公司及人合兼资合公司。这是大陆法系国家对公司的一种学理分类。

（1）人合公司。

人合公司是指公司的信用基础在于股东个人的信用,而不在于公司资本多少的公司。无限责任公司是典型的人合公司。

（2）资合公司。

资合公司是指公司的经营活动着重于公司资本数额的公司。换言之,资合公司是以公司的资本作为公司对外的信用基础的公司。股份有限公司是典型的资合公司。

（3）人合兼资合公司。

人合兼资合公司是指公司的经营活动兼具人的信用和资本信用的公司。两合公司和股份两合公司是典型的人合兼资合公司。

（四）公司的立法体例

一个国家立法模式的选择,不仅受到法律内容的制约,还受到其立法传统、立法体系以及社会发展的影响,具有可变性。公司法也不例外,各国的公司法有着较大的差异,表 6-1 是对几个主要国家公司法的简单介绍。

德国的公司法规范最早见于 1861 年的《德国商法典》。1807 年的《法国商法典》开创了近代公司立法的先河,但为弥补商法典的不足,法国又颁布了一些新的法规。此后,法国的立法模式为意大利、西班牙、葡萄牙、埃及和南美洲的一些国家所效仿。英美法系国家尽管为判例法国家,但都制定了成文的公司法,判例法也是公司法的重要渊源,英美国家公司法中的一些内容也来源于有关公司的判例。英国在制定 1862 年《公司法》之前的 100 年间,公司法律制度没有任何进展,主要是由于在 18 世纪,英国出现了泡沫公司,它们恶意地利用股票发行制度进行投机和诈骗行为,严重地扰乱了社会经济秩序,英国政府对公司失去信心,并制定了较为严格的、限制公司发展的《布伯尔法》,英国的公司发展从此停滞不前。19 世纪中后期,在英国自由主义的经济理论得到认可后,英国才开始放松对公司的管制。美国的公司法是受英国公司法的影响而制定的。从内容上看,美国的公司法与英国的公司法有较大的差异:美国公司法调整的范围没有英国公司法广泛,有关公司的破产法、证券法、证券交易法在各州公司法中不做规定,而在联邦立法中进行规定。

表 6-1　各国公司法简介

法国公司法	1. 法国属于民商分立的国家,公司法属于商法的范畴 2. 法国第一部近代公司立法是 1807 年的《法国商法典》;1867 年法国颁布了《公司法》,对公司制度做了专门的规定 3.《法国商法典》制定得较早,而有限责任公司出现得较晚,法典中规定的公司类型不全,因此,法国在 1925 年又制定了单行的公司条例《有限公司法》,正式承认了有限公司的法律制度 4. 在 1966 年,法国又制定了统一的《商事公司法》

德国公司法	1.德国也属于民商分立的国家,公司法属于商法的一部分 2.德国最早在 1861 年颁布的《德国商法典》中对有关商事公司的内容做了规定,1892 年颁布了单行的《有限公司法》,1897 年进行了修改 3.德国 1937 年颁布的《股份法》取代了《德国商法典》中对股份有限公司和股份两合公司的规定,确立了德国的公司法制度
英国公司法	1.英国最早在 1720 年实施了有关公司制度的《布伯尔法》,1825 年后,相继颁布了一系列单行的公司法规 2.1862 年,英国首次颁布了以《公司法》命名的法律,此后,《公司法》经过了数次修改 3.1944 年,英国制定的《合作股份公司法》确立了公司发起人数、法定资本注册、保护投资者利益三个原则,这三个原则至今仍是各国公司法的重要内容 4.英国加入欧洲经济共同体后,根据欧洲公司法指令,欧盟理事会新的《关于欧洲公司法规范》生效后(2004 年 10 月),公司法势必还要做出进一步的修改
美国公司法	1.美国联邦议会没有公司法方面的立法权,各州有公司法的立法权 2.美国统一州法全国委员会和美国法学会分别在 1928 年和 1950 年制定了《统一公司法》和《示范公司法》,尤其是美国法学会制定的《示范公司法》,对各州的公司立法影响较大,经过 6 次修改,1984 年的新版本《示范公司法修正本》在短时间内得到了许多州的采用

二、股份有限公司

股份有限公司是最重要与最具代表性的企业组织形式。股份有限公司的数量在各国并不很多,但是在规模、作用及影响方面则是举足轻重的。世界各国对股份有限公司的设立、公司的资本、公司的组织管理机构等都有明确的规定。

(一) 公司的设立

公司的设立是指为了组织公司并取得公司法人资格而完成的一系列筹建行为的总称。设立公司的法律政策随着公司的发展而不断演变。从公司立法史来看,它经历了一个由自由主义到特许主义,进而到核准主义,最后到准则主义的历史过程。①自由主义,是指公司的设立完全听凭当事人的自由,法律不加干涉。这是在公司制度萌芽时期各国政府普遍采用的一种立法原则,它盛行于欧洲中世纪的自由贸易时代。②特许主义,是指公司的设立必须依照国家元首的命令或者国家特别法规定,如英国 1600 年设立的东印度公司。这种立法主义主要盛行于 17~19 世纪,是为了纠正自由主义之下公司滥设现象,但导致对公司设立的过度管制。③核准主义,又称为许可主义,是指公司的设立除须具备法律规定的条件外,还须经过政府主管部门的核准才能成立。这种制度创立于法国路易十四时代,首见于法国商事条例,于 1861 年为德国商事立法所借鉴。④准则主义,是指法律预先订立公司设立的条件,凡是公司的设立,必须符合这些条件才能取得法人资格。英国 1862 年公司法首先采用了这种制度,现代各国设立公司普遍采取的就是这种制度。最典型的莫过于美国。各国公司法对设立股份有限公司的条件各有不同的规定。

1. 人的要件——发起人

公司的发起人(promoter),是指负责筹建公司的人员,他们的任务是采取一切必要的步骤,以达到设立公司的目的。各国公司法对股份有限公司发起人的人数及资格都有具体的规定。

关于发起人的法定最少人数,德国规定为 5 人;法国规定为 7 人;日本以及我国台湾地区规定为 7 人,挪威、瑞典、韩国规定为 3 人,而我国《公司法》规定设立股份有限公司应当有 2 人以上 200 人以下的发起人。美国大多数州规定为 3 人,但是也允许仅由一个人负责办理公司设立登记手续。英国公司法区分两种不同的公司,对每种公司的发起人的最少人数有不同的要求,上市公司的发起人为 7 人,不上市公司则仅需 2 人。

各国对发起人资格限制也有不同规定,发起人的资格可以是自然人,也可以是法人,法律一般不加以限制。根据大多数西方国家的法律,国外的法人或自然人都可以充当公司的发起人。如日本无特别限制,公司发起人既可以是行为无能力者,也可以是法人、公司及外国人,意大利《公司法》则对外国人作为发起人所持有的股份数额作了规定,在我国,公司发起人必须过半数在我国境内有住所。

发起人的主要责任是负责公司的筹办事宜,日本法规定发起人的职责是承办公司设立所需要的有关事务,美国法则具体规定为落实资金、落实地点、管理人员和设备以及注册成立公司等。德国、日本、我国台湾地区的公司立法都明确规定发起人应认购公司股份。我国《公司法》规定,以发起方式设立的发起人认购全部股份,以募集方式设立的认购 35% 以上公司股份,而在英美法系中发起人不负有股份认购义务。发起人对他们所设立的公司负有忠实的义务。他们的活动必须为公司的利益服务,必须有利于公司的设立,并不得从发起公司的活动中谋取个人利益。

发起人在发起公司的过程中以公司的名义所订立的合同,即"发起人合同"(promoter's contract)或"设立前合同"(preliminary contract),各国公司法对其效力有不同的规定。根据英美法系,发起人在公司成立前以公司的名义订立的合同是无效的。由于公司此时尚未取得法人资格,根据代理法的原则,公司在成立后也不得追认。德国股份公司法规定,在公司登记之前以公司的名义订立的合同,由行为人个人负责,原则上对公司无效。法国法规定,公司不能成立时,发起人应对发起人合同承担连带责任;如果公司成立,一般情况下,由成立后的公司承担发起人合同责任。我国《公司法》规定发起人应订立发起人协议并明确各自的权利义务;当公司不能成立时,发起人对设立行为所产生的债务和费用承担连带责任。

2. 行为要件——公司章程

公司章程是指规定公司的宗旨、资本、组织结构与名称等对内、对外事务的法律文件,是规范公司活动的根本大法。

(1) 大陆法系国家对公司章程内容的规定。

在大陆法系国家,公司章程是由一份单一的文件构成的。其内容根据重要的程度分为 3 类:第一类是绝对必要记载事项,包括公司的名称、法定地址、营业范围与资本总额等。缺少此种条款,公司章程无效,公司不得成立。第二类是相对必要记载事项,缺少相对必要记载事项,公司章程仍然有效,如分公司的设立、股份的种类、解散事由等。第三类是任意记载事项,指法律不禁止的其他事项,如股款缴纳的方式、股份转让的方法、股东大会召开的时间与地点等。

(2)英美法系国家对公司章程的规定。

在英美法系国家,公司章程由以下两个文件组成:

①组织大纲。

组织大纲是规定公司对外关系的法律文件,其目的是使公司的投资者及与公司进行交易的第三人知晓公司的基本情况,如公司的名称、资本与经营范围等。根据美国《标准商事公司法》的规定,发起人必须将组织大纲报请有关州政府批准并登记注册。组织大纲一般只能经由股东大会决议才能修改或废除。

②内部细则。

内部细则是在组织大纲的基础上订立的,处理公司内部各部门的设置及其关系,各自的权限及责任,以及业务的执行等内部事务的法律文件。内部细则的内容不得与组织大纲相冲突,并且一般只在公司内部有效,不能对抗善意第三人。内部细则一般由董事会制定、修改或废除。

股份有限公司的章程一般由发起人制定,有的国家还规定必须经创立大会通过,由法院或公证机关认证后,呈报政府有关主管机关进行登记,并在指定的报刊上予以公告。公司的章程必须交政府有关机关备案,以便公众及股东查阅。公司章程包括的具体内容主要有公司名称,公司的目的与经营范围,公司的注册所在地,公司资本的总额以及每股的金额,董事会和/或董事会的人数,以及第一届董事会和/或监事会成员的名单及其地址等。

我国《公司法》对公司章程作了明确规定,与其他国家公司法相比较,我国《公司法》只有绝对必要事项记载的规定,更接近于大陆法系国家对公司章程的规定。

3.物的要件——认购与缴纳股份

股份有限公司必须由发起人或社会上的其他投资者认购股份,筹足必要的资本才能设立。从认购股份的角度看,公司的设立有两种认股方式,一种是由发起人认足全部股份,又称一次认股设立、发起设立;另一种是在社会上公开募股设立、又称招股设立、渐次设立。

为了保护第三人与股东的利益,防止发起人在认股或招股时营私舞弊,各国公司法对认股与招股的程序和审阅手续都有具体的规定。例如,意大利与比利时的法律规定,在设立公司时,不论采取哪种认股方式,都必须采用公证文书,由公证人认证。在招股说明书中,必须详细载明法律规定的事项,其中包括公司的名称、公司的目的、股份总额及每股的金额、发起人所认购的股数、招募股份的总数及募足的期限等。法国股份有限公司法要求认股与缴纳股金都必须经过公证人证明。英国公司法规定,公司在向公众招募股份时,必须出具招股书,招股书必须由每位董事签字,并向公司注册登记处申报。招股书必须载明法律规定的必要事项,以便使投资者认真考虑然后决定是否认购股份。投资者如果决定认购股份,可以在认股书上填写所认购的股数及金额并签字、盖章。认股人在认股后,应按规定缴纳股款。股款可以一次缴清,也可以分期缴付。根据德国股份有限公司法的规定,只要认足全部股份,并已缴付相当于股票面额的 25％的股款,公司即可以设立,其余股款可以在以后缴付。

股款一般应以现金缴付,也可以用实物抵作股款。为了防止发起人利用其有利的地位对实物作价过高,损害其他投资者与公司的权益,有些国家的公司法对实物作价规定了具体的监督审查办法。例如,德国股份有限公司法规定,凡是发起人以实物作价抵作股款者,应由法院在征求商会的意见后指定独立的审查员进行审查。如果审查员的意见与发起人的意见有分歧,则应由法院作出裁决。如果法院认为实物的作价有问题,则可以判令不准公司进行登记。法律还规定,凡是发起人或公司机构的成员有意对实物作过高的估价,致使其他投资者与公司遭受损失时,发起人与有关人员必须承担法律责任。1966 年法国股份有限公司法也规定,凡是发起人以实物抵作股款时,必须由法院指定的独立审查员进行审查。审查员所提出的审查报告必须于召开公司创立大会之前提交商事法院书记处。法国法与德国法的不同之处在于,法国法没有规定法院可以以实物估价过高为理由判令不准许公司进行登记,但是法国法规定,对于欺诈性的故意抬高实物作价的有关人员,法院可以依法予以刑事制裁。因此,发起人在以实物抵作股款时,对实物的估价必须公平、合理,否则就可能带来严重的后果。

4. 程序要件——注册登记

股份有限公司的设立必须向政府有关主管部门办理注册登记。两大法系在公司注册问题上差别较大。

美国各州通用的公司注册程序是:首先将申请文件(一般是公司章程)向主管公司注册事务的州务卿登记并交纳登记费,注册文件通常称为"注册证书"或执照,注册文件经州政府官员审查批准后,注册即告完成。向州务卿登记的日期即为公司成立日期,登记注册凭证为政府颁发的注册证书或执照。

大陆法系对公司的登记注册则复杂得多,各国的具体规定也有很大不同。以德国为例,公司设立首先要有经公证人公证的公司章程(也可以法院证明的公文书证明)以及有关声明和审查报告,由发起人将这些文件报请注册地法院审查,经法院司法审查通过方可由发起人向公司营业所所在地公司登记处予以注册登记,经登记方可取得法人资格。又如法国的法律要求,公司的设立必须经过双重审查,即公司内部的审查与政府机关的审查。首先,应由发起人及公司的有关机构检查其是否已经履行了设立公司的必要手续,并作出声明,发起人对此项声明的正确性负刑事责任与民事责任。然后,由发起人将公司章程及有关文件向商业登记处的书记官进行公司登记,由登记处根据上述声明进行审查,如符合法定要求,就予以登记,公司即告成立。

(二) 公司的资本

1. 公司资本的概述

广义的公司资本,是指公司用以从事经营与开展业务的所有资金和财产,包括公司自有资本(衡平资本)与借贷资本两部分。狭义的公司资本,则仅指自有资本。本章所指的公司资本即指狭义资本。在公司资本制度上,大陆法系采用的是"资本三原则"。

(1)资本确定原则。

资本确定原则是指在公司设立时,应认足或募足在公司章程中载明的公司资本总额。

(2)资本维持原则。

资本维持原则是指公司在其存续过程中,应经常保持与其资本额相当的财产,以防止公司资本的实质性减少,维持公司的资信,确保公司债权人及潜在股东的利益。

(3)资本不变原则。

资本不变原则是指公司的资本额必须在公司章程中予以载明,未经股东大会同意修改章程,公司资本不得随意增减。

与大陆法系的法定资本制不同,英美法系国家和地区形成了授权资本制,依据授权资本原则,公司资本分为授权资本与发行资本。公司必须在公司章程中载明授权资本的数额,但是在公司设立时,不必根据授权资本的数额全部发行股份,而可以先发行一部分,其余则留待日后根据公司业务发展的需要决定是否发行。授权资本制的最大特点在于操作灵活,没有对公司最低注册资本的限制,没有首次发行的股份额的限制,董事会于公司成立后可根据需要募集资本,有效避免了公司资本的闲置。

2.股份与股票

股份是股份有限公司特有的概念,是股份有限公司资本的构成单位。股份是股东权利义务的基础和基本计算单位,股份决定着股东的资格、权利义务的内容和效力等。股票是体现股份即股东地位的有价证券,是股份有限公司签发的证明股东所持股份的凭证。股份有限公司登记成立后,即应向股东交付股票。股票使股份便于流通和转让。

股份有限公司的股票依据不同的标准,可以划分为不同种类,主要有以下几类:

(1)普通股与优先股。

普通股(common stock),即通常的股份,它是与优先股相对而言的。普通股是股份有限公司最重要的一种股份,是构成公司资本的基础。普通股是等额证券,它代表公司资产的价值。普通股的股东在公司把红利分派给优先股的股东之后,有权享有公司分派的红利;在公司解散或清算时,也有权在公司的财产满足了其他债权人的请求权之后,参与分配公司的财产。普通股没有固定的红利率,其红利的多少完全取决于公司的经营状况。普通股的股东一般有表决权,可以选举公司的董事会或监事会,从而对公司的经营管理有一定的发言权。

优先股(preferred stock),是指在分派公司的红利与在公司清算时分配公司的财产两个方面,比普通股享有优先权的股份。但是,优先股的股东一般在股东大会上没有表决权,不能参与公司的经营管理。优先股的股利是固定的,一般都在发行股票时予以确定。优先股根据不同的情况又可以分为累积优先股与非累积优先股、参与优先股与非参与优先股。

①累积优先股与非累积优先股。

所谓累积优先股,是指在某个营业年度内,如果公司所获得的盈利不足以分派规定的股利,日后优先股的股东对往年未付给的股利,有权要求如数补给。

所谓非累积优先股,虽然对于公司当年所获得的利润有优先于普通股获得分派股利的权利,但是如果该年度公司所获得的盈利不足以按规定的股利分配时,其所欠的部分,非累积优先股的股东不能要求公司在以后获利较丰的年度中予以补发。显而易见,对投资者来说,累积优先股比非累积优先股具有更大的优越性。

②参与优先股与非参与优先股。

所谓参与优先股,是指当公司盈利较多时,其股东除按固定股息率分得股息外,还可分得额外股息的股份。其数额取决于每股普通股股息与每股优先股股息之差。即优先股股东依其优先权利取得红利股息后,仍同普通股股东一样参与公司盈余分配。

所谓非参与优先股,是指优先股的股东有优先分派红利的权利,但是他所获得的权利仅限于事先固定的股利率,如果公司的获利超过这个数额,这种优先股无权参与再分配。由此可见,在公司获得高额利润的情况下,优先股所得到的股利反而不如普通股多。

参与优先股与非参与优先股的主要区别在于:参与优先股的股东除优先根据规定的股利率领取股利外,还有权与普通股的股东一道以平等的比例参与分配其余的盈利,即可以取得双重的分红权。所以,在公司获利甚丰的情况下,参与优先股的优势远胜于普通股,这种优先股的股东具有比普通股的股东分得更多股利的权利。

(2)记名股与无记名股。

凡是在股票上载有股东的姓名,并记载于公司的股东名册上的股份被称为记名股。记名股除原主外,其他持有人都不得行使其股权。凡是在股票上不记载股东姓名的股票则被称为无记名股,此种股票的持有人可以享有股东资格,行使股东的权利。记名股票转让必须办理过户手续,即将受让人的姓名或名称、住所等记载于股东名册,无记名股票转让只要交付股票即可。根据有些国家的公司法的规定,记名股在公司设立登记后,虽然股款尚未缴清,亦可以发行;但是无记名股则必须在缴足股款之后才能发行。

(3)有票面金额股与无票面金额股。

每股金额已在章程中规定,并在股票票面上明确记载的股份为有票面金额股份;股票上不记载每股的金额,股票上只记载股份数的股票为无票面金额股。目前,只有美国、日本、比利时等允许发行无票面金额股,而且允许与有票面金额股相互转换。

3.公司债与债券

公司债(debentures),是指公司通过向社会发行债券所借之债。公司债券(bonds)是依照公司法规定程序发行的约定在一定期限内还本付息的有价证券。

公司可以通过发行公司债券筹集资金,这是债权融资的一种形式,它与股权融资方式相比,具有融资成本低、发行程序简单、不稀释公司股权等特点。但是它们是两个不同的概念,两者具有较大的差别,主要表现在以下5个方面。

①股票的持有者是公司的股东,享有股东权利;而公司债券的持有人则仅仅是公司的债权人,与公司是债权债务关系。

②股份是一种永久性投资,股东不得要求公司返还股金;而公司债则有一定的清偿期,届时公司必须返还本金。

③股份(普通股)通常没有固定的红利率,只有当公司盈利后才能进行分红,而且红利率

随盈利的多少上下浮动;而公司债则有固定的利息率,无论公司是否盈利,公司债券持有人均有权请求按期支付利息。

④股东作为公司的成员有权参加股东大会并进行投票,对公司的经营决策有参与权;而公司债券持有人则一般无权参与公司的经营管理活动。

⑤当公司解散时,公司债券的持有人享有优先于股东获得清偿的权利;而股票持有人必须在公司全部债务清偿之后,方可就公司剩余财产请求分配。

因此,两相比较,长短互见,股份投资的风险大于公司债,但是股东对公司的事务有发言权和较大的影响力,其盈利的机会及幅度也较大。由于优先股的出现与推广,现代股份有限公司中公司债与股份的差别日渐缩小,一些公司发行的"可转换公司债券"更是缩小了这种差别。这种公司债券一般都在发行时在上面载明一项条款,明确规定债券持有人可以在一定的期限内把公司债券调换成若干普通股,如果债券持有人认为该公司有发展前途,则可以在规定期间内把公司债券调换为股票,从而成为公司的股东。

4.红利与公积金

(1)红利。

红利是公司盈利中用以分派给股东的部分。股东向公司投资主要是为了获利。因此,如果公司获得利润,就应分配给股东。公司的盈利主要来自两个方面,一是由营业结果取得的收入,称为营业盈余;二是非由营业结果所取得的收入,例如,股票溢价出售与资产增值等,称为资本盈余。各国公司法都规定,公司只有在获得利润时才能分派红利,不得以公司的财产作为红利分派给股东。为了巩固公司的财务基础,许多国家的公司法还规定,公司的利润必须在弥补亏损及提存公积金之后才能作为红利分派给股东。

(2)公积金。

公积金是公司为了弥补意外亏损,扩大营业范围,或为了巩固公司的财务基础,从公司的盈利中提取一部分,不作为红利分配,而保留在公司内部,以备必要时使用的基金。公积金依其性质大体上可以分为两种:

①法定公积金。法定公积金即根据公司法的规定必须提存的公积金。例如,法国与德国的股份有限公司法规定,公司必须从每年的纯利润中提存5%的公积金,直至达到资本总额的10%为止。这是属于强制性的规定,不得依公司章程或股东大会的决议予以变更。但是,美国公司与其他国家公司法的规定则有所不同,美国法不要求公司必须从利润中提存公积金。根据各国法律的规定,公积金可以转化为资本,也可以用来弥补亏损,但是不能作为红利分派。我国《公司法》规定法定公积金按照公司税后利润的10%提取,当公司法定公积金累计额为公司注册资本的50%以上时可以不再提取。

②任意公积金。公司除依法提存法定公积金外,还可以经股东大会决议,从盈余中另外提存一部分,以备他日不时之需,这种公积金称为任意公积金。

(三)公司的组织结构与管理

1.公司组织制度的立法模式

股份有限公司是一种法人组织,必须借助于一定的自然人从事业务活动。作为法人和团体,为了能够行为,股份有限公司需要一定的机关。这些机关负责公司内部的意思形成以及对外活动的实施。公司是一个组织体,要进行对内管理和对外执行事务就必须有公司的组织机构。公司组织机构即是依公司法和公司章程的规定,形成公司的意志,对外代表公司进行活动,对内执行公司事务、管理公司事务的自然人或自然人的集合体。有的学者以"法人治理结构"一词表述公司组织结构制度。

公司组织机构主要是依照分权制衡原则设计的。机关之间的相互关系是通过强制性的职权分配来确定的,其特征是追求大致的平衡和有效的监控机制。典型的股份有限公司组织机构由权力机构(股东大会)、日常经营机构(董事会)和监察机构(监事会)三部分组成。三部分之间的权力关系,大体上可分为4类:

(1)以德国为代表的双层委员会制。

双层委员会制中股东大会是权力机关,下设监事会,监事会向股东会负责并报告工作。监事会下设董事会,董事会向监事会负责并报告工作。

(2)英美法系国家的单层制。

单层制由股东会选举董事组成董事会,董事会对公司经营进行指挥,并由董事会聘任公司高级职员负责具体的经营管理,对其经营管理活动进行监督。美国实行"董事会中心主义",股东大会的权力限于公司法及章程明文列举的部分,未列举的部分全部都归董事会掌握。

(3)以法国为代表的选择型机制。

法国公司法规定,公司既可以采取单层制,也可以采取双层制,公司可以自由选择。荷兰、丹麦亦采用该种模式。

(4)以日本为代表的三角制。

日本实行"董事会中心主义",在股东大会之下设董事会和监事会,分别行使业务执行权和监督权。但是,董事会和监事会是平等机关,均对股东大会负责,相互之间无隶属关系。董事会任命总经理,总经理负责日常经营管理,而监事会则监督董事会、总经理的工作。我国《公司法》的规定类似于日本的三角制模式。

2. 股东大会

股东大会是由股份有限公司全体股东组成的最高权力机构。

(1)股东大会的职权。

股东大会的权限一般包括两个方面:有关事项的报告、方案的审议批准权与公司重大事项的决定权。我国《公司法》列举了股东大会的11项职权,德国《股份有限公司法》列举了股东大会享有的8种权力。其基础性的职权包括所有有关股份有限公司组织结构构建及资本基础的原则性问题。多数国家规定,除法定职权外,股东大会还享有公司章程所规定的职权。股份有限公司的权力分配,经历了股东大会中心主义和董事会中心主义两个阶段。股东大会地位逐渐下降,有的国家公司法规定,选任董事与监事的权力不再属于股东大会,而属于监事会。股东大会的职权主要有:①审议公司年度账目以及董事、监事、审计员的报告,并宣布股息;②任免董事会成员;③任命审计员;④决定董事、监事、审计员报酬;⑤发行债权；⑥决定公司增资或减资；⑦决定公司合并、分立、解散、清算或变更公司形式；⑧修改公司章程等。

（2）股东大会的会议形式。

通常股东只能在股东大会中行使其权利。作为意思形成机关，股东大会原则上遵循到场集会原则，不允许书面表决，为了行使表决权，股东必须到场或者被代理。股东大会分为定期会议与临时会议两种。定期会议每年召开一次；临时会议由董事会（有些国家由监察人会或监察人）认为有必要时召开，或者超过股本总额一定百分比的股东请求而召开。我国《公司法》规定，股东大会年会每年召开一次。

我国《公司法》规定：①董事人数不足《公司法》规定的人数或公司章程所定人数的 2/3 时；②公司未弥补的亏损达到实收股本总数的 1/3 时；③单独或合计持有公司 10% 以上股份的股东请求时；④董事会认为有必要时；⑤监事会提议召开时，应当在 2 个月内召开临时股东大会。德国规定在营业年度前 8 个月内召开，美国《公司法》规定于章程细则指定或依确定的时间举行。临时股东会是不定期召开的股东会议，美国主要是从提议主体角度进行了规定，法国从会议决定内容上进行了规定，日本、德国则没有区分两类股东大会的决议事项。此外，英国法还规定了股东法定会议，即依照法律规定必须召开的股东会议。

（3）股东大会会议的召集。

股份有限公司股东大会会议通常由董事会召集，法国规定经理室也有权召集。对监事会召集权的规定不同，德国、意大利、法国以及我国台湾地区法律直接赋予监事会以召集权，韩国则仅赋予监事会以股东大会会议召集请求权。有的国家和地区规定一定数量的股东可召集股东大会会议，具体数量规定不一。我国《公司法》规定股东大会会议一般由董事会召集；如董事会不能或不履行职责，由监事会召集；如监事会不履行职责，则连续 90 日以上单独或合计持有公司 10% 以上股份的股东可以召集。

（4）股东大会会议的表决和决议事项。

根据各国《公司法》的规定，股东大会必须达到法定人数才能召开，但各国对法定人数有不同要求。例如，美国大多数州的公司法规定，出席股东年会的人数必须达到全体股东的 50% 才能召开。有些国家，例如，法国法规定，只有代表股本总值 25% 的股东出席，即可构成召开股东大会的法定人数。在符合开会的法定人数的前提下，股东大会的决议案必须经出席大会的有表决权股东的过半数同意，或 2/3 或 3/4 的股东同意才能通过。

有些国家的公司法把股东大会的决议事项分为普通决议与特别决议。普通决议要求由出席会议的有表决权的股东简单多数通过，特别决议则必须由 2/3 或 3/4 以上的多数通过。德国法律不要求有一定数量的股东参加，但可以在章程中确定一个数额，决议通常要求参加投票的简单多数通过。没有出席的、没有代理的或者放弃表决权的股东不计算在内。在表决票数相同的情况下，议案申请作为被拒绝的情形来处理。所有的股东大会决议都必须由主席确认和宣布，并且只有如此才具有效力。我国《公司法》规定股东大会普通决议由出席会议的股东所持表决权过半数通过，特别决议由出席会议的股东所持表决权 2/3 以上通过。

根据美国法律规定，由于可能存在股东对公司事务不太关心，尤其在公共公司，如缺少法定人数要求,就无法开展有效的经营,因此,需要建立代理缺席股东投票制度。股东通常任命其他人作为代理人进行投票,代理人可以完全按照股东意志进行投票,或经过授权按照代理人自己的意志进行投票。

同时,为了维护少数中小股东的利益,有些国家,例如美国各州的公司法都允许股东大会在选举董事会成员时,可以实行累积投票制。累积投票制是指股东大会选举董事或监事时,每一股份拥有与应选董事或者监事人数相同的表决权,股东拥有的表决权可以集中使用。但是,有些国家,如英国等国家的公司法则不采取这种制度。

3. 董事会

董事会是指由董事组成的公司法定常设权力机关,代表公司的业务执行、经营管理及对外代表公司的权力。

(1)董事会的组成。

各国公司法对董事的人数及资格有不同的规定。例如,1966 年德国股份有限公司法规定,董事会必须至少由 3 人组成;股本金额在 120 万马克以下者,不得超过 9 人;股本金额在 800 万马克以下者,不得超过 15 人;但是无论如何,董事会的人数最多不得超过 21 人。英国公司法规定,上市公司的董事至少为 2 人,不上市公司的董事至少为 1 人。美国有些州的公司法允许公司指派 1 名董事主持公司的业务,但是一般都由 3 至 5 名董事组成董事会。我国《公司法》规定董事会成员为 5 至 19 人。

关于董事的资格,有些国家,如瑞士与法国公司法规定,董事必须由股东担任,非公司的股东不得担任董事。但是有些国家,例如,英国、美国、德国及日本公司法则允许由非股东担任董事,其立法目的是让擅长企业管理的专家充当董事,以提高企业的效率。后者反映了当代公司法发展的趋势。此外,大多数国家的公司法还规定,公司的董事可以是自然人,也可以是公司或其他法人,但是公司或法人担任董事时,必须指定有行为能力的自然人作为其代理人。德国公司法规定,董事资格仅限于有行为能力的自然人。我国《公司法》规定董事会成员中可以有公司职工代表。职工代表的董事由职工代表大会、职工大会或者其他民主选举产生。

董事会一般设有董事长与副董事长,在董事人数较多的情况下,还可以设立常务董事或执行委员会,负责主持企业的日常业务。根据美国公司法规定,董事会除董事长之外还设有一名秘书与一名财务。英国的股份有限公司只设一名秘书,不设财务。根据法国公司法的规定,如果公司采取董事会制,则实行董事长兼总经理的制度,即董事会选出的董事长当然兼任公司的总经理。其他国家虽然在法律上也允许董事长兼任总经理,但是并不是当然的公司总经理,换言之,董事长可以兼任公司的总经理,也可以不兼任公司的总经理。但是德国股份有限公司则与此不同,根据德国法律的规定,董事会的成员一律不得兼任公司的总经理或经理。

(2)董事会的权限。

董事会作为股份有限公司的管理机构,具有十分广泛的权限。许多国家的公司法规定,除公司法或公司章程规定应由股东大会决议的事项外,公司的全部业务均可以由董事会执行。美国《标准商事公司法》授予董事会以十分广泛的权力。美国《标准商事公司法》第 35 条规定,除该法或公司章程另有规定外,公司的权力应由董事会行使,公司的业务事宜亦应在董事会的领导下进行。董事会有权决定公司的方针、政策,并有权选派负责管理公司日常业务的高级职员。根据英国公司法的规定,董事会的权限主要由公司章程规定。因为英国公司法除规定若干重要事项,例如,有关修改公司章程或变更公司的资本等,必须由股东大会作出决定外,其他有关股东大会与董事会之间的权限划分,均可以由公司章程规定。英国公司法还规定,凡是根据公司章程的规定应属于董事会权限范围内的事宜,董事会可以不受股东大会决议的约束,股东大会的决议不能推翻董事会在其权限范围内作出的决定。

(3) 董事的责任。

董事义务可以归纳为三项,即服从义务、谨慎义务与忠实义务。服从义务是指公司董事必须在公司法的授权、公司章程以及董事会决议规定的范围内实施履行职责的行为。英美法系认为,董事与公司的关系是一种信赖关系,应负最大善意的注意义务。董事必须尽最大努力维护公司利益,必须忠于公司,不得利用其地位和职权谋取利益和非法收入,对其权力须谨慎行使等。谨慎义务须以普通正常的理性人在同等环境中应实施的行为标准为标准,合理地认为实施行为是为了公司的最大利益。忠实义务要求公司董事的个人利益不得与公司或股东的利益相冲突。通常违反忠实义务的行为主要包括:侵占公司交易机会、与公司交易及与公司竞争等。其中竞业禁止义务要求董事不得自营或与他人经营与所任职公司同类的营业活动。另外,董事与本公司进行交易需要得到公司章程或股东大会的同意,否则该交易是无效的交易行为。

如果董事违反其职责,则可以依法罚款或判处徒刑;董事违反职责所取得的利益,根据衡平法中有关信托的法律应全部属于公司所有;如果董事违反法律或违反职责而使公司或第三人遭受损失,则董事必须承担损害赔偿责任。

德国股份有限公司法与日本商法对董事的责任都有详细的规定。例如,根据 1950 年修订的《日本商法》第 266 条的规定,董事必须对下列事项负有偿还或赔偿的责任:①违法分配股息。股份有限公司在弥补亏损并扣除公积金之前,不得分派红利,如果公司违反此项规定分配股息,则债权人有权要求返还违法分派的金额。如果董事参与董事会的决议将此项违法分派股息的决议案提交股东大会通过,则应与公司连带承担退还违法分派股息金额的责任。②不得将公司的款项垫借给其他董事,凡是在董事会上赞成此种垫款的董事,必须承担返还垫款的责任。③不得从事与公司相竞争的业务。④董事为个人的利益与公司进行交易时,如果使公司遭受损失,就应对公司承担损害赔偿的责任。

值得注意的是,随着董事会权力的不断扩大,大多数国家的法律都出现了一些加重董事责任的新规定。根据这些国家的法律规定,如果董事由于缺乏应有的谨慎注意而使第三人,特别是使公司债权人的利益受到损害时,董事必须承担特定的责任。也就是说,董事有可能由于经营管理上的错误而承担责任。例如,德国的法律规定,凡是董事由于严重地违反法定的谨慎注意义务,使公司的债权人受到损失而后者又不能从公司那里得到赔偿时,董事应对他们承担损害赔偿的责任。《意大利民法典》第 2394 条规定,董事必须就保管公司财产的义务所犯的过失向公司的债权人负责,因为董事的过失而使公司的财产不足以清偿债权人时,债权人有权对董事起诉,要求董事赔偿他们的损失,即使公司放弃对董事的起诉,公司债权人仍然可以对董事起诉。根据 1966 年法国公司法的规定,公司董事个人以及其他董事必须连带就违反法律、公司章程或经营中的过失对公司及第三人负责。如果公司破产后,公司的财产不足以清偿债务,那么,商事法院可以判令公司的董事长、全体董事或某些有关的董事承担公司债务的全部或一部分,除非这些董事能证明他们在经营公司的业务上已经做到了领取工资的受任人所应有的谨慎注意,而且董事不得以公司章程或股东大会关于限制公司债权人诉权的规定对抗公司的债权人。

上述各国法律都有一个共同的特点,都把举证责任加在董事的身上,即要求董事只有证明其无过失才能免除其个人责任。这些法律都是为了加强对公司债权人的保护,这对公司债权人是有利的。

4. 监事会(监察人会)

随着股份有限公司董事会权力的不断扩大,各国公司法都采取各种不同的形式加强对公司业务执行机构的检查与监督,防止它们滥用职权,危及股东与第三人的利益。有些国家的法律规定股份有限公司必须设立监察人会,有些国家的法律则要求设立监察人或审计人,情况不完全相同。

(1)德国法。

德国股份有限公司法规定,股份有限公司必须设立监察人会,其至少由 3 名监察人组成。但是,公司可以在章程中规定采用更多的人数组成,但该数额必须能为 3 整除。根据基本资本数额的不同,德国股份法规定了 9 名至 21 名成员的最高数额。德国的监察人会有一个重要的特点,它不是全部由股东组成,而是由股东与职工代表共同组成。德国的法律规定,凡是拥有 2 000 名以下雇员的公司,其监察人会的成员必须有 1/3 的职工代表。监察人会由股东大会选举产生,并对股东大会负责。监察人会的成员必须是自然人,不能是法人,但是对其国籍以及是否居住在德国并无限制。原则上任何具有完全行为能力的自然人都可以选入监察人会。监察人会成员不能兼任董事,也不能兼任子公司或控股公司的董事。

监察人会对公司的经营管理实施全面的监督,委任和监督董事,对董事会的工作有监督权。但是,监察人会的权力仅限于监督与检查,不能代替董事会执行公司的业务。监察人会更多的是通过向董事会提建议的方式来对重要的未来业务政策施加影响。

(2)法国法。

根据法国法律的规定,监察人会由 3 人至 12 人组成,由股东大会选举产生并对股东大会负责,其成员必须是股东。执行会由 2 人至 5 人组成,其资格不限于股东,外国人也可以担任,但是必须是自然人。监察人会的主要任务是选任执行会的成员,并对执行会的工作进行监督。有些公司章程规定,执行会订立超过一定金额的合同时,或在抵押公司的财产时必须先经监察人会批准。监察人会的成员不得兼任执行会的成员。

(3)日本法。

日本的股份有限公司不设监察人会,而设监察人。根据 1950 年修订的日本商法典的规定,股份有限公司应设置"监察役"一人或数人,不构成合议体制,独立行使其对公司会计的"会计检查"义务。但是,监察人的权限有一定的限制,有关公司业务的"内部监察"权,已由监察人转移到董事会,董事会可以根据此项权力对其下属的业务执行作"事前监察",而监察人的权限仅限于在事后做会计检查。因此,日本的股份有限公司的监察人并不享有完全的监督权,其地位与作用远逊于德国的股份有限公司的监察人会。

（4）英国法。

英国法没有实行监察人会或监察人制度。根据英国公司法的规定,股份有限公司的会计监督职能主要由审计人担任。公司应在每届股东大会上指定审计员一人或数人,原则上任职一年。审计员的地位属于合同性质,只向公司负责。其任务纯属会计审核,主要是审查公司的账目是否符合事实,是否反映公司的真实情况。此外,英国商务部如果怀疑公司有欺诈行为或经营不善等情况,那么,其有权主动进行审查。股东大会也可以申请法院下令对公司进行上述审查。

（5）美国法。

美国公司也不实行监察人会或监察人制度。美国的一些大公司往往由一名高级职员负责审查公司的会计账目,但是其地位不同于德国与日本等国家的监察人。在美国,主要是由联邦证券交易委员会从外部对公司进行监督。该委员会要求公司每年向它提交符合规定格式的财务报告,此项报告由独立的会计师进行审核,并附具该会计师表示愿对其内容的真实性承担责任的报告。

（四）公司的解散与清算

公司解散是公司消灭的法律程序。公司解散后必须对其财产进行清理,这种程序称为清算。各国公司法对股份有限公司解散的原因都有具体的规定。根据德国、法国股份有限公司法与日本商法典的规定,股份有限公司的解散主要有以下7个方面的原因:①公司章程所规定的解散事由的发生,例如,公司章程规定的期限已经届满;②公司经营的事业已经成就或不能成就;③股东会议的决议;④公司的股东人数或资本总额低于法定的最低数额;⑤被其他公司合并;⑥公司破产;⑦政府主管部门下令解散。公司在解散后,应指定清算人对公司的债权、债务与公司财产进行清理。

英国公司法关于公司解散与清算程序的规定与德国和日本的法律有所不同。英国公司法把公司解散的程序称为结业。根据英国公司法的规定,公司的结业有以下3种情况。

（1）强制结业。

强制结业包括以下具体情况:①破产;②政府主管部门命令解散;③法院裁定解散。

（2）自愿结业。

自愿结业包括以下具体情况:①公司章程所规定的事由发生,例如,公司存续期已满;②公司所经营的事业已经成就或不能成就;③股东大会决定解散;④在合并中被另外一个公司合并。

（3）在法院监督下结业。

在公司决定自愿结业时,在某些情况下,法院有权下令这种自愿结业必须在法院的监督下进行。

对于公司的解散与清算的关系,各国的立法规定不同,主要有两种制度:①"先算后散",即规定公司只有清算后才能解散,例如,英国法就作出了这样的规定;②"先散后算",即规定公司应当首先宣布解散,然后再进行清算,大多数大陆法国家作出了这样的规定。我国《公司法》规定,公司违反法律、行政法规被依法责令关闭的,应当解散,由有关主管机关组织股东、有关机关及有关专业人员成立清算组,进行清算。这一规定,实质上与大陆法系国家的"先散后算"制度是相同的。

第五节 破 产 法

一、破产与破产法

(一) 破产

源于古罗马财产委付的破产制度,已有两千多年的悠久历史,并不断地演进。史学家曾将破产法的起源追溯到公元前 118 年的罗马法。在现代国际经济贸易交往中各国相互学习,取长补短,破产制度进化更快。自产生以来,它完成了从债权人本位主义到免责主义、从公平分配破产财产到企业价值最大化两大飞跃。

传统破产法中,"破产"是指在债务人无力清偿债务的情况下,将其财产分配给债权人以公平清偿其债务的法律程序,是法律上的一种特别程序。现代的"破产"与传统的"破产"含义有所不同,主要区别在于"破产"首先是一种事实状态,是债务人无力偿还其全部债务的事实状态;并且,这种事实状态也并不必然导致破产清算程序的发生,从而造成债务人法律人格的消灭。由于传统破产清算有许多弊端,20 世纪 70 年代以来,西方国家纷纷改革破产立法,当债务人出现无力偿债的事实状态时,债权人、债务人可以协商解决或者向法院提起破产申请解决,即使在启动破产审理程序后,仍可通过和解程序、重整程序来解决债务问题。和解程序、重整程序和破产清算程序构成了现代破产法的主体内容。理解"破产"概念应注意广义破产程序和狭义破产程序的区别。狭义的破产程序仅指破产清算程序,即传统破产法上的"破产"。而广义上的破产程序内容广泛,包括了债务人无力偿债时,债权人与债务人可选择的和解、重整和破产清算等各种程序、途径。

(二) 破产法

破产法是指规定破产制度的法律规范的总称,有时仅指破产法典。

1. 破产法的显著特征:综合性

破产法的综合性有三大体现,作为债务清偿法,兼有企业法的特征;将实体法与程序法融为一体;具有浓厚公法色彩的私法。

(1) 兼有企业法特征的债务清偿法。

破产制度因债务清偿而产生,是在债务人无力偿债之时,依法将其所有财产公平地分配给所有债权人。这是破产法的核心使命,即使是和解和重整,仍需以其为核心任务,只不过此时它不是唯一任务。企业乃现代市场的基本细胞,优胜劣汰乃市场竞争的必然规律,现代破产法从某种意义上讲就是企业淘汰法,既可以使债权人得到公平清偿,又可以优化资源配置。

（2）将实体法与程序法融为一体。

在破产程序中,债务人的全部财产成为债权人集体受偿之标的。程序公正便成为集体受偿原则之关键,破产程序尤其是破产清算程序由法院指挥和主持,每个步骤均以法院裁定为依据,破产案件的受理与破产宣告以其裁定为准,体现当事人意思自治的和解协议、重整计划、破产财产分配方案等亦需法院认可。其程序法色彩彰显无遗,日本等国甚至将其主要看作程序法。同时,处理无力偿债事宜,必然涉及债权债务、破产财产、商主体法律人格及其责任等事项,而它们均属实体法规范的对象。

（3）具有浓厚公法色彩的私法。

作为商法的组成部分,破产法无疑属于私法。债务人陷入无力清偿境地,是否进入破产程序取决于当事人意思自治。即使进入破产程序,当事人对破产程序依然具有选择自主权;即使选择了破产清算程序,在破产宣告前当事人可申请和解;和解协议、重整计划和破产分配方案是否合理、可行,主要取决于当事人意思自治。此乃私法自治在破产法上的体现。

2. 目标多元性

作为破产法综合性的体现,其目标也具有多元性。作为一般执行程序,它实行集体受偿原则,公平分配乃是其首要目标,这是破产程序与个别执行程序之差异。和解与重整程序的首要目标是企业价值最大化,即让企业解困复兴、东山再起、恢复营运能力,股东、债权人和其他利益相关者均因此获益。但和解与重整程序最终也需对各类债权人实行平等清偿,不可厚此薄彼。

二、破产申请的提出和受理

（一）破产申请的提出

破产程序一般始于破产申请,由当事人向法院提出破产申请,经法院审查立案后开始破产案件的审理。

根据我国《企业破产法》规定,债权人和债务人都有权提起破产申请。债务人不能清偿到期债务,并且该债权请求权为具有给付内容和可以强制执行的请求权时,债权人可以申请宣告债务人破产。如果企业法人已经解散,但还未清算或未清算完毕且资产不足以清偿全部债务的,依法负有清算责任的人应当向人民法院申请破产清算。

在美国破产法中,债权人可以主动提出强制清算申请,但债务人破产即意味着债权人的债权无法得到充分清偿,所以由债权人提起的破产申请十分罕见,实践中债权人更多的是通过单独的民事执行程序来解决债务问题。美国破产法要求债权人向法院提交的申请书具有统一的标准格式,内容上只需说明债权人和债务人姓名、地址、债权额、清算要求以及申请原因即可。因此,在美国,债权人提出破产申请的手续很简单。

债务人一般享有破产申请的自主决定权,各国对债务人申请破产均有明确规定。法国甚至规定债务人在出现破产原因时必须申请破产。美国破产法对债务人申请破产的规定较为复杂,要求提交诸多文件(包括清算申请表、债权人名单、资产负债表、财务状况陈述书等),以供法院了解案情。

我国《企业破产法》规定,企业申请破产应提交破产申请书(载明申请人、被申请人的基本情况;申请目的;申请的事实和理由;法院认为应载明的其他事项)和有关的证据。和美国的破产法一样,我国的破产法也对债务人申请破产规定了较为繁杂的手续——除上述文件外还应递交财产状况说明、债务清册、债权清册、有关财务会计报告、职工安置预案以及职工工资的支付和社会保险费用的缴纳情况。

(二)破产申请的受理

法院在收到破产申请后,认为申请符合法定条件的予以受理,开始破产案件的审理。我国破产程序的开始以法院受理破产案件为标志。大陆法系国家主要以法院的破产宣告为破产程序开始的标志,法院对案件进行形式审查和实质审查后,认为符合法律规定时宣告债务人破产,从而进入破产程序,而在我国,此时解决的是受理与否的问题。

法院在接到破产申请后,开始对案件进行审查,包括形式审查和实质审查。形式审查包括审查申请人是否具备破产申请资格,申请材料是否合乎规定,本法院有无管辖权以及债务人是否属于破产法适用范围内的主体。实质审查则是审查破产原因存在与否。

破产申请一经受理,破产程序开始,即产生对双方当事人的拘束力。此时,债务人负有财产保全义务、对法院说明义务以及有关文件提交义务,并不得对个别债权人清偿。债权人只能通过破产程序行使权利,并应及时进行债权申报。

法院受理破产申请后,应为破产企业指定管理人。在第一次债权人会议举行之前,管理人经人民法院许可,有权决定继续或者停止债务人的营业或者实施《企业破产法》第69条规定的行为(不动产权益、财产权、债权转让,设定财产担保等对债权人利益有重大影响的财产处分行为)。

三、债权人会议

债权人会议是全体债权人借以参加破产程序并形成债权人意思表示的机构。债权人会议本质上是就全体债权人的权利行使或处分作出共同的意思表示,并采取必要的措施以维护全体债权人的共同利益。

根据我国《企业破产法》规定,依法申报债权的债权人均为债权人会议成员,有权参加债权人会议并享有表决权,但有担保债权的债权人以及债权额未确定的债权人除外。日本破产法中的债权人会议依申请或职权由破产法院召集,管理人、监察委员或相当于申报债权额1/5以上的破产债权的债权人可以申请召开。第一次债权人会议日期在作出破产宣告的同时确定下来,并公告各当事人。英国、德国对债权人会议的召开都作了明确规定。

各国破产法对债权人会议的职权也作了明确规定。我国《企业破产法》第61条对债权人会议的职权作了集中规定,包括:核查债权;申请法院更换管理人,审查管理人的费用和报酬;监督管理人;选任和更换债权人委员会成员;决定继续或者停止债务人的营业;通过重整计划;通过和解协议;通过债务人财产的管理方案;通过破产财产的变价方案和分配方案等。日本破产法规定,债权人会议的权限主要是:财团管理机关任免权、财团的管理换价权限、作出强制和议的决议、作出关于因财团不足而废止破产的意思表示以及其他权限。在美国破产法中,债权人会议的权限主要是围绕债权人会议的目的而进行设计规定的,债权人会议的目的有三个,一是使债权人有机会了解债务人的财产和业务状况,二是选出一名代替临时托管人的正式托管人,三是选举债权人委员会与托管人,使之进行协调。

在我国,除《企业破产法》另有规定外,债权人会议的决议由出席会议的有表决权债权人的过半数通过,并且其所代表的债权额,必须占无财产担保债权总额的1/2以上。债权人会议决议,对全体债权人均有约束力。

四、和解与重整

(一) 和解

和解是指破产程序开始后为避免破产清算,由债务人提出和解申请及草案,经债权人会议讨论通过并经法院认可后中止破产程序的制度。和解实质上是债务人与债权人会议之间达成的解决债务的协议,该协议一旦生效,对不同意和解的债权人也具有约束力,所以又称强制和解。

和解制度降低了破产程序的成本,有利于债务人保持继续经营的能力,并有利于社会秩序的稳定,所以,自比利时1886年创设和解制度以来,和解制度被广泛采纳。美国、我国以及我国台湾地区破产法都规定了和解制度;日本、韩国则将破产宣告前的和解进行单独立法,破产宣告后的和解被规定于破产法中。

我国《企业破产法》规定,债务人申请和解的,应提交和解协议草案。草案经法院审查并裁定和解后,由债权人会议讨论决定是否同意和解。债权人会议通过和解协议的决议,由出席会议的有表决权的债权人过半数同意,且其所代表的债权额占无财产担保债权总额的2/3以上。

(二) 重整

重整(整顿)是指企业在无力偿债情况下,依照法律规定的程序,保护企业继续营业,进行债务调整和企业整理,使之摆脱困境,并最终解决债务问题的债务清理制度。重整程序首创于美国。美国破产法典第11章规定,在破产法院的监督下,可重整债务人财产状况和进行改组。目标是通过重新组合债务人的资金结构而使债务人从破产中获得重生,这种选择通常被称为破产重整。重整通常也符合债权人和债务人的利益。破产法典的各有关规定为债务人达到重整的目的提供了保障,如有关授权债务人负责经营业务时,可以使用、出售或出租财产,还可以获得贷款等。因此,债务人获得了暂时的喘息机会,能够根据自身的现有财务状况和资源制订最佳的重整方案。

我国《企业破产法》规定,债务人或者债权人可以直接向法院申请对债务人进行重整。经法院裁定重整后6个月内(有正当理由,可延期3个月),债务人或管理人应当向人民法院和债权人会议提交重整计划草案。草案由按照债权分类的各个债权人组分别表决。各小组出席会议的有表决权的债权人过半数同意,且其所代表的债权额占无财产担保债权总额的2/3以上,各小组均表决同意草案才算通过。在重整期间,有担保权的债权人应暂停行使对债务人特定财产享有的担保权;债务人的出资人不得行使投资收益分配请求权;债务人的董事、监事、高级管理人员不得行使其持有的股份转让权。

五、破 产 清 算

企业因经营管理不善造成严重亏损,不能清偿到期债务的,可依照破产法规定宣告破产。破产宣告是法院依当事人申请或依职权确认债务人确已存在无法消除的破产原因,决定进入破产清算程序的行为。企业宣告破产后,应当对企业进行破产清算。破产清算内容庞杂,问题较多,在此仅作简要介绍。

(一) 破产清算人

破产清算人在我国《企业破产法》中又称"管理人",是依照破产法的规定在申请破产后由法院指定的人或组织。管理人可以由有关部门、机构的人员组成的清算组或者依法设立的律师事务所、会计师事务所、破产清算事务所等社会中介机构担任。管理人在企业被宣告破产后接管破产企业,负责破产财产的保管、清理、估价、处理和分配以及以自己的名义参与有关的民事诉讼活动。

(二) 破产财产

在破产法中,所有可以用来分配给债权人的财产都被称为破产财产。破产清算的最终目标是把债务人的财产分配给债权人,所以,破产财产的范围确定是一个很重要的问题。

关于破产财产范围的确定,存在固定主义和膨胀主义两种立法原则。破产财产以破产人被宣告破产时拥有的全部财产为限的做法属于固定主义;不以破产时所拥有的财产为限,而是既包括破产宣告时拥有的财产,又包括破产终结前取得的财产的做法属于膨胀主义。膨胀主义立法原则是现代各国的立法趋势。我国的破产法律适用于法人,无固定主义和膨胀主义的区别。

依据我国《企业破产法》,破产财产由下列财产构成:①宣告破产时破产企业经营管理的全部财产;②破产企业在破产宣告后至破产程序终结前所取得的财产;③应当由破产企业行使的其他财产权利;④已作为担保物的财产不属于破产财产,担保物的价款超过其所担保的债务数额的,超过部分属于破产财产。破产财产的具体形式,包括实物财产、各种有价票证、各种财产权利以及可折价的无形资产等。破产财产在日本被称为破产财团,破产法根据破产制度的目的,将破产者的财产确定为法定财团,其合理的范围由客观的范围、期限来确定。日本破产法中破产人的破产财产,必须是在日本国内的、可以查封的并且在宣告时属于破产者的财产。美国破产法中,债务人在提出自愿清算申请或强制清算申请时所拥有的全部财产均属于破产财产,包括普通财产及设有担保权益的财产。值得注意的是,美国还规定了不受执行的财产制度,某些特定财产虽属债务人所有,但债权人不能请求用来偿还债务。这主要是基于债务人破产后的生活保障来考虑的。债务人可依据州法或联邦破产法主张不受执行的财产范围。

(三) 与破产财产相关的几项权利

1. 取回权

取回权是指破产清算人占有不属于破产财产的他人财产时,该财产的权利人所享有的不经破产程序而直接取回该财产的权利。破产人可能基于寄托、借用等合法原因,或基于侵权等不法原因占有他人财产,在法律上对财产权利人负有返还义务。将他人财产列入破产财产的范围是没有任何根据的。

我国《企业破产法》第 38 条规定,人民法院受理破产申请后,债务人占有的不属于债务人的财产,该财产的权利人可以通过管理人取回。这是对一般取回权的规定。德国、日本等国的破产法对一般取回权和特别取回权都进行了规定,如日本破产法中特别取回权包括卖主的取回权、批发商的取回权和代偿性取回权。一般来讲,取回权权利人可以依据所有权、担保物权及占有权行使其取回权。

2. 别除权

别除权是指债权人因债设有担保物权而就债务人特定财产在破产程序中享有的单独、优先受偿权利。别除权并非破产法本身固有的权利,而是担保物权在破产法中的体现,别除权是以担保物权的存在为基础的。这里的担保物权包括抵押权、质权、留置权以及其他法定担保物权或优先权。别除权以破产人的特定财产为标的物,该标的物不计入破产财产,别除权人行使别除权不受破产程序的限制和约束。

各国对别除权都进行了规定。日本《破产法》第 92 条规定,拥有在破产财团的财产上的特别先取特权、质权或抵押权者,对于其标的物的财产拥有别除权。德国《破产法》第 50 条规定,对于破产财团中的财产享有质权、抵押权等的债权人,有权依照本法规定就主债权、利息和费用从担保物中优先受偿。我国《企业破产法》也进行了规定。

3. 抵销权

抵销权是指破产债权人在破产宣告前对破产人负有债务时,不论债的种类及是否到期,可以不依破产程序而以其对债务人的债权抵销其所负债务的权利。破产法中抵销权与合同法中作为债的消灭原因的抵销不同,破产债权人的债权为主动债权,抵销权的行使以破产债权的债权人为限,并且不论给付种类是否相同及是否到期,均得主张抵销。

破产抵销权的行使,可使债权人在破产程序之外获得优先清偿,所以对债权人是非常有利的。英国、美国、日本、德国以及我国的破产法都规定了破产抵销权,也规定了一些限制条件。

(四) 破产债权

我国《企业破产法》规定,破产宣告前成立的无财产担保的债权和放弃优先受偿权的有财产担保的债权为破产债权。破产债权是经由破产分配,由破产财产公平受偿的财产请求权。日本破产法规定,破产人基于破产前的原因发生的财产上的请求权为破产债权。美国破产法则规定破产债权是金钱支付请求权。破产债权是在破产宣告前就已经产生了的债权。美国破产法规定,如该债权未能申报或未能按规定期限申报,则债权人将失去参与破产分配的机会,该有关债务将与其他未偿债务一样被豁免,债权人在清算完结之后无权再向债务人追索。各国都做了类似的立法规定,如法国破产法规定,债权人在最高行政法院命令规定的申报期限内不申报,将不能参与财产的分配。

我国的破产法律规定,破产债权主要包括:破产宣告前成立的无财产担保的债权,破产宣告前成立的放弃优先受偿权的有财产担保债权,破产宣告时未到期债权,代替清偿债务的保证人的代位求偿权,未能就担保物优先受偿的有财产担保的债权,以及因票据关系产生的债权等。

（五）破产终结

我国《企业破产法》第 120 条第 1 款规定:"破产人无财产可供分配的,管理人应当请求人民法院裁定终结破产程序。"人民法院应当在 15 日内裁定是否终结破产程序。这是破产程序实现预期目标的情形。此外,破产程序终结事由还包括法定不予宣告破产的事由,债务人按和解协议清偿债务以及破产财产不足以支付破产费用。日本破产法规定,破产程序可因最后分配、强制和议和破产废止而终结,破产程序终结后,未得到清偿的债权不再清偿。

复习思考题

一、名词解释
1. 商事主体
2. 有限合伙企业
3. 优先股
4. 破产
5. 公司债券

二、简答题
1. 简述普通合伙企业设立的条件和程序。
2. 普通合伙企业与有限合伙企业的区别何在?
3. 普通合伙企业与个人独资企业、股份有限公司的区别何在?
4. 股份有限公司和有限责任公司的主要区别是什么?
5. 股份有限公司的设立方式是什么? 发起人的职责是什么?
6. 公司的股票与公司债券有何联系与区别?

第七章　国际商事代理法

本章内容提示

　　代理制度广泛应用于国际商事活动的各个环节,对促进国际贸易的发展和沟通当事人之间的业务联系起着重要的作用。英美法系和大陆法系的代理制度在基本理念与法律构架上存在很大差异,本章主要对两大法系代理制度的基本内容予以介绍,从历史起源、理论基础和法律渊源等方面进行比较分析。同时针对代理权的产生、代理的分类、无权代理及代理权的终止等内容进行介绍,并结合我国外贸代理的实践,介绍了《合同法》颁布以来我国的外贸代理制度。

第一节　国际商事代理概述

一、基本概念与理论基础

(一) 代理与国际商事代理的概念

　　代理是指代理人(agent)按照授权或法律规定,以被代理人(principal)的名义,与第三方(the third party)进行某种对被代理人产生权利与义务的法律行为。由于历史和法律传统的差异,不同的法系,甚至相同法系内的不同国家对代理概念的理解和认识,也不尽一致。正如英国学者弗里德曼在其《代理法》一书中所承认的,他给代理所下的定义也只是"暂时的、尝试性的"。我国《民法通则》第63条规定:"代理人在代理权限内,以被代理人的名义实施民事法律行为。被代理人对代理人的代理行为,承担民事责任。"关于商事代理,各国立法并未确定其统一的概念,有的称之为"商务代办",或"商业代理"(其实为商事代理之狭义),而有的却无明确称谓,只是混同于民事代理之中。例如,《德国商法典》第84条第1款规定:代理商是指作为独立的经营人,受托为另一企业主(企业主)媒介交易或以其名义成立交易的人。

　　国际商事代理,即代理人以营利为目的,依被代理人的授权,为被代理人的利益与第三人为商行为,由此在具有国际因素的被代理人、代理人及第三人之间产生权利、义务关系。这种国际或涉外因素的基本构成情况是:代理人和被代理人或者代理人和第三人具有不同国籍,或者住所处于不同国家;代理人以被代理人的身份与第三人建立涉外民事法律关系;代理人根据被代理人的委托,代理被代理人在另一国家或地区实施代理行为。

(二) 国际商事代理的特征

1. 国际商事代理关系的主体具有特殊性

从代理人方面说,一般民事代理的代理人既可以是自然人,也可以是法人;国际商事代理的代理人必须是商人,包括商法人和商自然人。目前我国法律中没有"商人"的概念,对"商人"法律意义上的理解应为经过工商登记,建有商业账簿并具备相应的专业知识、技术设备及资金,从事一定营利性经营活动的法人企业、合伙企业、独资企业及个体工商户等。而且,在国际商事代理中,通常被代理人、代理人或者第三人中至少有一方的营业场所分处不同的国家。

2. 国际商事代理的内容具有特殊性

一般民事代理的委托代理中,代理权的授予是以委托人的信任为前提的,有的是有偿的,大多数是无偿的。在国际商事代理中,代理人与被代理人通常处在不同国家,对人的信任逐渐转化为对资本的信任。被代理人(委托人)是基于对代理人资金、技术、设备、专业知识等的信任而授予其代理权的。商事代理是实施商行为,一般是在国外实施的或者结果及于国外的与财产有关的经营行为,且均为有偿,体现了营利性特征,代理行为是营利性的经营行为,被代理人通过商事代理人的行为而获取利益。而商事代理人作为一个独立的经济实体,以其代理行为取得佣金。

3. 国际商事代理权的产生具有特殊性

一般民事代理包括法定代理、委托代理和指定代理,代理人代理权的产生分别是因法律规定、当事人委托和有关机关指定。而商事代理均为委托代理,其代理权产生的原因只有一个,即当事人的授权委托。国际商事代理也是如此。

4. 国际商事代理人在承担责任方面具有特殊性

一般民事代理中,代理人通常不向第三人承担责任,只在有过错的情况下,向第三人或被代理人承担责任。而商事代理中,代理人是一类独立的商人,从事专门的营利活动,所以在与第三人发生的民事法律关系中,应承担比一般民事代理人更大的风险和责任,即使他没有过错,也可能承担某些特殊责任。而且国际商事代理人逐步涉足当事人业务,在这种情况下往往会因为其当事人的身份和行为而承担超出代理人的责任。

5. 国际商事代理法律适用具有特殊性

如上所述,国际商事代理中的主体、代理行为或者结果中至少有一项在国外,即具有涉外因素,这是国际商事代理的显著特征,也是它与国内的商事代理最根本的区别。国际商事代理具有涉外因素,因此发生争议时,在法律适用上会因各国有关商事代理的规定不同而产生法律适用上的冲突。在这种情况下,就要运用各国的国际私法关于法院地冲突规则的指引,对案件争议的事实进行识别,找出应予遵循的冲突规则,确定解决案件争议的法律。现如今的商事代理业务范围极广,种类繁多,就其范围而言,既发生于国内交易之中,又活跃于国际贸易领域;既以有形商品为客体,又可以无形商品为对象。

但是,由于各国法律传统、发展程度、观念、意识形态、政治体制及利益关系等方面的原因,立法现实与法律发展需要正好相反,商事代理法恰恰是国际商事法中分歧最大的部分。为了克服因各国商事代理法的差异给国际商事代理业务带来的障碍,扩大商事代理法的适用范围,不少国家及国际组织都做出了巨大的努力。

(三) 两大法系代理理论与立法状况

1. 大陆法系代理法的立法理论:区别论

大陆法系代理法的立法理论基础是区别论。所谓区别论,是指把委任合同与代理权限严格区别开来。其中委任合同作为内部关系的被代理人与代理人之间的合同,代理权限即作为外部关系的代理人与第三人缔约的权力。区别论的核心是,尽管被代理人在委任合同中对代理人的权限予以限制,但是该限制原则上并不产生对第三人的约束力。

区别论是以概念法学家拉邦德(Laband)为代表的法学家抽象创造出来的。大陆法系在初期并未区分代理权限与委任合同。但德国学者拉邦德的《代理权授予及其基础关系的区别》一文于1886年发表后,以德国为代表的大陆法系国家开始区分代理权限与委任合同及其他基础关系。例如,在大陆法系国家荷兰,被代理人和代理人之间的内部关系与外部关系被严格区分开来。内部关系在协议代理的场合,通常表现为合同关系,如委任合同、商事代理合同或者雇佣合同等。内部关系的主要内容涉及被代理人和代理人之间的权利义务关系。内部关系通常受合同法或者劳动法调整,而不属于代理法调整范围。相反,代理法主要调整代理人所拥有的约束被代理人的权力。

2. 英美法系代理法的立法理论:等同论

与大陆法系不同,英美法系不区分代理与委任合同,其立法基础是被代理人与代理人等同论。所谓等同论,是指代理人的行为等同于被代理人的行为,即通过他人实施的行为视同被代理人自己亲自实施的行为。因为作为被代理人的代理人,他已经得到了相应授权,并在代理权限范围内实施法律行为。

英美法系等同论的观点与大陆法系的区别论泾渭分明。据施米托夫考证,等同论与拉邦德理论问世之前出台的大陆法系民法典的主流观点"代理是委任的法律效果"是相同的,两者都源于教会法。然而,大陆法系接受了拉邦德的理论,使等同论的发展受到很大阻碍;这一理论便在没有明显阻碍的英美法系国家为人们所接受,并发展起来,避免了对不同代理形式进行烦琐的肢解和分割。因此,代理的一般概念可以作为实践中出现的各类代理关系的理论基础,甚至成为合伙法的理论基础。

3. 区别论与等同论的不同之处

区别论强调代理三方(被代理人、代理人、第三人)关系中的两个不同侧面的区别,即被代理人与代理人之间的内部关系;被代理人和代理人与第三人之间的外部关系。代理权限的授予可以被视为一种由被代理人向第三人所作的单方法律行为;而且对内部关系的限制并不必然地限制外部关系。与英美法系相比,大陆法系更加强调代理关系对外的一面。因此,第三人有权信赖代理的表象,尽管第三人知道或者有理由知道代理人事实上没有得到授权,或者被代理人限制了代理人的代理权限,被代理人也不得通过对代理人授权的限制来减轻自己的责任。可见,除非援引其他校正性理论,大陆法系的这种外在化思路容易导致过分地保护第三人。

与区别论不同,英美法系不强调区分被代理人与代理人之间的内部关系和代理人与第三人之间的外部关系,等同论将代理人行为等同于被代理人行为。代理人行为产生的结果与被代理人亲自所为相同。因此,代理人和被代理人之间谁和第三人交易并不重要。

等同论与区别论同样有着抽象理论的局限性,无法完全覆盖实践中存在的各种纷繁复杂的代理形式。与区别论相比较,等同论具有较强的灵活性,与代理实践的冲突程度较小。

4.两大法系代理制度融合的趋势

在世界经济趋于一体化的历史进程中,两大法系的代理法出现了相互移植、相互融合的趋势。为了促进国际贸易和投资活动的一体化,规范跨国界的代理活动,减少国别代理法对国际代理活动造成的法律障碍,有关国际组织推出了一些国际代理法律文件,一些国际性学术团体也为代理法的统一进行了有益探讨。其中,英美代理法几乎渗透到每一个国际代理法律文件。1987 年的《代理法适用公约》、1983 年的《国际货物销售代理商法律指令》都是为了协调两大法系有关代理制度的不同立法例、判例和学说而作出的有益尝试。

二、代理权的产生

(一)大陆法系

大陆法系把代理权的产生方式分为两种:一种是法定代理,另一种是意定代理。

1.法定代理

凡不是由于被代理人的意思而产生的代理权称为法定代理。法定代理包括 3 种情况:①根据法律规定享有的代理权,例如,父母对未成年子女的代理权;②根据法院确定享有的代理权,例如,法院批准的破产人或指定的清算人的代理权;③根据私人推选取得的代理权,例如,家族推选的遗产管理人的代理权。

2.意定代理

意定代理则是指根据被代理人的意思表示而产生的代理权。这种意思表示既可以采用口头形式,也可以采用书面形式。

(二)英美法系

英美法系认为,代理权可由下列原因产生。

1.明示指定的代理

明示代理,即被代理人(本人、委托人)以明示的方式指定某人为其代理人的代理。按照英美法系的规定,代理协议的成立并不要求特定形式,可以采用口头形式,也可采用书面方式。除非被代理人要求代理人采用签字蜡封式的方式替他同第三人订立合同,例如委托代理人处置不动产,才需要采用签字蜡封的形式授予代理权。

2.默示授权的代理

默示授权的代理是指被代理人虽未明示授权,但以其言辞或行动使代理人有合理根据相信自己有代理权的行为。默示授权的代理是因双方存在的关系或特别的行为而产生的代理。其中比较典型的是配偶间的默示代理和合伙人之间的默示代理。例如,在丈夫与妻子共同生活的情况下,法庭可根据当事人的生活方式和生活标准推定妻子具有代理其丈夫购买生活必需品的默示权利,也可以推定其具有代为取得生活必需品而代理其信贷和设立抵押的默示权利。这又被称为不容否认的代理,是指一个人以他的言辞或行动使善意第三人合理相信某人是其代理人,有权以他的名义签订合同,且该第三人已基于这种相信改变了自己的经济地位,他就要受该合同的拘束,而不能事后否认某人是其代理人。

3. 紧急处分的代理(客观必需的代理)

紧急处分的代理是在一个人受委托照管另一个人的财产,基于情况的紧急,为了保存财产而必须采取某种行动时产生的代理权。由于客观情况的需要必须视其为具有明示的授权。在国际贸易中这种情况时有发生。

行使紧急处分代理权的条件包括:①行使这种代理权是实际上和商业上所必需的;②代理人在行使权力前无法与委托人取得联系以得到指示;③代理人所采取的措施必须是善意的,并且必须考虑到所有有关当事人的利益。

4. 追认的代理权

代理人未经授权或超出授权范围而以被代理人的名义同第三人订立的合同,该合同对被代理人是没有效力的。若被代理人在事后批准或承认该合同,则是追认。追认的效果就是使该合同对被代理人具有约束力。追认具有溯及力,即自该合同成立时起就对被代理人生效。

追认必须具备的条件:①代理人订立合同时,必须声明他是以代理人的身份订立合同;②只能由订立合同时已指出姓名的或可确认的被代理人追认;③追认该合同的被代理人必须在代理人订立合同时就已经具有授权该行为的能力;④被代理人在追认该合同时,必须了解其主要内容。

三、无 权 代 理

无权代理是指行为人不具有代理权,而以被代理人的名义与第三人订立合同或进行其他民事活动。

(一) 狭义的无权代理

1. 概念和形成原因

狭义无权代理是指行为人既没有被代理人的实际授权,也没有足以使第三人善意相信其有代理权的表象,但行为人与第三人所为行为之利益牵连到被代理人的法律关系的无权代理。狭义的无权代理的效力处于效力待定的状态。

狭义的无权代理的情况包括:①未授权之无权代理,指既没有经委托授权,又没有法律上的根据,而以他人名义实施民事法律行为之代理。②越权之无权代理,指代理人超越代理权限范围而进行代理行为。③代理权消灭后之无权代理,指代理人因代理期限届满或者约定的代理事务完成甚至被解除代理权后,仍以被代理人的名义进行的代理活动。

2. 狭义无权代理的法律后果

(1) 大陆法系的有关规定。

① 被代理人享有追认权:对无权代理人的代理行为有追认其效力的权利。

② 第三人享有催告权与撤销权:第三人可以自行规定一个合理的期限,催告被代理人明确地承认或否认无权代理的行为;在被代理人对无权代理行为进行追认之前,有权撤销无权代理人所为的行为。

关于无权代理人的责任,大陆法系各国的法律规定并不完全相同。从原则上说,无权代理人对第三人是否须承担责任,主要取决于第三人是否知道该代理人没有代理权。针对这一点,大陆法系国家的法律规定是一致的,但在无权代理人责任内容上则有不同的规定。法国、瑞士法律规定:无权代理人应对善意的第三人负损害赔偿责任。而德国法律规定:如被代理人拒绝追认,无权代理人应按照第三人的选择负履行合同或赔偿损失的义务。

(2) 英美法系的有关规定。

英美法系的有关规定把大陆法系的无权代理称为违反有代理权的默示担保。按照英美法系的解释,当代理人同第三人订立合同时,代理人对第三人有一项默示的担保,即保证他是有代理权的。若违反该默示担保,则与其订立合同的第三人就可以以其违反有代理权的默示担保对他提起诉讼,该代理人就须对第三人承担责任。对于这种情况,需要注意以下几点:① 这种诉讼只能由第三人提起;② 无权代理人的行为不论是否是善意的,都要对此负责;③ 若第三人是知情的,或知道代理人并没有提供有代理权的担保,或合同中已经排除了代理人的责任,则代理人可不承担责任;④ 若被代理人对代理人所作的指示不明确,而代理人出于善意并以合理的方式执行该指示,则代理人对此不承担责任;⑤ 对第三人所承担的损害赔偿金额,一般按第三人所遭受的实际损失计算。

(二) 表见代理

1. 概念和成立要件

(1) 概念。

表见代理是指行为人虽无代理权,但善意第三人客观上有充分理由相信行为人具有代理权,而与其为法律行为,该法律行为的后果直接由被代理人承担的无权代理。表见代理实质上是一种无权代理,但为保护善意第三人,立法上又赋予表见代理以代理的效力。

(2) 成立要件。

表见代理的成立要件有:① 必须是代理人以被代理人名义实施意思表示或者受领意思表示。② 须有足以使相对人相信行为人具有代理权的事实或理由。③ 需要第三人在行为时是善意并且无过失的。

2. 形成表见代理的原因

(1) 授权表示型。

授权型是指因被代理人的表示行为而产生授权表象的表见代理。指被代理人用自己的言语、行为表示授予他人代理权而实际未授予,或知道他人以自己名义为代理行为而消极地不作反对表示。

①被代理人有某种积极行为足以被认为是授权表示的。被代理人没有实际授予他人代理权,但有若干积极行为,如以被代理人的信纸、印章提供他人,或曾多次委派某人代理其他事务,或表示授权与其人,使第三人基于善意而信赖已发生代理权授予。例如,甲将身份证及印章交付于乙,委托其办理户口登记,乙则持该印章及身份证为自己的债务作保证,即成立表见代理。

②被代理人明知他人以自己名义实施民事行为而不加否认。被代理人明知他人表示为其代理人而不反对,是一种消极的表示方式。被代理人的消极态度客观上造成善意第三人的信赖时,则构成表见代理。如建筑公司甲将工程转包给乙公司,甲知道乙公司以其名义招聘工人,而不表示反对,因此乙就构成表见代理,工人在乙公司不给付工资时,可以请求甲给付。

(2)权限逾越型。

权限逾越型是指代理人享有某种代理权,但超越了被代理人实际授予的代理范围,第三人出于善意与其发生法律关系的行为,此时即构成表见代理。

(3)权限终止型

权限终止型是指代理人曾有代理权,但在其为代理行为时,代理权已被撤销或因其他原因而消灭,但仍存在着代理权延续的假象。第三人不知情,仍与代理人进行法律行为,最常见的是委托解除后未取回委任状,受雇人解雇而未通知交易的相对人等。

3.表见代理的法律后果

(1)被代理人和第三人。

表见代理对被代理人产生有权代理的效力,即在相对人与被代理人之间产生民事法律关系,被代理人应受表见代理人与相对人之间实施的民事法律行为的约束,享有该行为设定的权利和履行该行为约定的义务,即对相对人负被代理人的责任。

(2)被代理人和代理人。

在被代理人履行合同或向第三人承担赔偿责任后,自己所遭受的损失,则与无权代理人之间发生内部责任问题,无权代理人对被代理人构成侵权(无基础关系),或构成违约(有基础关系)。被代理人对无权代理人享有损害赔偿请求权。

(3)代理人和第三人。

不发生法律上的权利义务关系。

四、代理关系的终止

(一)终止的原因

1.根据当事人的行为终止代理关系

代理关系可以根据当事人的行为而告终止。如以下几种情况:①代理期限届满;②代理目的实现;③协商同意终止;④单方终止代理关系。如果代理权的授予是与代理人的利益结合在一起的,被代理人就不能单方面撤回代理权。

2.根据法律规定终止代理关系

根据各国的法律规定,在下列情况下,代理关系即告终止:①被代理人取得或恢复民事行为能力;②被代理人死亡、破产或丧失行为能力;③代理人死亡、破产或丧失行为能力;④履行不可能或事后违法。

（二）代理关系终止的效果

1.对代理人与被代理人的效力

①代理关系终止,代理人不再拥有代理权,若代理人仍继续从事代理活动,则属于无权代理,须向被代理人或第三人承担相应的义务或责任。

②对商业代理人利益的保护,一些国家在商法中特别规定,在终止代理合同时,代理人对于他在代理期间为被代理人建立的商誉,有权要求被代理人予以补偿。如德国有关对代理人补偿的规定,属于强制性的规定,当事人不得事先在合同中放弃该请求权。

2.对于第三人的效果

当被代理人撤回代理权或终止合同时,对第三人是否有效,主要取决于第三人是否知情。根据各国的法律,当代理关系终止时,必须通知第三人才能对第三人发生效力。

第二节　被代理人、代理人及与第三人的关系

一、被代理人与代理人之间的关系

（一）代理人的主要义务

（1）谨慎的义务。

代理人要勤勉工作,尽自己的最大可能性,力争使合同条款有利于自己所代理的当事人。

合同代理的出现,就是为了扩大委托人的活动范围,克服时间和地域的限制。代理人在与对方当事人进行业务洽谈、协商合同条款的过程中,必须考虑被代理人的利益,竭尽其能力与经验,完成代理任务。要防止对代理人的利益不加重视,制定合同条款欠考虑,从而使被代理人处于不利境地的情形出现,更要禁止代理人利用代理的权限与相对人串通,损害被代理人的利益。如果出现此种情况,代理人要和相对人一起赔偿被代理人的损失,承担法律责任。

（2）服从的义务。

代理人要根据授权范围以委托人的名义签订合同。代理人与被代理人签订的代理委托书中已经明确了代理人的代理权限范围,其是有法律效力,为法律所保护的。所以代理人超越授权范围订立合同,则要自己承担由此产生的法律后果。

（3）忠实的义务。

代理人在代理他人订立合同时，只能充当合同一方当事人的代理人，不得同时充当利益存在冲突的合同双方当事人的代理人，也就是说，禁止双方代理行为。需要强调的是，代理人不得实施双方代理行为，是指他不得在同一个合同中同时代理合同的双方当事人，不在一个合同中的，则不受此义务限制。

代理人不得以被代理人的名义与自己订立合同。例如甲授权乙代售其房屋，乙却自己将该房屋买下。代理人以被代理人的名义与自己订立合同，实际上就是自己与自己订立合同。因为他既可以以被代理人的名义决定合同条款，又可以以自己的名义同意这些条款，实际上就是代理人一个人在订立合同，代理人必然会首先考虑自己的利益，忽略被代理人的利益，这会完全扭曲代理制度的初衷。因此，这种行为是为法律所禁止的。

（4）报告的义务。

代理人负有向被代理人报告的义务。在被代理人要求报告或代理人认为有必要时，代理人应将处理代理事务的一切重要情况告知被代理人，被代理人享有对此情况的知情权。在代理人代理被代理人订立合同的时候，合同相对人的履行合同的能力和资信情况，订立合同当时的市场行情及走势等都属于应向被代理人报告的重要情况，这有利于被代理人适时地做出有关订立合同的指示，甚至改变对代理人的授权范围。代理人完成委托事务后，有义务向被代理人报告处理事务的经过和结果，并提交必要的文件资料。

（5）保密的义务。

代理人负有对被代理人的相关信息予以保密的义务。商场如战场，商家的经营状况、客户来源、市场目标等经济信息是商家最为宝贵的无形资产，是合同谈判过程中的砝码。代理人接受了被代理人的委托与对方签订合同，必然会了解到被代理方一定程度的商业秘密，该秘密一旦被泄露，往往会给被代理人造成难以弥补的损失。因此，代理人不仅要在代理关系存续期间，即使在代理关系终止之后，均不得把被代理人的秘密向第三人泄露，被代理人的个人秘密包括其隐私，也是代理人必须予以保密的内容。在今后代理人也不得利用在代理过程中知晓的秘密胁迫被代理人，或同被代理人进行不正当竞争。这是代理人重要的职业道德。

（二）被代理人的主要义务

1. 支付佣金

被代理人必须按照代理合同的规定，付给代理人佣金或其他约定的报酬，这是被代理人的一项最重要的义务。

被代理人不经代理人的介绍，直接同第三人订立买卖合同，是否仍需对代理人支付佣金？代理人所介绍的买主日后连续订货时，是否仍需支付佣金？根据大陆法系的规定，凡是在指定地区享有独家代理权的独家代理人，对于被代理人同指定地区的第三者所达成的一切交易，不论该代理人有无参与，该代理人都有权要求支付佣金。而在被代理人终止代理合同时，商业代理人对其在代理期间为被代理人建立的商业信誉，有权请求给予赔偿。而根据英美法系的规定，如果被代理人与第三人达成的交易是代理人努力的结果，代理人就有权获得佣金。如果代理合同没有规定期限,只要被代理人在合同终止后接到买方再次订货,仍需向代理人支付佣金;如果代理合同规定了一定的期限,则在期限届满合同终止后,即使买方向被代理人再次订货,代理人也不能要求被代理人支付佣金。

2.偿还代理人因履行代理义务而产生的费用

一般而言,除合同规定外,代理人执行代理任务时所开支的费用是不能向被代理人要求偿还的。但是,代理人因执行被代理人的指示而支出的额外费用或损失,被代理人应予偿还。

3.应向代理人提供有关业务的资料和信息

被代理人有义务向代理人提供为开展业务所必需的资料,如货样、图样、模型、价目单、广告资料、交易条件和有关信息等。

4.允许代理人检查核对账册

这主要是大陆法系国家的规定。代理人有权检查核对被代理人的账目,以便于代理人核对被代理人付给他的佣金是否准确无误。这是一项强制性的法律规定,双方当事人不得在代理合同中作出相反的规定。

5.被代理人对代理人的业务活动进行合理监督

被代理人对代理人的业务活动进行合理监督,并遵循监督者负责原则(亦称"替代责任原则"),即被代理人须为代理人在雇佣期间所为的侵权行为负责。

二、被代理人及代理人同第三人的关系

按照代理法的一般原则,代理人是代表被代理人同第三人订立合同或为其他法律行为,代理的行为所产生的后果直接归属于被代理人,应由被代理人直接对第三人负责,代理人对此一般不承担个人责任。但实际情况并非如此,被代理人及代理人与第三人的关系往往是错综复杂的。

(一) 大陆法系的有关规定

从代理人是以代理人的身份还是以他自己个人的身份与第三人为法律行为的角度,将代理分为:

1.直接代理

直接代理是指代理人在代理权限内以代理人的身份,即以被代理人的名义同第三人所为的法律行为,代理行为的效力直接及于被代理人。

2.间接代理

间接代理是指代理人以自己个人的名义,但是为了被代理人的利益与第三人所为的法律行为。间接代理的效力必须通过一定的转让行为,即日后再将其权利和义务通过另外一个合同移转于被代理人时,才能及于被代理人。即在间接代理的情况下,被代理人要经过两道合同手续才能对第三人主张权利,第一个是间接代理人与第三人订立的合同,第二个是代理人把有关权利转移于被代理人的合同。大陆法系国家将直接代理人称为商业代理人,将间接代理人称为行纪人。

（二）英美法系的有关规定

在国际商事交易实践中，从第三人的角度看。根据代理人在交易中是否披露被代理人的姓名和身份，英美法系区分 3 种不同的情况。

1. 显名代理

显名代理即代理人在交易中既公开被代理人的存在，又公开被代理人的姓名。如在合同中注明代表被代理人签订本合同和被代理人的姓名。在这种情况下，该合同就是被代理人与第三人之间的合同，被代理人应对合同负责，代理人不承担合同的个人责任。

2. 隐名代理

隐名代理即代理人在交易中公开被代理人的存在，但不公开被代理人的姓名，在合同中注明代表被代理人签订合同。在这种情况下，该合同仍被认为是被代理人与第三人之间的合同，应由被代理人对合同负责，代理人对该合同不承担个人责任。根据英国的判例，代理人在同第三人订立合同时，如仅在信封抬头或在签名之后加"经纪人"或"经理人"的字样是不足以排除其个人责任的，而必须以清楚的方式表明他是代理人，如写明"买方代理人"或"卖方代理人"等。

3. 不公开被代理人身份的代理

不公开被代理人身份的代理是指代理人虽得到被代理人的授权，但他在与第三人订立合同时既不披露有被代理人的存在，也不表明自己代理人的身份，而直接以自己的名义与第三人订立合同。即代理人在交易中不公开被代理人的存在，以自己的名义作为合同当事人的一方，对外签订合同。在这种情况下，代理人实际上是把自己置于被代理人的地位同第三人订立合同，代理人应对第三人负责。被代理人、代理人与第三人的关系具体如下：

①未被披露的被代理人有"介入权"。可以直接介入合同对第三人行使请求权，或对违约的第三人起诉。一旦被代理人介入合同就对第三人承担合同的有关义务。但被代理人"介入权"的行使有两项限制条件：

第一，如果未被披露的被代理人行使介入权会与合同的明示或默示的条款相抵触，他就不能介入合同；第二，如果第三人是基于信赖代理人的才能或清偿能力而与其订立合同，则未被披露的被代理人也不能介入该合同。

②第三人享有"选择权"。第三人在知悉了被代理人身份之后，可以行使选择权。第三人可以要求被代理人对该合同负责，也可以继续要求代理人对合同负责。在发生违约情况时，第三人可以选择对代理人起诉，也可以对被代理人起诉。但第三人只能在代理人与被代理人之间选择一个作为起诉、追究责任的对象。且这种选择要符合不得反悔原则。

在上述 3 种分类中，前两种情况类似于大陆法系的直接代理，第三种情况类似于大陆法系的间接代理。

（三）大陆法系的间接代理与英美法系不公开被代理人身份的代理的异同

英美法系不存在大陆法系中直接代理与间接代理的划分，大陆法系则缺乏英美法系中的隐名代理和不公开被代理人身份的代理制度。诚然，英美代理法虽然承认代理人有权在被代理人与第三人之间以自己的名义创设直接合同关系,但区分代理人是否以自己名义实施法律行为对于理顺不同情形下被代理人、代理人与第三人之间的利益关系还是十分重要的。例如,在不公开被代理人身份的代理中,代理人自己要对其所签合同负责;而在显名代理中,代理人一般要退出其所签合同,因而代理人与第三人之间不存在"合同上的相互关系"。这也是英美代理法把代理分为显名代理、隐名代理和不公开被代理人身份的代理的原因所在。

英美法系不公开被代理人身份的代理与大陆法系的间接代理有相似之处,但两者的区别也是不容忽视的。按照大陆法系,间接代理关系中的委托人不能直接介入代理人与第三人订立的合同。只有当代理人将其与第三人所订合同移转给委托人,委托人才能对第三人主张权利。而按照英美法系,未公开身份的被代理人无须经过代理人的权利转移,就可以直接行使合同介入权,对第三人主张权利。而第三人一经发现被代理人的存在,也可以直接对被代理人行使请求权或诉权。即代理人同第三人所订立的合同,能使身份不公开的被代理人直接与第三人发生法律关系,而不需要借助另外一个合同或者合同权利转移。

第三节 中国的外贸代理制度

一、中国的代理法律制度

我国现行法律中规定代理制度的基本法律有《民法通则》和《合同法》。

(一)《民法通则》中的代理制度

我国的《民法通则》第4章第2节对代理制度作了规定。按照民法通则第63条的规定,公民、法人可以通过代理人实施民事法律行为。代理人在代理权限内,以被代理人的名义实施民事法律行为。被代理人对代理人的代理行为,承担民事责任。从法理上讲,这种代理制度属于直接代理,其特点是代理人必须以被代理人的名义行事,从而使被代理人承担代理行为的法律后果。

此外,《民法通则》对代理权的产生,无权代理、代理人与第三人的责任以及代理的终止等都作了规定。例如,《民法通则》第66条规定:没有代理权、超越代理权或者代理权终止后的行为,只有经过被代理人的追认,被代理人才承担民事责任。未经追认的行为,由行为人承担民事责任。被代理人知道他人以被代理人名义实施民事行为而不作否认表示的,视为同意。代理人不履行职责而给被代理人造成损害的,应当承担民事责任。代理人与第三人串通,损害被代理人的利益的,由代理人和第三人负连带责任。第三人知道行为人没有代理权、超越代理权或者代理权已终止还与行为人实施民事行为给他人造成损害的,第三人和行为人负连带责任。第67条规定,代理人知道被委托代理的事项违法仍然进行代理活动的,或者被代理人知道代理人的代理行为违法不表示反对的,由被代理人和代理人负连带责任。《民法通则》第64条规定:"代理包括委托代理、法定代理和指定代理。委托代理人按照被代理人的委托行使代理权,法定代理人依照法律的规定行使代理权,指定代理人按照人民法院或者指定单位的指定行使代理权。"这些规定,确立了我国处理代理关系的基本原则。

(二)《合同法》中的代理制度

1999 年,我国制定的《合同法》对代理制度的相关问题在《民法通则》基础上作了进一步规定。在总则中,"合同的效力"一章专门规定了无权代理和表见代理。第 48 条规定:"行为人没有代理权、超越代理权或者代理权终止后以被代理人名义订立的合同,未经被代理人追认,对被代理人不发生法律效力,由行为人承担责任。""相对人可以催告被代理人在一个月内予以追认。被代理人未作表示的,视为拒绝追认。合同被追认之前,善意相对人有撤销的权利。撤销应当以通知的方式作出。"这是对无权代理的规定。第 49 条规定了表见代理:"行为人没有代理权、超越代理权或者代理权终止后以被代理人名义订立合同,相对人有理由相信行为人有代理权的,该代理行为有效。"

另外,《合同法》在分则规定的 15 种合同中,"委托、行纪与居间"3 种合同其实也是与代理制度密切相关的合同。我国民商事立法首次引入间接代理概念,尤其对间接代理外部关系中的介入权和选择权作出明确规定。

1. 委托合同模式

委托合同是指委托人和受托人约定,由受托人处理委托人事务的合同。委托人应当预付处理委托事务的费用。对于受托人为处理委托事务垫付的必要费用,委托人应当偿还该费用及其利息。根据《合同法》第 402 条的规定:"受托人以自己的名义,在委托人的授权范围内与第三人订立的合同,第三人在订立合同时知道受托人与委托人之间的代理关系的,该合同直接约束委托人和第三人,但有确切证据证明该合同只约束受托人与第三人的除外。"根据《合同法》第 403 条的规定:"受托人以自己的名义与第三人订立合同时,第三人不知道受托人与委托人之间的代理关系的,受托人因第三人的原因对委托人不履行义务,受托人应当向委托人披露第三人,委托人因此可以行使受托人对第三人的权利,但第三人与受托人订立合同时如果知道该委托人就不会订立合同的除外。受托人因委托人的原因对第三人不履行义务,受托人应当向第三人披露委托人,第三人因此可以选择受托人或者委托人作为相对人主张其权利,但第三人不得变更选定的相对人。委托人行使受托人对第三人的权利的,第三人可以向委托人主张其对受托人的抗辩。第三人选定委托人作为其相对人的,委托人可以向第三人主张其对受托人的抗辩以及受托人对第三人的抗辩。"

2. 行纪合同模式

行纪合同是指行纪人以自己的名义为委托人从事贸易活动,委托人支付报酬的合同。行纪人处理委托事务支出的费用,由行纪人负担,但当事人另有约定的除外。行纪人完成或者部分完成委托事务的,委托人应当向其支付相应的报酬。委托人逾期不支付报酬的,行纪人对委托物享有留置权,但当事人另有约定的除外。行纪人卖出或者买入具有市场定价的商品,除委托人有相反的意思表示的以外,行纪人自己可以作为买受人或者出卖人。行纪人有前款规定情形的,仍然可以要求委托人支付报酬。行纪人与第三人订立合同的,行纪人对该合同直接享有权利、承担义务。第三人不履行义务致使委托人受到损害的,行纪人应当承担损害赔偿责任,但行纪人与委托人另有约定的除外。

3.居间合同模式

居间合同是指居间人向委托人报告订立合同的机会或者提供订立合同的媒介服务,委托人支付报酬的合同。居间人促成合同成立的,委托人应当按照约定支付报酬。对居间人的报酬没有约定或者约定不明确,依照《合同法》第61条的规定仍不能确定的,根据居间人的劳务合同确定。因居间人提供订立合同的媒介服务而促成合同成立的,由该合同的当事人平均负担居间人的报酬。居间人促成合同成立的,居间活动的费用,由居间人负担。居间人未促成合同成立的,不得要求支付报酬,但可以要求委托人支付从事居间活动支出的必要费用。

二、中国的外贸代理制

外贸代理制是指外贸企业提供各种服务,代生产、订货部门办理进出口业务,收取手续费,盈亏由委托单位负责的一种制度。所谓外贸代理,就是由我国的外贸公司充当国内客户和供货部门的代理人,代其签订进出口合同,收取一定的佣金或手续费的做法。过去长期以来,我国外贸公司在出口方面一直采取收购制,即由外贸公司用自有资金向国内供货部门收购出口商品,然后由外贸公司以自己的名义自营出口,自负盈亏。推行外贸代理制的主要目的之一就是改变过去的传统做法,即改为由外贸公司接受国内供货部门的委托,代其对外签订出口合同,代办出口手续,收取约定的佣金,至于出口的盈亏则由国内供货部门自负。这项改革的主要好处在于:它有利于国内供货部门了解国际市场对产品的要求,促使他们提高出口产品的质量;增强其竞争能力和出口创汇能力;增强国内生产供货部门对履行出口合同的责任感,促使其改善经营管理,提高经济效益;同时还可以减轻外贸公司在收购出口货源方面的财务负担,并使外贸公司的经营方式更加灵活多样。

(一) 外贸代理的基本做法

1.代理出口

在出口方面,由外贸公司接受国内供货部门的委托,以外贸公司自己的名义作为卖方,与国外买主签订出口合同,收取约定的佣金或手续费。在采用这种做法时,外贸公司不是以被代理人(国内供货部门)的名义,而是以外贸公司自身的名义对外签订出口合同,外贸公司作为出口合同的卖方,就必须对出口合同承担责任。

2.代理进口

在进口方面,由外贸公司接受国内用货部门的委托,以外贸公司自己的名义作为买方,与国外卖方签订进口合同,收取约定的佣金或手续费。在采用这种做法时,外贸公司不是以被代理人(国内用货部门)的名义,而是以外贸公司自身的名义对外签订进口合同,外贸公司作为进口合同的买方,必须对进口合同承担责任。

(二) 新合同法的有关规定

中国新合同法的实施从法律上对中国的外贸代理制进行了完善与发展,解决了外贸代理制现存的许多难题。这主要表现在以下几个方面：①对英美法律制度的引用，弥补了原外贸代理制法律效力的不足；②借鉴英美法系中的直接请求权制度，以平衡当事人的权利与义务；③规定了行纪合同，使外贸代理形式有了明确的法律依据。

（三）放开外贸经营权，改革外贸代理制

除了在法律方面继续完善有关代理制度之外，在具体政策与实践中逐步放开外贸经营权，应是进一步改革外贸代理制的重点。其理由如下：第一，中国外贸代理制的产生是以外贸经营权的审批制度为基础的；第二，实际上，中国已经在逐步开放外贸经营权，从逐步开放私营企业的进出口权即可见一斑；第三，中国政府在 2003 年采取了若干重大举措，以推动外贸代理制的深入改革。

复习思考题

一、名词解释

1. 直接代理

2. 间接代理

3. 外贸代理制

二、简答题

1. 英美法系、大陆法系关于代理权产生原因的观点是什么？

2. 英美法系与大陆法系代理理论基础的区别主要表现在哪里？

3. 当代理人没有披露被代理人的存在，而以自己的名义订立合同时，英美法系与大陆法系对此有什么不同的规定？

4. 《合同法》调整下的新的外贸代理制度的主要内容是什么？

第八章　国际票据法律制度

本章内容提示

票据是国际贸易结算业务的主要支付工具,即便在发达国家的国内交易结算中也有逐渐取代货币的趋势。因此,票据在当今国际商事活动中占据十分重要的地位,票据法也由此成为国际商法的重要组成部分。本章从比较票据法的角度,对以《英国票据法》和美国《统一商法典》的"商业票据篇"为代表的英美法系,和以《日内瓦统一票据法》为代表的日内瓦法系进行了比较研究,系统阐述了票据的法律特征、票据法律关系、票据行为、票据的抗辩及限制等票据法基本理论,汇票、本票、支票的概念和法律特征,出票、背书、提示、承兑、付款、拒付和追索、参加和保证等票据行为的要件和法律效力,以及《联合国国际汇票和国际本票公约》的体例和内容。

第一节　票据及票据法概述

票据是随着商品经济的产生和繁荣而出现和发展起来的。西方票据历史可追溯到古罗马时代。当时有一种"自笔证书",由债务人签发交给债权人持有,债权人在请求给付时,先向债务人出示该证书,债务人便按证书内容给付并随后收回证书。公元 12 世纪,意大利沿海城市的商业发达,为避免各地使用货币不统一而带来的不便,兑换商发行一种兑换证书,商人往往在甲地交款给兑换商,在乙地凭这种证书在兑换商支店或代理店领取当地通用的货币。这种兑换证书是本票制度的起源。到了 12 世纪中叶,兑换证书之外另附有一种付款委托证书,持票人请求付款时,必须同时出示这两种证书。后来这种付款委托证书与兑换证书分离而独立发生付款效力,付款人也不再限于发票人自己或其支店、代理店,这便是汇票制度的起源。

在 15 世纪末 16 世纪初,随着资本主义生产关系的发展和国际贸易的扩张,出现了以商业票据来清算国际债权债务的结算方式。商业票据的使用较之物物交换和现金结算,不仅减少了风险,而且降低了结算成本,加快了结算速度。但是,这种商业票据结算方式是建立在商业信誉之上的,而单纯的商业信誉有很大局限性:其一,商业信誉只能在商人之间相互提供,如果进出口双方缺乏了解,则商业票据无法流通;其二,商业信誉的范围受商品买卖关系的限制,多重的债权债务关系必须同时存在,最终的收款人与付款人必须在同一国内,这样才能避免现金在不同国家之间的往返运送。由于商业票据方式存在这些局限性,银行的媒介功能充当了国际贸易的桥梁。随着银行的介入以及商业银行自身的发展,票据的功能和作用得以迅速发展,可以被用来进行多边交换和清算。于是,票据的诸当事人可以分散在世界各个地方,票据可以在全世界顺畅流通,最终完成国际支付和结算。

支票制度相对出现较晚。直至 16 世纪末期,意大利、荷兰建立了世界上最早的一批银行后,才开始出现支票的雏形。17 世纪中叶,英国商人常将货币寄存于从事金银买卖的金银细工商人处,由后者向前者签发收据。这种收据等价于银行发行的通货,可以自由流通且见票即付。后来这种收据逐渐演变为支票,并在德国、法国流行开来。

中国的票据历史可追溯到唐宋时代。早期的票据是以"飞钱"、"贴"和"书贴"的形式出现的。在唐宪宗时代(公元 9 世纪初),商业比较发达,来京城经商的人,将售货款交付各道驻京城的进奏院及各军、各使机关,或交各地设有联号的富商,由这些机关或商号发给半联票券,另半联寄往各道有关机关、商号,商人回到本道后,核对票券领取款项。这种票据称为"飞钱",它是一种异地汇兑结算凭证,类似于汇票。"贴"和"书贴"中载有付款数目、出贴日期、收款人姓名,由出贴人署名交于收款人,收款人要求付款人付款时,需将贴提示,付款人按贴上记载金额支付。付款人是替出贴人保管金钱财物的柜坊,仅代其办理出纳业务,也不需作付款承兑,所以"贴"和"书贴"与支票类似。

到明朝末年(公元 17 世纪),山西地区商品经济发达,各种"钱庄"、"钱铺"发展起来,到了清代已有相当规模,它们在各地开设分号,经营汇兑业务及存、放款业务。其使用的信用工具称为"票号",名式繁多,各地不同,大体分为三大类:一类叫划条、计条、拨条、面条、上单、执贴,具有支票性质;一类叫汇券、汇兑券、汇兑信、汇条,具有汇票性质;一类叫庄票、期票、存票、钱票,具有本票性质。尽管当时钱庄发行的票据信誉较高,但这些票号因陋就简,不够完备,不够规范,也未被广泛持续地使用,尚处于我国现代票据的前期状态。直到清末,伴随着资本主义列强对我国的侵略,欧美票据涌入我国,我国商业界和金融界才开始使用西方票据。

一、票据的概念与法律特征

(一) 票据的概念

票据是一种典型的有价证券。有价证券是指具有财产价值并且可以成为交易客体之证券。我们一般从广义和狭义两种意义上来解释票据的概念。广义的票据,相当于有价证券,泛指一切体现商事权利或者具有财产价值的书面凭证,例如,发票、提货单、仓单、股票、汇票、本票、支票等属于广义的票据。而狭义的票据通常是指票据法所规定的汇票、本票和支票,该类票据权利的发生、转移和行使均以持有该凭证为必要要件。法律上或法学上所说的票据,如无特别说明,仅指狭义的票据,即出票人依票据法签发的,由本人或委托他人在见票时或者在票载日期到来时无条件支付确定金额给收款人或持票人的一种可以流通转让的有价证券。

(二) 票据的法律特征

票据与其他有价证券相比,除了具备有价证券的一般特征之外,还具有属于自己特有的法律特征。票据的法律特征可以从以下几个方面进行理解:

1. 绝对性

票据是一种完全有价证券。票据权利与票据的占有不可分离,票据上权利的发生、转移、行使,都要求持有票据。由此可派生出票据的提示性、交付性和交回性等三个特征。票据的提示性,是指票据权利人在向票据债务人行使权利时必须提示票据。票据的交付性,是指票据权利人如要移转票据上的权利,必须将票据实际交付给受让人。票据的交回性,则是指票据权利人在实现了权利即从票据债务人那里受领了票据金额以后,必须将票据交还给票据债务人。如果持票人不交回票据,票据债务人有权拒绝支付票据金额。

2. 设权性

票据是设权有价证券。也就是说,票据权利的产生要求首先作成证券。在证券作成之前权利不存在,票据权利是在票据作成的同时才产生的。简言之,没有票据也就没有票据上的权利。

3. 指示性

票据是指示有价证券。所谓指示有价证券,是指可以由证券上记载的权利人或该人所指示的人作为权利人行使权利的证券。有价证券包括记名有价证券和无记名有价证券。两者之间的不同在于,记名有价证券只能由证券上记载的特定人作为权利人行使证券权利;而无记名证券则不指定特定人为权利人,凡正当持票人或来人均可行使证券权利。在通常情况下,票据均记载权利人名称,但同时又允许该人通过背书的方式指示他人为新的权利人。因此,严格来说,票据不能被一概界定为记名证券或者无记名证券,它实质上是一种指示有价证券。

4. 债权性

票据是债权有价证券,票据所表彰的财产性权利属于一种金钱给付的商事请求权,从民法财产权的角度看,在性质上应界定为债权。票据法律关系即为一种债权债务关系。

5. 金钱性

票据是金钱有价证券。票据虽然是一种债权证券,但是,它与公司债券、金融债券、政府债券等债权证券有所不同,票据这种债权实现以支付一定金钱为目的。因而,票据这种债权证券又被称为货币证券,而公司债券、金融债券、政府债券等是为了筹集资金而发行的一种还本付息的证券,因而被称为资本证券或者投资证券。

6. 无因性

票据是无因有价证券。所谓无因,是指票据权利仅以票据法的规定发生,而不需要考虑票据权利发生的原因或基础。票据权利的发生,均有其特定的原因关系,但票据权利一经发生,即与作为票据权利发生原因的法律关系相分离,不再受其影响。

7. 文义性

票据是文义有价证券。证券之法律关系完全依证券上记载之文义为准者,为文义证券。票据的一切权利义务,必须严格依票据所记载的文义来确定,而不能进行任意解释或者根据票据以外的其他文件来确定。

8. 要式性

票据是要式有价证券。为使公众便于辨认和识别证券,法律对票据应具有的格式作了明确规定,使之划一,使之成为定型。票据交易的程序,是票据签发、背书、承兑、保证等票据行为的程序。票据债务人在实施这些行为时,必须依照法律规定的方式进行,并符合法定的形式要件。此外,各国票据法还对票据的记载事项作出严格要求,凡票据中欠缺绝对必要记载事项的,该票据无效。我国现行票据法也不例外,不仅如此,票据法还对某些事项如何记载进行了明确规定。这些严格要求与明确规范,均说明票据是一种要式有价证券。

9. 流通性

票据是流通有价证券。票据较民法的一般财产权利的流通方式更为灵活简便。票据的权利,经背书或单纯的交付即可转让于他人,而无需依民法有关债权让与的规定转让。一般说来,无记名票据,仅依单纯交付即可转让;记名票据,背书交付才能转让。

10. 单纯性

票据为无条件有价证券。票据金额之支付,以无条件为要件。也就是说,无论汇票、本票还是支票,付款人在收款人或者持票人请求付款时,必须无条件支付确定金额,可见,票据是无条件有价证券,也被称为单纯有价证券。

二、票据的作用

票据是市场经济中的重要工具,其作用主要表现在以下几个方面:

(一) 支付工具

票据最原始、最简单的作用是作为支付手段。在现实经济生活中,随时都会发生支付的需要,如果都以现金支付,不仅费时、费力,而且成本高、效率低。票据代替现金使用,不仅可以节省点数现钞的时间,减少麻烦,而且也比随身携带现金安全可靠。作为支付手段,各种票据都可以使用。

(二) 流通工具

票据可以经过背书转让,从而用以抵偿多方之间的债权债务。通过互相抵偿,跨境的现金支付变成境内现金支付,避免了两国、两地间现金输送的麻烦,而且使国际债权债务的结算迅速、安全。

(三) 信用工具

在现代商品交易活动中,信用交易大量存在。卖方常常因竞争需要等原因向买方提供商业信用。当这种商业信用只表现为口头上或账面上时,这种债权的表现形式是不明确的,清偿时间是不确定的,保障程度是较低的,并且难以转让和提前收回,从而阻碍商业信用的发展。如果使用票据,由买方向卖方开出约期支付票据,则可使债权表现形式明确,保障性强,清偿时间确定,转让手续简便,且还可通过贴现提前转化为现金。票据的信用功能克服了金钱支付上的时间间隔。个人之间的借贷、贸易双方之间的延期偿付,都可以利用票据这个信用工具。所以,票据能使信用契约化。

（四）融资工具

通过票据的约期付款和向银行的贴现或再贴现,票据可以用于融资。票据贴现就是未到期票据的买卖,也就是未到期票据的持有人卖出票据以取得现款。贴现市场是金融市场的一个组成部分。

三、票据的立法

世界法律体系大致可分英美法系和大陆法系,世界票据法体系也可分为英美法系的票据法和大陆法系的票据法。英美法系国家的票据法是以《英国票据法》为蓝本的。大陆法系国家的票据法是以《日内瓦统一票据法》为依据的。前者是英国的国内法,后者则是一种国际公约。

票据法主要规范制定国票据行为,调整制定国票据法律关系。但是,由于各国票据法规定的不一致,当各种票据行为、票据方面的纠纷或争议等发生法律冲突时,我们不可能将每一个国家的票据法都逐一进行研究。所以,我们循着两条线索对世界各国票据法有一个大致的了解,这两条线索分别是《英国票据法》和《日内瓦统一票据法》。两大法系国家的票据法分别以这两个票据法为基础,并各自基本趋于统一。

英国于 1882 年颁布并施行票据法,美国及大部分英联邦成员国如加拿大、印度等都以此为参照制定本国的票据法。美国在 1952 年制订《统一商法典》,其中第三章商业证券,即是关于票据的法律规定,也就是美国的票据法,它在英美法系国家的票据法中也具一定的代表性和影响力。美国和其他英联邦国家的票据法虽在具体法律条文上与英国票据法有所不同,但总体说来,英美法系国家的票据法基本上是统一的,这种统一是建立在《英国票据法》基础上的。

以法国、德国等欧洲大陆为主的 20 多个国家参加了 1930 年在日内瓦召开的国际票据法统一会议,签订了《统一汇票本票法公约》,1931 年又签订了《统一支票法公约》,两个公约构成了《日内瓦统一票据法》的重要组成部分。众所周知,国际公约等是国际法最重要的渊源。《日内瓦统一票据法》是有关票据方面的国际法的重要渊源,无疑,参加签字的大陆法系的国家在制定或修改本国的票据法时都要遵循这一国际公约。这一点合乎国际法大于国内法的原理(对参加某一国际公约的国家而言)。具体来说,大陆法系国家的票据法又以法国和德国的票据法最有代表性。另有一些非大陆法系国家也参照《日内瓦统一票据法》制定本国的票据法(如我国的票据法)。在实际内容上,大陆法系国家的票据法基本趋于统一。

两大法系国家的票据法在立法体例上表现为,英美法系国家采用票据包括主义,大陆法系国家采用票据分离主义。如"英国法"包括汇票、本票和支票,并将本票、支票作为汇票的特殊形式加以处理。我国票据法类似于"英国法",在体例上采取三票合一的形式,在汇票一章按各种票据行为分节作了详细规定,而对本票、支票与汇票相同之处则采用"适用"的办法处理,以避免重复。在规定票据定义时,两大法系票据法有不同。如讲到票据定义时,我们依照"英国法"来解释。因为《日内瓦统一票据法》中没有如《英国票据法》那样有严谨的文句对票据下定义,它只是规定票据的必要项目给票据下定义。《中华人民共和国票据法》已于

1995 年 5 月 10 日颁布，并于 1996 年 1 月 1 日起实施，这是我国一项重要的经济立法，对调整我国国内票据关系及涉外票据关系起着重要作用。

四、票 据 权 利

票据权利是指持票人向票据债务人请求支付一定票据金额的权利，包括付款请求权与追索权。

1. 付款请求权

付款请求权是指票据的持票人向票据主债务人或其他付款义务人请求支付票据金额的权利。这被称为第一次请求权。

2. 追索权

追索权是指当持票人的付款请求权不能实现时，可以依法行使的向票据上的所有义务人请求支付票据金额的权利。这被称为第二次请求权。

五、票 据 行 为

票据行为是以票据权利义务的设立及变更为目的的法律行为。广义的票据行为是指票据权利义务的创设、转让和解除等行为，包括票据的签发、背书、承兑、保证、参加承兑付款、参加付款、追索等行为在内。一般认为，狭义的票据行为包括出票、背书、承兑、参加承兑、保证、保付等 6 种行为，其中出票、背书和保证为汇票、本票和支票 3 种票据所共有，承兑和参加承兑仅限于汇票，保付仅限于支票。

（一）票据行为的法律特征

从票据行为的概念可以看出，票据行为属于法律行为，因此具有法律行为的一般特征。但票据法在性质上属于商法，票据行为则是一种商事法律行为，与一般的法律行为特征相比，还具有自身的特点。各国的票据法都赋予票据行为以下法律特征：

1. 要式性

票据行为是一种要式法律行为。必须遵循法定的、严格的形式，不允许当事人自主决定或变更，否则不能产生票据法上的效力。这首先是由票据的要式性决定的，在根本上是由票据的高度流通性所决定的。只有将票据行为规定成具体、明确的要式行为，才能保证票据形式、内容统一，使交易方在票据流通中清楚地确认票据上的权利义务，从而方便授受，提高流通的速度与效率。

2. 文义性

票据行为是一种文义法律行为。票据行为的内容完全以票据上记载的文义为准。即使票据上记载的文字与实际情况不符，仍应以文字记载为准，不允许票据当事人以票据文字以外的事实或证据，对票据上的文字记载作变更或者补充。这是由票据的文义性决定的，其目的在于保护善意持票人，以"助长票据之流通"。

3. 无因性

票据行为是一种无因法律行为。票据行为的无因性,也称为票据行为的抽象性,是指票据行为只要具备法律规定的形式即自行产生效力,而不问其基于的原因关系或基础关系存在与否或是否有效。票据法之所以赋予票据行为无因性特征,是由票据作为无因证券的性质决定的,目的在于保障票据的信用,维护持票人的票据权利,最终促进票据的流通。当然,在商事交易实践中,票据行为大都以买卖、借贷或其他交易关系为基础,票据行为之实际发生从表面上看是具有原因的,但从法律上看,票据行为是依据其自身的要件产生效力的,而并不受基础关系的影响,票据关系与基础关系在法律上互相分离。

票据行为的无因性具体表现在:①票据行为存在上的无因性。票据行为只要完成生效,除对明知存在抗辩事由而取得票据的持票人,票据义务人都必须承担票据义务,即使基础关系不存在、无效或者发生变更,也不能免除票据义务人的票据义务。②票据行为效力上的无因性。票据行为一旦产生效力,就意味着持票人取得票据权利,持票人没有证明票据给付原因的义务,即持票人无须证明自己及前手依何种原因关系或者基础关系取得票据权利。③票据行为抗辩上的无因性。即票据义务人不得以原因关系为理由对抗非直接的善意持票人。

4. 独立性

票据行为是一种独立法律行为,也被称为"票据行为独立性原则"。意思是说,多个行为人在同一票据上各自所为的票据行为,都各自依其在票据上所载文义独立发生效力,互相不发生影响。易言之,一个票据行为无效,不影响其他票据行为之效力。

5. 连带性

各个票据行为人不但各自承担自己的票据义务,并且也连带地承担所有票据义务人的义务。一旦票据权利人行使追索权,所有在票据上签章的票据义务人,都不分先后、主次地承担法定的连带责任,以确保票据权利人的权利得到实现。

(二)票据行为的有效要件

法律行为构成要件,是指法律行为有效成立的必要条件。票据行为属于民事法律行为,但又是票据法中的要式行为,除须具备一般民事法律行为构成要件外,又须具备票据法特别规定的要件。票据理论中通常将票据行为构成要件分为实质要件和形式要件。

票据行为作为一种特殊的民事法律行为,通常适用民法的相关规定。票据行为是要式法律行为,票据行为的形式和外观,是他人识别和判断票据行为人的意思和票据权利的依据,因此票据行为的有效成立,除具备实质要件外,还必须具备形式要件。

1. 票据行为的实质要件

票据行为的实质要件主要包括票据行为人具有权利能力和行为能力、票据行为人的意思表示真实及票据行为的合法性。票据行为是设定票据权利义务的法律行为,行为人之行为后果,是为自己设定票据债务而给对方设定票据债权。如果票据人不具有权利能力和行为能力,则该票据行为无效,票据行为人可以此对抗所有请求票据权利的持票人,但不影响票据上其他票据行为的效力。

票据行为之意思表示，原则上适用民法上关于意思表示的一般规定，然而，为促进票据的使用和流通，保护善意第三人，票据法注重外观形式，实行"外观解释原则"，这也叫"表示主义"，其意为，如果行为具备票据法所要求的形式要件，票据记载事项与真正事实二者是否相符，对于票据行为的效力不产生影响。从意思表示角度讲，以票据上记载的事项为行为人的真实意思，除票据授受直接当事人外，不得以票据记载事项之外的文字，证明其票据意思，纵然因事实上的意思表示有瑕疵在直接当事人之间发生无效票据行为，也只对直接当事人有法律约束力，对善意第三人的票据权利没有影响。

如果票据行为人的意思表示不真实，即存在票据行为人受欺诈、胁迫或其他导致意思表示不真实的事实而为票据行为的情形，日内瓦法系认为，根据票据"文义性"、"无因性"的特点，只要该票据行为符合法定要式，就应认为该行为有效，不可以对抗除直接当事人之外的任何善意持票人，并且不影响其他票据行为的有效性。而英美法系认为，该意思表示不真实构成了对正当持票人权利的一种抗辩，这种抗辩不仅仅局限在直接当事人之间，也可及于非正当持票人。

如果票据上所显示的票据行为人根本没有作出过任何意思表示，即该行为人的签名系被伪造或变造，或被他人无权代理或越权代理而为的签名，则该签名对于被伪造者或被无权或越权代理的被代理人而言是不发生票据法上的效力的，也就是说被伪造者或被无权或越权代理的被代理人不对任何持票人承担票据上的责任。当然作为被伪造者或被无权或越权代理的被代理人必须对此负有抗辩举证的责任。

那么应该由谁来对持票人的权利承担责任？对此两大法系观点截然不同：日内瓦法系认为虽然被伪造者或被无权或越权代理的被代理人可以此对抗善意持票人，但其他在票据上签名的人仍应对善意持票人的权利承担责任；英美法系却认为伪造或未经授权而以他人的名义在汇票上签名，是完全不起作用的，任何人都不能根据这种签名取得保留该票据的权利，也不能因为对该票据付了款而解除责任，或提出强制执行付款的要求。但是正当持票人的损失可以通过向伪造者或无权或越权代理的行为人要求赔偿。如果票据行为在内容上或者在目的上不合法，即该票据行为人在为票据行为时有恶意或违法或违反社会公共利益等情形，如为走私或贩毒等签发或转让票据，则根据票据行为无因性原则，为保护善意持票人的合法票据权利，该票据行为仍然有效，违法行为人应对其所签章的票据对任何持票人承担票据责任，并且不因此而免除其违法行为应承担的其他法律责任。

2. 票据行为的形式要件

（1）票据记载。

票据记载事项，是票据行为有效成立的形式要件之一，表现为票据记载的具体内容。依据票据法规定，票据记载事项有不同的效力。按照记载效力的不同，票据理论一般将票据记载事项分为必要记载事项、任意记载事项和无益记载事项。

①必要记载事项是指法律规定应该在票据上记载的事项，一般分为绝对必要记载事项和相对必要记载事项。绝对必要记载事项是指票据法规定票据行为人必须依法进行相应记

载的事项。欠缺绝对必要记载事项,导致相应的票据行为无效的法律后果。相对必要记载事项是指票据上若对其未予记载,则应适用法律推定之内容,而并不因此导致票据行为无效的必要记载。②任意记载事项,也称可记载事项,是指票据法不强制当事人必须记载,而是允许当事人自由选择是否记载,不记载时不影响票据效力,而一经记载即产生票据效力的记载事项。③无益记载事项,是指票据上不应该进行记载或即使记载也不具有票据效力的记载事项。

出票行为的绝对必要记载事项包括:表明票据种类的文字、无条件支付或无条件委托支付的文字、确定的金额、付款人的名称、收款人的名称、出票日期和出票人签章。汇票上未记载上述七项之一者汇票无效。背书行为的绝对必要记载事项包括:背书人与被背书人。但亦有学者认为,背书行为中不存在绝对必要记载事项,因为根据票据法规则,不禁止空白背书。在承兑和保证行为中,各国票据法规定不尽相同,故绝对必要记载事项亦不同。对于本票、汇票、支票字样的记载,《日内瓦统一票据法》认为其为绝对应记载;《英国票据法》认为不必注明。对于出票日的记载,《日内瓦统一票据法》认为其为绝对记载,如无记载则票据无效;按照《英国票据法》,无记载出票日不影响票据效力。对于到期日的记载,日、德、法认为如未记载,视为见票即付,意、荷要求记载;《英国票据法》认为如未记载,视为见票即付。对于出票地的记载,日、德、法认为如未记载不影响效力,意、荷要求记载;《英国票据法》要求以出票人签名旁所示地点为出票地。对于收款人的记载,《日内瓦统一票据法》不准开立无记名汇票;《英国票据法》允许开立无记名汇票,默认持票人为收款人。

由此可见,《日内瓦统一票据法》大多数情况下对于票据记载事项的规定比《英国票据法》更严格,《中华人民共和国票据法》大部分规定与《日内瓦统一票据法》类似。

（2）票据签章。

票据签章是指票据有关当事人在票据上签名、盖章或签名加盖章的行为。票据签章和票据记载一起构成票据上意思表示的内容。票据记载表明票据行为的内容,而票据签章表明票据行为的主体。因此,在票据上签章是所有票据行为有效成立的最基本的条件。各种票据行为的内容虽有不同,但行为人的签章则是各种票据行为共同要求。所以签章也就成为各国票据法规定的票据行为最重要的形式要件。签章行为根据主体的不同,可分为自然人签章和法人或非法人组织签章。自然人的签章为签名、盖章或签名加盖章。法人或非法人组织的签章为该法人或组织的盖章,加其法定代表人或其授权的代理人的签章。

（3）票据交付。

票据交付是指票据行为人将完成记载的票据交给持票人的票据行为。我国《票据法》第20条规定:"出票是指出票人签发票据并将其交付给收款人的票据行为。"依据该规定,出票由签发票据和交付票据两个行为构成。该法第27条规定:持票人转让汇票权利时,"应当背书并交付汇票"。可见背书是由背书和交付两个行为构成。因此,票据交付是票据行为成立的要件之一。

除票据的格式、内容要符合要式,票据行为也是要式的。票据法对各种票据行为都有详细严格的规定。这可以使票据纠纷减少到最低限度,从而保证票据的顺利流通。英美法系规定,限制背书的被背书人无权转让票据权利。日内瓦法系认为不得转让背书的票据仍可由被背书人转让,转让人只对直接后手负责,对其他后手概无责任(我国《票据法》同《英国票据法》)。票据权利的善意取得,应该包括取得票据时无恶意或重大过失。英美法系对是否知道前手权利缺陷是以"实际知悉"为原则的。英美法系认为,只有出于善意并付对价的正当持票人不受对抗。日内瓦法系不强调是否给付对价(我国《票据法》同《英国票据法》)。

六、票据抗辩及其限制

(一)票据抗辩

票据抗辩是票据债务人可以对票据权利人的权利主张提出对抗,从而拒绝履行票据债务的情形。票据债务人用以对抗票据权利主张的事由,被称为抗辩原因;其依法提出抗辩,阻止票据权利人行使票据权利的权利,则被称为票据抗辩权。票据抗辩权具有两个特征:第一,票据抗辩权只能针对票据请求权来行使,第二,票据抗辩权的法律效力在于对抗票据请求权的效力,从而使票据债务人能够拒绝履行票据债务。

在票据流通领域,票据抗辩的原因有很多,根据抗辩原因以及抗辩效力的不同,理论上通常将票据抗辩分为两种:物的抗辩和人的抗辩。

1. 物的抗辩

物的抗辩又称绝对抗辩或客观抗辩,是基于票据本身的内容发生的事由而进行的抗辩。这种抗辩来自票据本身,是针对一切持票人行使的抗辩权,所以不论持票人是谁,也不论债务人是谁,都能成立。它主要包括两类:

(1)任何被请求人均可对持票人主张的抗辩。

这种抗辩是基于票据本身的某些缺陷而产生,可以由包括债务人在内的所有被请求人主张的抗辩。例如,欠缺票据上应记载事项而主张的抗辩,记载了票据上不得记载的事项的抗辩,依票据上的记载不能提出请求的抗辩,票据债权因依法付款而消灭的抗辩,票据债权因提存而消灭的抗辩,票据尚未到付款期而主张的抗辩。

(2)特定票据债务人可对一切票据债权人行使的抗辩。

例如,欠缺票据行为能力的抗辩,票据伪造、变造的抗辩,无权代理的抗辩,票据债权因时效而消灭的抗辩,承兑撤销的抗辩等。

2. 人的抗辩

人的抗辩是指可用以对抗特定持票人的抗辩。对人的抗辩是以特定的法律关系而产生和存在的,所以对人的抗辩又称为相对抗辩或主观抗辩。它主要包括两类:

(1)票据上的一切债务人可以对特定的债权人行使的抗辩。

例如,持票人破产或其债权经法院扣押禁止付款时,即失去受领能力,持票人欠缺形式上、实质上的受领资格的抗辩。当持票人所持的票据为记名票据时,持票人必须以背书的连续性来证明其票据权利的存在。如果持票人所持的票据背书欠缺连续性,付款人有权拒绝付款。

（2）只有特定票据债务人可以向特定的票据债权人行使的抗辩。

例如，欠缺对价的抗辩。在直接相对的当事人之间，如果票据权利的转让是以支付约定对价为条件时，在持票人没有向票据出让人支付约定对价的情况下，出让人有权拒绝向持票人付款；票据行为无效的抗辩。票据行为是由依法记载和交付两个行为组成，所以当票据已记载但尚未交付而遗失或被盗窃时，票据债务人可以对拾得者和盗窃者行使抗辩权拒绝向其付款；原因关系欠缺或已消灭的抗辩等。

（二）抗辩的限制

票据抗辩可分为对物的抗辩和对人的抗辩。在对物的抗辩中，票据债务人可对抗一切持票人，而在对人的抗辩中，票据债务人只能对抗特定的持票人，当持票人变更时，抗辩即切断。因此，对票据抗辩的限制只存在于对人的抗辩中，而不能存在于对物的抗辩中。我国《票据法》第13条规定："票据债务人不得以自己与出票人或者与持票人的前手之间的抗辩事由，对抗持票人。但是，持票人明知存在抗辩事由而取得票据的除外。"这是与《日内瓦统一汇票本票法公约》第17条规定相一致的。而英美票据法则区分正当持票人与非正当持票人并区别对待，依《英国票据法》第38条规定，正当持票不受前手各当事人权利缺陷的约束，也不受前手各当事人之间仅仅是他们个人之间的抗辩的约束。

票据抗辩制度的设计，使票据债务人享有了由法律赋予的自我保护的权利，从而使其得以维护其自身的合法权益，该制度建立的出发点主要是为了保护债务人的利益，但若将票据债务人所享有的抗辩理由规定得过于宽泛，则可能会使票据权利人（持票人）处于不利的法律境地，其享有的合法票据权利难以顺利实现，从而影响票据的使用和流通。因此，为了保障正当持票人的合法权益，防止票据债务人滥用抗辩权，须对票据抗辩进行必要的限制，这已是理论界和实践界的共识，各国法律及有关国际公约中均有所体现。

如《日内瓦统一汇票本票法公约》第17条规定："票据债务人不得以自己与发票人或持票人之前手之间存在的抗辩事由对抗持票人。"《日内瓦统一汇票本票法公约》第19条规定："票据债务人不得以自己与背书人个人之间的抗辩事由对抗持票人。"

《英国票据法》第38条规定："凡正当持票人，其票据权利不受任何前手诸当事人票据所有权瑕疵的约束，不受前手诸当事人的仅仅是他们各人之间的抗辩约束，并可以向任何负有票据义务的关系人主张付款。"美国《统一商法典》第3—305条规定："正当持票人可以对抗任何人对该票据的所有权利主张，可以对抗与之没有发生关系的任何当事人对该票据的所有抗辩。"

我国台湾地区关于票据的规定为，即票据债务人不得以自己与出票人或与持票人的前手之间的抗辩事由对抗持票人。如前所述，我国《票据法》第13条第1款的前一部分也以列举的方法规定了两种票据抗辩的限制情况：第一，票据债务人不得以自己与出票人之间的抗辩事由对抗持票人；第二，票据债务人不得以其与持票人的前手之间存在的抗辩事由，对抗持票人。由此看出，票据抗辩限制制度已是各国立法及相关国际公约的通例。

纵观中外票据法，对票据抗辩权的限定主要体现在如下四个方面：第一，票据债务人不得以自己与持票人的前手间存在的抗辩事由对抗持票人；第二，票据债务人不得以自己与出票人间所存在的抗辩事由对抗持票人;第三,对于非善意取得票据者和无代价或者以不相当代价取得票据者的抗辩,票据债务人负举证责任;第四,票据债务人不得以他人与持票人之间的抗辩事由对抗持票人。以上种种限定的核心在于将票据抗辩中关于对人的抗辩限定于直接当事人之间,不允许特定人之间的抗辩扩大到其他人之间的票据联系中去,目的是保证正当持票人或善意取得票据人的票据权利,以确保票据的流通性和信用性。

第二节 汇 票

一、汇票的定义和种类

汇票(bill of exchange),是指由出票人签名出具的,要求受票人于见票时或规定的日期或与将来可以确定的时间内,向特定人或凭特定人的指示或向持票人,支付一定数额的无条件的书面支付命令。汇票是由出票人签发票据,委托受票人向票据的收款人支付票载金额。汇票分为银行汇票、商业汇票两种。银行汇票是出票银行签发的,由其在见票时按照实际结算金额无条件支付给收款人或持票人的票据。商业汇票是出票人签发的,委托付款人在指定日期无条件支付确定的金额给收款人或持票人的票据。汇票是国际结算中使用最广泛的一种信用工具。

汇票是一种无条件支付的委托,有三个当事人:出票人、受票人和收款人。出票人(drawer)是开立票据并将其交付给他人的法人、其他组织或者个人。出票人对收款人及正当持票人承担票据在提示付款或承兑时必须付款或者承兑的保证责任,一般是出口方;受票人(drawee/payer)或"付款人",即接受支付命令的人,一般是进口商;收款人(payee)或受款人,又叫"汇票的抬头人",是指受领汇票所规定的金额的人,进出口业务中,一般是银行。

国际贸易结算,基本上是非现金结算,汇票是国际商务中一种常用的支付工具。在国内贸易中,卖方通常在没有结清账户的情况下先发货,标明货款金额和支付方式的商业发票随后跟到,买方通常可以在不签署任何承认自己义务的正式文件之前先获得货物。相反,在国际贸易中,由于缺乏信任,买方在获得货物之前必须支付货款或者做出支付的承诺。使用以支付金钱为目的并且可以流通转让的债权凭证——票据为主要的结算工具。依照国际惯例,人们使用汇票来对交易进行结算,它是由出口商开出的、要求进口商或者其代理在特定时间支付特定金额的命令。

二、汇票的出票

(一) 出票行为的概念和法律性质

出票(issue)是指出票人依照票据法的要求记载汇票所必须记载的事项,签署自己的姓名、加盖单位公章(或者与银行约定的财务章),然后交付给收款人的票据行为。由于票据的背书、保证、承兑、付款和追索等行为都产生在出票行为之后,所以人们将出票行为称为基础票据行为,由出票行为陆续产生之后的各种票据权利义务。

(二) 票据记载的形式要件

两大法系国家均规定,只有具备法定要件的书面凭证才能构成有效票据。但总的来说,日内瓦公约对票据的形式要件规定的要比英美法系更具体、更细致。

1. 出票人须在汇票上表明"汇票"的字样

根据《日内瓦统一汇票本票法公约》的规定,票据上要求表明"汇票"字样,标明汇票字样实际上就是履行合同给付方式的一个表现。但英美法系各国票据法所规定的形式要件里并没有此项要求。

2. 汇票上须有无条件支付的承诺

汇票是一种无条件支付的书面支付命令,汇票上记载无条件支付的委托字样是为了使收款人和被背书人得到付款人的承诺,这是汇票与借贷合同或其他支付合同的一个重要的差别。如果汇票上记载有"收款人交付货物后汇票照付"或"出票人资金到达后付款"等字样,则构成有条件支付,票据法规定有条件支付的票据无效,受托付款人不得付款。

3. 出票须确定货币的金额

汇票是有价证券,因此其上所记载的支付金额应为确定的,任何含糊的表述都将导致票据的无效。至于汇票上能否载入利息条款,英美法系认为,如汇票上载有利息条款、分期付款条款或汇率条款,都不影响汇票金额的确定性,都是有效的。日内瓦公约亦规定,对于见票即付及见票后定期付款的汇票,可以允许载入利息条款。应付利息的利率应在汇票上载明,如果未载明,则该项规定视为无记载,利息从出票之日起计算。但是,日内瓦公约则不允许采取分期付款的方法。

如果汇票中所记载的金额是以文字与数字记载,而二者记载又有差异时,根据英美法系与日内瓦公约的规定,应以文字记载的金额为准。日内瓦公约还规定,如果汇票金额以文字或数字记载在一次以上,而先后有不相符时,则应以较小的数额为付款数额。但中国《票据法》强调记载的一致性,如果二者不一致,则票据无效。

4. 必须记载付款人(受票人)的姓名

汇票的付款人一般是一个人,但有些国家的法律也允许记载一个以上的付款人,在这种情况下,任何一个付款人均须承担支付全部汇票金额的责任,不能分别就金额的一部分负责,当其中一个人付款后,其余付款人即可解除责任。付款人通常是出票人以外的人,但出票人也可以指定自己为付款人。这种汇票被称为"对已汇票"。对于这种汇票,各国有不同的看法。有的国家把它视作本票,有的则把它视为汇票。英美法系则认为,这种票据既可以作为本票,也可以作为汇票,可由执票人作出抉择。

5. 汇票的收款人

收款人是汇票的第一债权人,其姓名当然应记载于票据之上,故《日内瓦统一汇票本票法公约》不承认无记名式汇票,认为汇票上若不载明受款人的姓名或商号者,该汇票不得被认为有效。但英美法系票据法则承认无记名式汇票,认为在汇票上没有记载收款人的姓名或商号的,以持票人为收款人。

6. 汇票的到期日

汇票的到期日又称汇票的付款日期,是指汇票金额支付的日期。按《日内瓦统一汇票本票法公约》的规定,汇票应载明付款日期,汇票上未载明付款日期者,则视为见票即付的汇票。也就是说,汇票上应载明到期日,但它不是法定的要件,即使未载明,也可被视为即期汇票,并不影响该汇票的有效性。英美法系国家的票据法也有类似上述的规定。根据英国《票据法》的规定,汇票的到期日可以是确定的期限或日期,也可以把将来肯定会发生但不能预先确定其发生的确切日期的事件作为汇票的到期日。

汇票的到期日有以下 4 种规定:①定日付款,即在汇票上载明付款的具体日期。②见票即付,即于执票人提示汇票时付款。③出票日后定期付款,即从出票日后起算,于一定期间内(如出票后 3 个月内)付款。④见票后定期付款,即从执票人提示汇票时起算,于一定期间内(如见票后 6 个月内)付款。

7. 汇票的付款地点

汇票的付款地是持票人请求付款及作成拒绝证书的处所。按照《日内瓦统一汇票本票法公约》的规定:汇票上应载明付款地,未载明的,则以付款人姓名旁的地点为付款地,也即视为付款人的所在地。如果付款人姓名旁也没记载地点的话,则该汇票不得认为有效。英美法系国家的法律关于汇票的付款地问题的规定与上述《日内瓦统一汇票本票法公约》规定不同。英美法系的票据法原则上认为,付款地在汇票上载明与否,不影响汇票的有效性,即使汇票上未载明付款地,也不知付款人的地点,只要持票人能找到付款人,就可以按汇票上所记载的文义向付款人提示汇票要求付款。

8. 汇票的出票日期及地点

根据《日内瓦统一汇票本票法公约》的规定:出票日期是法定要件,若汇票上未载明出票日期者,则无效;若未载明出票地者,出票人姓名旁的地点视为出票地,只有当出票人姓名旁也无地点时,该汇票才视为无效。英美法系各国则认为,出票日期与地点并不是汇票必须记载的事项。

出票的时间和地点在法律上具有重要意义。出票日期对于出票后定期付款的汇票具有确定付款日期的作用;对于见票即付的汇票则起着确定提示期限应于何时届满的作用。出票地点对国际汇票尤为重要,因为它关系到汇票的法律适用问题,按照日内瓦《解决汇票及本票若干法律冲突公约》的规定,汇票的形式应依出票地所在国的法律来确定。

9. 必须有出票人的签名

该项记载为法定形式之绝对必要,也是两大票据法系共同之规定。按照票据法的原则,只有在票据上签名的人,才对票据承担责任。因此,各国的票据法均规定汇票上必须有出票人的签名才能生效。

三、汇票的背书

背书(endorsement)是指在票据的背面或粘贴单上记载有关事项并签章的票据行为。

背书是转让票据权利的一种方式,也是票据得以流通的基础。背书是由持票人在汇票背面签上自己的名字或盖章,并将汇票交付给受让人的行为。这里的持票人称为背书人(endorser),受让人称为被背书人(endorsee)。除无记名式汇票外,记名式和指示式汇票都必须以背书并交付的方式进行转让。汇票一经持票人有效背书并交付后,被背书人就取得了该票据上的全部权利。

(一) 背书的有效要件

背书是一种票据行为,是票据转让的一种重要方式。因此两大法系均对背书的有效要件作了一般性规定。

1.必须有背书人签名

背书是票据行为的一种,因此必须由背书人在汇票上签名才能确定具体的行为人、义务人及承担票据责任的人。根据各国票据法的规定,背书人在汇票上签名就构成背书的有效成立。

2.背书必须记载于汇票背面或与汇票连成一体的粘页上

票据行为是要式行为,它的记载经多次背书、流通,致使背面无法记载,各国票据法都规定可通过在汇票上加贴粘页继续背书。为防伪造,汇票原纸上的最后一次背书应写在汇票原纸与粘页的骑缝上,粘页与粘页之间的背书规则亦同。

3.背书必须是无条件的

这里的条件是指不以某种前提作为背书生效的条件。《日内瓦统一汇票本票法公约》规定,背书必须是无条件的,如附记条件,则条件视同无记载。英国也否定附加条件的效力,付款人不受条件约束,无论条件是否成立,付款人向被背书人所作付款有效。美国《统一商法典》的规定略有不同,将附条件背书归入"限制背书",不影响票据的再度转让或流通,付款银行一般也不受约束,但银行的直接让与人或付款提示人的附条件背书有效时,银行应受约束。有些大陆法系国家的法律规定了两种情况:第一,出票人所为。则该汇票不能再用背书形式进行转让,而只能根据一般债权让与的方式转让。第二,背书人所为。则该汇票背书的效力有所不同,该背书人仅对其直接被背书人负责,而对根据背书取得该汇票的其他人可以不负任何责任。

4.背书必须是对全部金额的背书

背书人在背书时必须把票据上的全部金额同时转让给同一个被背书人。只转让票据金额的一部分,或将票据金额分别转让给几个被背书人的,这样的背书是无效的。各国法律均认为部分背书是无效的,不产生转让票据权利的法律后果。

(二) 背书的种类

1.根据背书的方式不同,背书可分为记名背书和空白背书

记名背书是指在票据背面记明被背书人的姓名或商号、背书年月日以及背书人签名的背书。被背书人是因背书而取得票据权利的人,其资格法律一般不加限制。

空白背书,又称无记名背书、略式背书、不完全背书,是一种金融文书,指不记载被背书

人名称而仅由背书人签章的背书。国外的票据实践中,存在空白背书的情况。在日内瓦票据法体系和英美票据法体系中,空白背书的效力与正式背书的效力相同。在中国,空白背书应当补记才能产生一系列票据效力。

2. 根据背书的目的不同,背书可分为转让背书和非转让背书

转让背书是持票人以转让票据权利为目的的背书。非转让背书是指持票人以非转让票据权利的其他目的而为的背书。非转让背书又可分为委任取款背书和设质背书两种。

(1)委任取款背书。

委任取款背书,又称委托收款背书,或全权委托背书(如《德国票据法》),指执票人以行使票据上权利为目的,而授予被背书人代理权限进行的背书。该背书方式不以转让票据权利为目的,而是以授予他人一定的代理权为目的,其确立的法律关系不属于票据上的权利转让与被转让关系,而是背书人(原持票人)与被背书人(代理人)之间在民法上的代理关系,该关系形成后,被背书人可以代理行使票据上的一切权利。在此情形下,被背书人只是代理人,而未取得票据权利,背书人仍是票据权利人。委托收款背书不是票据权利的转让,实际上是代理权在票据上的体现,被背书人是背书人的代理人,而背书人则是被代理人,被背书人收取的票据金额必须归于背书人,既然被背书人不是票据的所有权人,其也不能以自己的名义将票据进行转让背书。若其要进行转让,必须以背书人的名义(被代理人的名义)进行。若其进行转让背书,则属于越权代理,背书无效,这势必会影响背书的连续性。委托收款背书的效力如下:

①权利证明效力。

委托收款背书所证明的权利是代理权,而非票据权利。需要注意的是,委托收款背书中的背书人与被背书人之间不存在担保关系,因为被背书人代背书人行使权利,如果被背书人行使权利时遭到拒绝,视同背书人行使权利遭拒绝。

②代理权授予效力。

票据权利仍属于背书人所有,被背书人仅取得代背书人行使票据权利的代理权。具体讲,他可以进行付款的提示,受领票据金额,不获付款时可请求作成拒绝付款证书等。

③不切断抗辩的效力。

由于委托收款背书不发生权利转移效力,票据权利人仍为背书人,因而票据债务人仍可以自己与背书人之间所存在的抗辩事由,对抗被背书人。这一点与转让背书截然相反,在转让背书中,票据债务人不得以与持票人的前手间所存在的抗辩事由对抗持票人。不仅如此,即使票据债务人与经委托收款背书取得票据的持票人之间存在抗辩事由,也不得对抗该持票人,因为他不是为自己行使权利,而是代为他人行使权利。

(2)设质背书。

设质背书又称质押背书,或质权背书,汇票、支票、本票权利都可以质押。其内容为持票人以票据权利设定质权为目的所为的背书,并将相关票据权利凭证交付质权人。在质押背书中,背书人为出质人,被背书人为质权人。质押背书确立的是一种担保关系,即背书人与被背书人之间产生一种质押关系,而不是一种票据权利的转让与被转让关系。因此质押背

书成立后,背书人作成背书并交付,背书人仍然是票据权利人,被背书人并不因此而取得票据权利。但是,被背书人获得质权人位置后,在背书人不履行其义务的状况下,能够行使票据权益,并从票据金额中按担保债权的数额优先得到归还。换言之,假如背书人实现了所担保的债务,被背书人则必须将票据返还背书人。

根据《日内瓦统一汇票本票法公约》的规定,汇票的债务人不得以其自己对设质背书人的抗辩对抗设质背书的被背书人,但是不包括如果被背书人在接受汇票时明知会使债务人受损害的情况。

四、汇票的提示、承兑与付款

（一）汇票的提示

1. 汇票提示的概念

所谓汇票的提示（presentment），也称提示汇票,是指持票人向付款人实际出示汇票,请求承兑或付款的行为。持票人出示远期汇票要求付款人承兑的行为被称为承兑提示;持票人出示见票即付的汇票或已届到期日的远期汇票要求付款人付款的行为被称为付款提示。一般来讲,远期汇票（特别是见票后定期付款的汇票）都应先向付款人作承兑提示,然后再于汇票到期日做付款提示。而见票即付的汇票则无需作承兑提示,因为该种汇票的持票人在法定期限内一旦依法出示汇票,就可以要求付款人付款。

2. 汇票提示的时效

无论是承兑提示还是付款提示都必须在法定期限内进行。对该期限的长短的规定,《日内瓦统一汇票本票法公约》和英美法系各国的法律存在着较大差异。

《日内瓦统一汇票本票法公约》规定:见票后定期付款的汇票,应自出票之日起1年内为承兑提示,除出票人或背书人在汇票上作了具体规定者外;见票即付的汇票,除出票人或背书人有特别规定者外,应自出票之日起1年内为付款提示;定日付款或出票后定期付款或见票后定期付款的汇票,持票人应于到期日或以后2个营业日内为付款提示。

根据《英国票据法》的规定,见票后定期付款的汇票,除出票人或背书人有特别规定者外,持票人应于出票后合理的时间内作承兑提示;见票即付的汇票,除出票人或背书人有特别规定者外,持票人应于出票后合理的时间内做付款提示;其他远期汇票,持票人应于到期日做付款提示。

如果持票人不在上述所规定的期限内作承兑提示或付款提示,那么他将丧失对其前手的追索权,但这并不等于解除承兑人及其保证人的责任,即使持票人丧失了对前手的追索权,只是在消灭时效届满前,汇票的持票人仍然有权向承兑人和出票人及其保证人行使付款请求权。对于这个法定期限,《日内瓦统一汇票本票法公约》规定为3年,《英国票据法》规定为6年。如果持票人不在消灭时效内对出票人和承兑人及其保证人行使付款请求权,那么一旦消灭时效届满,持票人将丧失票据权利,而只能按照一般民事债权关系索赔。

（二）汇票的承兑

汇票的承兑是指汇票的付款人为了表示接受出票人的付款指示,同意承担付款义务,而将此项意思表示以书面记载于汇票之上的行为。

承兑的方式通常是由付款人在汇票正面横写"承兑"字样,注明承兑日期并签上自己的名字。承兑的作用在于确定付款人对汇票的付款义务。因为汇票上的付款人是由出票人单方面指定的,付款人是否愿意承担付款义务,在其对汇票签字承兑之前是不能确定的。只有当付款人承兑汇票之后,他才成为汇票的债务人,从而承担了按汇票金额付款的责任。如果付款人拒绝承兑,则由于他尚未成为汇票的债务人,执票人就不能对他起诉而只能对背书人及出票人进行追索。但如果付款人承兑了汇票,他就成为汇票的承兑人,按照各国的法律,承兑人是汇票的主债务人,而出票人及背书人只是从债务人。这时如果承兑人到期拒绝付款,执票人就可以直接对他起诉。但是,付款人承兑汇票并不能解除出票人和背书人对汇票的责任,如果承兑人在汇票到期时不付款,执票人除有权对承兑人起诉外,仍可向任何前手或出票人进行追索。

1. 汇票承兑的种类

(1) 普通承兑。

所谓普通承兑,也称单纯承兑,是指付款人在承兑汇票时只记载"承兑"或其他意思相同的字样并注明日期和签名,除此之外未作任何附加条件的承兑。

(2) 附有限制条件的承兑。

附有限制条件的承兑,也称非单纯承兑。它主是有以下几种形式:①部分承兑,即付款人只承兑汇票金额的一部分。对于此种承兑,英美法系的票据法认为这是付款人对承兑的拒绝,持票人可以拒绝接受此种承兑。持票人欲接受此种承兑,则必须先征得出票人和背书人的同意,否则,出票人和背书人可解除对该汇票所承担的义务。但《日内瓦统一汇票本票法公约》则允许付款人作部分承兑,持票人面对此种承兑时应先接受付款人的部分承兑,然后对于付款人未予承兑的部分,在法定期限内作成拒绝承兑证书,向前手背书人和出票人行使追索权。②有条件的承兑,即付款人承兑汇票时附有某种条件的承兑。③更改或限制付款地的承兑。④更改或限制付款时间的承兑。⑤更改或限制付款人的承兑。

对于上述②至⑤种承兑,各国票据法原则上都认为它们是付款人对承兑的拒绝,如果持票人在未征得出票人和前手背书人的同意之前擅自接受了这些附有条件的承兑,出票人和前手背书人可以免除在该票据上的全部或部分义务。

2. 参加承兑

参加承兑是为防止在到期日前行使追索权,而由预备付款人或其他第三人为特定票据债务人的利益而进行的票据行为。参加承兑者被称为参加承兑人,因参加承兑而直接受益者被称为被参加承兑人。参加承兑的目的主要是在到期日前防止追索权的行使。汇票因被拒绝承兑,或因承兑人死亡、逃避或其他原因而无法作承兑或付款提示,或债务人受破产宣告时,持票人就会依法在到期日前作成拒绝证书行使追索权。这种不得已而为之的行为,无论对持票人,还是对其前手都不利。如果此时有第三人出面维持票据信用,防止追索,那么这对持票人和前手都有好处。因此,法律设立了参加承兑制度。

参加承兑与承兑有所不同,其主要区别在于:①参加承兑的目的是防止执票人在汇票到期日前行使追索权,而承兑的目的则是确定付款人的责任;②参加承兑人只是汇票的第二债务人,只有在付款人拒绝付款时,才承担付款义务,而承兑人则是汇票的主债务人,承担绝对的付款义务;③承兑人是主债务人,如承兑人对汇票付款,汇票上的权利即归于消灭,汇票亦失去效力,而如果是由参加承兑人付款,则参加承兑人只是代被参加承兑人偿还了债务,参加承兑人仍可作为执票人,要求被参加承兑人及其前手予以偿还,在这种情况下,汇票的权利并不消灭,汇票亦不因之而失效。

参加承兑的效力主要表现在两个方面:一是当付款人不付款时,参加承兑人应负责向执票人付款;二是如果执票人允许参加承兑,他就不能在汇票到期日前对被参加承兑人及其后手行使追索权。因为执票人既然相信参加承兑人,允许其参加承兑,就应当等到到期日才要求付款,而不应一面允许参加承兑,一面又行使追索权,这与参加承兑制度的精神是不符的。

(三) 汇票的付款

1. 汇票付款的概念

所谓汇票的付款(payment),是指汇票的执票人于汇票的到期日,向汇票的付款人提示,要求支付汇票金额的行为。付款人照票付款后,由执票人在汇票上签名注明"收讫"字样,并把汇票交回付款人,于是由该汇票所产生的债权债务关系即告消灭。

2. 提示付款的时间

执票人必须在法定的时间内向付款人做付款提示,按照《英国票据法》的规定,如果是见票即付的汇票,执票人必须在"合理时间"内向付款人做付款提示,其他汇票如出票后定期付款的汇票或见票后定期付款的汇票,则必须于付款的到期日向付款人做付款提示,否则,执票人即丧失对出票人及其前手背书人的追索权。而按照《日内瓦统一汇票本票法公约》的规定,对于见票即付的汇票,执票人必须在一年内向付款人提示付款;对于定日付款或出票后定期付款或见票后定期付款的汇票,则必须于到期日及其后的两个营业日内向付款人提示付款。

3. 付款人付款的时间

当执票人在汇票的到期日向付款人提示付款时,付款人是否必须于当天付款,有无一定的宽限期,各国法律有不同的规定。按照《英国票据法》的规定,对远期付款的汇票,可以有三天的优惠日。《日内瓦统一汇票本票法公约》则没有优惠日的规定。但是,按照各国的法律或习惯,如果汇票的到期日是星期日或其他公休日,则付款的日期可顺延至下一个营业日。

4. 参加付款

参加付款是指付款人或承兑人不向执票人付款时,由付款人以外的人代为付款的行为。参加付款与前面介绍的参加承兑有许多共同之处,其目的都是保全票据债务人的信用,防止执票人行使追索权。因为在付款人拒付时,如有第三人参加付款,执票人就不必行使追索权,从而使票据债务人的信用得以保全。因此,《英国票据法》称之为"荣誉付款"。参加付款与正常付款有所不同,在正常付款的情况下,汇票的付款人支付了汇票全部金额,票据关系即告消灭。但在参加付款的情况下,参加付款人付款后,票据上的债权债务关系并不因之而消灭,而是由参加付款人取得执票人的权利,他可以向被参加付款人及其前手要求偿还,但不得将该汇票再行背书转让。而且,汇票一旦由参加付款人付款后,被参加付款人的后手背书人,即因之而解除责任。因此,参加付款时,须记载被参加人的姓名,如未注明,则视为以出票人为被参加付款人,以便使大多数汇票债务人得以免除责任。因为在这种情况下,出票人之后的一切背书人都将解除责任,参加付款人只能对出票人或承兑人要求偿付。

参加付款人可以是参加承兑人、预备付款人或任何第三人。参加付款对执票人和汇票债务人都有好处,因此,只要参加付款人同意支付汇票全部金额,执票人就不得拒绝参加付款。《日内瓦统一汇票本票法公约》和《英国票据法》都规定,如执票人拒绝参加付款,他就将对由于此种付款而得以解除责任的任何当事人丧失其追索权,换言之,即丧失对被参加人及其后手背书人的追索权。参加付款应在执票人得以行使追索权时进行,但最迟不得在作成拒绝付款证书期限届满的次日进行。

五、汇票的保证制度

汇票的保证是指由汇票债务人以外的第三人,为担保票据债务的一部分或全部履行为目的的票据行为。《日内瓦统一汇票本票法公约》对票据保证作了较详细的规定,而英美法系仅略为涉及,无具体规定。汇票保证是一种要式行为并具有独立性,且汇票保证人不得享有先诉抗辩权。与一般民事行为上的担保相比,汇票保证具有如下特点:

(1) 汇票保证是一种要式行为。

汇票保证应由保证人在汇票上注明"与保证同"或类似字样并签名注明。因此保证是一种票据行为,保证人因为在汇票上签名对持票人承担票据义务。汇票保证一般须指明被保证人的姓名,如未指明,视为出票人保证。

(2) 汇票保证具有独立性。

虽然汇票保证是以票据债务存在为前提而产生的从属性债务,但保证人一旦在汇票上签名,其责任就独立于其主债务人。即使被保证人的主债务无效,保证人仍应承担担保义务,除非作出保证的形式有缺陷。

(3) 汇票保证人不享有先诉抗辩权。

按照民法的原则,一般保证的保证人是第二债务人,债权人在对主债务人要求强制执行而不获清偿前,保证人享有先诉抗辩权;而汇票上的保证因具有独立性,所以持票人可选择先向保证人请求付款或行使追索权,保证人不得以先诉抗辩权对抗。但美国法认为当保证人在汇票上加注"保证托收"或类似字样时,保证人得享有这种先诉抗辩权。

两大法系关于票据保证的定义也不同。在《日内瓦统一汇票本票法公约》中,票据保证是指于汇票仅有出票人及背书人尚不足以确立信用时,特以担保票据债务为目的的附属票据行为。《英国票据法》中并没有保证人与被保证人的概念,但是其中的融通当事人与被融通当事人的关系与保证关系是近似的。两大法系关于保证关系的冲突主要有两点:在日内瓦体系中,票据保证是一个独立的票据行为,既可以通过写明保证文句方式进行,也可略式保证。保证行为与背书、出票行为无关，也不影响背书连续性。但在《英国票据法》中，融通当事人的融通行为被认为是一种名义出借行为，因此立法中并没有形式上的保证概念，更没有保证行为理论，以及以融通目的所为的保证。票据上一般不伴随相关文句以表明意图，票据保证实际上多借助于票据流通的自然顺序来完成，如联合出票方式、非正常背书等，后者则影响到票据背书的连续性。两者差异的核心乃是不同国家、不同法系在多大程度上承认保证人对权利人的独立责任，即保证的独立性程度。

六、汇票的拒付与追索权

（一）汇票的拒付

汇票的拒付（dishonour of bill）也称退票，是指非因持票人的原因而无法获得承兑或付款的情况，包括拒绝承兑和拒绝付款两种情况。当执票人把远期汇票向付款人提示承兑时，如果付款人拒绝承兑，执票人即可行使追索权，而无须等待远期汇票到期时再向付款人做付款提示并遭到拒付时，才行使追索权。付款人拒绝承兑，就表示他拒绝承担汇票的付款义务。

（二）汇票的追索

当汇票遭到拒付时，为了保护执票人的利益，各国法律都规定执票人有权向汇票的出票人以及所有的背书人请求偿还汇票上载明的金额，这项权利在票据法上被称为追索权（right of recourse）。

1.追索权的概念

追索权是指持票人在票据到期后不获付款或期前不获承兑或有其他法定原因，并在实施行使或保全票据权利的行为后，可以向其前手请求偿还票据金额、利息及其他法定款项的一种票据权利。

2.追索权发生的原因

对于定日付款的汇票、出票后定期付款的汇票以及见票后定期付款的汇票，在汇票到期日前，发生下列情形之一时，持票人可以行使追索权：①汇票到期被拒绝付款；②汇票在到期日前被拒绝承兑；③在汇票到期日前，承兑人或付款人死亡、逃匿；④在汇票到期日前，承兑人或付款人被依法宣告破产或因违法被责令终止业务活动。

对已发生汇票到期时被拒绝付款，或者到期日前被拒绝承兑等情况时，并不能确定地发生追索权。追索权的行使，必须具备以下相应的条件：第一，在法定提示期限提示承兑或提示付款；第二，在不获承兑或不获付款时，在法定期限内作成拒绝证明。为使持票人能够确实获得拒绝证明，各国票据法特别将出具拒绝证明规定为承兑人或付款人的一项义务，违反该义务时，应承担由此而产生的民事责任。

3.追索权的行使

（1）发出追索通知。

追索通知的当事人分为通知人和被通知人。通知人是指持票人以及收到通知后再为通知的背书人及其保证人。持票人应当自收到被拒绝承兑或者被拒绝付款的有关证明之日起在规定时间内,将被拒绝事由书面通知其前手;其前手应当自收到通知之日起在规定时间内书面通知其再前手。如果持票人未按规定期限发出追索通知或其前手收到通知未按规定期限再通知其前手,持票人仍可以行使追索权,因延期通知给其前手或者出票人造成损失的,由没有按照规定期限通知的汇票当事人,承担对该损失的赔偿责任,但是所赔偿的金额以汇票金额为限。

(2)确定追索对象。

被追索人包括出票人、背书人、承兑人和保证人。持票人可以不按照汇票债务人的先后顺序,对其中任何一人、数人或者全体行使追索权。持票人对票据债务人中的一人或者数人已经进行追索的,对其他票据债务人仍可以行使追索权。但是,持票人为出票人的,对其前手无追索权。持票人为背书人的,对其后手无追索权。出票人、背书人、承兑人和保证人均为被追索人。被追索人对持票人承担连带责任。持票人对汇票债务人中的一人或者数人已经进行追索的,对其他汇票债务人仍可以行使追索权。被追索人清偿债务后,与持票人享有同一权利。

(3)请求偿还金额和受领。

持票人行使追索权,可以请求被追索人支付金额和费用。该金额和费用包括:被拒绝付款的汇票金额;汇票金额自到期日或者提示付款日起至清偿日止,按照中国人民银行规定的同档次流动资金贷款利率计算的利息;取得有关拒绝证明和发出通知书的费用。

被追索人清偿债务后,其票据责任解除。同时,被追索人清偿债务后,与持票人享有同一票据权利,可以向其他汇票债务人行使再追索权,请求其他汇票债务人支付相应的金额和费用。

按照各国票据法的规定,汇票的各债务人(包括出票人、背书人)对持票人负连带责任,所以倘若汇票经过转让,当被付款人或承兑人拒付时,最后的持有人有权向所有"前手"中一人或数人或全体行使追索权,一直追索到出票人。有时背书人为了摆脱这种责任,就在背书时加注"免予追索"(without recourse)字样,这种汇票如遭拒付,持票人在向前手追索时,就不能向该背书人追索,只能越过他而向其他背书人追索。

根据票据法的一般原则,凡是善意并支付了对价而取得汇票的人,包括背书受让人都被称为正当的持票人。正当持票人可享有优先于其前手的权利,不因其前手对票据的权利有瑕疵而受损。无论是票据的出票人或该让与人的任何前手得以对抗该让与人的抗辩事由,原则上都不能用以对抗正当持票人。各国票据法都承认这一原则,其目的是保护善意的受让人,保证票据的顺利流通。按《日内瓦统一汇票本票法公约》规定,出票人不得免除其付款义务。因此,即使出票人在汇票上载有"免予追索"字样,这在法律上也是不予承认的(但英国法律认为可以这样做)。

持票人为了行使其追索权,在汇票遭到拒付时,除汇票上已载明不必制作拒绝证书者外,都必须在法定时间内作成拒绝证书,否则就会丧失对出票人和背书人的追索权。如德国票据法规定,持票人必须在汇票到期日或拒付之日起两天之内作成拒绝证书,才能向前手背书人及出票人行使追索权,如不按时作成拒绝证书即丧失其追索权。但按照英国的法律,国内汇票在遇到拒付时,不一定是作成拒绝证书,只有国外汇票才必须在拒付的当天或第二个营业日作成拒绝证书。

第三节　本票与支票

一、本　票

(一) 本票的概念

所谓本票(promissory note),是指由出票人签发的,允诺在该票据的到期日,由自己无条件地支付确定的金额给收/受款人或持票人的票据。它是出票人自己付款的票据,故称为本票。本票多由金融业者签发,代替现金流通于市场,但公司或商号为了调剂资金也可发行。我国的票据法中所规定的本票,仅指银行本票。国外票据法允许企业和个人签发的本票,称为一般本票。但在国际贸易中使用的本票,均为银行本票。银行本票都是即期的,一般本票可以是即期的或远期的。而狭义的外汇的本票仅指银行本票,不包括商业本票、个人本票。本票的出票人必须具有支付本票金额的可靠资金来源,并保证支付。

(二) 本票的特点

1. 本票是自付证券

本票由出票人承担付款责任,基本法律关系的当事人仅为出票人和持票人两方。涉及的当事人少,票据权利义务关系就简明一些,票据权利的行使也要简便一些。例如,不需第三人即付款人承兑即可直接请求付款,无须担心票据不获承兑等。

2. 本票以出票人为当然的主债务人

本票出票人对持票人负无条件付款责任。各国票据法共同认为,本票出票人的付款责任为绝对责任。到期不付款者,持票人得请求法院强制执行。我国《票据法》一方面在本票的定义中指明了出票人的付款是无条件支付;另一方面在第 74 条规定出票人必须"保证支付",在第 77 条规定,出票人在持票人提示见票时,"必须承担付款的责任"。

3. 本票为预约支付证券

本票的出票人,承诺于到期日由自己无条件支付票据金额,属于一种"预约支付",因此本票是预约支付证券。

4. 本票是无须承兑但有见票的票据

本票均不需承兑,但见票后定期付款的本票,以"见票"为必要程序。我国《票据法》第 79 条规定,本票的持票人未按照规定的期限提示见票的,丧失对出票人以外的前手的追索权。《日内瓦统一汇票本票法公约》第 78 条第 2 款规定,见票后定日付款的本票,须在第 23 条规定的期限内向出票人提示"签见"。很多国家也都依此为准,作了相同规定。可见,本票以"见票"为追索权保全方法。

5.本票的出票人仅负付款责任而无承兑担保责任

本票无须承兑,出票人没有承兑担保责任。

6.本票的背书人负担保付款责任

本票依背书转让的,背书人对被背书人负有担保付款的责任,持票人到期不获付款时,有权利保全手续的,对前手得行使追索权。

（三）本票的种类

在票据法学上,按照不同的标准,可将本票划分为多种类型。

1.记名式本票、指示式本票和无记名式本票

这是按照本票上是否记载本票权利人名称所作的分类。这一分类中的各种本票,意义与汇票中同一分类相同,仅是票种票名不同。如记名式本票与记名式汇票的相同处在于均为记名式票据。

2.见票即付的本票、定日付款的本票、出票后定期付款的本票、见票后定期付款的本票

这种分类的标准与含义,与汇票的同一分类相同。明显差异之处是,见票后定期付款的本票,适用"见票"制度。

3.银行本票和商业本票

这种分类的标准与含义,与汇票的同一分类相同。

4.国内本票和国外本票

这是英美票据法按照签发和付款地是否为本国所作的分类。凡是在本国境内签发并付款的,是国内本票,其他的是国外本票。国外本票遭拒绝的,无须作成拒绝证书。国内本票,是否作成拒绝证书,由持票人选择。

（四）本票与汇票的区别

本票与汇票的主要区别有以下两点:

（1）本票是允诺式票据,因此本票一般只有两个当事人,即出票人和收款人,其中出票人本身就是付款人;汇票是委托式票据,因此汇票有三个当事人,即出票人、收款人和付款人。

（2）本票的出票人自始至终是该票据的主债务人;汇票一经承兑后,出票人就成为从债务人,承担主债务人之责的是承兑人。另外,远期汇票的持票人一般应行使承兑这一附属票据行为,而远期本票的持票人则无须行使承兑这一附属票据行为。

二、支　　票

（一）支票的概念

所谓支票（cheque，check）,是指由出票人签发确定金额,委托办理支票存款业务的银行或其他金融机构在见票时无条件支付给收款人或持票人的票据。自支票流行后,它在很大程度上取代了汇票的支付职能,但是国际贸易的货款结算中,仍普遍使用汇票。

（二）支票与汇票的区别

支票虽与汇票在许多方面有相同或相似之处，但二者也存在着以下区别：

（1）支票的付款人仅限于金融业者，汇票的付款人则不限于金融业者。

（2）支票均为见票即付，汇票则不以见票即付为限。

（3）支票无承兑这一附属票据行为，若支票上有承兑记载者，视为无记载，而汇票则除见票即付外，持票人一般都要进行承兑这一附属票据行为。

（4）支票仅作为支付工具，而汇票除作为支付工具外，还起着信贷工具等作用，因此支票的流通时间一般要比汇票的流通时间短。

（5）汇票的出票人在汇票上必须载明收款人的名称，否则无效，而支票上是否载明收款人名称并不影响出票的效力，因为收款人的名称可以在支票出票后，由出票人授权加以补记。

无论本票还是支票，实际上均是汇票的变式，因此，除汇票的某些特殊规则，以及本票和支票因自身的特点而适用的一些规则外，这3种票据在许多地方有相通之处。正因为如此，各国票据法、《日内瓦统一票据法》以及国际汇票和国际本票公约均规定支票或本票的出票、背书、保证、付款等行为，以及追索权的行使，除另有特殊规定外，均适用有关汇票的规定。

（三）支票的种类

1. 记名支票（cheque payable to order）

记名支票是在支票的收款人一栏，写明收款人姓名，如"限付某甲"（pay a only）或"指定人"（pay a order），取款时须由收款人签章，方可支取。

2. 不记名支票（cheque payable to bearer）

不记名支票又称空白支票，支票上不记载收款人姓名，只写"付来人"（pay bearer）。取款时持票人无须在支票背后签章，即可支取。此项支票仅凭交付而转让。

3. 划线支票（crossed cheque）

划线支票是指在支票正面加划两道平行线的支票，又称为平行支票。划线支票与一般支票不同，划线支票的收款人仅限于银行或付款银行的客户。使用划线支票的目的是在支票遗失或被人冒领时，还有可能通过银行代收的线索追回票款。

4. 保付支票（certified cheque）

保付支票是指为了避免出票人开出空头支票，保证支票提示时付款，支票的收款人或持票人可要求银行对支票"保付"。保付是由付款银行在支票上加盖"保付"戳记，以表明在支票提示时一定付款。支票一经保付，付款责任即由银行承担。出票人、背书人都可免于追索。付款银行对支票保付后，即将票款从出票人的账户转入一个专户，以备付款，所以保付支票提示时，不会退票。

5. 现金支票（cash cheque）

现金支票是指专门制作的用于支取现金的一种支票。当客户需要使用现金时，随时签发现金支票，向开户银行提取现金，银行在见票时无条件支付给收款人确定金额的现金的票据。

6. 银行支票(banker's cheque)

银行支票是指由银行签发,并由银行付款的支票,也是银行即期汇票。银行代顾客办理汇票汇款时,可以开立银行支票。

7. 旅行支票(traveller's cheque)

旅行支票是银行或旅行社为旅游者发行的一种固定金额的支付工具,为了方便旅客在国内外旅游时支付旅费与各种杂费而开具的支票,是旅游者从出票机构用现金购买的一种支付手段。

第四节 联合国国际汇票和国际本票公约

由于《日内瓦统一票据法》并没有达到统一各国票据法的目的,英美法系各国的票据法同日内瓦公约在许多问题上一直存在着重大的分歧。这种状况的存在,对汇票在国际上的使用流通十分不利。为了解决这个问题,促进各国票据法的协调和统一,联合国国际贸易法委员会从 20 世纪 70 年代起决定起草一项适用于国际汇票的统一法公约,并于 1973 年提出了《统一国际汇票法(草案)》。这个草案是日内瓦公约体系与英美法体系相互调和、折中的产物。但由于各国在许多问题上的分歧一时难以解决,该草案迟迟未能通过。1979 年,它改名为《国际汇票和国际本票公约(草案)》(《Convention on International Bill of Exchange and International Promissory Note of the United Nations》),简称《国际汇票本票公约》,1988 年 12 月 9 日在纽约联合国第 43 次大会上通过,并开放供签署。按该公约的有关规定,该公约须经至少 10 个国家批准或加入后,方能生效。该公约目前尚未生效。

《国际汇票本票公约》提供了关于供国际商业交易当事方选择使用新国际票据的法律规则的全面法典。公约旨在克服国际支付所使用的票据目前存在的主要差别和不确定性。如果当事方使用特定形式的流通票据表明该票据受到联合国国际贸易法委员会公约管辖,则它适用此公约。

《国际汇票本票公约》的适用范围:只适用于载有"国际汇票"或"国际本票"标题并在文内有上述字样的国际汇票和国际本票,不适用于支票。对国际汇票的地点的要求:①汇票的开出地;②出票人签名旁所示地点;③受票人姓名旁所示地点;④收款人姓名旁所示地点;⑤付款地中最少有两个地点位于不同的国家,但不要求位于两个不同的缔约国。而且第①、⑤项两个地点均位于 1 个缔约国的境内,但不要求必须位于同一缔约国境内。对国际本票也有类似的要求。

《国际汇票本票公约》的适用范围仅限于国际票据,即出票地、付款地和受款人所在地中至少有两地不在一个国家之间的票据,不适用于缔约国国内的票据。因此,该公约还不能被认为是完全的国际统一票据法。从这个意义上讲,《日内瓦统一票据法》则可被称为完全的国际统一票据法,因为它既是适用于国际的票据法规范,也是适用于国内的票据法规范。《国际汇票本票公约》虽尽可能地融合了两大票据法系的不同规定,却难以从根本上消除两大法系的对立,无论是英美法系国家,还是日内瓦统一法系国家对此都有意见,该公约至今仍未生效的事实就是很好的证明。同时这也使我们意识到,制定一部由世界上大多数国家,包括所有现存各法系国家参加的、具有普遍意义的国际统一票据法,还有待国际社会继续作出共同的努力。

复习思考题

一、名词解释

1. 票据

2. 票据行为

3. 汇票

4. 本票

5. 支票

6. 追索权

二、简答题

1. 简述票据的法律特征。

2. 简述票据行为的种类及法律特征。

3. 简述票据保证制度与参加制度的特点。

4. 简述两大法系对追索权行使条件的不同规定。

三、论述题

1. 试论票据持票人权利的保护与制衡。

2. 试论票据国际统一立法的发展趋势。

第九章　国际知识产权贸易法律制度

本章内容提示

在被称为知识经济时代的今天,知识成为最有价值的产品。知识产权也因此受到了前所未有的重视,以知识产权为标的的国际贸易得到了空前的发展。随着国际知识产权贸易的发展,作为调整这一领域各种社会关系的知识产权贸易法律也日渐完善。本章主要围绕知识产权保护的相关国际组织、国际公约等,介绍 TRIPS 协议的基本原则、保护范围和实施制度以及对国际贸易产生的影响。

第一节　知识产权国际保护概述

一、知识产权概述

知识产权(intellectual property right),又称"知识所属权",指"权利人对其所创作的智力劳动成果所享有的财产权利",一般只在有限时间期限内有效。各种智力创造,比如发明、文学和艺术作品,以及在商业中使用的标志、名称、图像和外观设计,都可被认为是某一个人或组织所拥有的知识产权。知识产权一词最早于 17 世纪中叶由法国学者卡普佐夫提出,后为比利时著名法学家皮卡第所发展,皮卡第将其定义为"一切来自知识活动的权利"。直到1967 年《建立世界知识产权组织公约》签订,该词才逐渐为国际社会所普遍使用。

知识产权是关于人类在社会实践中创造的智力劳动成果的专有权利。随着科技的发展,为了更好地保护产权人的利益,知识产权制度应运而生并不断完善。如今侵犯专利权、著作权、商标权等侵犯知识产权的行为越来越多。17 世纪上半叶产生了近代专利制度;一百多年后产生了"专利说明书"制度;又过了一百多年,从法院处理侵权纠纷时的需要开始,才产生了"权利要求书"制度。在 21 世纪,知识产权与人类的生活息息相关,到处充满了知识产权,在商业竞争上我们可以看出它的重要作用。

知识产权从本质上说是一种无形财产权,它的客体是智力成果或知识产品,是一种无形财产或者一种没有形体的精神财富,是创造性的智力劳动所创造的劳动成果。它与房屋、汽车等有形财产一样,都受到国家法律的保护,都具有价值和使用价值。有些重大专利、驰名商标或作品的价值也远远大于房屋、汽车等有形财产。

对于知识产权的范围,各国规定不尽相同,依据《建立世界知识产权组织公约》的规定,并将任何一个成员国可能给予保护的范围都列举在内,知识产权的范围包括:①与文学、艺术及科学作品有关的权利;②与表演艺术家的表演活动、与录音制品及广播有关的权利;③与人类创造性活动的一切领域内的发明有关的权利;④与科学发现有关的权利;⑤与工业品外观设计有关的权利;⑥与商品商标、服务商标、商号及其他商业标记有关的权利;⑦与防止不正当竞争有关的权利;⑧一切其他来自工业、科学及文学艺术领域的智力创作活动所产生的权利。

二、知识产权的特点

（一）无形性

知识产权是一种无形财产,其客体是知识产品,是无形的。因此,对知识产权的占有不是有形的控制,对知识产权的使用也不发生有形的损耗。知识产权的这一特征使知识产品可以被多数人在不同地域同时使用。

（二）专有性

专有性即独占性或垄断性,是指除权利人同意或法律规定外,权利人以外的任何人不得享有或使用该项权利。这表明权利人独占或垄断的专有权利受严格保护,不受他人侵犯。只有通过"强制许可"、"征用"等法律程序,才能变更权利人的专有权。但与所有权相比,知识产权的专有性要弱一些,这主要表现在知识产权的"权利限制"的设计上。

（三）地域性

与有形财产权不同,知识产权没有当然的域外效力。一般来说,依一定国家的法律产生的知识产权只在其依法产生的地域内有效。知识产权适用权利登记地法或权利主张地法,即只在所确认和保护的地域内有效;除签有国际公约或双边互惠协定外,经一国法律所保护的某项权利只在该国范围内发生法律效力。所以知识产权既具有地域性,在一定条件下又具有国际性。

（四）时间性

时间性是指知识产权只在规定期限内受到保护。超过了法律规定的保护期,知识产权归于消灭,有关的知识产品进入公有领域。各国法律对保护期限的长短的规定可能一致,也可能不完全相同,只有参加国际协定或进行国际申请时,才对某项权利有统一的保护期限。

（五）可复制性

知识产权之所以能成为某种财产权,是因为这些权利被利用后,能够体现在一定产品、作品或其他物品的复制活动上,可复制性将知识产权与一般的科学、理论区别开来了。

三、知识产权的国际保护

"知识产权"在其产生之初,是一种封建君主或地方官恩赐的具有严格地域性的"特权",到资本主义时期,虽然从性质上讲,知识产权从"恩赐特权"转变为"法定权利",但知识产权法律仍然不具有域外效力,因此,一个国家根据自己法律授予的专利权、注册的商标或其他商业标志,以及保护的版权等,在国外是无效的。

18 世纪,英国和法国先后建立起各自比较完备的具有现代意义的版权法律制度。到 19 世纪初,这两个国家的印刷出版业比较发达,因此成为当时主要的图书出口国。但是,由于本国的版权法没有域外效力,法国和英国的作品在国外还是得不到有效保护,其作品在国外被盗版的情况时有发生。这使两个国家都不同程度地感到版权国际保护的必要性。为使这个问题得到解决,英国于 1884 年颁布《国际版权法》,宣布在互惠的原则下,保护任何外国作者的作品;而法国在这个问题上迈出了更大的步伐,它在 1852 年颁布法令,宣布将单方面保护所有外国作者在法国的作品,而不问作者的国籍或作品的首次出版地。英法两国的上述举措,虽然没有从根本上解决本国作品的域外保护问题,却开了版权国际保护的先河,即确立了单一国家保护、互惠保护以及双边条约保护三种版权国际保护的方式。

1873 年,奥匈帝国邀请各国参加在维也纳举行的发明国际博览会,并宣布为参加博览会的外国发明、外观设计、商标提供临时保护。国际博览会期间,召开了第一次国际专利会议,会议呼吁为专利提供国际性保护。五年后即 1878 年,在巴黎举办的国际展览会期间,召开了第二次国际专利会议。这次会议成立了一个专门委员会,负责起草保护工业产权的国际公约。1883 年,法国、比利时、意大利等 11 国在巴黎签署了《保护工业产权巴黎公约》,公约于 1884 年正式生效,该公约是历史上第一个保护知识产权的多边公约。在此之后,又签署了 1886 年《保护文学艺术作品伯尔尼公约》和 1891 年《商标国际注册马德里协定》等公约。这些公约标志着知识产权国际保护体系的产生和形成。

四、知识产权国际保护的途径

(一) 互惠保护

互惠保护是一种附条件的保护,是指某一外国若承认并保护依本国法确认的知识产权,那么本国亦承认并保护依该外国法确认的知识产权。互惠保护主要为一些知识产权立法滞后或彼此存在差异的国家采用。我国在参加巴黎公约前,也曾分别与许多国家在商标保护上实行互惠原则。

(二) 双边条约保护

双边条约保护即双方通过签署双边协定的方式,相互保护对方的知识产权。此种保护方式在当代仍被采用。如中国和美国就曾签署过三个涉及知识产权保护的双边协定,即 1979 年中美贸易关系协定、1992 年中美关于知识产权的谅解备忘录以及 1995 年中美知识产权协议。

(三) 区域条约保护

在区域性一体化组织的促进下,相关国家缔结了一系列区域性的知识产权保护条约,如 1973 年《欧洲专利公约》等。这类条约为适应局部地区的特殊需要而产生,其对于协调区域内各国知识产权保护制度,维护区域内相同的知识产权保护水平作用很大。

(四) 多边公约保护

多边公约保护是当今国际社会保护知识产权最重要的途径,是效力最广泛、影响最大的一种知识产权国际保护方式。

五、知识产权保护的相关国际公约

（一）为建立促进知识产权国际保护的国际组织而签署的公约

《建立世界知识产权组织公约》（《The Convention Establishing the World Intellectual Property Organization》），简称"WIPO 公约"。保护工业产权巴黎同盟的国际局与保护文学艺术作品伯尔尼同盟的国际局的 51 个国家于 1967 年 7 月 14 日在斯德哥尔摩会议上将两个国际机构合并，签订了《建立世界知识产权组织公约》，该公约于 1970 年 4 月 26 日正式生效。根据公约成立的政府间国际机构，其被定名为世界知识产权组织，英文简称为 WIPO。1974 年 12 月，该组织成为联合国的一个专门机构，总部设在日内瓦。按照该公约第 5 条有关成员资格的规定，任何保护知识产权的同盟成员国，以及虽未参加任何同盟，但只要是联合国的成员国，或受到了世界知识产权组织成员会议邀请的国家，均可成为该组织的成员国。1980 年 6 月 3 日中国成为该公约成员国。

根据公约，该组织的主要任务和职权包括：①在促进全世界对知识产权的保护方面，鼓励缔结新的国际条约，协调各国的立法，给予发展中国家以法律、技术援助，搜集并传播情报，以及办理国际注册或成员国间的其他行政合作事宜。②在各知识产权同盟的行政合作方面，该组织将各同盟的行政工作集中于日内瓦国际局。该组织已成为知识产权方面的十几个同盟的行政执行机构。③对发展中国家就技术转让、立法等方面进行援助。

（二）涉及工业产权保护的公约

1. 实体性公约

实体性公约即对缔约方保护工业产权的基本原则和有关立法的最低水平提出要求的公约。它包括 1883 年缔结、1884 年生效的《保护工业产权巴黎公约》（我国 1985 年 3 月加入）；1961 年签署、1968 年生效的《国际植物新品种公约》（我国于 1999 年 4 月加入）；1989 年签署的《关于集成电路知识产权公约》等。

《保护工业产权巴黎公约》（《Paris Convention for the Protection of Industrial Property》）简称《巴黎公约》，于 1883 年 3 月 20 日在巴黎签订，1884 年 7 月 7 日生效。巴黎公约的调整对象即保护范围是工业产权，包括发明专利权、实用新型、工业品外观设计、商标权、服务标记、厂商名称、货物标记或原产地名称以及制止不正当竞争等。《巴黎公约》的基本目的是保证一成员国的工业产权在所有其他成员国都得到保护，该公约与《保护文学与艺术作品的伯尔尼公约》一起构成了全世界范围内保护经济"硬实力"和文化"软实力"的两个"基本法"。1985 年 3 月 19 日中国成为该公约成员国，我国政府在加入时声明：中华人民共和国不受公约第 28 条第 1 款的约束。该条款原文为："本联盟两个或两个以上国家之间对本公约的解释或适用有争议不能依谈判解决时，有关国家之一可以按照国际法院规则将争议提交该法院，除非有关国家就某一其他解决办法达成协议。将争议提交该法院的国家应通知国际局；国际局应将此事提请本联盟其他国家注意。"

2.程序性公约

其作用是就同一客体,简化多国申请工业产权所必经的烦琐的程序并降低有关费用。它包括 1891 年缔结、1892 年生效的《商标国际注册马德里协定》(我国于 1989 年 10 月加入);1970 年缔结、1978 年生效的《专利合作条约》(我国 1994 年 1 月加入);1977 年缔结、1980 年生效的《国际承认用于专利程序的微生物保存布达佩斯条约》(我国于 1995 年 7 月加入)等。

3.管理性公约

其作用是制定各种工业产权客体的国际统一的分类标准,供各国参照使用。它包括 1957 年签署、1961 年生效的《为商标注册目的而使用的商品或服务的国际分类尼斯协定》(我国 1994 年加入);1968 年签署、1971 年生效的《建立工业品外观设计国际分类洛迦诺协定》(我国于 1998 年加入);1971 年签署、1975 年生效的《国际专利分类斯特拉斯堡协定》(我国于 1997 年加入)等。

(三)涉及著作权保护的国际公约

它包括 1886 年签署、1887 年生效的《保护文学与艺术作品的伯尔尼公约》(我国于 1992 年 10 月 15 日加入);1952 年签署、1955 年生效的《世界版权公约》(我国于 1992 年 10 月 30 日加入);1971 年签署、1973 年生效的《保护表演者、录音制品制作者和广播组织罗马公约》;1971 年签署、1973 年生效的《保护录音制品制作者防止未经授权复制其录音制品日内瓦公约》(我国于 1993 年 4 月 30 日加入);1996 年签署的《世界知识产权组织版权公约》和《世界知识产权组织表演和录音制品条约》等。

(四)因国际贸易产生的知识产权保护国际公约

1994 年签署、1995 年 1 月 1 日生效的《与贸易有关的知识产权协定》(简称 TRIPS),是世界贸易组织管辖的一项多边贸易协定。《与贸易有关的知识产权协定》有 7 个部分,共 73 条。协议保护的范围包括:版权及相关权、商标、地域标识、工业品外观设计、专利、集成电路布图设计、未公开的信息包括商业秘密等 7 种知识产权,规定了最低保护要求;并涉及对限制竞争行为的控制问题,规定和强化了知识产权执法程序,有条件地将不同类型的成员加以区别对待。该协定宗旨是促进对知识产权在国际贸易范围内更充分、有效的保护,以使权利人能够从其创造发明中获益,受到激励,继续在创造发明方面努力;减少知识产权保护对国际贸易的扭曲与阻碍,确保知识产权协定的实施及程序不对合法贸易构成壁垒。

第二节　世界贸易组织有关知识产权保护的机制

乌拉圭回合将与贸易有关的知识产权问题纳入谈判议题并达成 TRIPS 协议,作为世界贸易组织框架的一部分,保护与贸易有关的知识产权也就成为世界贸易组织的一项重要工作。

一、与贸易有关的知识产权理事会

与贸易有关的知识产权理事会(简称 TRIPS 理事会)是世界贸易组织的总理事会之下的一个机构,在世界贸易组织的知识产权保护机制中,它处于核心的地位。

(一) 总理事会与三个理事会

总理事会是世界贸易组织的执行机构,负责实施世界贸易组织框架下的协议。同时,它在部长会议闭会期间又行使部长会议的职能。由于世界贸易组织框架下的多边协议数量众多,部长会议闭会期间其职能也由总理事会行使,总理事会的工作任务相当繁重。为此,《建立世界贸易组织协定》第 4 条规定,世界贸易组织设立 3 个理事会,即货物贸易理事会、服务贸易理事会和与贸易有关的知识产权理事会。这些理事会均在总理事会的指导下进行工作。为了工作方便,协议要求 3 个理事会设立分支机构。

(二) TIRPS 理事会

TRIPS 理事会作为在总理事会指导之下的三个理事会之一,根据协议的要求,负责监督 TRIPS 协议的运作。TRIPS 理事会按照 TRIPS 协议规定的职责和总理事会指定的职责进行工作。

TRIPS 协议第 68 条规定了 TRIPS 理事会的职能。依该条规定,TRIPS 理事会具有以下 6 项职能:①监督 TRIPS 协议的实施,尤其是对成员履行本协议规定的义务进行监督;②为成员提供与贸易有关的知识产权问题的协商机会;③成员指定的其他任务;④应成员的请求就争端解决程序为成员提供援助;⑤与有关各方进行协商并向其求得必要的信息;⑥与世界知识产权组织进行协商并签订协议。

二、有关知识产权争端的解决

根据 TRIPS 协议第 64 条的规定,就 TRIPS 协议而产生的争端,应适用 1994 年关税及贸易总协定就解释及适用总协定第 22 条和第 23 条而达成的解决争端的规则和程序的谅解协议。但是,总协定第 23 条第 1 款 b 项及 c 项规定,在《建立世界贸易组织协定》生效后的 5 年内不适用于解决就本协议而产生的争端。

(一) 世界贸易组织争端解决机制概述

世界贸易组织有关争端解决的机制对于实施世界贸易组织框架内的协议提供了可靠的保障。在世界贸易组织成立之前的关税及贸易总协定的重要成功,在于它们的争端解决机制。由于 TRIPS 协议规定有关 TRIPS 方面的争端依世界贸易组织的解决争端机制解决,了解世界贸易组织的争端解决程序就成为必要。

1.《关税及贸易总协定》规定的争端解决程序

《关税及贸易总协定》(1994 年)第 22 条和第 23 条规定了总协定之下争端的解决方法。

协定第 22 条规定了在发生争端时的协商。根据该条规定,当一缔约方对影响本协定执行的任何事项向另一缔约方提出要求时,另一缔约方应给予同情的考虑,并应给予适当的机会进行协商。如果协商不成,经一缔约方提出请求,缔约方全体可与另一缔约方或另几个缔约方进行协商。

协定第 23 条则进一步规定一些具体的实质性的程序和措施。根据该条的规定,如果某一缔约方由于另一缔约方的原因受损害,它可以向另一缔约方提出书面请求或建议。有关缔约方应给予同情的考虑。如果有关缔约方不能在合理期间内就解决办法达成一致,可将这一问题提交缔约方全体处理。缔约方全体进行研究并提出适当的建议,或者根据情况作出裁决。如果有必要,缔约方全体可与缔约各方或其他国际机构进行协商。如果情况非常严重,可准许某一个或几个缔约方暂时停止对其他缔约国实施本协定规定的减让或其他义务。

《关税及贸易总协定》的上述规定在实践中并没有得到很好的遵守,而且也暴露出一系列的问题,随着争端的不断增加,已经基本上失去了作用。为了更好地解决贸易争端,东京回合谈判达成了《关于通知、协商、争端解决和调解的谅解协议》,规定了有关争端解决机制的基本框架。这一框架在 1982 年得到改进和补充。在乌拉圭回合中,缔约各方达成了《关于争端解决的规则和程序的谅解协议》。

2.《关于争端解决的规则和程序的谅解协议》的基本内容

《关于争端解决的规则和程序的谅解协议》共 27 条,另有 4 个附件。谅解协议对解决争端所采用的程序和规则作出了非常具体的规定。

《谅解协议》在第 1 条中规定了适用的范围。依该条规定,凡因《谅解协议》附件一所列各协议而引发的争端,均适用《谅解协议》。附件一所列各协议包括《建立世界贸易组织协定》,属于多边贸易协议的包括《多边货物贸易协议》、《服务贸易总协议》、《与贸易有关的知识产权协议》、《关于争端解决的规则和程序的谅解协议》,属于复边贸易协议的包括《民用航空器贸易协议》、《政府采购协议》、《国际乳制品协议》、《国际牛肉协议》。

《谅解协议》第 2 条规定争端解决机制的管理机构。争端解决机制的管理机构又称"争端解决机构"(Dispute Settlement Body,简称"DSB")。争端解决机构负责管理解决争端的规则和程序,有权设立专家组并通过专家组的报告,监督各项裁定和建议的实施,决定中止所涉协议下的减让或其他义务。

《谅解协议》第 4 条及以下各条规定了争端解决的具体方法和程序。协议规定的解决方法和程序有协商、斡旋、调停、调解、仲裁、专家组、上诉机构、争端解决机构的决定及其实施的监督等。

在发生争端时,首先应当由当事各方进行协商。协商程序是解决争端的基本程序,《谅解协议》第 4 条对协商程序作出了具体的规定。斡旋、调停、调解是解决国际争端常用的方法,《谅解协议》第 5 条对此也作出了规定,供当事人自愿选择使用。另外,《谅解协议》第 25 条还将仲裁作为一种辅助程序,任由当事人选用。专家组审理程序是《谅解协议》规定的重点,也是最常用的程序。经过专家组审理的程序,最后提出专家组报告,经上诉审查后由争端解决机构通过,成为争端解决机构的建议或裁定。争端解决机构负责对建议或裁定的实施进行监督,如果未得到实施,就可以授权采取补偿或中止减让或其他义务的措施。

（二）与贸易有关的知识产权争端的解决

《与贸易有关的知识产权协议》属于《谅解协议》规定适用的范围，而且《与贸易有关的知识产权协议》自身也没有规定任何特别程序，因此，与 TRIPS 协议有关的争端，应按《谅解协议》规定的规则和程序来解决。

1. 协商

由有关争端当事方进行协商以期解决争端是国际争端解决的首选方式，与贸易有关的知识产权方面的争端也应如此。《谅解协议》首先表明了成员方确认加强和改进协商程序的效力的决心，并规定了具体的程序和规则。

2. 斡旋、调停、调解及仲裁

斡旋、调停与调解也是解决国际争端的重要方式。当事方不愿意直接进行谈判或经谈判未能解决争端时，第三方可以协助当事方解决争端，这就是斡旋与调停。斡旋与调停的区别在于，在斡旋中第三国进行活动以促成当事方进行直接谈判，第三国不直接参与谈判；在调停中，第三方直接参与谈判，提出解决争端的方案和条件作为当事方谈判的基础。调解是指将争端提交给一个由若干人组成的委员会，委员会在查明事实的基础上提出报告供当事方达成协议。

3. 专家组审理

专家组审理程序是世界贸易组织争端解决机制的核心，在实践中使用得最多，在《谅解协议》也得到最充分的规定。专家组审理程序在当事方提出请求后即开始进行，具体过程一般包括以下几个环节：

（1）专家组的设立。

根据《谅解协议》，在投诉方提出进行专家组审理程序的请求之后，争端解决机构最迟应在将此请求列入议程之后首次举行的会议上成立专家组。专家组应由三人组成，除非争端各方自专家组成立起的 10 日内同意由五人组成。专家组成员应由符合有关条件的官方或非官方人士担任，世界贸易组织秘书处为了便于挑选专家组成员准备了一份合格人士的名册。

（2）对争端进行审理。

专家组成立之后即开始工作，通常要与各方协商确定一个工作时间表，确定有关材料提交的截止时间。在各当事方提交了有关的材料和证词之后，专家组对争端的事实和法律问题进行评估。

（3）起草和发布专家组的报告。

在争端当事方已经达成相互满意的解决方案时，专家组应对案件的简要事实和已达成的解决办法向争端解决机构作出书面报告。如果争端各方未达成解决办法，则应将其调查结果向机构作出书面报告。

（4）上诉机构对专家组报告进行审查。

《谅解协议》设立了一个常设上诉机构来负责对专家组作出的报告进行审查。常设上诉机构对专家组报告中的法律问题和专家组对法律的解释进行审查，不审查报告中涉及的事实问题。上诉机构按照自己的程序对专家组的报告进行审查之后,向争端解决机构提出报告。

4. 报告或建议的通过与实施

争端各方未提出上诉审查要求的专家组报告,以及上诉机构的报告,均需由争端解决机构通过才能生效。经争端解决机构通过的专家组或上诉机构的报告和建议,成为争端解决机构的正式裁定或建议。

(三) 与贸易有关的知识产权争端解决机制的实际运作

世界贸易组织争端解决机制运作以来,已经有许多起与贸易有关的知识产权争端按照《谅解协议》提交争端解决机构解决,有的已经基本解决,有的还在解决程序当中。其中,比较有代表性的有:

1. 美国、欧盟与日本之间关于唱片的争端

美国于 1996 年 2 月 9 日提出与日本进行协商的请求。美国称日本的保护唱片知识产权的版权机制不符合 TRIPS 协议第 14 条的规定,1997 年 1 月 24 日,双方正式通知争端解决机构,它们已达成了双方都满意的解决方案。这是世界贸易组织成立以来第一例与TRIPS 协议有关的提交争端解决机构的争端。

欧盟于 1996 年 5 月 24 日也就唱片保护的问题提出了与日本进行协商的请求。欧盟指控日本违反了 TRIPS 协议第 14 条第 6 款和第 70 条第 2 款的规定。1997 年 11 月 7 日,双方通知达成双方都满意的解决方案。

2. 美国、欧盟与印度有关药用及农用化学制品的专利保护问题争端

1996 年 7 月 2 日,美国以印度没有建立起药用及农用化学制品的专利保护制度,因而违反了 TRIPS 协议第 27 条、第 65 条和第 70 条所规定的义务为由提出争端解决请求。1996年 11 月 7 日美国要求成立专家组。争端解决机构于 1996 年 11 月 20 日的一次会议上成立了专家组。专家组认为,印度没有建立保留与药用和农用化学制品发明的产品专利的申请有关的新颖性及优先权的制度,违反了 TRIPS 协议第 70 条第 8 款第 1 项或者第 63 条第 1款和第 2 款的义务;印度因没有建立授予独占销售权的制度而违反了 TRIPS 协议第 70 条 9款规定的义务。专家组的报告于 1997 年 9 月 5 日发给成员。1997 年 10 月 15 日,印度就报告中的某些法律问题及法律解释提起上诉。上诉机构经修改维持了专家组报告对有关第 70条第 8 款和第 9 款义务的认定,但认为有关第 63 条第 1 款的认定不属于专家组的职权范围。上诉机构的报告于 1997 年 12 月 19 日发给成员。上诉机构的报告和经上诉机构修改的专家组报告于 1998 年 1 月 16 日由争端解决机构通过。在 1998 年 4 月 22 日的一次争端解决机构会议上,各方声明他们已就争端解决机构的建议达成了 15 个月的实施期。印度已于实施期内采取了符合争端解决机构的建议的措施。

对于印度没有建立保护药用及农用化学制品专利以及有关申请和独占销售权的制度的问题,欧盟于 1997 年 4 月 28 日提出了请求,并于 1997 年 9 月 9 日请求成立专家组。在1997 年 10 月 16 日的会议上,争端解决机构成立了专家组。

3.美国与欧盟及希腊关于实施电影及电视节目知识产权的争端

1998 年 4 月 30 日,美国以希腊没有实施电影及电视节目的知识产权为由分别对欧盟及希腊提出了请求。美国宣称希腊相当数量的电视台在未经版权所有人同意的情况下播放享有版权的电影及电视节目。美国对于希腊显然没有对这些广播行为采取或实施有效的救济以制止侵害版权提出了异议。美国指控欧盟和希腊违反了 TRIPS 协议第 41 条和第 61 条。

4.美国与巴基斯坦关于药用及农用化学制品专利保护的争端

1996 年 4 月 30 日,美国提出了进行协商的请求。在其请求书中,美国指控巴基斯坦违反了 TRIPS 协议第 27 条、第 65 条和第 70 条规定,既未建立药用和农用化学制品的专利保护或允许对此种产品申请专利的制度,也未建立授予此种产品的独占销售权制度。1996 年 7 月 4 日,美国请求成立专家组。争端解决机构于 1996 年 7 月 16 日的会议上考虑了这一请求,但由于巴基斯坦的异议,没有成立专家组。在 1997 年 2 月 25 日的会议上,双方通知争端解决机构,他们已达成了双边解决方案。1997 年 2 月 28 日,当事方将协议的条件通知了秘书处。

三、与世界知识产权组织的合作

世界知识产权组织是专门致力于知识产权国际保护的国际组织,在知识产权国际保护领域起着举足轻重的作用。TRIPS 协议第 68 条要求 TRIPS 理事会在其第一次会议之后的一年内寻求与世界知识产权组织合作的适当安排。经 TRIPS 理事会与世界知识产权组织的共同努力,《世界知识产权组织与世界贸易组织间协议》于 1995 年 12 月 22 日签订,并于 1996 年 1 月 1 日生效。协议共 5 条,分别涉及缩略语、法律与规章、为 TRIPS 协议之目的而实施巴黎公约第 6 条之三、法律技术协助与技术合作、最后条款。其中最主要的是第 2 条、第 3 条和第 4 条。

(一) 法律和规章

协议第 3 条规定了世界知识产权组织和世界贸易组织之间在法律和规章的交流与利用方面所进行的合作,其主要内容包括以下五个方面:

1.对世界知识产权组织所收集的法律和规章的利用

按照该条第 1 款的规定,在世界贸易组织成员及其国民提出请求时,世界知识产权组织国际局应按照与适用于其成员国及成员国国民的相同条件,将其已收集的法律和规章及其译文的复制提供给提出请求的世界贸易组织成员及其国民。

2.对计算机数据库的利用

按照该条第 2 款的规定,世界知识产权组织国际局应按照与适用于其成员及成员国国民的相同条件,在世界贸易组织成员及其国民提出请求时,准许它们利用包含有法律和规章的国际局的任何计算机数据库。世界贸易组织的秘书处可以利用任何此种数据库而不需要支付费用。

3.世界贸易组织秘书处及 TRIPS 理事会对世界知识产权组织所收集的法律和规章的利用

根据该条第 3 款的规定,在世界贸易组织秘书处或 TRIPS 理事会的请求下,世界知识产权组织国际局应向秘书处免费提供已收入其汇编的世界贸易组织成员根据 TRIPS 协议第 63 条第 2 款的规定应提交给 TRIPS 理事会的法律或规章或其译本的一份复制件。

4.世界贸易组织秘书处收到的来自其成员的法律和规章

该条第 4 款要求,世界贸易组织秘书处在收到其成员根据 TRIPS 协议第 63 条第 2 款规定提交的法律和规章时,应以收到时的译文和形式向世界知识产权组织国际局免费提供一份复制件。世界知识产权组织国际局应将此种复制件收入其汇编中。

5.法律和规章的翻译

根据该条第 5 款的规定,对于那些是世界贸易组织成员但不是世界知识产权组织成员的发展中国家,在 TRIPS 协议第 63 条第 2 款应向 TRIPS 理事会提供的法律和规章的翻译方面,世界知识产权组织国际局应像对待其成员国中的发展中国家那样提供帮助。

(二)《巴黎公约》第 6 条之三的实施

《巴黎公约》第 6 条之三对不得作为商标进行注册的徽章和官方印记作了详细的规定,包括成员国将有关徽章和官方印记的清单经由国际局相互通知,有异议的成员国可提出异议等。TRIPS 协议要求成员应遵守包括第 6 条之三在内的《巴黎公约》的实体规定,关于徽章的通知及异议的传送也就成为 TRIPS 协议实施过程中的一个问题。协议第 3 条对如何实施该条作出了比较详细的规定,主要内容包括以下 3 个方面:

1.总则

协议规定,有关 TRIPS 协议下的徽章的通知及异议的传送程序,由国际局按《巴黎公约》第 6 条之三规定的程序进行管理。对于那些国际局已经通知过的成员国,在它们成为世界贸易组织的成员之后国际局不需要再次通知。如果世界贸易组织的成员根据《巴黎公约》第 6 条之三已将异议提交国际局,从国际局收到时起 12 个月后又将相同的异议提交国际局的,国际局可不予传送。

2.异议

对于世界贸易组织的一个成员已经提出通知的徽章,如果世界贸易组织的另一成员提出了异议,而它们当中至少有一个不是《巴黎公约》的成员国,以及对于政府间国际组织的徽章,一个非《巴黎公约》成员国或不承担保护政府间国际组织的徽章的义务的成员国提出了异议,国际局仍应将异议传送给有关世界贸易组织成员或政府间国际组织。

3.应向世界贸易组织秘书处提供的信息

国际局应向世界贸易组织秘书处提供有关由世界贸易组织成员通知国际局的或由国际局通知世界贸易组织成员的任何徽章的信息。

(三)法律技术援助与技术合作

协议第 4 条涉及两个方面的问题:对发展中国家的法律技术援助和技术合作;国际局与

世界贸易组织秘书处之间的合作和信息的交流。

1. 对发展中国家的法律技术援助和技术合作

协议要求,对于那些不是世界知识产权组织成员的发展中国家,世界知识产权组织国际局应像对待其成员国中的发展中国家一样,使它们能够利用世界知识产权组织所提供的与TRIPS 协议有关的法律技术援助。对于那些不是世界贸易组织成员的发展中国家,世界贸易组织秘书处应像对待其成员国中的发展中国家一样,使它们能够利用世界贸易组织所提供的与 TRIPS 协议有关的技术合作。

2. 国际局与世界贸易组织秘书处之间的合作和信息的交流

就向发展中国家提供与 TRIPS 协议有关的法律技术援助和技术合作的活动而言,国际局与世界贸易组织应加强合作,使这些活动发挥最大的效用,并确保它们互相支持。

第三节　TRIPS 协议的主要内容

TRIPS 协议共 73 条,分为 7 部分。第一部分为总则和基本原则,第二部分为关于知识产权的效力、范围和使用时的规范,第三部分为知识产权的实施,第四部分为知识产权的取得和维持以及当事人之间的相关程序,第五部分为争端的防止和解决,第六部分为过渡性安排,第七部分为机构安排,最后条款。

一、总则和基本原则

第一部分"总则和基本原则"共 8 个条款,主要涉及责任的性质与范围、知识产权公约的适用与保护、国民待遇与最惠国待遇、权利用尽、知识产权保护的目的与原则等。

(一) 责任的性质与范围

协议第 1 条规定了缔约方在协议之下应承担的责任。主要包括以下内容:

1. 使本协议生效

协议第 1 条第 1 款规定,缔约方应使本协议的规定生效。至于以何种方式实施本协议的规定,缔约方可在其国内法律体系和实践的范围内自行确定。在实施协议的规定时,缔约方可以但无义务在其国内法中实行比本协议要求更广泛的保护,但此种保护不得违反本协议的规定。

2. 知识产权的范围

根据协议第 1 条第 2 款的规定,缔约方实施协议所保护的知识产权的范围是本协议第二部分第 1—7 节所包含的所有类型的知识产权,即版权及相关权、商标、地理标记、工业品外观设计、专利、集成电路布图设计、未公开信息。

3. 受保护的主体

根据协议第 1 条第 3 款的规定,享受本协议保护的主体是其他成员的国民。这里的"国民",包括那些在作为世界贸易组织成员的"单独关税区域"内居住或为实际有效的工商营业所的自然人或法人。这里"其他成员的国民"是指那些符合获得《巴黎公约》《伯尔尼公约》、《罗马公约》以及《关于集成电路的知识产权条约》所规定的保护资格标准的自然人和法人。世界贸易组织的所有成员国均应视为上述条约的全体成员。

(二)知识产权公约的适用与保护

1.《巴黎公约》的适用

协议第 2 条第 1 款规定,对于本协议第二、第三和第四部分而言,成员应遵守《巴黎公约》(1967 年文本)第 1~12 条和第 19 条的规定。

2. 对其他国际公约的保护

协议第 2 条第 2 款规定,本协议第一至第四部分的任何规定,均不减损成员根据《巴黎公约》《伯尔尼公约》《罗马公约》和《关于集成电路的知识产权条约》应相互承担的责任。

(三)国民待遇

国民待遇是在 TRIPS 协议签订之前知识产权国际保护领域中的一项基本原则,在《巴黎公约》《伯尔尼公约》《罗马公约》等条约中均有规定。TRIPS 协议也将国民待遇作为在总协定体制下保护知识产权的一项重要原则。协议第 3 条对国民待遇作了规定。

根据协议第 3 条的规定,在知识产权保护方面,每一成员应给予其他成员的国民以不低于其给予本国国民的待遇,在《巴黎公约》《伯尔尼公约》《罗马公约》或《关于集成电路的知识产权条约》中已有规定的例外。对于表演者、录音制品制作者和广播组织而言,此项义务仅适用于本协议规定的权利。协议对国民待遇的例外也作了规定。成员可利用第 1 款允许的例外,在司法与行政程序方面,包括在其司法管辖范围内的送达地址的确定或代表人的指定。不过,这些例外应为确保遵守与本协议规定不相冲突的法律和规章所必需,而且不得以隐蔽地限制贸易的方式来实施这些例外。另外,协议第 5 条还规定,关于国民待遇的义务不适用于由世界知识产权组织主持缔结的多边协议中有关获得或维持知识产权的程序。

(四)最惠国待遇

与国民待遇原则不同,最惠国待遇原则并非传统的知识产权国际公约确认的基本原则,而是国际贸易领域的一项重要原则。关贸总协定为了使新建的世界贸易组织加强对知识产权的保护,在国民待遇原则之外,增加了最惠国待遇原则。TRIPS 协议第 4 条规定:"对于知识产权保护,一成员对任何其他国家国民给予的任何利益、优惠、特权或豁免,应立即无条件地给予所有其他成员的国民。"

最惠国待遇规定,使某一成员给予其他国家的国民的优惠、利益、特权和豁免,可以立即无条件地适用于所有其他成员的国民,这进一步加强了知识产权的国际保护。最惠国待遇原则,是前面提到的有关国际条约所不具备的。它对知识产权保护的发展,无疑具有极为重要的意义。

需要说明的是,WTO 成员不仅包括主权国家,也包括不属于主权国家的单独关税区,如中国香港、中国台湾等。因此,有些学者在介绍 WTO 相关法律制度时,不使用"最惠国待遇"这一术语,改用"最惠待遇"。但因该术语的英文原词为 most-favoured-nation treatment,加之其中文翻译早已在国际法领域成为通用词汇,我们仍然主张用"最惠国待遇"一词,只是提醒大家不要过分强调该术语的政治意义。

（五）权利用尽

协议第 6 条规定,受本协议第 3 条和第 4 条的约束,为根据本协议解决争端之目的,本协议中的任何条款均不得用于解决知识产权权利用尽的问题。这表明,成员之间在解决有关知识产权而产生争端时,不得用本协议的规定去支持或否定权利用尽的问题。

（六）知识产权保护的目标与原则

1.目标

协议第 7 条规定,知识产权的保护与权利行使,应以有益于社会与经济福利的方式促进技术创新、技术转让与传播,有助于使技术知识的创造者与使用者互利,并有利于权利与义务的平衡。

2.原则

在确定知识产权保护的公共利益目标之后,协议第 8 条规定了两项原则:

①各成员在制定或修订其法律法规时,可采纳必要的措施,以保障公众的健康和营养,和提高对其社会经济发展和技术发展至关重要领域的公共利益,只要这些措施符合本协定中的规定。

②只要符合本协定中的规定,可采取适当的措施,防止知识产权权利持有人滥用知识产权和不合理地限制贸易或对技术的国际转让造成不利影响的行为。

二、关于知识产权的效力、范围和使用时的规范

协议第二部分"关于知识产权的效力、范围和使用时的规范"是知识产权问题的核心。该部分共 7 节,分别涉及版权与相关权、商标、地理标志、工业品外观设计、专利、集成电路布图设计、未披露信息的保护。

（一）版权与相关权（copyright and related rights）

协议要求各成员应按照《伯尔尼公约》的有关规定对版权提供保护。协议强调了对计算机程序和数据汇编的版权保护,并针对计算机程序和电影作品规定了出租权,统一了有关作品的保护期,并对版权限制与例外作出规定。协议同时规定了对表演者、录音制品录制者以及广播组织的保护。

1.与《伯尔尼公约》的关系

协议在第 2 条第 2 款中已经对《伯尔尼公约》作出保护性的规定,协议的所有规定不减损成员在《伯尔尼公约》下应承担的现有义务。在关于版权及相关权的一节中,协议更明确地规定了与《伯尔尼公约》的关系。

协议第 9 条第 1 款规定,全体成员应遵守《伯尔尼公约》第 1 条至第 21 条和附件的规定。《伯尔尼公约》第 1 条至第 21 条是关于版权保护的实体规则,附件则涉及发展中国家的优惠。协议要求全体成员都应遵守这些规定,而不论其是不是《伯尔尼公约》的缔约国。

不过,协议在该款中同时规定,涉及《伯尔尼公约》第6条之2规定的权利及由此而衍生的权利,成员既无权利又无义务。所谓的"既无权利又无义务",是指任何成员没有权利要求其他成员保护有关权利,自己也没有义务给予保护。"《伯尔尼公约》第6条之2规定的权利及由此而衍生的权利"指的是作者的精神权利。由此可见,作者的精神权利在协议中并未得到承认和保护。

2.版权保护的对象

协议第9条第2款规定,版权保护及于表达而不及于思想、过程、操作方法以及数学概念等。TRIPS协议的这一款规定,实际上由美国版权法第102条b款而来。美国版权法第102条b款规定,在任何情况下对作者原创作品的版权保护不应及于任何思想、程序、过程、系统、操作方法、概念、规则或发现,不论它们在作品中以何种形式被描述、解释、分析或包含。

需要明确的是,不论美国版权法的规定还是TRIPS协议的有关规定,都不意味着可以将作品分为作品的"表达"与"思想"。实际上,表达就是作品,而思想则是作者在作品中要表达或描述的对象。思想与表达的关系是:任何表达都必须含有思想,没有思想的表达不属于版权法要调整的作品的范畴,思想是作品作为作者智力活动结果的必然的内在要求;任何思想都只有通过表达才有意义,才能为人所感知,人们通过思想的外在表达来感知和理解思想,思想经由表达变成了客观的实在。

除了思想,在作品中被描述、解释、分析或包含的任何事实、工艺流程、过程、系统、操作方法、概念、规则等,也都不属于版权保护的范围。

3.计算机程序和数据汇编

协议第10条第1款规定:"计算机程序,不论其是源代码还是目标代码,都应作为《伯尔尼公约》所指的文字作品给予保护。"这项规定明确了计算机程序的法律地位,加强了对计算机程序的版权保护。虽然计算机程序在许多方面不同于《伯尔尼公约》所规定的文字作品,但从受版权保护的角度看,协议这样规定还是比较妥当的。

4.出租权

协议要求成员实施《伯尔尼公约》的实体条款,因此对版权所有人的具体权利作出详细规定,只在第11条中规定了出租权。协议第11条规定,至少就计算机程序和电影作品而言,一成员应给予作者及其合法继承人准许或禁止向公众商业性出租其有版权作品的原件或复制品的权利。一成员对电影作品可不承担此义务,除非此种出租已导致对该作品的广泛复制,从而实质性减损该成员授予作者及其合法继承人的专有复制权。就计算机程序而言,如该程序本身不是出租的主要标的,则此义务不适用于出租。

5.保护期

协议规定,除了摄影作品或实用艺术品外,凡不以自然人的生命为基础来计算作品的保护期的,这一期限不得小于50年,自经授权出版的公历年结束时起算。如果作品在创作完成时起50年未授权出版的,其保护期亦应不少于50年,自创作完成的公历年结束时起算。

6.限制与例外

在版权保护领域中,合理使用已经成为一种重要制度。协议所规定的"限制与例外"实际上是对成员有关合理使用的限制。

协议第13条规定,成员应将对专有权的限制或例外限制于某些特殊情况,这些特殊情况不得与作品的正常利用相冲突,并且不得不合理地损害权利持有人的合法利益。这项规定说明了两个问题:第一,在处理专有权和对专有权的限制与例外的关系时,应以保护专有权为基础,以对专有权的限制或例外为例外,例外应服从原则。如果对专有权的限制或例外对专有权产生了不合理的后果时,应对限制或例外进行适当限制;第二,对专有权限制不得与作品的正常使用相冲突,同时不得不合理地损害权利持有人的合法利益。

7.表演者、录音制品制作者和广播组织的权利

协议第二部分第一节的标题中的"相关权利"指的就是表演者权、录音制品制作者权和广播组织权,实际上就是通常所说的"邻接权"。协议关于相关权的规定集中在第14条。

(1)表演者权。

协议第14条第1款规定:就将其表演固定在录音制品上而言,表演者应有可能防止下列未经其授权的行为:固定其未曾固定的表演和复制该录制品。表演者还应有可能阻止下列未经其授权的行为:以无线广播方式播出和向大众传播其现场表演。

(2)录音制品制作者权。

协议第14条第2款规定,录音制品制作者应享有准许或禁止直接或间接复制其录音制品的权利。这项规定与《罗马公约》第10条的规定完全相同。

另外,根据协议第14条第4款的规定,录音制品制作者还享有出租权。协议规定:第11条关于计算机程序的规定在细节上作必要修改后应适用于录音制品制作者和按一成员法律确定的录音制品的任何其他权利持有人。如在1994年4月15日,一成员在录音制品的出租方面已实施向权利持有人公平付酬的制度,则可维持该制度,只要录音制品的商业性出租不对权利持有人的专有复制权造成实质性减损。

(3)广播组织权。

协议第14条第3款授予了广播组织四项权利:①固定权,即广播组织有权禁止其他人未经其许可将其广播加以固定。②复制权,即广播组织有权禁止其他人未经其许可将经固定的广播进行复制。③转播权,即广播组织有权禁止其他广播组织未经其许可而以无线方式转播其广播。④传播权,即广播组织有权禁止其他人未经其许可将其电视广播向公众进行传播。

按照协议要求,如果成员不授予广播组织上述权利,则应根据《伯尔尼公约》的有关规定使对广播的内容享有版权的人享有禁止上述行为的可能性。

(4)保护期。

对表演者和录音制品制作者的保护期至少应为50年,自固定或表演完成的公历年结束时起算。对广播组织的保护期至少应为20年,自广播发生的公历年结束时起算。

(5)对表演者权、录音制品制作者权和广播组织权的限制。

协议规定,对表演者、录音制品制作者和广播组织的保护,任何成员均可以在《罗马公约》允许的范围内规定各种条件、限制、例外和保留。但是,《伯尔尼公约》第18条关于追溯力的规定应原则上适用于表演者权和录音制品制作者权。

(二)商标(trademark)

协议第二部分第二节为"商标"。实际上,协议在第2条"知识产权公约"中已经要求成员遵守《巴黎公约》的有关实体规定,其中包括有关商标的规定。协议第二部分第二节是对一些具体问题以及《巴黎公约》未涉及问题的规定。协议关于商标问题的规定主要包括以下几方面的内容:

1.可保护的客体

协议规定,任何符号或多种符号的组合,只要能够将一人提供的货物或服务与其他人提供的货物或服务区别开来,均能构成商标。此种符号,尤其是文字(包括人名)、字母、数字、图形要素和色彩的结合,以及前述符号的任意组合,均可作为商标予以注册。如果符号本身不能区别相关货物或服务,成员亦可根据通过使用而获得的可识别性来确定其是否可予注册。不过,作为注册的条件,成员可要求该符号是视觉可感知的。

按照协议的规定,成员可以根据使用情况,决定是否给予商标注册,协议要求,不得将实际使用作为申请注册的先决条件。另外,协议还禁止成员将商标所适用的货物或服务的性质作为申请注册的限制或障碍。

此外,协议还要求成员在商标获准注册之前或之后将商标予以公告,并为其他人提供请求撤销的合理机会,或者为提出异议提供机会。

2.授予的权利

协议第16条第1款规定,经注册商标的所有权人拥有其专有的权利,可阻止所有的第三方,未经其同意在与其已注册商标的商品或服务相同或近似的商品或服务的贸易过程中,使用与其相同或近似的标记或符号,因为这样的使用将产生被混淆的可能。当对于相同的商品或服务使用相同标记或符号的情况下,应推定存在被混淆的可能性。但这一权利不得侵害已存在的优先权,也不得妨碍各成员对于基于商标使用权的权利进行规定。

3.驰名商标

驰名商标在《巴黎公约》中是关于商标的一项重要规定。协议为驰名商标提供了比《巴黎公约》更多的保护。有关驰名商标的规定,集中在协议第16条第2款和第3款。其主要内容包括以下几个方面:

(1)服务商标应适用驰名商标的有关规定。

协议规定,《巴黎公约》第6条之二关于驰名商标的规定原则上应适用于服务商标。

(2)确定驰名商标应考虑的因素。

协议规定,在确定一个商标是否成为驰名商标时,成员应考虑到该商标在相关领域的公众中的知名度,包括在成员国内由于商标宣传而获得的知名度。

(3)驰名商标的效力。

协议规定,《巴黎公约》第 6 条之二原则上应适用于与商标注册使用的商品或服务不相类似的商品或服务,条件是在有关商品或服务上使用该商标将使人认为有关商品或服务与注册商标所有人存在关联,而且注册商标所有人的利益由于此种使用而可能受损害。这实际上是将《巴黎公约》第 6 条之二规定的适用范围进行了扩大,由相同或类似商品或服务扩大到不相似的商品或服务,加强了对驰名商标的保护。

4. 保护期

协议规定,商标的首次注册及各次续展的保护期限不得少于 7 年,续展注册次数不应受限制。

5. 使用要求

协议对成员可能提出的商标使用要求进行了限制。协议第 19 条规定,如果成员以使用作为维持注册的条件,只有在一个至少 3 年的不间断期间期满之后未使用,商标所有人又未证明此种使用存在着障碍的有效理由,才可以取消商标注册。凡非由于商标所有人的主观意图而产生的对商标使用构成障碍的情形,如进口限制或对商标所保护的商品或服务的其他政府要求,均应作为不使用的有效理由。协议规定,在商标处于其所有人控制下时,其他人使用商标应视为维持注册之目的而进行的商标使用。另外,协议还规定,贸易过程中的商标使用不应受特殊要求的不公平妨碍。

6. 许可与转让

协议对商标的强制许可进行了限制。在规定成员可以确定商标许可与转让的条件的同时,协议指出,对商标的强制许可应不予准许,注册商标所有人有权将商标连同或者不连同其所属的营业一起进行转让。

(三) 地理标识(geographic indications)

协议第二部分第三节对地理标识的保护作出了一些原则性的规定。该节主要包括两个方面的实体内容:对地理标识的保护和对葡萄酒与白酒地理标识的补充保护。

所谓地理标识,是指这样一种标识,它能够确定一种商品来源于一成员领域或该领域内的一个地区或地方,而该商品的特定品质、声誉或其他特征实质上又有赖于其地理来源。

对于地理标识,协议要求各成员保护原产地标识所有人的利益,为有关利益方提供法律手段以制止下列行为:①以任何方式在商品的名称或描述中使用地理标记,以至于明示或暗示出该商品来源于某个并非其真实来源地的地理区域,在该商品的地理来源方面对公众产生误导。②构成《巴黎公约》第 10 条之二所规定的不正当竞争行为的任何使用。将地理标识作为商标或在商标中包含有地理标识,而该商品又不是来源于该地理标识所指示的地域,如果在该成员将此种商标使用于商品上使公众对于真实产地产生误导,成员应于其法律允许的情况下依职权或应有关利益方的请求,拒绝对该商标进行注册或使注册无效。

(四) 工业品外观设计(industrial designs)

《巴黎公约》已将工业品外观设计作为保护的对象,但对于具体的保护,公约仅在第 5 条之五中简单地规定,工业品外观设计在一切本同盟成员国都应受到保护。至于受保护的条件和要求以及授予何种权利,公约均未涉及,由各国自行决定。TRIPS 协议对这些问题给出了具体的规定。

协议第二部分第四节为工业品外观设计,主要规定了两个问题:工业品外观设计保护的要求和保护的措施。

1. 工业品外观设计保护的要求

协议对受保护的工业品外观设计提出了两个要求:一是工业品外观设计必须是作者独立创作的;二是工业品外观设计必须是新颖的或原创的。协议第 25 条第 1 款规定,对于独立创作的、具有新颖性或原创性的工业品外观设计,各成员均应提供保护。

所谓"具有新颖性或原创性的工业品外观设计",是指足以与已知的工业品外观设计或其组合的特征区别开来的设计。协议并不要求受保护的工业品外观设计应与现有设计相比具有显著的特征或创造性,只要求受保护的外观设计具有足以与现有设计区别开来的特征。因此,这里的"新颖"不同于专利法对发明创造所要求的新颖性,"原创"与版权法对作品的要求也有所不同,因为在版权法中,"原创"本身也包含了"独立创作"。

协议还规定,成员可以不保护那些实质上受技术或功能因素支配的外观设计。换言之,如果一个外观设计是由其技术或功能因素而决定的,它就可能不会受到协议的保护。这就意味着,协议不保护工业品外观设计中的技术或功能因素,而只保护其美学方面的设计。

协议对成员对纺织品外观设计可能提出的要求作了限制。协议规定,成员应保证其对纺织品外观设计的要求,尤其是有关成本、检验和公布的要求,不得对寻求和获得保护的机会造成不合理的损害。为此,成员既可通过工业品外观设计法,亦可通过版权法来保护纺织品设计。

2. 对工业品外观设计的保护

根据协议第 26 条第 1 款的规定,受保护工业品外观设计的所有权人,应有权禁止未经其同意的第三方,以营利为目的的制造、销售或进口承载或者表现为是对受保护设计的复制或者基本上是对受保护设计的复制的物品的行为。

对于工业品外观设计的上述权利,成员可以选择工业品外观设计法或版权法进行保护。保护期不少于 10 年。成员可以规定有限的例外,但这种例外不得与受保护的工业品外观设计的正常利用相冲突,且不得损害受保护的外观设计所有人的合法利益。

(五)专利(patents)

关于专利,协议在《巴黎公约》的基础上对有关问题进行了规定。需要说明的,除了协议特别规定的问题以外,成员应按协议第 2 条的规定遵守《巴黎公约》的有关规定。

协议对专利的规定主要包括以下几项内容:可获专利的主题、授予的权利、申请人的条件、专利权的例外、未经权利人许可的其他使用、专利的撤销与无效、保护的期限、专利方法的举证责任。

1. 可获专利的主题

根据协议第 27 条第 1 款的规定,除了下述两种例外,所有技术领域内的一切发明,不论是产品还方法,只要具有新颖性、创造性和工业实用性,即可申请获得专利。这与绝大多数国家的专利法的要求是一致的。

在下述两种情况下,成员可将有关发明排除在可获专利的发明的范围之外:

①当为维护公共秩序或社会公德所必需时,包括为保护人类、动物和植物的生命与健康或者防止环境被严重损害所必需时,各成员可拒绝授予某些发明的专利,从而在其管辖地域内阻止这些发明的商业开发,这些被拒绝的发明并非仅仅是因此类商业开发已被其法律所禁止才予以拒绝的。

②各成员还可以拒绝授予下列技术的专利权:(a)人或动物医疗中诊断、治疗或外科手术的方法;(b)除微生物之外的植物和动物的技术,以及本质上属于非生物处理和微生物处理之外的植物和动物生产中的生物学方法。但各成员应通过专利制度或通过有效的专门制度,或通过此两者的结合,对植物品种提供保护。

2.授予的权利

协议规定了专利所有人的两种不同性质的权利:专利权和专利处置权。

(1)专利权。

专利所有人享有的专利权因产品专利和方法专利的不同而有所不同。对产品专利,专利所有人享有制止第三人未经其许可而制造、使用、推销、销售专利产品,以及为上述目的而进口该产品的专有权利。对于方法专利,专利所有人享有制止第三人未经其许可使用该方法以及制造、使用、推销、销售以及至少为上述目的而进口直接用该方法获得的产品的专有权利。

(2)专利处置权。

专利所有人的专利处置权主要包括两项:转让权和许可权。协议规定专利所有人专利处置权,与协议序言中提出的"知识产权是私权"的原则是一致的。

3.申请人的条件

协议第29条第1款规定,各成员应要求专利申请人以足够清晰完整的方式披露发明,以使同一技术领域的技术人员能够实施该发明,并可要求申请说明在申请日或要求优先权时的优先权日已知的实施发明的最佳方式。

4.专利权的例外

协议第30条规定,考虑到第三人的合法利益,成员可对所授予的专有权规定有限的例外,但此种例外不得不合理地与专利的正常利用相冲突,也不得不合理地损害专利所有人的合法利益。

5.未经权利人许可的其他使用

除了专利权的例外所涉及的范围以外,许多国家的法律还允许第三人在一定条件下不经专利所有人的许可而使用其已获专利的主题,如强制许可等。协议第31条将这种未经许可的使用称为"其他使用",并规定了许多限制条件。需要说明的是,协议第31条所谓的"另类应用"不包括上述第30条所规定的例外。

协议规定的授权其他使用的条件包括以下 12 项：

①此种使用的授权应当根据个案进行考虑。

②此种使用只可在下述情况下予以准许：在此种使用之前，打算使用的人已做出了努力以从权利人处获得授权，并提出了合理的商业条款及条件，而此种努力在合理的期限内未获成功。在国家进入紧急状态或其他特别紧急情况时或非商业的公共使用时不受此限。但在国际紧急状态或其他特别紧急的情况下，应合理可行地尽快通知权利人。在非商业性的公共使用的情况下，如果政府或被许可的使用人未经专利检索就知道或有明显的理由应当知道一个有效的专利正在或将要被政府使用或为政府而使用，则应尽快通知权利人。

③此种使用的范围及期限应受授权使用的目的限制，而且对于半导体技术而言，此种使用只能是为了非商业性的公共使用之目的，或者是用以作为经司法或行政程序确定的对反竞争行为的救济。

④此种使用应是非独占性。

⑤此种使用应是不可转让的，除非连同从事此种使用的部分企业或商誉一起转让。

⑥任何此种使用只能基本上满足授权此种使用的成员的国内需求目的。

⑦在充分保护被授权使用人的合法利益的条件下，导致授权使用的情况不存在且不可能再发生时，此种使用的授权应予终止。在相关请求下，主管当局应有权审查这些情况是否继续存在。

⑧在每一种授权使用的情况下，考虑到授权的经济价值，权利人应得到充分的补偿。

⑨此种使用的授权决定的法律效力应受司法审查或成员国内不同的更高级的主管当局的其他独立审查的约束。

⑩任何有关此种使用的补偿的决定，应受司法审查或成员国内不同的更高级的主管当局的其他独立审查的约束。

⑪在将此种使用的准许作为经司法或行政程序确认的对反竞争行为的救济时，成员无义务适用上述第二项到第六项条件。在此种情况下确定补偿的数额时应考虑纠正反竞争行为的需要。在导致此种授权的条件有可能再次发生时，主管当局有权拒绝终止授权。

⑫在不侵犯另一专利（第一专利）就无法利用一专利（第二专利）的情况下，如果授权此种使用是为了准许利用第二专利，则应受下列附加条约的约束：A. 第二专利中所请求的发明应比第一专利所请求的发明具有重要的、能够带来相当经济效益的技术进步；B. 第一专利所有人应有权按照合理条件取得使用第二专利中请求的发明的交叉许可；C. 有关第一专利的授权使用，除与第二专利一同转让外不得转让。

由此可见，协议对强制许可规定了严格的限制条件。这种规定完全出于工业发达国家维护一方利益的要求，对技术相对比较落后的广大发展中国家来说是不利的。

6. 专利的撤销与无效

协议第 32 条并未规定专利撤销与宣布无效的具体规则，只是要求成员在作出撤销或宣布无效的决定时，应提供司法审查的机会。这就意味着行政机关的决定不是终极性的，而要接受司法审查。

7.保护的期限

协议第 33 条规定,专利的保护期最少应为自申请日起的 20 年。

8.专利方法的举证责任

同绝大多数国家的专利法一样,协议将有关专利方法的侵权纠纷中的举证责任加在被告身上,由被告证明其获得相同产品的方法不同于专利方法。协议规定,在下述两种情况下,如无相反证据,应推定被告利用了专利方法:

①使用该专利方法获得的产品是新产品;

②相同产品极可能使用该方法制造,而专利所有人虽经合理努力也未能确定实际使用的方法。

任何成员可自由规定,只有在满足上述第一种情况所规定的条件或第二种情况所规定的条件的情况下才要求被控侵权者承担举证责任。在引用相反证据时,应考虑被告在保护其制造和营业秘密方面的合法利益。

(六) 集成电路布图设计(layout-designs of integrated circuit)

对于集成电路布图设计,各成员同意按照《关于集成电路的知识产权条约》第 2 条至第 7 条(第 6 条第 3 款除外)、第 12 条和第 16 条第 3 款规定进行保护。《关于集成电路的知识产权条约》第 2 条至第 7 条为实体条款,其中第 6 条第 3 款为有关强制许可的规定,第 12 条为对《伯尔尼公约》和《巴黎公约》的保护,第 16 条第 3 款涉及在条约生效前现存布图设计的保护问题。除了按照《关于集成电路的知识产权条约》的有关规定保护集成电路布图设计之外,协议还要求成员必须遵守以下规定:

协议第 36 条规定,除了第 37 条第 1 款另有规定外,成员应将未经权利人授权而实施的下列行为视为非法:进口、销售或以其他方式为商业目的而分发受保护的布图设计、含有受保护的布图设计的集成电路以及使用了继续含有非法复制的布图设计的集成电路的物品。与《关于集成电路的知识产权条约》相比,协议增加了对那些使用了含有非法复制的布图设计的集成电路的物品的进口、销售以及其他商业性分发的禁止条款。

(七) 未披露信息的保护(protection of undisclosed information)

协议第二部分第七节规定了对未披露信息的保护。协议第 39 条要求成员对未披露的信息和向政府提交的数据予以保护,其内容主要包括以下三项:

1.未披露信息受保护的条件

协议规定,凡符合下列条件,未披露的信息即应受到保护:①其必须是秘密的,也就是说,该信息作为一个整体或作为其各个构成部分的精确构造或集合未被通常从事该信息所属领域的工作人员普遍了解或轻易获得;②因其属于秘密而具有商业价值;③合法控制信息的人根据有关情况采取了合理措施以保持其秘密状态。

2.未披露信息持有人的权利

对于符合上述三个条件的未披露信息,协议规定,合法控制该信息的自然人与法人均应享有防止他人以违背诚实信用在未经其同意的情况下披露、获得或使用有关信息的可能性。

这里的"以违背诚实信用"的商业做法,至少应包括违约、违反信任以及诱导他人违约或违反信任,也包括第三方在已经知道或应当知道但由于重大过失而未能知道其所取得的未公开信息是他人以上述方式获得的。

3.对有关数据的保护

在许多国家,法律要求当事人向有关主管当局提交未披露过的实验数据或其他数据,作为批准采用新化学成分的医用或农用化工产品上市的条件。在此情况下,协议要求,如果该数据的最初取得付出了相当的努力,成员应保护此种数据以防止不公正的商业利用。另外,协议还要求,成员应采取措施保护这些数据以防止被披露,除非此种披露是为了保护社会公众所必需的,或已经采取了措施确保数据不被不正当地投入商业使用。

三、知识产权的实施

协议第二部分规定的知识产权的标准对于保护知识产权至关重要,但只有属于实体规范的标准,如果没有如何具体实施这些标准的措施和程序,知识产权保护就只能是一句空话。与以前的知识产权国际条约不同的是,TRIPS 协议在规定了具体的规范和标准之后,在第三部分对实施知识产权的措施和程序作出比较详细的规定。

协议第三部分由五节构成,分别涉及基本责任、民事和行政程序及救济、临时措施、与边境措施相关的特殊要求、刑事程序。

(一) 基本责任

协议第 41 条对于实施知识产权的程序提出了总体要求,主要包括以下 4 个方面:第一,成员应保证本部分所规定的实施程序在其法律之下可被利用,以便于对知识产权侵权行为采取有效的行动;第二,知识产权的实施程序应公平公正,不得过于复杂或花费过高,不得有不合理的时间限制或无保障的拖延;第三,就个案作出的裁决最好采取书面形式并说明理由,裁决应不过分迟延,至少可为程序当事人所利用;第四,程序的当事人应有机会要求对最终行政裁决进行司法审查,以及在符合成员法律对重要案件的司法管辖权的规定的条件下,至少可以要求对个案的初审司法裁决中的法律问题进行司法审查。但是,对刑事案件中的宣告无罪,成员没有义务提供审查的机会。

(二) 行政和民事程序及救济

1.民事程序

知识产权实施和保护中的民事程序由各国民事诉讼法来决定,协议只就有关知识产权问题的民事程序提出了一些基本的要求:①保障被告的诉讼权利。被告应及时得到书面的通知,该通知中应包含足够的细节,包括原告提出的请求的依据。②允许律师参与诉讼,不得强制当事人出庭。③保证当事人的举证权。④对秘密信息进行识别和保护。

2.证据

协议第 43 条第 1 款规定,如一当事方已出示可合理获得的足以证明其权利请求的证据,并指明在对方控制之下的与证实其权利请求有关的证据,则司法机关在适当的情况下可保证保护机密信息条件的前提下,有权命令对方提供此证据。

协议第43条第2款规定,如一诉讼方在合理期限内自行且无正当理由拒绝提供或不提供必要的信息,或严重阻碍与一实施行动有关的程序,则一成员可授权司法机关在向其提供信息的基础上,包括由于被拒绝提供信息而受到不利影响的当事方提出的申诉或指控,做出肯定或否定的初步或最终裁决,但应向各当事方提供就指控或证据进行听证的机会。

3. 救济

协议对民事程序中可以采用的救济作了原则性的规定。这些救济主要包括:

(1) 禁令。

协议规定,司法当局有权要求当事人停止侵权,禁止侵权产品进口,但停止侵权的救济不适用于强制许可。

(2) 损害赔偿。

对于明知或有合理理由知道其行为后果而实施侵权行为的侵权人,司法当局应有权要求侵权人赔偿受害人的损失,包括律师费。对不知或没有合理理由知道其行为后果而实施侵权行为的侵权人,在适当情况下亦可要求其返还所得利润或支付法定赔偿,或二者并处。

(3) 其他救济。

除了上述救济外,协议还规定了诸如将侵权物品排除出商业渠道、销毁侵权物品、去掉侵权商标等各种其他救济方式。

(4) 获得信息。

协议规定,在与侵权行为的严重程度相当的情况下,司法当局可有权要求侵权行为人向权利人提供有关生产和销售侵权产品或提供侵权服务的第三人的身份以及销售渠道的信息。

4. 对被告的赔偿

如果一方当事人在其所要求的措施得以实施的情况下滥用实施程序,使另一方当事人错误地遭到禁止或限制,则司法当局应有权命令该当事人向另一方当事人赔偿因其滥用实施程序而给另一方当事人造成的损失。司法当局亦应有权命令原告支付被告的费用,包括适当的律师费。

就执行有关知识产权权利保护和实施的任何法律而言,成员仅可在公共机构和官员在执行该法律的过程中出于善意而采取或意欲采取行动时,方可免除公共机构和官员的适当赔偿责任。

(三) 临时措施

协议第50条规定了有关知识产权保护方面的临时措施。临时措施是指在民事诉讼程序或行政程序开始之前,一方当事人请求司法机关或行政机关采取的保全措施。协议关于临时措施的规定主要包括以下几个方面:

1. 临时措施的目的

协议第50条第1款规定了采取临时措施的目的,该款规定:"司法机关有权责令采取迅速和有效的临时措施以便:(a)防止侵犯任何知识产权,特别是防止商品进入其管辖范围内的商业渠道,包括结关后立即进入的进口商品;(b)保存关于被指控侵权的有关证据。"

2.临时措施的采取

根据协议第50条第2款的规定,在司法当局认为必要时,有权依照一方当事人的请求,在开庭前采取临时措施,尤其是在一旦有任何迟延则很可能给权利持有人造成不可弥补的损害的情况下,或在有关证据显然有被销毁的危险的情况下。

3.证据与担保

按照协议第50条第3款的要求,决定采取临时措施时,司法当局应有权要求申请人向司法当局提供一些有价值的证据,证明申请人就是权利所有人,证明申请人的权利正在受侵害,或者这种侵害即将发生。为了保护被告和防止滥用权利,司法当局应有权命令申请人提供保证金或与之相当的担保。

4.通知与复审

协议要求,如果开庭前就已经采取临时措施,至少应在实施临时措施之后毫不迟延地通知受影响的一方。应被告的请求,应在将此等措施通知被告之后的合理期内进行复审,并听取被告的陈述,以决定此等措施是否应被修改、撤销或确定。

5.其他必要信息

协议规定,为了确定有关商品,将要执行临时措施的当局可以要求申请人提供其他的必要信息。

6.期间起诉

在采取临时措施之后,申请人应在一定期限内提起诉讼。如果在规定的期限内未提出诉讼,协议规定,可应被告的请求撤销或暂停执行临时措施。

7.赔偿责任

协议规定,在临时措施被撤销或因申请人的任何行为与疏忽而导致无效的情况下,以及在事后发现根本不存在对知识产权的侵害或侵害的威胁的情况下,应被告的请求,司法当局应有权责令申请人赔偿被告因采取临时措施而遭受的损失。

(四)与边境措施相关的特殊要求

为了防止侵权物品和盗版物品的进口,协议第三部分第四节对成员应采取的边境措施提出了特殊的要求。这些特殊要求主要包括10个方面:海关的中止放行、申请、保证金或同等的担保、中止放行的通知、中止放行的时限、对进口商和商品所有权人的赔偿、检验和获得信息的权利、依职权的行动、救济、微量进口。

从协议的具体规定看,边境措施实质上属于对尚在海关监管之下货物所采取的临时措施。因此,对边境措施的特殊要求实际上也是对临时措施的要求的具体化。

(五)刑事程序

协议第61条规定,各成员应规定至少将适用于具有商业规模的蓄意假冒商标或盗版案件的刑事程序和处罚。可使用的救济应包括足以起到威慑作用的监禁和/或罚金,并应与适用于同等严重性的犯罪所受到的处罚水平一致。在适当的情况下,可使用的救济还应包括扣押、没收和销毁侵权商品和主要用于侵权活动的任何材料和工具。各成员可规定适用于其他知识产权侵权案件的刑事程序和处罚,特别是蓄意并具有商业规模的侵权案件。由于刑事程序及刑事处罚通常涉及国家的主权,协议只提出了很笼统的要求而没有作具体的规定。

四、知识产权的取得和维持以及当事人之间的相关程序

协议第四部分"知识产权的取得和维持以及当事人之间的相关程序"实际上是有关程序的综合性规定。该部分只有一条,即第 62 条,其内容包括以下 5 个方面:

①各成员可要求作为取得或维持第二部分第 2 节至第 6 节下规定的知识产权的一项条件,应符合合理的程序和手续。此类程序和手续应与本协定的规定相一致。

②如知识产权的取得取决于该权利的给予或注册,则各成员应保证,给予或注册的程序在遵守取得该权利的实质性条件的前提下,允许在一合理期限内给予或注册该权利,以避免无根据地缩短保护期限。

③《巴黎公约》(1967)第 4 条在细节上作必要修改后应适用于服务标记。

④有关取得或维持知识产权的程序,及在一成员法律对此类程序做出规定的情况下,行政撤销和诸如异议、撤销和注销等当事方之间的程序、应适用于第 41 条第 2 款和第 3 款所列一般原则。

⑤第 4 款下所指的任何程序中的行政终局裁决均应由司法或准司法机关进行审议。但是,在异议或行政撤销不成立的情况下,无义务提供机会对裁决进行此种审查,只要此类程序的根据可成为无效程序的理由。

五、争端的防止和解决

协议第五部分规定了争端的防止与解决方法,主要涉及两部分内容:透明度与争端解决。

(一) 透明度

协议第 63 条规定,任何一方实施的有关本协议主题(知识产权的有效性、范围、取得、实施以及防止滥用)的法律法规、最终司法判决和普遍适用的行政规则,应当予以公布。协议还要求,成员应上述法律法规通知与贸易有关的知识产权理事会,以便协助该理事会核查本协议的执行情况。

(二) 争端解决

关于争端的解决,依《1994 年关税与贸易总协定》第 22 条和第 23 条规定处理。《关税及贸易总协定》第 23 条第 1 款(b)项和(c)项在《WTO 协定》生效后的 5 年期间内不适用解决就本协议而产生的争端。

六、过渡性安排

协议第六部分"过渡性安排"主要规定了对发展中国家和最不发达国家的特殊优惠。协议规定,所有成员均应实施协议,但并非在协议生效以后马上实施,而是安排了一个过渡期,以便各方为实施协议做好准备。对一般国家而言,期限为 1 年;对发展中国家、正向市场经济或自由企业经济转变的中央计划经济成员,再延长 4 年;对最不发达国家,宽限期为 10 年。协议第 67 条还要求发达国家应向发展中国家和最不发达国家提供技术和金融合作,以实施本协议。

七、机构安排;最后条款

第七部分"机构安排;最后条款"主要涉及 6 个问题:建立与贸易有关的知识产权理事会、进行国际合作、关于协议的追溯力、协议的审查与修订、对协议的保留以及基于安全理由的例外。其中比较重要的是与贸易有关的知识产权理事会和协议的追溯力的规定。

根据协议成立的与贸易有关的知识产权理事会,负责监督协议的实施,并为成员提供机会,协商与贸易有关的知识产权问题。理事会应完成成员指定的其他任务,尤其应提供成员在争端解决过程中要求的任何协助。协议还要求理事会应与世界知识产权组织进行合作,以加强对知识产权的国际保护。

关于协议的追溯力,协议第 70 条对 9 种不同情况进行了规定。总的原则是,协议对成员适用本协议之日以前发生的行为不产生任何效力(约束力)。

第四节　TRIPS 协议对知识产权国际保护的影响

TRIPS 协议是关于知识产权的一个综合性的多边条约,涉及内容之多、规定之复杂,是在其之前缔结的所有知识产权国际条约无法比拟的。TRIPS 协议对知识产权国际保护产生了重大影响。

一、TRIPS 协议对知识产权国际保护的基本理论的影响

TRIPS 协议主要是一个实体条约,但它对知识产权国际保护的一些基本理论产生了重要的影响。

(一) 知识产权的性质

对于知识产权的性质,协议序言第 4 段给出一个明确的答案——即知识产权是私权。知识产权作为一种对智力成果的权利,通常被看作"财产权"。协议序言将知识产权确定为"私权",这与知识产权理论界的通说是一致的。不过,在国际条约中说明知识产权的性质,TRIPS 协议恐怕还是第一个。将知识产权界定为一种"私权"或"财产权",在理论上的意义主要表现以下几个方面:

1. 知识产权应受民法保护

我国立法、司法实践及法学研究各领域目前尚很少使用"私权"一词。与"私权"含义相等的应当是"民事权利",因此,我国民法学界和知识产权研究领域普遍将知识产权当作民事权利的一种。TRIPS 协议有关知识产权性质的表述,更加明确了这样一个结论:知识产权是民事权利的一种。既然是民事权利,自然应受民法的规范与保护。这与我国的民事立法实践也是相吻合的。

需要说明的是,虽然知识产权作为民事权利的一种,受民法通则的保护,但这并不意味着知识产权法也是民法的一种分支。现在学术界有不少人将知识产权法纳入到民法体系,从权利的性质角度来看这是正确的,但从法律部门的角度来看就很值得商榷了。对于知识产权法到底属于哪个部门的问题,我们认为,应当在对知识产权法的规范进行分类的基础上才能得出结论。

知识产权法,不论版权法、商标法还是专利法,其基本规范不外乎有两大类:关于权利人所享有的权利及其保护的规范与关于权利人取得权利的条件和程序的规范。

关于权利人所享有的权利及其保护的规范属于人们通常所说的"实体规范"的范畴,从其部门归类的角度来看,这些规范涉及的是知识产权的内容、行使、保护等问题,而知识产权又属于民事权利,所以这些规范在性质上应与民法通则关于民事权利的内容、行使及保护的规范是相同的。因此,就这部分"实体规范"而言,它们应属于民法的一部分。

关于权利人取得权利的条件及程序的规范属于人们通常所说的"程序规范"的范畴。这部分规范主要涉及权利人取得知识产权的手续和程序以及履行手续和程序中的权利义务。由于取得知识产权所需要履行的有关手续和程序在性质上属于行政程序,这部分规范应被纳入行政法的范围。

所有知识产权法至少由这两种基本规范构成。不过,通过对比两种不同性质的规范在知识产权法中的地位,我们就会发现,除了那些实行自动保护制度的国家的版权法外,在知识产权法中占主导地位的并不是那些规定权利人所享权利及其保护的实体规范,而是关于权利人如何取得权利的程序规范。

由此可以得出结论,笼统地将知识产权法划入民法是错误的。实际上,知识产权法从其主要规范的性质上来看倒更应该被纳入行政法。然而,知识产权法作为法律规范,到底应当被纳入民法、行政法,还是独成一系,在实践中似乎并无太大意义。既然知识产权是民事权利的一种,其保护也应与民事权利的保护一样。就知识产权而言,其保护主要是通过制止其他人的侵权行为而实现的。

2. 知识产权应由权利人通过民事程序请求保护

知识产权作为一种具体的民事权利,其取得和维持通常需要一定的行政程序;但知识产权的保护所依靠的通常并不是行政程序而是民事程序。就此而言,民事程序与行政程序有 3 点不同:

①民事程序是司法程序,必须由司法机关(通常是法院)主持进行。而行政程序则由行政机关或行使行政机关的职能的其他机关主持。

②民事程序的开始必须有原告提起诉讼。在民事程序中,作为执法机关的法院处于被动地位。"不诉不理"已成为民事审判制度的一项基本原则。而行政程序既可以依当事人的请求开始,也可以由行政机关依其职权开始。

③民事程序的结果与行政程序的结果不同。除了法律有特别规定的之外,行政决定应受司法机关的审查;而民事程序的结果通常不受其他机关的审查。

知识产权权利人为了维护其合法利益,主要应通过民事程序保护其知识产权。这表明,作为民事权利的知识产权,应由权利主体自己决定是否请求司法机关的保护以及采取何种措施加以保护。行政机关没有义务必须通过行政程序保护知识产权。

3.知识产权应由其权利人行使或处置

知识产权作为一项民事权利,其权利人有权按其意愿处置其权利。在符合法律要求的前提下,知识产权人可以自行决定知识产权的利用,许可他人利用或者转让,其他人不应非法干预。

知识产权所涉及的不仅是权利主体的个人利益,而且涉及其他人的利益和社会公共利益,许多国家的法律对知识产权的行使与处置设定了许多条件和限制。协议明确了知识产权作为私权的性质,在某种意义上强调对这种私权的处置不应受过多的不合理的限制。协议对权利人处置知识产权的自由的保障,主要表现在两个方面:

(1)协议对强制许可规定了严格的限制条件。

强制许可本来是对知识产权人利用和行使其权利的限制,而协议则对这种限制又进行了反限制,从而使知识产权人自由决定如何行使权利。

(2)强调了知识产权的许可与转让的自由。

例如,许多国家的商标法对商标的转让作了限制,通常要求商标必须连同其所属的营业一起转让,否则不得转让;而协议第21条则规定,注册商标所有人有权连同或不连同商标所属的经营一起转让其商标。再如,协议在第28条第2款关于专利权人权利的规定中强调,专利所有人还应有权转让或通过继承转移其专利,应有权缔结专利许可合同。协议的这些规定突出了知识产权作为一种私权的性质。

(二)知识产权保护的目的

协议的序言中,除明确将知识产权作为私权外,第5段还宣称,"认识到知识产权保护的国内体系的根本的公共政策目标,包括发展和技术目标"。而且,协议第7条规定,"知识产权的保护与权利行使,应有助于促进技术创新、技术转让与传播,有助于使技术知识的创造者与使用者互利,以有益的方式有助于社会及经济福利方式,以及有助于权利义务的平衡"。

协议关于知识产权保护目的的规定与各国知识产权法的宗旨和目的基本相同。在整个协议中,知识产权保护的这一目的得到了充分的贯彻。

一方面,协议加强知识产权保护以实现上述目的。与协议缔结之前的实际情况相比,协议提高了知识产权保护的水平,加强了对知识产权人的保护。这种高标准的保护为发明创造、文学艺术创作等人类智力活动提供了有效的保护和激励机制。

另一方面,协议还通过对知识产权进行适当限制来实现上述目的。协议基本上保留了现有知识产权体系中有关知识产权保护的例外和限制的规定。加强知识产权保护有利于社会公共利益,规定知识产权的例外和限制也同样能够保护社会公共利益。知识产权保护通过激励促进人类文明的发展,而知识产权例外和限制则通过防止权利人滥用知识产权本身所具有的垄断性来促进技术进步和人类文明的发展。通过知识产权的例外和限制,其他人可以在法律允许的范围内获得有关知识与信息,并分享这些知识和信息所带来的好处,这在整体上提高了社会的科技和文化水平,促进了人类文明的发展。

因此,不论保护还是限制,都是为了一个共同的目的:促进人类科学技术进步和人类文明的发展。保护与限制的关系,实际上就是垄断与分享的关系。垄断强调个体利益,构成了对创造活动的激励;分享则强调公共利益,提高全社会的科技水平和文明程度,为创造活动提供了坚实的基础。因此,过于强调保护或者过于强调限制都会对知识产权保护的目的产生不利影响。

(三)知识产权的范围与特征

按照协议第 1 条第 2 款的规定,知识产权是指第二部分第 1~7 节所列的各项,即版权及有关权、商标、地理标识、工业品外观设计、专利、集成电路布图设计和未披露信息的保护。这一规定对知识产权的范围与特征的理论分析具有重要影响。

1. 关于知识产权的范围

关于知识产权的范围,知识产权理论界还有一定的争论,但《建立世界知识产权组织公约》对知识产权范围的划定已广为接受。公约第二条第 8 项规定,"知识产权"包括有关下列项目的权利:文学、艺术和科学作品;表演艺术家、录音和广播的演出;在人类一切活动领域内的发明;科学发现;外观设计;商标、服务标记、商业名称;制止不正当竞争;在工业、科学、文学或艺术领域内其他一切来自知识活动的权利。

协议所指"知识产权"一词仅限于协议的范围,但其也具有相当的代表意义。与《建立世界知识产权组织公约》的规定相比,协议对知识产权的范围的规定具有两个特点:

(1)协议所指的知识产权不包括对科学发现、商业名称及制止不正当竞争的权利。

对于科学发现权是否应作为知识产权的问题,我国《民法通则》第 97 条规定了发现权之后,我国学术界曾有过讨论。从知识产权的本意来讲,对科学发现的权利不应被纳入知识产权的范围,因为尽管科学发现需要付出很大的智力努力,但它毕竟不属于"发明"的范畴。对于商业名称以及制止不正当竞争,《巴黎公约》和《建立世界知识产权组织公约》都有所规定,但商业名称只要具备标识性,基本上已经被纳入商标法的范畴;制止不正当竞争只是一种行为而不是特定的客体。

(2)协议将集成电路布图设计和未披露信息的保护作为知识产权的对象。

集成电路布图设计虽然是一种新近才出现的智力成果,但已获得了广泛的承认与保护。将集成电路布图设计纳入知识产权的范围,体现协议对科技新发展的适应性。未披露信息的保护在《巴黎公约》中是作为制止不正当竞争的一部分,在协议中则单独作为一项受保护的客体。协议将未披露信息纳入知识产权的范围,使未披露信息的合法持有人成为权利主体,享有协议所规定的权利。这就避免了通过制止不正当竞争来保护未披露信息而给合法持有人带来的法律上的不便。

2. 关于知识产权的特征

传统的观念认为,知识产权具有以下 3 个特征:时间性、地域性和专有性。协议规定知识产权的范围有新的变化,这给知识产权的特征也带来了新的变化,主要表现在知识产权的时间性和专有性两大特征上。

（1）知识产权的时间性特征的变化。

版权及有关权、商标、工业品外观设计、专利、集成电路布图设计的保护均有时间限制,因此它们的时间性特征仍然存在。但是,地理标识和未披露信息的保护则不具有任何时间限制。

（2）知识产权的专有性特征的变化。

知识产权学界通常认为知识产权是一种专有权,即相同的客体仅产生一份权利,并依法在特定的地理区域内归属于一个法律主体。但事实上,知识产权的"专有性"始终都是相对的;知识产权法上的各种例外与限制均是对这种"专有权"的突破。TRIPS 协议将不具有专有性的地理标识和未披露信息包括在知识产权的范围之内,知识产权的专有性特征就不能一概而论了。

二、TRIPS 协议对知识产权国际保护实务的影响

（一）提高了保护标准

协议在各有关知识产权国际公约的基础上,提高了知识产权的保护水平。

1. 版权及有关权

第一,协议把计算机程序和数据汇编作为《伯尔尼公约》意义上的文字作品进行保护,并规定了出租权,提高了计算机程序和数据汇编的保护水平。

第二,在版权及相关权利方面,提高了对表演者权、录音制品制作者权和广播组织权的保护水平。与《罗马公约》相比较,有两点明显的不同:一是规定表演者权和录音制品制作者权适用《伯尔尼公约》第 18 条关于追溯力的规定;二是把《罗马公约》中唱片保护期由 20 年提高到 50 年。

2. 商标

协议特别强调对驰名商标的保护。协议对《巴黎公约》第 6 条之二作了扩大适用:一是将适用的商标由原来的商品商标扩大到服务商标,二是适用的商品或服务由原来的相同或类似商品或服务扩大到不相同也不相似的商品或服务。

3. 专利

协议规定,除疾病的诊断与治疗方法、动物与植物品种及生产动、植物品种的生物学方法可免予授予专利以外,其他所有技术领域的发明,不论是产品还是方法,都应受专利法保护。协议还对专利的强制许可规定了比《巴黎公约》严格得多的限制条件。

4.集成电路布图设计

集成电路布图设计虽然目前尚未被纳入知识产权国际保护体系,但《关于集成电路的知识产权条约》已于1989年5月26日在华盛顿签订。协议关于集成电路布图设计的规定比《华盛顿条约》严格,主要表现在两个方面,一是对强制许可加以更多限制,二是将保护期限由8年提高到10年。

（二）加强了知识产权的实施

知识产权的实施,在现行体系之下由各国国内法自行决定。协议将国内法实施改变为国际法实施。例如,协议规定各成员有义务为知识产权所有人提供机会制止冒牌货和侵犯版权的货物进入国境,等等。这些规定限制了各成员的立法自由,要求成员必须执行协议的规定。

（三）加强争端解决机制和对违反协议的制裁

《巴黎公约》、《伯尔尼公约》等有关争端解决机制的规范不健全,缺乏强有力的措施来制裁违反协议的行为。这在很大程度上削弱了知识产权的国际保护。协议针对这些缺点加强了有关机制,以确实保障协议的实施。

协议规定,有关争端的防止和解决,适用《总协定》第22条、23条的规定。《总协定》第22条、23条规定,缔约方在发生争端时,可以通过协商、仲裁等方式进行解决,充分利用总协定的机制。一方不履行义务,缔约方全体可以援用多边贸易报复手段对其进行制裁,强使其履行义务。这也是发达国家把知识产权问题纳入总协定框架的一个重要原因。

（四）完善了知识产权国际保护体制

现行知识产权国际保护体制以世界知识产权组织主持之下的三大国际公约为核心,并由几十个外围专业公约或协议所组成。这一体制的一个显著特点是涉及条约数量多,而且各个条约之间有时相互冲突。如《伯尔尼公约》和《世界版权公约》的许多规定是不相同的。协议将各个主要公约的内容进行统一,形成了统一的标准,并将众多的国际条约,如《巴黎公约》、《伯尔尼公约》、《罗马公约》和《华盛顿条约》,统一纳入总协定体系。同时,成立与贸易有关知识产权理事会,处理有关事宜。

虽然协议明确规定不减损有关知识产权条约的效力,但协议势必将对这些条约造成极大影响。实际上,我们可以认为,协议在总协定框架内重建了一套新的知识产权国际保护体制。这一体制将对现行知识产权国际保护体制进行完善。

三、TRIPS协议中存在的问题及其消极影响

TRIPS协议的缔结实施促进了知识产权的国际保护。但是,我们也应当看到,协议在某些方面还存在着一些缺陷,可能产生一定的副作用,这不能不引起人们的注意。

（一）对发展中国家的特殊需要没有给予相应的照顾

知识产权的保护,对于发展中国家的发展有着特殊的作用。因此,发展中国家要求国际社会照顾到它们的特殊需要。这些要求已经反映在有关的国际公约中。世界知识产权组织

正在对《巴黎公约》进行修订,其主要原因之一也是要考虑发展中国家的特殊需要。

TRIPS 协议对发展中国家的优惠,主要表现在以下两个方面:一是发展中国家可以在协议生效后延迟 4 年实施协议规定的义务。二是发展中国家对于协议扩大专利的范围,如果本国不保护的话,可以再延迟 5 年实施协议的义务。但这是远远不够的,与发展中国家的要求相差甚远。

以下两个方面足以说明问题:第一,协议规定了国民待遇和最惠国待遇,而没有对发展中国家给予如《关税及贸易总协定》中所规定的那样的例外。这与发展中国家所要求的差别和更优惠待遇是不一致的;第二,鉴于知识产权对发展中国家发展的重要意义,发展中国家要求对强制许可的颁发缩短期限,简化条件,但协议对于强制许可规定了比其他任何知识产权国际条约更为严格的条件,实际上大大限制了发展中国家发放强制许可的可能性,不利于发展中国家的技术进步和社会发展。这是我们在评价协议时不得不认真考虑的一个重要问题。

(二)对有关国际条约的保护不完备

TRIPS 协议在许多条款中对有关的知识产权国际条约作了保护性规定,但协议对《巴黎公约》及《伯尔尼公约》的保护仍然存在着问题。

《巴黎公约》和《伯尔尼公约》是目前知识产权国际保护中最基本的两个多边国际条约,TRIPS 协议要求成员应按两个公约的有关实体规则保护知识产权。从这方面看,协议扩大了这两个公约的适用范围,使那些本不是两个公约的缔约国承受公约的约束。但是,考虑到知识产权国际保护的现实情况,我们不难发现,协议对这两个基本条约的保护是不完备的。

协议虽然直接将两个公约的实体规范纳入协议体系,但对于在两个公约的框架下就某些新问题所达成的协议或条约,协议并没有给予足够的保护。例如,由于《伯尔尼公约》显然不能适应电子通讯及网络传播的新形势,世界知识产权组织在《伯尔尼公约》的框架下主持缔结了《世界知识产权组织版权条约》,使之作为公约第 20 条之下的专门协议。协议中并没有提及《伯尔尼公约》框架下今后达成的条约是否也会自动适用,因此,《世界知识产权组织版权条约》及以后可能达成的任何条约与 TRIPS 协议的关系还不明确。

(三)可能产生一定的负面影响

TRIPS 协议对知识产权国际保护与国际贸易的正常发展具有十分积极的影响,但它对知识产权保护与国际贸易也可能会产生一定的负面影响。

1. 对知识产权保护的负面影响

从协议的实体内容看,它提高了知识产权保护的水平,有利于知识产权在国际范围内的保护。但是,协议将知识产权当作一种"私权"来看待,所看重的只是知识产权的财产价值,因而在保护知识产权时,只保护知识产权中的财产性因素,而对精神因素没有提供任何保护。协议特别排除了《伯尔尼公约》有关作者精神权利的规定的适用,就充分地说明了这一点。

协议的这种做法,实质上是只将知识产权当作一种财产,而不是将其当作一种智力活动的成果,根本不考虑知识产权中所包含的创造者或创作者所付出的智力,以及这种智力成果体现出来的人类的智慧。这与在其之前缔结的有关知识产权国际条约有很大不同。协议的这种做法,如果不辅之以适当的补充保护手段,将使知识产权保护背离建立这种制度的初衷。

2. 对国际贸易的负面影响

知识产权保护的加强,总体上对国际贸易是有利的。但是,协议对国际贸易的负面影响还是存在的。

①协议只将最惠国待遇引入知识产权国际保护领域,而没有将在关税及贸易总协定中已广为接受的非互惠待遇也同时引入,使发展中国家承担了相对较多的义务,对发展中国家的技术、经济及社会发展会产生一定的阻碍,使经济技术的发展更不平衡。发达国家与发展中国家差距的拉大,将动摇国际经济技术交流与合作的基础,对国际贸易的正常发展构成潜在的长期的威胁。

②协议加强了对知识产权保护的实施程序的规定,尤其是临时措施和边境措施,虽然可以为知识产权人提供充分有效的保护,但也可能会变成知识产权人滥用权利限制或打击竞争对手的工具。另外,协议将知识产权保护与贸易问题直接挂钩,使知识产权保护极易受贸易政策的影响,使某些国家借口知识产权问题对正常贸易关系进行不当干预,把知识产权保护作为一种贸易壁垒,对国际贸易的正常发展构成威胁。

复习思考题

一、名词解释

1. 知识产权
2. 国民待遇
3. 最惠国待遇

二、简答题

1. 知识产权的法律特征有哪些?
2. 相较于传统的知识产权国际公约,TRIPS 协定有哪些特点?

第十章　国际商事仲裁

本章内容提示

在国际商事交易中,交易双方往往有不同的经济利益以及分处不同的法律体系中,交易的过程时常受到国家政治、经济和文化的影响,发生争议是极为常见的。仲裁作为与诉讼并列的解决争议的方式,具有许多诉讼难以实现的优势,尤其是在处理跨国商事争议中,仲裁已成为最常用的选择性争议解决方式。本章将集中阐述国际商事仲裁涉及的基本法律问题,包括国际商事仲裁的产生发展和法律特征、国际商事仲裁机构的职能及主要机构的概况、国际商事仲裁程序,以及国际商事仲裁裁决的承认与执行等。

第一节　国际商事仲裁概述

一、仲裁的概念

仲裁(arbitration)又称"公断",仲裁作为一个法律概念有着其特定的含义,仲裁是指发生争议的双方当事人,根据其在争议发生前或争议发生后所达成的协议,自愿将该争议提交中立的第三者进行裁判的争议解决制度和方式。仲裁具有以下三要素:①仲裁是以双方当事人自愿协商为基础的争议解决制度和方式;②仲裁是由双方当事人自愿选择的中立第三者进行裁判的争议解决制度和方式;③经由当事人选择的中立第三者作出的裁决对双方当事人具有约束力。

根据所处理的纠纷是否具有涉外因素,仲裁可分国内仲裁和涉外仲裁。前者是指处理该国当事人之间没有涉外因素的国内民商事纠纷的仲裁;后者是指处理涉及外国或外法域的民商事务争议的仲裁。

根据是否存在常设的专门仲裁机构,仲裁可以分为临时仲裁和机构仲裁。临时仲裁是指当事人根据仲裁协议,将他们之间的争议交给临时组成的仲裁庭而非常设性仲裁机构进行审理并作出裁决意见书的仲裁。机构仲裁是指当事人根据其仲裁协议,将它们之间的纠纷提交给某一常设性仲裁机构所进行的仲裁。

根据仲裁裁决的依据不同,仲裁可分为依法仲裁和友好仲裁。依法仲裁是指仲裁庭依据一定的法律规定对纠纷进行裁决。友好仲裁则是指依当事人的授权,依他所认为的公平的标准作出对当事人有约束力的裁决。

二、国际商事仲裁的概念与特征

（一）国际商事仲裁的概念

国际商事仲裁是指从事国际商务交往（如投资、贸易、技术转让、运输等）活动的当事人，根据争议发生前或发生后所达成的协议，自愿将国际商事争议提交有关国际仲裁机构进行仲裁，由其作出对当事人各方均有约束力的裁决的一种国际商事争议解决制度。

（二）国际商事仲裁的特征

目前，国际商事仲裁已被广泛地用于解决各种国际民商事争议。作为有效解决国际争议的方式，国际商事仲裁与国际商事诉讼相比，具有以下特征：

1.国际性或涉外性

这是它同国内仲裁的主要区别所在。国际商事仲裁是解决跨国争端的一种仲裁，其国际性决定了它比国内仲裁更加灵活，并受到国际协议的规范。

2.当事人意思自治性

国际商事仲裁是以当事人的自愿和协议为基础的，在国际商事仲裁中，当事人可以自由地选择仲裁事项、仲裁地点、仲裁机构、仲裁员、仲裁程序以及仲裁庭进行裁决时所适用的法律。仲裁人处理仲裁案件的权利也来自当事人的同意。国际商事仲裁的这一特点是人们愿意采用其解决争议的重要原因。

3.民间性

国际商事仲裁的仲裁人，特别是仲裁机构，一般都是非国家机关或非官方机构，民间性对那些不信任官方机构的当事人来说，非常有吸引力。

4.中立性

在国际民商事交往中，不同国家的当事人都力图将其争议提交本国法院依照本国法律解决，因为他们互不信任对方国家法院的公正性。而在国际商事仲裁中，尽管仲裁人或仲裁机构是当事人选定的，但前者并不代表后者，而是居中评判是非，具有中立性。国际上有一些仲裁机构本身不隶属于任何国家，仲裁案件可以中立于当事人所属国之外，不受任何一方当事人所属国司法制度和公共政策的影响。

5.专业性

国际商事争议有时会涉及一些专门性或技术性的问题，需要具备专门知识的人去解决。在国际商事仲裁中，当事人可以自主选择有关争议问题专家充当仲裁员，从而有利于仲裁案件准确和迅速的解决。

6.保密性

法院审理案件一般应公开进行，而仲裁案件的审理是不公开的。此外，法院判决可以在报纸或官方刊物上公布，仲裁裁决一般不公之于众。这满足争议双方当事人不将其工商业秘密和分歧公之于众的要求，对两者之间的经济贸易合作关系的损害也较小，同时也有助于败诉方遵守与执行裁决的自觉性。

7. 准司法性

国际商事仲裁虽然是以当事人的自愿和协议为基础的,但当事人一旦达成仲裁协议,即对当事人产生法律约束力,当事人必须将争议提交仲裁;同时,仲裁人作为裁判者有权无须当事人同意而作出对双方当事人有约束力的裁决;而且裁决作出后,一方当事人不履行裁决的,他方当事人可以向法院申请强制执行。仲裁的准司法性保证了仲裁的法律效力和严肃性。

8. 终局性

仲裁裁决是终局的,不像法院诉讼那样采用两审终审甚至三审终审,因而有利于迅速解决争议,为当事人节省时间和费用。

当然,与诉讼相比,仲裁也有一些局限性,主要缺乏诉讼的强制性、严密性和统一性。比如仲裁以当事人的自愿和协议为基础,故缺少第三人程序,仲裁人无权强迫那些可以最终对裁决的执行承担全部或部分责任的第三人加入仲裁程序,从而影响争议最终有效的解决。

第二节 国际商事仲裁机构

一、国际商事仲裁机构的分类

(一)根据产生的法律依据不同

国际商事仲裁机构是由国际商事关系的当事人自主选择,用以解决相互间商事争议的民间机构,是国际商事仲裁程序进行的组织机构。国际仲裁机构审理案件的管辖权完全依赖于当事人的合意选择,其本身的民间性区别于受理国际商事案件的法院。

根据国际商事仲裁机构产生的法律依据不同,国际商事仲裁机构可以分为国际性国际商事仲裁机构、地区性国际商事仲裁机构和国家性国际仲裁机构。

(1)国际性国际商事仲裁机构是指依据全球性国际公约或在全球性国际组织的指导下成立的国际商事仲裁机构。此类仲裁机构一般处理不同的国家或者国际组织之间的国际性商事争议,通常从属于某个全球性国际组织,具有较高的独立性和自治性,不被任何一个国家的意志所干扰。

(2)地区性国际商事仲裁机构是指根据地区性的国际条约或者区域性的双边或多边条约而设立的,主要仲裁解决区域内成员国或条约当事国之间相关国际商事争议的国际商事仲裁机构。

(3)国家性国际商事仲裁机构是指依据一国国内法而设立的可以处理国际商事案件的仲裁机构。

(二)根据仲裁范围的不同

根据国际商事仲裁机构仲裁的范围不同,国际商事仲裁机构可以分为以下几种。

（1）专业性国际商事仲裁机构是指只受理与特定行业或专业有关的国际商事仲裁案件的仲裁机构，对于无关本仲裁机构的其他类型的商事争议一般不予受理。

（2）综合性国际商事仲裁机构是指可以受理不同种类、不同行业商事争议的国际商事仲裁机构。

（三）根据参与设立主体资格不同

根据国际商事仲裁机构参与设立主体资格不同，国际商事仲裁机构可以分为以下几种。

（1）政府性国际商事仲裁机构是行政仲裁所依附的仲裁机构。

（2）民间性国际商事仲裁机构是目前国际商事仲裁机构的主要类型，国家权力不再介入仲裁之中，是依照当事人意思自治原则建立起来的，参与设立主体具有民间性，仲裁机构不被国家意志所左右，而是相对独立地管辖和审理国际性商事争议。

二、世界重要国际商事仲裁机构

（一）英国伦敦国际仲裁院(London Court of International Arbitration)

伦敦仲裁会成立于 1892 年 11 月 23 日，于 1903 年 4 月 2 日改名为伦敦仲裁院，由每个城市和伦敦商会各派 12 名代表组成的联合委员会管理。1975 年，伦敦仲裁院与女王特许仲裁员协会合并，并于 1978 年提出了由来自 30 多个国家的具有丰富经验的仲裁员组成的"伦敦国际仲裁员名单"，于 1981 年改名为伦敦国际仲裁院，这是国际上最早成立的常设仲裁机构，现由伦敦市、伦敦商会和女王特许协会三家共同组成的联合管理委员会管理，仲裁院的日常工作由女王特许协会负责，仲裁协会的会长兼任仲裁院的主席。

伦敦国际仲裁院的职能是为解决国际商事争议提供服务，受理当事人依据仲裁协议提交的任何性质的国际争议。该仲裁院在组成仲裁庭方面确定了一项重要的原则，即在涉及不同国籍的双方当事人的商事争议中，独任仲裁员和首席仲裁员必须由 1 名中立国籍的人士担任。伦敦国际仲裁院于 1985 年 1 月 1 日起实行新的《伦敦国际仲裁院规则》，仲裁庭组成后，一般应当按照伦敦国际仲裁院的仲裁规则进行仲裁程序，但同时，该仲裁院也允许当事人约定按《联合国国际贸易委员会仲裁规则》规定的程序仲裁。它是目前英国最主要的国际商事仲裁机构，可以审理提交给它的任何性质的国际争议，尤其擅长国际海事案件的审理。由于其较高的仲裁质量，它在国际社会上享有很高的声望。

（二）瑞士苏黎世商会仲裁院(Court of Arbitration of Zurich Chamber of Commerce，简称 ZCC)

瑞士苏黎世商会仲裁院成立于 1910 年，设在瑞士的苏黎世，是瑞士影响最大的仲裁机构。从 1977 年 1 月 1 日起，该仲裁院运用新的《瑞士联邦苏黎世商会调解与仲裁规则》，根据该规则，仲裁适用的法律由当事人协议选择，当事人未做选择时，依据瑞士的国际私法规则指引的实体法或与当事人有关的国际公约所确定的实体法进行仲裁裁决。该仲裁院既受理国内商业和工业企业之间的争议案件，也受理涉外经济贸易争议案件。由于瑞士在政治上是中立国，国际上较多的经贸纠纷都交给它仲裁。ZCC 是苏黎世商会下设的常设仲裁机构，但在审理仲裁案件的时候，是独立于苏黎世商会的。只要有一方当事人是商会成员，在任何情况下都可以要求进行调解和仲裁。如果双方都不是商会成员,只有经过苏黎世商会主席批准后才能进行调解或仲裁。此项批准可以根据每一案件的实际情况或一般情况事先决定。拒绝批准不需要予以解释。

（三）国际商会仲裁院(The ICC International Court of Arbitration,简称 ICCCA)

国际商会仲裁院成立于 1923 年,是附属于国际商会的一个国际性常设调解与仲裁机构。国际商会仲裁院是国际性民间组织,具有很强的独立性,是当今世界上提供国际经济贸易仲裁服务较多和具有广泛影响的国际仲裁机构,是国际商事仲裁的一大中心。该仲裁院总部设在巴黎,仲裁院成员独立于其国家和委员会行事。设立国际商会仲裁院的目的在于通过处理国际性商事争议,促进国际的经济贸易合作与发展。该院最初受理的案件主要是有关货物买卖合同和许可证贸易的争议。国际商会仲裁院现有会员 60 多个,委员来自 40 多个国家,工作人员也来自不同的国家。该仲裁院的最大特点是仲裁庭的裁决要经过仲裁院的批准。

（四）美国仲裁协会(American Arbitration Association,简称 AAA)

美国仲裁协会成立于 1926 年,是一个非营利性的仲裁服务机构,其总部设在纽约。它在美国一些州共设有 38 个办事处,另外在爱尔兰都柏林设有 1 个办事处。美国仲裁协会的仲裁员来自很多国家,数量达数千人之多,当事人可以在其仲裁员名册之外指定仲裁员;在没有约定的情况下,所有案件只有一名仲裁员,但如果仲裁协会认为该案件复杂时,可以决定由三名仲裁员组成仲裁庭。该仲裁协会的受案范围很广,从国际经济贸易纠纷到劳动争议、消费者争议乃至证券纠纷,但均有相应规则。协会的宗旨是:"进行有关仲裁的研究,完善仲裁技术和程序,进一步发展仲裁科学,提供仲裁便利。"

（五）斯德哥尔摩商会仲裁院(Arbitration Institute of the Stockholm Chamber of Commerce,简称 SCC)

斯德哥尔摩商会仲裁院成立于 1917 年,是瑞典最著名和最有影响力的常设仲裁机构。该仲裁院总部设在瑞典首都斯德哥尔摩,包括秘书局和三名成员组成的委员会,委员任期三年,由商会任命,其中一名须具有解决工商争议的经验,一名须为有实践经验的律师,一名须具备与商业组织沟通的能力。该仲裁院主要解决工业、贸易和运输领域的国际争议,其宗旨是:"根据仲裁院规则参与有关工商业争端的最后解决;按照仲裁院对每一案件的决定,参与部分或全部与该仲裁院规则不尽相同的审理,提供有关仲裁事务的资料。"

（六）日本商事仲裁协会(Japan Commercial Arbitration Association,简称 JCAA)

日本商事仲裁协会成立于 1950 年 3 月,是日本工商联合会和其他一些全国性的工商组织根据《日本民法典》设立的常设仲裁机构,其总会设在东京,在大阪、名古屋、神户和横滨等大城市设有分会。日本国际商事仲裁协会是日本唯一的专门处理国际经济贸易仲裁案件的常设机构。日本海运集会所是日本唯一专门处理国际海事争议仲裁案件的常设机构。在现阶段,"日本国际商事仲裁"实际上就是指在日本国际商事仲裁协会和日本海运集会所进行的仲裁。

（七）中国国际经济贸易仲裁委员会(China International Economic and Trade Arbitration Commission,简称 CIETAC)

中国国际经济贸易仲裁委员会成立于 1956 年,是以仲裁的方式,独立、公正地解决契约性或非契约性的经济贸易等争议的常设商事仲裁机构。其总会设在北京,并在上海、深圳、重庆和天津分别设有分会。该仲裁院从 1994 年起步入世界主要仲裁机构行列,其受案量一直排在世界各仲裁机构前列,案件当事人涉及除中国之外的 45 个国家和地区,仲裁裁决的公正性得到了国内外的一致认可。现在该仲裁院不仅仅是一个国际商事仲裁机构,因为它也同时受理中国国内性质的各类具备仲裁要件的纠纷案件。仲裁委员会受理当事人之间因金融交易发生的或与此有关的争议,包括但不限于下列交易:贷款、存单、担保、信用证、票据、基金交易和基金托管、债券、托收和外汇汇款、保理、行间的偿付约定、证券和期货。

（八）解决国际投资争端中心(International Center for the Settlement of Investment Disputes,简称 ICSID)

解决国际投资争端中心成立于 1965 年,总部设在美国华盛顿,是一个国际性法人组织。因为该中心是根据《华盛顿公约》成立的,所以它要求申请仲裁的争议双方必须是华盛顿公约的成员国,争议主体为国家或国家机构或代理机构,解决的争议必须是直接由投资引起的法律争议,审理案件的仲裁员和调解时的调解员必须从其仲裁员名册和调解员名册中选定。

设立中心的宗旨在于专为外国投资者与东道国政府之间的投资争端提供国际解决途径,即在东道国国内司法程序之外,另设国际调解和国际仲裁程序。但"中心"本身并不直接承担调解仲裁工作,而只为解决争端提供便利,为针对各项具体争端而分别组成的调解委员会或国际仲裁庭提供必要的条件,便于他们开展调解或仲裁工作,"中心"可以受理的争端仅限于一缔约国政府(东道国)与另一缔约国国民(外国投资者)直接因国际投资而引起的法律争端。

（九）中国香港国际仲裁中心(Hong Kong International Arbitration Center,简称 HKIAC)

中国香港国际仲裁中心成立于 1985 年,是依据中国香港地区公司法注册的(有限保证责任)非营利性公司。中心受到中国香港地区商界和中国香港地区政府的资助,但完全独立,财政上自给自足。中心的管理机构是理事会,由不同国籍的商界、法律界和其他相关人士组成;中心的首席行政人员和登记主管是秘书长,由一名律师担任;中心的行政工作,由理事会下属的管理委员会通过秘书长进行。

（十）世界知识产权组织仲裁与调解中心(World Intellectual Property Organization Arbitration and Mediation Center,简称 WIPOAMC)

世界知识产权组织是根据 1967 年在瑞典斯德哥尔摩签署的《关于成立世界知识产权公约》成立的政府组织,负责监管知识产权事务,其总部设在瑞士日内瓦,1974 年成为联合国的一个专门机构,是迄今为止联合国最大的国际组织。世界知识产权组织仲裁与调解中心,是 1993 年 9 月在世界知识产权组织全体会议上正式获准成立的,属世界知识产权组织的国际局,1994 年 10 月在日内瓦开始工作。

第三节　国际商事仲裁协议

仲裁协议是当事人之间达成的当事各方同意将他们之间已经发生的或将来可能发生的争议提交仲裁解决的协议。国际商事仲裁协议是指含有涉外因素的商事仲裁协议。

仲裁协议本身是一项契约,是当事各方就其将有关争议交由仲裁解决的一致的意思表示。仲裁条款的性质和合同中其他条款完全不同。因为合同中其他条款规定的都是当事人相互之间承担的义务,而仲裁条款规定的不是一方当事人对另一方当事人的义务。仲裁条款是双方当事人的协议,即发生争议,就将这些争议交由他们自己成立的法庭解决。

一、国际商事仲裁协议有效要件

国际商事交往中的双方当事人自愿把他们之间已经发生或者将来可能发生的财产性权益争议提交仲裁解决,只有满足相应的主体要件(意思表示与行为能力)和客体要件(形式要件与内容要求),方能获得预期的效力。

(一)当事人请求仲裁的意思表示

在国际商事仲裁协议中,当事人应明确表示愿意将争议提交仲裁解决。否则,人们就有理由怀疑仲裁权产生的合理性。该意思表示须具备以下条件:第一,其为双方当事人共同的意思表示,而非仅为单方的意愿。仲裁协议的本质是一种合同,而合同是双方当事人意思一致的产物。第二,必须是双方在协商一致基础上真实的意思表示,而不能是在外界强制或影响下的虚假意思表示。第三,必须有利害关系的双方当事人的意思表示。第四,该意思表示必须明确、肯定,符合仲裁一裁终局、或裁或审的本质,具有排除法院管辖权的效力。

(二)当事人的行为能力

各国私法均以自然人享有完全民事行为能力作为法律行为有效的必备条件。无民事行为能力与限制民事行为能力者实施的法律行为一般都不会产生预期的法律效果。此处讨论的仲裁协议有效要件之一的当事人的行为能力仅限于完全民事行为能力。

(三)仲裁协议的形式

国际条约和各国立法一般都规定必须采用书面形式。《纽约公约》和《示范法》均要求仲裁协议须为书面形式。《纽约公约》明确将其表述为"agreement in writing",且第 2 条规定称,"'书面协定'者,谓当事人所签订或在互换函电中所载明之契约仲裁条款或仲裁协定。"但对"书面"的认定,各国又有所不同。《示范法》要求该协议是双方签字或文书电文之来往,西班牙、哥伦比亚等国的仲裁法则要求仲裁协议必须以公证的形式作成。然而,宽松地解释"书面"更切合实际。鉴于国际商事仲裁协议区别于一般民商事合同的特殊性,在不违背各国法律对仲裁协议形式的基本要求的前提下,应尽可能地保全已订立的国际商事仲裁协议的有效性,避免对"书面"过于苛刻地限制。只要仲裁庭或法院可以从该协议中充分领会到或明确推定出当事人将争议提交仲裁的意思表示即可,不必过分追究其形式的完备性,以捍卫仲裁的自治性以及维护当事人的意思自治。

（四）仲裁协议的内容

仲裁协议的内容需符合合法性的要求，即仲裁协议的内容不违反法律的强制性规定和公序良俗原则，提交仲裁的争议事项依据有关国家的法律规定具有可仲裁性。

从仲裁发展的历史看，凡涉及国家公共利益的事项，国家一般不允许仲裁的介入，其适用范围需受到国家法律严格限定，以实现维护一国公共政策之目的。因此，争议事项的可仲裁性，实际上是对仲裁范围施加的一种公共政策限制。这类限制主要是涉及各国的经济制度、社会体制、历史传统等关乎一国存在的根本性问题。另外，一些国家为了对在经济实力上处于弱势地位的主体提供一定的法律保护而专门制定一些法律，并赋予其强制执行的效力，要求受该法保护的当事人必须遵守，而不能通过当事人之间的协议予以排除。若当事人在仲裁协议中约定提交仲裁的争议事项，根据一国法律是不可仲裁的，就意味着该仲裁协议违反了强制性规定，无法产生法律效力。不可仲裁的事项通常包括关于民事身份、父母子女之间的关系、离婚争议及涉及被认为属于公共和社会利益的事项。

二、国际商事仲裁协议的种类

除有的国家（如美国）并不否认仲裁协议可以口头形式存在以外，绝大多数国家的仲裁立法和实践以及国际条约都不承认"君子协定"，明确规定仲裁协议必须以书面的形式存在。在书面形式中，仲裁协议主要有以下几种类型：

（一）仲裁条款

仲裁条款主要是指在争议发生之前，双方当事人在合同中所订立的将有关合同争议交付仲裁的条款。这是目前国际商事仲裁协议普遍采用的一种形式。常设仲裁机构一般都拟定有自己的示范仲裁条款，可推荐给当事人在订立合同时采用。我国《中国国际经济贸易仲裁委员会仲裁规则（2000年）》第3条规定："仲裁协议系指当事人在合同中订明的仲裁条款。"中国国际经济贸易仲裁委员会的示范仲裁条款为："凡因本合同引起的或与本合同有关的任何争议，均应提交中国国际经济贸易仲裁委员会，按照申请仲裁时该会先行有效的仲裁规则进行仲裁。仲裁裁决是终局的，对双方均有约束力。"

（二）仲裁协议书

仲裁协议书是指双方当事人为将来某项争议交付仲裁而订立的专门协议，这种协议独立于合同，一般是在争议发生之后才达成的。

（三）其他有关书面文件中包含的仲裁协议

此类书面文件通常指双方当事人在往来信函，如电报、电传、电子数据交换和电子邮件中，同意交付仲裁的意思表示等，是双方当事人将争议交付仲裁的特别约定。

三、国际商事仲裁协议内容

仲裁协议的形式固然重要，但更重要的是其内容。对于仲裁协议的内容，国际上没有统一的要求。但有一点是明确的,即协议的内容必须是具体明确的,以便在需要提交仲裁时,有遵循的依据,而不至于引起争议。除此之外,各国有关仲裁的立法和各常设仲裁机构的规则,都在原则上承认双方当事人可以自由商定仲裁协议的内容,但同时也都在不同的程度上对其进行限制。如仲裁协议的内容不得违反一国公共秩序,不准许把一国法律规定不属于仲裁管辖的事项提交仲裁,不得在协议中规定将已提交仲裁的案件再向法院起诉等。因此,仲裁协议的内容不得违反仲裁地国家和其他有关国家的禁止性和强制性的规定。

无论是在合同中订立的仲裁条款还是争议发生后提交仲裁的协议,其内容应包括:提请仲裁的事项、仲裁地点、仲裁机构、仲裁程序规则以及仲裁裁决的效力,有的还包括仲裁员人数及指定方法、仲裁适用的法律、仲裁费用的承担以及仲裁使用的语言等。

(一)仲裁事项

仲裁事项即提请仲裁的争议范围。仲裁事项必须订得概括而且明确,不可遗漏。如果仲裁事项有遗漏,日后发生的争议超出了范围,则仲裁庭也无权审理。

(二)仲裁地点和仲裁机构

一般地说,在哪个国家仲裁,往往就要适用那个国家的仲裁程序法规;如果当事人对适用的实体法未作约定的话,则仲裁庭将根据仲裁所在地国的冲突规则确定应适用的实体法。这将对仲裁结果产生影响。如果约定临时仲裁庭仲裁,则应明确订明组成仲裁庭的人数及如何指定仲裁员,亦即采用什么程序审理等;如果约定在常设仲裁机构仲裁,则应写明仲裁机构的名称。

(三)仲裁程序规则

仲裁程序规则是指双方当事人和仲裁法庭在仲裁整个过程中应遵循的程序和规则。仲裁程序主要规定进行仲裁的程序和手续,包括如何提出申请、如何指定仲裁员组成仲裁庭、如何审理、如何做出裁决,以及如何收取仲裁费用等。

(四)裁决的效力

仲裁裁决的效力一般应订明是终局的,对双方均具有约束力。但也有国家规定经仲裁作出裁决以后,如败诉方起诉,法院仍可以受理,前提是当事人在仲裁条款中未明确排除法院干预。

四、国际商事仲裁协议的法律效力

作为仲裁的基础,仲裁协议的法律效力主要体现在以下几个方面:

(一)对当事人的法律效力

仲裁协议一经成立即对当事人产生法律效力。第一,当争议发生时,任何一方当事人都有权将争议提交仲裁,通过仲裁解决争议;第二,当事人只能采取仲裁方式解决商事争议,如果任何一方当事人就仲裁协议规定范围内的商事争议向法院提起诉讼,另一方当事人可以以仲裁协议为抗辩事由要求法院终止司法诉讼程序并将案件发还仲裁机构解决。

（二）对仲裁庭和仲裁机构的法律效力

仲裁协议对仲裁庭和仲裁机构的法律效力体现在两个方面：其一，仲裁协议是仲裁庭或仲裁机构受理争议的依据，其赋予仲裁机构对争议的管辖权。不存在仲裁协议，仲裁机构就无权受理争议案件。其二，仲裁机构或仲裁庭的受案范围受到仲裁协议的严格限制，仲裁机构只能受理当事人在仲裁协议中约定的可提交仲裁争议事项，而对于任何超出仲裁协议范围的事项，仲裁机构或仲裁庭都无权过问。

（三）对法院的法律效力

仲裁协议对法院的效力集中表现在协议排除了法院对商事争议案件的司法管辖权。也就是说，一旦双方当事人达成仲裁协议，并且争议发生后一方当事人向法院提起诉讼，则法院不应受理。或者根据另一方当事人的请求，停止司法诉讼程序，将案件发还给仲裁机构审理。

第四节　国际商事仲裁程序

为了确保仲裁裁决的公正及时，仲裁必须依法定程序进行。结合相关国际公约和我国国际经济贸易仲裁委员会 2015 年《仲裁规则》（以下简称《规则》），国际商事仲裁的基本程序如下：

一、仲裁申请和受理阶段

仲裁机构受理争议必须以双方当事人的仲裁协议为据，但单有仲裁协议，并不能自动地引起仲裁审理程序的开始，还必须由一方当事人提出仲裁申请。仲裁申请的提出是开始仲裁审理程序的最初法律步骤。

仲裁程序自仲裁委员会或其分会发出仲裁通知之日起正式开始。仲裁委员会收到当事人提交的仲裁申请书后，认为符合受理条件的，向申请人发出受理通知书，同时向被申请人发出仲裁通知书及附件。

二、组 庭 阶 段

双方当事人应当在规定的期限内（《规则》规定为 15 天）约定仲裁庭的组成方式和选定仲裁员。若当事人在规定的期限内未能约定仲裁庭的组成方式或者选定仲裁员的，由仲裁委员会主任指定。最后一次开庭终结前当事人未书面提出仲裁员回避申请的，不能再提出仲裁员回避申请。因回避而重新选定或指定仲裁员后，当事人可以请求已进行的仲裁程序重新进行，是否准许，由仲裁庭决定。

三、开庭审理阶段

仲裁委员会应当在仲裁规则规定的期限内将开庭日期通知双方当事人。当事人在收到开庭通知书后，应当注意以下几个问题：第一，当事人若确有困难，不能在所定的开庭日期到庭,则可以在仲裁规则规定的期限内向仲裁庭提出延期开庭请求,是否准许,由仲裁庭决定。申请人经书面通知,无正当理由不到庭或未经仲裁庭许可中途退庭的,视为撤回仲裁申请。被申请人经书面通知,无正当理由不到庭或者未经仲裁庭许可中途退庭的,仲裁庭可以缺席裁决;第二,在庭审过程中,当事人享有进行辩论和表述最后意见的权利;第三,双方当事人应当严格遵守开庭纪律。

当事人申请仲裁后,有自行和解的权利。达成和解协议的,可以请求仲裁庭根据和解协议做出裁决书,也可撤回仲裁申请。在庭审过程中,若双方当事人自愿调解的,可在仲裁庭主持下先行调解。调解成功的,仲裁庭依据已达成的调解协议书制作调解书,当事人可以要求仲裁庭根据调解协议制作裁决书。调解不成的,则由仲裁庭及时做出裁决。

仲裁庭对专门性问题认为需要鉴定的,可以交由当事人共同约定的鉴定部门鉴定,也可以由仲裁庭指定的鉴定部门鉴定,鉴定费用由当事人预交。

四、裁 决 阶 段

仲裁庭在将争议事实调查清楚、宣布闭庭后,应进行仲裁庭评议,并按照评议中的多数仲裁员的意见做出裁决。若仲裁庭不能形成多数意见时,则按照首席仲裁员的意见做出裁决。在裁决阶段,双方当事人享有以下几项权利:第一,有权根据实际情况,要求仲裁庭就事实已经清楚的部分先行裁决;第二,在收到裁决书后的 30 日内,当事人有权对裁决书中的文字、计算错误或者遗漏的事项申请仲裁庭补正。双方当事人在收到裁决书后,应当自觉履行仲裁裁决。《规则》规定,裁决应当在仲裁庭受理案件以后 6 个月内做出。裁决是终局的,当事人不得向法院上诉。

第五节　国际商事仲裁裁决的承认及执行

在国际商事仲裁中,仲裁裁决的执行以当事人自觉履行为原则,强制履行为例外。只有在有关当事人拒不履行裁决所确定的义务时,才由对方当事人依法向有关国家的法院提出申请,请求法院协助予以强制执行,这是仲裁裁决强制力的体现,也是法院支持和协助仲裁的重要表现。在裁决的承认和执行问题上,存在两种不同的情况:一是本国涉外仲裁机构作出的裁决在本国境内执行的问题;一是本国涉外仲裁机构作出的裁决到外国执行或外国的仲裁裁决要求在本国境内执行的问题。后一问题统称为"外国裁决的承认和执行问题",该问题不但关系到当事人的切身利益,也涉及国家之间的利害关系。

国际社会先后制定了多项区域性和全球性国际公约及文件,以加强统一国际商事仲裁的承认与执行的实体立法。从而更有效地解决国际商事仲裁纠纷。这些国际公约及文件主要包括:联合国先后颁布的《联合国国际贸易委员会仲裁规则》、《联合国国际贸易法委员会仲裁示范法》、世界银行 1965 年主持制定的《解决国家与他国国民间投资争端公约》、1958 年联合国通过的《承认与执行外国仲裁裁决公约》(简称《纽约公约》)等。其中最重要的当属《纽约公约》,目前已有 146 个国家及地区加入该公约。我国也于 1986 年 12 月正式加入了

《纽约公约》。该公约在解决国际商事仲裁的承认与执行上具有广泛的主导性作用,因此对该公约的了解就显得尤其重要。《纽约公约》在承认与执行国际商事仲裁方面的主要内容归纳如下:

1. 承认及执行外国仲裁裁决的范围

由自然人或法人间的争议而引起的仲裁裁决,在一国领土内作成,而在另一国请求承认和执行时,适用该公约。但任何缔约国可在互惠的基础上声明,本国只对在另一缔约国领土内所作出的仲裁裁决的承认和执行,适用该公约("互惠保留")。缔约国也可声明,本国只对根据本国法律属于商事法律关系所引起的争议适用公约("商事保留")。我国在加入该公约时对上述两项规定均提出了保留。

2. 承认及执行外国仲裁裁决的条件

如果被请求承认或执行裁决的当事人提出证据证明有下列情形之一时,主管当局可根据被申请人的请求,拒绝执行裁决:①缺乏有效仲裁协议,即裁决是根据无效的仲裁协议作出的;②被诉人未得到指定仲裁员或进行仲裁程序的适当通知,或者由于其他原因未能提出申辩;③裁决的事项超出了仲裁协议规定的范围,或者裁决含有仲裁协议以外事项的决定;④仲裁庭的组成或仲裁程序与当事人的协议不相符,或在双方当事人无协议时,与仲裁地国家的法律不相符;⑤裁决对当事人尚未发生法律效力,或裁决已被裁决作出国的有关当局撤销或停止执行;⑥依照裁决执行地国家的法律,争执事项不可以用仲裁方式解决,即不可仲裁性;⑦承认及执行此项裁决将与该国的公共秩序相违背。

3. 承认及执行外国仲裁裁决的程序

申请承认及执行裁决的当事人,应于申请时提供:经正式认证的裁决的正本或经正式证明的副本;据以作出裁决的仲裁协议正本或经正式证明的副本。译本应由官方的或经过宣誓的翻译员或外交或领事人员认证。书面申请由该法院或机构进行审查,确认符合本国国内法所规定的条件以后,发给执行令。最后由执行国法院或有关机构按照机构执行与国内仲裁裁决同样的方式和程序予以执行。国外仲裁机构的裁决,需要中华人民共和国人民法院承认和执行的,应由当事人直接向被执行人住所地或者其财产所在地的中级人民法院申请,人民法院应当依照中华人民共和国缔结或者参加的国际条约,或者按照互惠原则办理。

第六节　国际商事仲裁的发展

随着世界经济一体化进程的加快,国际交流及经济活动日趋频繁,跨国纠纷也逐渐增多。国际商事仲裁作为解决跨国纠纷的有效手段之一,越来越受重视。未来的国际商事仲裁将呈现以下发展趋势。

一、对国际商事仲裁司法监督的弱化趋势

联合国在1958年通过的关于《承认与执行外国仲裁裁决公约》(简称《纽约公约》),为各

国承认及执行外国仲裁裁决确立了可操作的标准,但《纽约公约》所规定的许多条款的内涵仍可以作出诸多不同的解释,这仍然给各国承认和执行他国仲裁裁决留下了不少灵活性,使国际商事仲裁裁决的执行受到一定程度的影响。近年来,随着越来越多的国家加入《纽约公约》,各国的立法和司法实践不断地丰富着这些标准的内涵和外延,裁决执行领域的国内法差异逐渐缩小,国际商事仲裁裁决的承认和执行的标准逐步统一,这从总体上体现出司法对国际商事仲裁裁决监督的放松。

二、国际商事仲裁发展的产业化趋势

我国学者似乎已经预见到未来仲裁业发展的产业化倾向,并提出了"营销仲裁"的理念,认为"营销仲裁是仲裁业发展的历史必然。在某种意义上,我国仲裁法律制度是适应经济全球化趋势与国际经济接轨的结果,对我国经济生活而言具有植入性。这就决定了在较长的时间里,我国仲裁事业要认真解决好制度的适应性和排异性问题。营销仲裁能够遵循市场主体的认识规律,很好地解决仲裁制度的适应性问题;能够遵循市场经济的客观规律,彰显仲裁的优势和特色,真正解决对仲裁制度的排异性问题。营销仲裁始终坚持以市场主体的意愿和接受程度为导向,体现了尊重当事人意志的仲裁精神。营销仲裁这种专业性、市场性的推行方式,有利于解决推行仲裁法律制度存在的行政性问题,其科学性、合法性、持久性是不言而喻的,其效果远非一般行政事务性工作所能替代。营销仲裁借鉴市场营销的基本原则和方法,不仅改变了仲裁事业发展的机制和模式,而且使仲裁工作与市场经济的需求不断趋于一致,更具客观性。营销仲裁借鉴市场营销最大限度满足顾客的原则,全面把握控制市场的基本要素,根据需求进行精心组合,争取最佳的营销效果"。

仲裁究竟能否产业化,这归根结底取决于仲裁事业的性质。国际仲裁业界基本的共识是国际商事仲裁是民间化的争端解决方式,虽然有司法力量的参与,但它主要是支持仲裁业,保障仲裁公正,而这将更加有利于仲裁业的健康发展。这并不能否定仲裁作为法律服务业的性质,如同律师、公证、会计业务一样。这些行业已被世界贸易组织《服务贸易总协定》列为服务业的范围,是要逐步实现国际贸易自由化的产业。诚然,仲裁业不同于其他类型的服务业,它应以提供优质、公正、高效、廉洁的法律服务为宗旨,这是法律服务业的共同属性,但这并不能否定未来仲裁业发展的产业属性。

三、国际商事仲裁行为的国际化和多样化

首先,这表现为非内国仲裁理论的兴起。非内国仲裁的理论是 20 世纪 80 年代被明确提出的一种理论。按照该理论,如果仲裁所适用的法律不是裁决地的法律,则裁决地的法院不得对裁决实施法律上的监督。非内国仲裁又可称为非内国化仲裁或非地方化仲裁,这种理论使国际商事仲裁可以不受仲裁地国法律的限制,仲裁裁决的法律效力也不必由仲裁地国的法律赋予。该理论可能导致国际商事仲裁裁决在申请强制执行前不受任何国家法院的监督,任何国家的法院均不能行使撤销此项仲裁裁决的权力;对国际商事仲裁裁决的唯一补救办法只能在执行阶段由执行地国行使:或者承认此项裁决的法律效力并予以强制执行,或

者不承认该裁决的法律效力并拒绝执行。简言之，即便仲裁裁决被裁决地法院依法撤销或者依照裁决地法为无效，也不影响其在其他国家依据执行地国的法律被赋予法律上的拘束力而被承认与执行。非内国仲裁主要为大陆法系的某些国家，特别是法国的司法实践所采纳。但近年受到越来越多的国家和国际仲裁组织的重视，有扩大化的趋势。

其次，随着国际商事仲裁中对当事人意思自治的重视，在当事人选择在非仲裁机构所在地仲裁时，各国和国际仲裁机构都对当事人的选择普遍予以重视，异地仲裁越来越普遍。中国国际经济贸易仲裁委员会在其 2005 年修订的《仲裁规则》中也考虑了国际商事仲裁的这种发展趋势，在第 31 条和第 32 条关于仲裁地和开庭地点上尊重当事人的选择。

再次，国际仲裁程序越来越注重与其他选择性争议解决方式（alternative dispute resolution，ADR）相结合，以提高仲裁程序的灵活性。选择性争议解决方式实际上是相对于传统诉讼而言的争议解决方式的统称。ADR 是世界民商事领域内（也有一些适用于轻微刑事案件）越来越引人关注的争议解决方式。自 20 世纪 70 年代起，ADR 在美国得到发展，加拿大、澳大利亚、欧洲国家及日本、韩国等国家竞相效仿与采纳。ADR 业已成为民商事争议解决方式体系中的重要成员。在当事人自愿的前提下，仲裁与这些灵活、简易、高效的争议解决方式相结合，大大提高了国际商事仲裁的效率，使国际商事仲裁的首要价值——效率价值得到了更加充分的体现。

四、国际商事仲裁人才培养、仲裁合作、文化交流日趋活跃

各国仲裁机构为了发展仲裁事业、减少分歧、取长补短，开展的互相沟通、互相交流、互相访问活动日趋增多。这也推动了仲裁制度的国际统一化趋势。如中国国际经济贸易仲裁委员会和中国海事仲裁委员会每年都有大量的外事活动，加强与各国仲裁界和国际仲裁组织的交流与合作，这既宣传了我国的国际商事仲裁事业，也加深了我国对外国仲裁状况的了解，交流了仲裁文化和经验。

五、网上仲裁事业逐步发展

互联网于 20 世纪 90 年代开始风行全球后，已成功地创造了虚拟世界，这个虚拟世界里充满了各种活动。电子商务的迅猛发展，使网上交易纠纷的发生不可避免。在频繁的互动过程中，争议越来越多。仲裁作为民间解决纠纷的方式，也因此被引进。相对于传统的仲裁方式而言，网上仲裁没有时间和空间的限制，能以其不可比拟的快捷性迅速解决争议。

目前，在网上交易中，法律还是一片真空。电子商务中权益的保护可使用仲裁的方式。如果不运用仲裁，那么，从法律上讲，管辖权将十分分散，不同联结点的很多法院都可以有管辖权，这容易形成管辖权的积极冲突；在某些问题上，可能不同地区的法院不能或不愿行使管辖权，这容易形成管辖权的消极冲突，这种不能或不愿的原因可能是法律上的，也可能是事实上的。另外，就网上知识产权争议来说，各地关于知识产权相关法律的差异太大，法院很难判决，即使判决出来，可能不同法院有不同的判法，这样知识产权的保护就很难实现，而且成本太高。通过仲裁的方式集中管辖，我们就可以在电子协议中约定适用某相关国际公

约,其优势显而易见。

另外,网上仲裁结果产生后,随着电子政务和服务业(如银行、保险、电子媒体等)的电子化程度日趋提高,利用电子手段的执行(在线执行)将成为可能。在不久的将来,只要仲裁机构在网上作出裁决书,通过认证体系直接发往法院(只要国家法律承认这种仲裁),法院再直接给银行或行政主管部门发出指令,便可迅速实现账户冻结,甚至转账,股权变更的工商登记等。而这些,通过国际电子认证系统,也可在国外得到认可和执行。

复习思考题

一、名词解释

1.国际商事仲裁

2.仲裁协议

二、简答题

1.国际商事仲裁协议的种类包括哪些?

2.简述国际商事仲裁机构的分类及其职能。

3.简述国际商事仲裁程序。

参 考 文 献

[1] 刘惠荣.国际商法学[M].3 版.北京:北京大学出版社,2013.

[2] 曹祖平.新编国际商法[M].3 版.北京:中国人民大学出版社,2010.

[3] 杨士富.国际商法理论与实务[M].北京:中国农业大学出版社;北京大学出版社,
2009.

[4] 屈广清.国际商法[M].4 版.大连:东北财经大学出版社,2015.

[5] 马特,李昊.英美合同法导论[M].北京:对外经济贸易大学出版社,2009.

[6] 屈广清.国际商法[M].4 版.大连:东北财经大学出版社,2015.

[7] 格茨·怀克,克里斯蒂娜·温德比西勒.德国公司法[M].21 版.北京:法律出版社,
2010.

[8] 韩玉军.国际商法[M].北京:中国人民大学出版社,2012.

[9] 张成武,张宏伟,曹旭平.国际商法[M].上海:上海财经大学出版社,2007.

[10] 徐康平.国际商法[M].北京:机械工业出版社,2007.

[11] 刘刚仿.国际商法[M].北京:机械工业出版社,2015.

[12] 冯大同.国际商法[M].北京:对外经济贸易大学出版社,2002.

[13] 张圣翠.国际商法[M].上海:上海财经大学出版社,2002.

[14] 田东文.国际商法[M].2 版.北京:机械工业出版社,2014.

[15] 宁烨,杜晓君.国际商法[M].2 版.北京:机械工业出版社,2014.

[16] 任荣明,侯兴政.国际商法[M].北京:清华大学出版社,2004.

[17] 朱羿锟.商法学——原理·图解·实例[M].北京:北京大学出版社,2006.

[18] 施天涛.公司法论[M].北京:法律出版社,2005.

[19] 张胜利,戴新毅.美国商事法概论[M].北京:中国政法大学出版社,2012.

[20] 马德斯·安登斯,弗兰克·伍尔得里奇.欧洲比较公司法[M].北京:法律出版社,
2014.

[21] 仲鑫.国际贸易实务案例精选[M].北京:机械工业出版社,2008.

[22] 曹胜亮,冯梅,黄学里.海商法[M].武汉:华中科技大学出版社,2011.

[23] 左海聪.国际商法[M].2 版.北京:法律出版社,2013.

[24] 张丽英.海商法:原理·规则·案例[M].北京:清华大学出版社,2006.

[25] 施新华.国际商法[M].成都:西南财经大学出版社,2010.

[26] 王英萍.国际商法[M].上海:上海交通大学出版社,2010.

[27] 杨海芳,李哲.国际货物运输与保险[M].2 版.北京:清华大学出版社,2013.

[28] 邓瑞平.国际商事仲裁法学[M].北京:法律出版社,2010.

［29］ 固黎明.国际商法［M］.杭州:浙江大学出版社,2010.

［30］ 陈自强.无因债权契约论［M］.北京:中国政法大学出版社,2002.

［31］ 高程德.国际票据管理［M］.北京:北京大学出版社,2003.

［32］ 党伟.国际商法［M］.4 版.大连:东北财经大学出版社,2015.

［33］ 阿历克斯·亚当斯.商法［M］.7 版.北京:中国人民大学出版社,2014.

［34］ 王泽鉴.英美法导论［M］.北京:北京大学出版社,2012.

［35］ 袁其刚,张照玉,张伟.国际贸易惯例规则教程理论与实务［M］.北京:北京大学出版
社,2012.